Maurice Bork & Christian Gaschler

ERFOLG IST KEIN ZUFALL

Die Erfolgsfaktoren für Reichtum, Glück und Erfüllung

ForwardVerlag

ForwardVerlag

Erfolg ist kein Zufall

Die Erfolgsfaktoren für Reichtum, Glück und Erfüllung

Imprint der Verlagsgruppe StudyHelp GmbH, Paderborn
www.forwardverlag.de

1. Auflage (Hardcover)
Basierend auf der 1. Auflage der Paperback-Ausgabe

Autoren: Maurice Bork & Christian Gaschler

Redaktion & Satz: StudyHelp GmbH
Kontakt: info@forwardverlag.de
Umschlaggestaltung: @magier
Druck: mediaprint solutions GmbH

ISBN 978-3-98755-190-1

Inhalt

Vorwort von Jochen Schweizer

Was ist Erfolg? Eine Frage, die so alt ist wie die Menschheit selbst. Für den einen ist es Reichtum und Einfluss, für den anderen die Erfüllung eines Lebenstraums oder die Sinnhaftigkeit des eigenen Tuns. Manche fühlen Erfolg in den Augenblicken, in denen sie über sich selbst hinauswachsen, andere in der Ruhe, die sie tief in sich tragen. Doch eines ist sicher: **Erfolg ist kein Zufall.**

Erfolg hat viele Gesichter. Es gibt den Erfolg von außen – sichtbar, messbar, bewundert. Der Sieg auf dem Podium, der Applaus der Menge, die Auszeichnung für außergewöhnliche Leistung, die materiell sichtbaren Attribute. Es ist das Lächeln auf den Gesichtern jener, die ihre Ziele erreicht haben, die ein Vermächtnis geschaffen haben, das über ihre eigene Zeit hinaus Bestand hat. Dieser Erfolg spricht die Welt an, erzählt von Siegen und Errungenschaften, von Fleiß und Willenskraft. Aber er ist nur die Spitze des Eisbergs, der sichtbar gewordene Teil einer viel tiefer liegenden Struktur.

Dann gibt es den Erfolg von innen – stiller, oft unsichtbar, aber vielleicht noch mächtiger. Es ist der Moment, in dem wir uns selbst erkennen, die innere Stimme hören und ihr folgen. Es ist die Freiheit, nach den eigenen Regeln zu leben, der Mut, Fehler zu machen, und die Stärke, nach jedem Fall wieder aufzustehen. Es ist die innere Zufriedenheit, die sich nicht in Zahlen oder Trophäen messen lässt, sondern in der Tiefe der Erfahrungen, die wir sammeln, und in den Verbindungen, die wir zu anderen Menschen aufbauen.

Echter Erfolg entsteht, wenn beide Ebenen sich berühren – wenn unser inneres Feuer die äußere Welt erhellt und wir die Kraft finden, aus Träumen Realität werden zu lassen. Dann wird Erfolg nicht nur zur Errungenschaft, sondern zur Lebensphilosophie, die uns auf jedem Schritt unseres Weges begleitet.

Dieses Buch, das du jetzt in den Händen hältst, ist ein Reiseführer für genau diesen Weg. Es hilft dir, deine eigene Definition von Erfolg zu finden, deine Potenziale zu entfalten und deine Ziele zu verwirklichen. Es wird dir zeigen, dass der Weg zum Erfolg nicht geradlinig ist, sondern voller Kurven, Abzweigungen und Herausforderungen. Aber genau darin liegt die Schönheit – in der ständigen Bewegung, im unaufhörlichen Voranschreiten, im Erleben und Lernen.

Egal, wie du Erfolg für dich definierst – als finanzielle Freiheit, als persönliche Erfüllung oder als Einfluss auf die Welt um dich herum – eines bleibt immer wahr: Erfolg ist kein Zufall. Es ist die Konsequenz aus bewussten Entscheidungen, mutigen Schritten und der unerschütterlichen Überzeugung, dass wir die Schöpfer unseres eigenen Schicksals sind.

Ich lade dich ein, dieses Buch als Werkzeug und Wegweiser zu nutzen, um deine eigene Definition von Erfolg zu finden und zu leben. Es ist ein mutiger Schritt, aber einer, der sich lohnt – für dich, für die Menschen um dich herum und für das Leben, das du gestalten willst.

Über allem aber steht eine ganz simple Regel: Erfolg fußt auf Kreativität in Verbindung mit der Bereitschaft, sich wirklich anzustrengen. Immer.

Jochen Schweizer

Warum dieses Buch?

2015 ließ ich mir ein Logo erstellen. Direkt unter meinem Namen standen die Worte: *Erfolg ist meine Leidenschaft.* Was im ersten Moment vielleicht wie eine oberflächliche Botschaft klang, war weit mehr als das. Es war ein Identitätsbekenntnis. Und dieses Bekenntnis hat dazu geführt, wer ich heute bin, mit wem ich meine Zeit verbringe und was ich täglich tue. Vor allem lese ich gern. Etwa 750 Sach- und Fachbücher müssen es mittlerweile gewesen sein; viele von ihnen befassen sich entweder direkt oder indirekt mit »Erfolg«. Die darin enthaltenen Kernaussagen zu markieren und hochzuladen, damit sie das Leben möglichst vieler Menschen bereichern, bildet bis heute die Basis meines *Instagram*-Accounts.

Ich muss gestehen, meine Definition von »Erfolg« war damals stark materiell geprägt. Sobald ich das Wort hörte, flackerte vor meinem geistigen Auge ein gut situierter Mann auf, elegant gekleidet, im Besitz mehrerer Sportwagen, goldene Uhren tragend und in feinen Restaurants zu Abend essend. Diesem klischeehaften Bild wollte ich entsprechen und vermögend werden.

So begann ich, Livestreams mit Personen dieses Typs aufzunehmen, überwiegend Unternehmer und Selbstständige, die mich faszinierten. Was sie alle einte, war ihre Einstellung zum Leben. Sie schienen auf Erfolg gepolt zu sein, ohne dass ich mit dem Finger hätte darauf deuten können, woraus im Einzelnen ihr Erfolgsrezept bestand. Je mehr ich mich mit finanziell erfolgreichen Menschen beschäftigte, desto klarer wurde mir jedoch, dass »Erfolg« weit mehr Facetten hat als ursprünglich angenommen. Ich fühlte mich angetrieben, das Thema ganzheitlich zu untersuchen.

Das wohl bekannteste und erfolgreichste Erfolgsbuch auf dem Markt stammt von Napoleon Hill. *Think and Grow Rich* erschien erstmals im Jahr 1937 und wurde bis heute etwa 70 Millionen Mal verkauft. Für seinen Weltbestseller interviewte Hill über 500 Selfmade-Millionäre seiner Zeit, darunterJohn D. Rockfeller, F. W. Woolworth, Alexander Graham Bell, Henry Ford und Thomas Alva Edison. Die Erkenntnisse, die er gewann, destillierte er in universell gültige Erfolgsgesetze; in seinem Buch ist jedes Kapitel ein weiterer »Schritt zum Reichtum«. Die Allgemeingültigkeit fasziniert mich bis heute, und so dachte ich: *Wenn ich schon ein Erfolgsbuch schreibe, dann sollte dieses Werk mein Maßstab sein*. Scherzhaft hatte mich einmal jemand »den deutschen Napoleon Hill« getauft, was sicherlich zu meinem Anspruch beigetragen hatte, gewissermaßen ein Nachfolgewerk zu schaffen. Doch wie war ich überhaupt zu der Ehre dieser Betitelung gekommen?

Mittlerweile habe ich für meinen Podcast *Erfolg ist kein Zufall* mehr als 350 erfolgreiche Unternehmer, Selbstständige, Angestellte und Sportler interviewt. Ihre Erfahrungen, besser gesagt der Extrakt daraus, floss in dieses Buch ein. Das klingt Hills Werk recht ähnlich, zugegeben. Im Gegensatz zum Jahr 1937 habe ich im Jahr 2025 allerdings einen entscheidenden Vorteil: Zugriff auf haufenweise Studien. Sie dienen als Argumentationsgrundlage, als wissenschaftliches Fundament. Von der Tiefe war ich am Ende selbst beeindruckt, denn offen gestanden hatte ich es nicht kommen sehen, dass dieses Buch derart psychologisch werden würde.

Bevor du es jetzt wieder zuklappst, weil du Langeweile witterst, kann ich dich beruhigen. Die Theorie ist in die Geschichten zahlreicher erfolgreicher Personen eingewoben, sodass für ausreichend Unterhaltungswert gesorgt ist, möchte ich behaupten. Als Ergebnis präsentiere ich dir 13 Erfolgsfaktoren, die uns – sofern wir unsere Persönlichkeit danach ausrichten – Erfolg in nahezu jedem Lebensbereich versprechen.

Nun muss ich mir allerdings eingestehen, dass Schreiben nicht gerade zu meinen liebsten Beschäftigungen zählt, geschweige denn beherrsche ich es auf einem Niveau, das ausreicht, um dir ein vergnügliches Leseabenteuer zu bereiten. Deswegen habe ich mir jemanden zur Seite geholt, der für die Schriftstellerei ebenso brennt wie ich für den Erfolg. Christian

Gaschler hat mich schon bei meinem letzten Buch *Du kannst nicht nicht verkaufen* begleitet und mich bei meinen Recherchen unterstützt. Wer sich einem Thema verschreibt, der neigt dazu, gewisse Dinge auszublenden, weil er über die Welt seinen subjektiven Filter legt. Christian hat also auch für mehr Objektivität gesorgt, vor allem, indem er meine Wahrnehmung und die meiner Interviewgäste auf die Probe gestellt hat.

Wieso du diese Zeilen dann aus meiner Perspektive liest, obwohl es sich um ein Gemeinschaftsprojekt handelt? Das hat einen praktischen Grund. Die Ich-Perspektive hat es uns schriftstellerisch leichter gemacht. Zum Beispiel hat Christian die Podcast-Gespräche nicht geführt, weshalb die Wir-Form an einigen Stellen irreführend wäre. Noch dazu nutzen wir das Wir in diesem Buch inklusiv, also im Sinne von »wir alle«, wodurch ebenfalls Missverständnisse hätten entstehen können. Wer ist gemeint: Maurice und Christian oder wir alle? Sei es drum, Christians und mein Beitrag halten sich die Waage, da kannst du dir sicher sein.

Kommen wir zum Aufbau des Buchs. Als Erstes erwartet dich unsere Definition von »Erfolg«. Jochens Sicht kennst du bereits, doch auch wir haben uns mit den Fragen auseinandergesetzt, was Erfolg ausmacht und wie er zu erkennen ist. Die verschiedenen Sichtweisen sollen dir dabei helfen, deine eigene Definition zu finden. Direkt danach beschäftigen wir uns mit der Altersfrage: Kennt der Erfolg ein bestimmtes Alter? Erst jetzt beginnt der eigentliche Teil. Kapitel für Kapitel betrachten wir Erfolgsfaktor für Erfolgsfaktor. Jedes Kapitel ist eigenständig und grundsätzlich zum Querlesen geeignet, zumal sich die »richtige« Reihenfolge der Erfolgsfaktoren nicht pauschal bilden lässt. Vielmehr hängt sie davon ab, wo du das größte Entwicklungspotenzial hast. Dessen ungeachtet ist es empfehlenswert, das Werk von vorne bis hinten zu lesen.

Und da wir dazu neigen, »Wissensriesen und Umsetzungszwerge« zu sein, wie Karin Kuschik es einmal treffend formulierte[1], schließt jedes Kapitel mit einer Zusammenfassung samt Handlungsempfehlungen. Denn am wichtigsten ist, dass dieses Buch spürbare Auswirkungen auf dein Leben hat. Du sollst nicht bloß über *Eigenverantwortung* lesen, sondern eigenverantwortlicher handeln. Du sollst nicht nur die Theorie des *Selbstwertgefühls* verinnerlichen, sondern nach Möglichkeit deinen Selbstwert erhöhen. Du sollst nicht nur … und so weiter. Dieses Buch ist erst dann ein Erfolg, wenn du Erfolg hast. In diesem Sinne bleibt nichts weiter zu sagen als: Viel Erfolg!

Maurice Bork und Christian Gaschler, im Februar 2025

Was ist Erfolg?

Erfolg ist etwas ausgesprochen Abstraktes, das sich je nach Sichtweise und Empfinden stark unterscheidet und für das es nicht *die* allgemeingültige Definition gibt. Und doch scheint sich eine auffällige Schnittmenge in den verschiedenen Meinungen zu bilden. Aber fangen wir ganz von vorn an – beim Wortursprung.

Wir reisen in der Zeit zurück ins 17. Jahrhundert, wo der Begriff »Erfolg« erstmals auftaucht und damals sowohl für »Erreichen des Ziels« als auch für »Ausgang, Wirkung« stand. Das Verb »erfolgen« wiederum umschreibt die Begriffe »erreichen, erlangen; sich erfüllen, zuteilwerden«.[2] Wenn wir *Duden online* zur heutigen Definition von »Erfolg« befragen, teilt man uns mit, es bedeute »positives Ergebnis einer Bemühung; Einsetzen einer beabsichtigten, erstrebten Wirkung«.[3]

Im englischsprachigen Raum definiert man das Wort ähnlich. Schlagen wir »success« im *Cambridge Dictionary* nach, begrüßt uns als erster Eintrag »the achieving of the results wanted or hoped for«, was zu übersetzen ist mit »das Erreichen der gewünschten oder erhofften Ergebnisse«. Der zweite Eintrag darunter lautet »something that achieves positive results«, also »etwas, das zu positiven Ergebnissen führt«. Das klingt beides sehr nach dem, was wir in unseren deutschen Wörterbüchern finden.

Aus sprachwissenschaftlicher Sicht können wir es drehen und wenden, wie wir wollen: Offensichtlich sind das Ziel und die Mühen, die wir aufbringen, um es zu erreichen, feste Bestandteile des Erfolgs. Darauf weisen auch die ähnlichen Wörter hin, die uns *Google* vorschlägt, wie »Durchbruch«, »Errungenschaft«, »Fortschritt«, »Ergebnis«, »Gedeihen« und »Attraktion«. Der letztgenannte Begriff tanzt etwas aus der Reihe, gefällt mir aber besonders, denn ein »attraktives« Ziel erreichen wir schneller, weil es eine gewisse Anziehungskraft auf uns ausübt.

So weit die Erkenntnisse der Sprachwissenschaft. Es wird Zeit, ein paar Stimmen einzufangen. Stimmen von weitläufig als erfolgreich angesehenen Menschen. Wie stehen sie zu Erfolg?

Für Carsten Maschmeyer bedeutet Erfolg, »seine selbstgesetzten Ziele zu verwirklichen«. Aha, diese Worte sollten uns doch vertraut vorkommen. Der Milliardär ergänzt noch: »Wer es schafft, heute mehr zu sein, als er gestern noch war, der wird neues Selbstbewusstsein entwickeln und eine tiefe innere Befriedigung verspüren.« Hiermit erwähnt er ein bisher ungenanntes Element: die persönliche Entwicklung. Das klingt schlüssig, denn eine Person, die ein forderndes Ziel verfolgt, wird auf ihrem Weg daran wachsen. Außerdem sei Maschmeyer davon überzeugt, dass »Glück nicht ohne Erfolg und Erfolg nicht ohne Glück vorstellbar« sei.[4]

Dass Glück und Erfolg miteinander verbunden sind, daran zweifelt auch Rolf Dobelli nicht. In seinem Buch *Die Kunst des guten Lebens* präsentiert der Schweizer Philosoph eine Definition von Erfolg, die laut eigenen Angaben mindestens 2000 Jahre alt sei: »Wahrer Erfolg ist innerer Erfolg.«[5] Das Streben nach innerem Erfolg sei eine der vernünftigsten Haltungen überhaupt und gleichzeitig eine Wurzel des westlichen Denkens, meint Dobelli. Westliches Denken? Bei den Worten »innerer Erfolg« denke ich eher an einen Mönch. Oder an einen altgriechischen Philosophen. Tatsächlich kannten die alten Griechen und Römer den Begriff »Ataraxie«, den wir wohl am treffendsten mit »Seelenruhe« übersetzen. Nach diesem Prinzip ist derjenige am erfolgreichsten, der sich am wenigsten aus der Ruhe bringen lässt, und zwar »weder durch Höhenflüge noch durch Bruchlandungen«. Offen gestanden klingt das in unserer materiell geprägten Welt nach einer beachtlichen Herausforderung. Wie soll das gehen? Dobellis Ansicht nach sollten wir uns ausschließlich auf Dinge konzentrieren, die wir kontrollieren können. Geld, Macht und Popularität würden nicht dazu gehören, »weil der Zufall stets hineinregiert«. Menschen, die sich hingegen in Gleichmut und Unerschütterlichkeit üben, erlangen eher den begehrten Zustand des Glücklichseins. Leichter gesagt als getan.

Wenigstens gesteht Dobelli, dass es keinem Menschen gelinge, sich ausschließlich auf den inneren Erfolg zu konzentrieren. Das müssten wir auch gar nicht, denn »äußerer Erfolg darf eine Wichtigkeit haben, nur eine angemessene«. Definitiv bedenken sollten wir, dass Menschen, denen äußerer Erfolg wichtig ist – erkennbar beispielsweise an einer teuren Uhr oder einem Luxusauto –, unbewusst nach innerem Erfolg streben. Sie wollen sich in erster Linie gut fühlen, was dadurch begünstigt wird, dass ihre Mitmenschen ihnen ein »Schicke Uhr!« oder »Geiler Wagen!« zurufen. Wer danach strebt, versuche in Dobellis Augen sozusagen *Erfolg auf Umwegen* zu erreichen. Warum also nicht den direkten Weg einschlagen? Nun ja, als bekennender Uhrennarr und Sympathisant meines roten Porsches kann ich dazu nur sagen: weil der Umweg ziemlich Spaß macht.

Der Erfinder und Luftfahrtpionier David Schwarz schlug gewissermaßen in dieselbe Kerbe wie Dobelli. Seine Worte lauteten sinngemäß: »Was den Erfolg angeht, werden Menschen nicht in Zoll, Pfund, Hochschulabschlüssen oder Familienhintergrund gemessen; sie werden an der Größe ihres Denkens gemessen.«[6]

Das Denken scheint auch aus Sicht von Gustav Großmann entscheidend zum Erfolg beizutragen. Wer Gustav Großmann war? Der gute Mann galt als »Pionier der Selbstoptimierung«. Noch heute munkelt man, dass sich zahlreiche Vertreter der unternehmerischen Elite, die nach dem Zweiten Weltkrieg emporstieg, von ihm hätten ausbilden lassen. Im Jahr 1929 – wohlgemerkt acht Jahre, bevor Napoleon Hill sein Werk herausbrachte – veröffentlichte Großmann das Buch *Sich selbst rationalisieren*, das später um den Untertitel *Lebenserfolg ist erlernbar* erweitert wurde. Seiner Ansicht nach wirke jemand, der ein festes Ziel hat, anders auf seine Mitmenschen als die große Masse. Da haben wir es wieder – das Ziel, das integraler Bestand jeglichen Erfolgs ist. Denn ein Mensch mit einem (großen) Ziel »geht seinen Weg unberührbar weiter, er verfolgt eine gerade Lebenslinie, er lässt sich durch nichts von dieser Linie ablenken«. Auf diese Weise würden jegliche Kräfte eines Menschen mobilisiert, was wiederum in einem gesteigerten Lebensglück und beruflichem Erfolg münde, so Großmann.[7]

Etwas weniger »zielstrebig«, dafür aber moderner, weil sie mehr nach Gusto der jüngeren Generationen ist, lautet die Definition von Henry Blodget, Mitgründer und CEO von *Business Insider*: »Erfolg ist, dass man eine Arbeit macht, die man mag und die es einem ermöglicht, das Leben zu führen, das man sich wünscht.« Er sei außerdem überzeugt davon, Erfolg sollte für jeden von uns anders sein. Um erfolgreich zu werden, sei es unsere Aufgabe, sowohl herauszufinden, was »Erfolg« für uns selbst bedeutet, als auch, einen Vergleich zur Erfolgsdefinition unserer Mitmenschen zu ziehen. Apropos Generation Z – wie definiert sie eigentlich »Erfolg«? Hierzu hat *Business Insider* in den USA eine Umfrage unter 1800 Menschen zwischen 18 und 26 Jahren durchgeführt. Die Ergebnisse sollten uns keineswegs überraschen, denn die »Gen Z« wünscht sich, …

- am liebsten bloß vier Tage pro Woche zu arbeiten (in jedem Fall weniger als die üblichen 40 Stunden),
- sich ein Leben im Mittelstand leisten zu können und neben der Arbeit genügend Freizeit zu haben,
- Flexibilität (insbesondere die Freiheit, zu arbeiten, wann und wo sie will),
- einen Purpose, das heißt, sie möchte einer Arbeit nachgehen, die anderen hilft.[8]

Und wie äußert sich die künstliche Intelligenz? Auf die Bitte »Zeig mir erfolgreiche Menschen« reagiert *ChatGPT* mit einer Liste von zehn Personen. Darunter befinden sich die üblichen Verdächtigen wie Elon Musk, Oprah Winfrey, Warren Buffet,

Bill Gates und Jeff Bezos. Auf einem überraschenden vierten Platz rangiert Angela Merkel. Warum das? Sie habe als erste Frau das Amt des deutschen Bundeskanzlers innegehabt, dadurch eine beeindruckende politische Karriere hingelegt, noch dazu schreibe man ihr eine Schlüsselrolle in der europäischen Politik zu. Dass zum Erfolg mehr gehört, als vermögend zu sein, belegt die KI auch mit den beiden Namen Serena Williams und Malala Yousafzai. Interessanterweise ist Williams die einzige Sportlerin in *ChatGPTs* Top Ten, nicht zuletzt deshalb, weil sie Philanthropin ist. Philanthropie ist zweifelsohne auch das Stichwort der pakistanischen Aktivistin Malala Yousafzai, die sich für Frauen- und Kinderrechte einsetzt.

Erfolg kennt viele Gesichter, das versucht uns *ChatGPT* mitzuteilen. Nebenbei bemerkt, beteuert die KI, sei Erfolg individuell äußerst verschieden. Was für den einen als Erfolg gelte, möge für einen anderen nicht von Bedeutung sein. Es hänge von den Werten, Zielen und Lebensumständen ab. Und doch habe ich es gewagt, die KI nach jenen Kriterien zu fragen, die sie »Erfolg« zugrunde legen würde. Das kam dabei heraus:

- finanzielle Leistung und Karriere
- persönliche Entwicklung (Bildung, Fähigkeiten, Gesundheit, Lebenszufriedenheit)
- soziale Auswirkung beziehungsweise gesellschaftlicher Beitrag (Philanthropie, soziales Engagement, politische Aktivität)
- lebensverbessernde Innovationen
- soziale Verbindungen (stark unterstützende Beziehungen zur Familie, zu Freunden und Kollegen)
- Überwindung von Hindernissen
- Zufriedenheit oder Glück

Kommen wir zu meiner eigenen Definition. Früher stand finanzieller Erfolg ganz oben auf der Liste. Einen Perspektivenwechsel leitete unter anderem das Buch *Die with Zero* (deutscher Titel: *Lebe ein reiches Leben, statt reich zu sterben*) von Bill Perkins ein. Mit folgendem Gedanken hat mich der Autor inspiriert: Wenn man am Ende des Lebens auf sein Konto schaut, befindet sich darauf in aller Regel einiges an nicht ausgegebenem Geld. Wieso eigentlich? Der Grund dafür liege Perkins' Ansicht nach in einer falschen Lebensentscheidung. Denn es ist ja so: In unseren besten Lebensjahren, sagen wir, zwischen 30 und 50, sind wir gleichzeitig fit, gesund und finanziell gut aufgestellt (Ausnahmen bestätigen die Regel), sodass wir das Leben in vollen Zügen genießen könnten. Die Betonung liegt auf »könnten«. Doch leider arbeiten wir in dieser Zeit am meisten. Wir stellen die Arbeit vor die Freizeit, die Karriere vor die Familie, und wir tauschen Zeit gegen noch mehr Geld. Wozu verdammt? Wäre es nicht sinnvoller, ab einem gewissen Zeitpunkt den Fokus von »mehr Geld« hin zu »mehr Familie«, »mehr Hobbys«, »mehr Reisen« und »mehr Erlebnissen« zu verlagern? Schließlich wird niemand auf dem Sterbebett sagen: »Hätte ich mal mehr gearbeitet. Ich Vollidiot!«

Nun mögen manche entgegnen: »Ja, aber ich will doch meinen Kindern was vererben!« Ein respektabler Wunsch. Was wir jedoch bedenken sollten: Unsere »Kinder« erben im Regelfall erst in ihrer zweiten Lebenshälfte, grob gesagt im Alter zwischen 40 und 70 Jahren.[9] Welchen Hebel hat das Geld da noch auf ihr Leben? Wäre es vor diesem Hintergrund nicht schlauer, die Kinder dann mit Geld zu unterstützen, wenn es die größte Auswirkung hat, also zwischen 16 und 30 Jahren? In diesem Alter bauen sich junge Erwachsene etwas auf, wollen sich ausprobieren oder vielleicht eine Weltreise unternehmen, von der sie lange zehren.

Stimmt, auch diese finanzielle Unterstützung beansprucht die Rücklagen der Eltern. Aber das sollte nicht das Motiv dafür sein, sich in der Arbeit zu verlieren und alles andere zu vernachlässigen. Ich persönlich will meinem Sohn beim Großwerden zusehen und die Zeit genießen, solange ich noch sein Held bin. Denn dieser Status ist vergänglich. Spätestens im Jugendalter werden in seinem Leben andere Dinge an Attraktivität gewinnen: Freunde, die erste Freundin, Partys. Ehe ich michs versehe, bin ich statt Held nur noch ehrenamtlicher Chauffeur, den man am Ende der Fahrt obendrein anschnorrt: »Papa, hast du mal 50 Euro?«

Im Übrigen soll das nicht bedeuten, dass ich seitdem keine finanziellen Ziele mehr verfolge. Ich ziehe generell das generöse Sowohl-als-auch dem einschränkenden Entweder-oder vor; deswegen steht es für mich nicht zur Debatte, mich zwischen finanziellem Erfolg oder Familienzeit zu entscheiden. Allerdings braucht es dafür ein wichtiges Element: Freiheit. Für mich bedeutet Erfolg, die Freiheit zu haben, zu bestimmen, wann ich arbeite, ob ich arbeite und mit wem ich arbeite. Vor allem will ich nicht Opfer meines Terminkalenders sein. Einmal teilte mir jemand mit, er habe erst in acht Wochen einen Slot frei, um einen Podcast mit mir aufzunehmen. Dieser Mensch hat zweifelsohne finanzielle Erfolge verbucht, doch nach meiner persönlichen Definition ist er nicht erfolgreich. Weil es ihm an Freiheit mangelt. Darüber hinaus bedeutet »Erfolg« für mich, dass man die verschiedensten Lebensbereiche parallel bedient bekommt: Familie, Freunde, Gesundheit, Fitness, Beruf, Finanzen, persönliche Entwicklung und soziales Engagement. Jemand, den die Gier steuert, jemand, der nach immer mehr Geld strebt und der dafür alles andere vernachlässigt, dessen Erfolg beschränkt sich auf nur eine Facette. Das ist bedauerlich.

Neulich traf ich auf einer After-Show-Party in Stuttgart einen Immobilieninvestor und Speaker, der für sein prätentiöses Auftreten bekannt ist. Er ist ein finanziell erfolgreicher Mann, daran besteht kein Zweifel. Wir standen gerade in einer Runde zusammen, als der Investor dazustieß. Nacheinander deutete er mit dem Finger auf uns und fragte: »Und, wie viele Mehrfamilienhäuser hast du? Und du? Und du?« Daraufhin würdigte er diejenigen mit einem Immobilienbestand unter 100 Wohneinheiten keines Blickes mehr. Grundsätzlich finde ich es nicht verwerflich, auf einem Immobilienkongress herausfinden zu wollen, wer die für ihn spannenden Leute sind. Er ist ja dort, um sich weiterzuentwickeln. Das rechtfertigt aber nicht, alle anderen herabzuwürdigen, die seine finanziellen Kriterien nicht erfüllen. Noch dazu sendete er eine fragwürdige Botschaft in die Runde: *Erfolg = Reichtum*. Wenn ich reich bin, aber gleichzeitig ein menschliches Arschloch, dann hat das aus meiner Sicht nichts mit Erfolg zu tun. In der Gesamtbilanz ist das ein klarer Misserfolg. Erfolg bedeutet genauso, die richtigen Werte zu vertreten und nach ihnen zu leben. Und das schließt ein, jedem Menschen einen Grundrespekt zu zollen und ihm zumindest mit Freundlichkeit zu begegnen, auch wenn er aus wirtschaftlicher Sicht uninteressant ist.

Mir scheint es sinnvoll, ein »Erfolgsgleichgewicht« anzustreben, nämlich weil es eher zu Glück und Zufriedenheit führt. Allerdings wird sich je nach Lebenssituation, Alter und persönlicher Reife der Schwerpunkt möglicherweise verlagern. Ganz nach dem Prinzip der Freiheit, die ich dem Erfolg zugrunde lege, erlaube ich mir daher, meine Definition nicht in Stein zu meißeln, sondern in Sand zu schreiben. Und wie lautet deine Definition von Erfolg?

Handlungsempfehlung

- Welche zehn erfolgreichen Personen hättest du genannt, wenn ich dich statt *ChatGPT* gefragt hätte?
- Was konkret macht diese Personen in deinen Augen erfolgreich?
- Wie definierst du »Erfolg«?

Erfolg kennt kein Alter, aber Alter kennt Erfolg

Als mein Netzwerk *Die wichtigste Stunde (DWS)* noch in den Kinderschuhen steckte, meldete sich Bruno bei mir. Bruno wirkte jung, allerdings nicht so jung, dass ich an seiner Volljährigkeit gezweifelt hätte, was nicht zuletzt an seinem ungewöhnlich reifen Auftreten lag. Doch während des Gesprächs stellte sich heraus, dass Bruno erst 14 Jahre alt war. *14? Wie will der denn die Rechnung bezahlen?*, dachte ich. Der Jahresbeitrag belief sich auf 900 Euro. Für einen 14-Jährigen eine Stange Geld, will man meinen. Auf meine Frage, wie er sich vorstelle, die Zahlung zu gewährleisten, beschwichtigte mich Bruno auf lässige Art: »Du, Maurice, mach dir da mal keine Sorgen. Ich bin schon seit zwei Jahren Unternehmer.« Wie bitte? Mann, hätte ich gerne meinen Gesichtsausdruck gesehen. »Häh, wie geht 'n das? Wann hast 'n du angefangen?« Als wäre es das Normalste der Welt, erwiderte Bruno, dass er im Alter von 12 Jahren damit begonnen habe, Social-Media-Accounts aufzubauen und Kontingente an Werbepartner zu verkaufen. Zu seinen Referenzen zähle unter anderem der Account *Die_Aktionäre*. Dieser Kanal ist einer der größten in Deutschland für Aktien und Finanzen – nicht gerade der einfachste Stoff für einen 12-Jährigen.

Das hat mich tief beeindruckt. In was für einer wahnsinnigen Zeit leben wir bitte? Offensichtlich in einer, in der ein Siebtklässler für ganz Deutschland Aktien-Content produzieren kann. Glücklicherweise ist Bruno noch immer Teil meines Netzwerks. Neulich erwähnte er beiläufig, dass er sich zum 18. Geburtstag selbst einen Mercedes SL 63 AMG geschenkt habe. Ich bin mit 18 einen Daihatsu Cuore für 500 Euro gefahren. Tja, so unterschiedlich ist das Leben.

Nun können solche Geschichten einen enormen Druck auf uns ausüben. Man denke an einen 25-Jährigen, der gerade sein Studium absolviert hat und nun ins Berufsleben einsteigen will, um das große Geld zu verdienen. Er hört von Bruno und ist unmittelbar eingeschüchtert. Verstärkt wird dieses Gefühl noch von ähnlichen Erfolgsgeschichten: Die ganz Großen waren schließlich auch blutjung, als sie ihr Imperium gegründet haben, richtig? Mark Zuckerberg rief *Facebook* mit 19 ins Leben. Bill Gates war ebenfalls 19, als er *Microsoft* gründete. *Apple* hatte mit Steve Jobs einen 21-jährigen Gründer. Im Vergleich zu diesen drei Jungspunden wirkte Jeff Bezos mit seinen 30 Jahren wie ein Senior, als er mit *Amazon* an den Start ging. Welche Lehre ziehen wir daraus? Dass wir keine Chance auf unternehmerischen Erfolg mehr haben, wenn wir die 30 überschritten haben? Von wegen!

Eine Studie des Massachusetts Institute of Technology verblüfft mit ihrem Ergebnis, das ideale Alter von Start-up-Gründern liege weit höher als gemeinhin angenommen. Die Forscher hatten Zugriff auf vertrauliche Daten der US-Statistikbehörde, wie sie im *Harvard Business Review* preisgaben, anhand derer sie ermittelten, wie alt die Gründer im Durchschnitt waren. Die Überraschung: 42 Jahre. Schön und gut, mögen manche einwenden, aber das gelte doch bestimmt nicht für Tech-Start-ups, oder? Nein, ihre Gründer waren jünger; allerdings mit 40 Jahren nicht gerade deutlich. Ein weiterer Kritikpunkt könnte sein, dass die bloße Gründung einer Firma ja noch nicht stellvertretend für »Erfolg« stehe. Deswegen konkretisierten ihn die Forscher und kamen zu dem Schluss: Legt man dem Erfolg den Mitarbeiterzuwachs zugrunde, betrug das Durchschnittsalter der Gründer der obersten 0,1-Prozent-Unternehmen 45 Jahre. Wen der Mitarbeiterzuwachs als Erfolgskriterium nicht überzeugt, der begnügt sich vielleicht mit den Verkaufszahlen. Mit Blick darauf kamen die Forscher zu einem ähnlichen Ergebnis: Erfolgreiche Unternehmer seien im Regelfall mittleren Alters.[10]

Selbst vielen »Großen« hat das Alter nicht geschadet, im Gegenteil. Die *Amazon*-Aktie bewegte sich jahrelang seitwärts, bei Kursen von etwa 5 USD, und als sie dann nach oben schoss und Jeff Bezos damit zu einem der reichsten Männer der Welt machte, hatte dieser die 40 längst überschritten. Beim Launch seines erfolgreichsten Produkts, dem *iPhone*, war Steve Jobs

52 Jahre alt. Doch es geht noch älter. *KFC*-Gründer Harland D. Sanders war 62 Jahre alt, als er sich dazu entschloss, seine Geschäftsidee zu teilen, und Pete Harmann, den Besitzer des damals größten Restaurants in Salt Lake City, zu seinem ersten Franchisenehmer machte. Die anschließende Erfolgsgeschichte ist uns bekannt.

Offenbar waren die 40 Jahre schon vor knapp einem Jahrhundert die magische Altersgrenze für Erfolg, obwohl die Menschen damals nicht so alt wurden wie heute. Denn Napoleon Hill schrieb 1937 von seiner Erhebung über 25 000 Menschen, die ergeben habe, »dass Menschen unter 40 Jahren nur selten besondere Erfolge verbuchen« könnten. Ein paar Seiten weiter ergänzt er noch: »Nur selten nimmt jemand auf irgendeinem Gebiet hoch kreative Projekte in Angriff, bevor er 40 ist. Der Durchschnittsmensch erreicht die Spitze seiner Leistungsfähigkeit im Alter zwischen 40 und 60.«[11]

Mit der richtigen Einstellung ist ein höheres Alter kein Hindernis, egal, was man vorhat. Sind dir noch *MobilCom* und *freenet.de* ein Begriff? Die beiden Firmen hatten ihre Glanzzeit in den 1990er-Jahren und machten ihren Gründer, Gerhard Schmid, zeitweise zu einem der 100 reichsten Unternehmer Deutschlands. Allerdings verlor er in der Dotcom-Blase einen großen Teil seines Vermögens. Ohne es selbst am eigenen Leib gespürt zu haben, behaupte ich, dass ein solches Ereignis viele Menschen brechen würde. Aber nicht Gerhard Schmid.

Wie der Zufall es wollte, trat er in derselben Agentur, in der ich Vertriebsleiter war, eine hochrangige Managerposition an. Ich kannte seine Story, und eine Frage brannte mir unheimlich auf den Nägeln: »Wieso fängst du hier als Angestellter an? Ist das ganze Geld weg?« Gerhards trockene Antwort: »Maurice, ich muss nicht arbeiten. Aber ich will.« Er sei gelangweilt davon, mit alten Knackern in mallorquinischen Fincas abzuhängen und Wein zu saufen. »Mir macht es mehr Freude, etwas zu schaffen. Etwas zu bewegen.« Außerdem wolle er in einer Start-up-ähnlichen Atmosphäre arbeiten, weil ihn das jung halte, deswegen habe er sich damals mit seinen 68 Jahren bei *LEAP* beworben.

Das ist ein schönes Beispiel dafür, dass wir, wenn wir tun, was wir lieben, auch noch im Alter arbeiten können und wollen. Vermutlich ist unser Körper nicht mehr so belastbar wie der eines jungen Hüpfers, darum arbeiten wir weniger, doch aufzuhören brauchen wir deswegen noch lange nicht. Wir müssen uns nicht an der gesellschaftlichen Norm orientieren, in Rente zu gehen; und je sinnstiftender unsere Tätigkeit ist, desto größer ist unser Schaffensdrang.

Welche Botschaft nehmen wir denn nun mit, was das Alter betrifft? Heute ist alles möglich! Es gibt weder ein »zu früh« noch ein »zu spät«. Mit 12 Jahren können wir genauso Erfolg haben wie mit 70. Ist das nicht eine wunderbare Welt, in der wir leben? Ohnehin limitiert uns in den meisten Fällen allein unser Gedankengut. Ich denke da an unser letztes *DWS*-Treffen, an dem über 200 Menschen teilnahmen. Einige Teilnehmende waren sportlich angereist; vor dem Veranstaltungsgebäude parkten ein mattgrüner und ein hellblauer Porsche GT3 RS, ein Aston Martin Vantage in grellem Orange, ein schwarzer Rolls-Royce Phantom und ein mattblauer Ferrari SF90. Ziemlich prollig, was? So sah es jedenfalls einer meiner *Instagram*-Follower, der mir mit seiner sarkastischen Nachricht Einblick in seine Gedanken gewährte – vermutlich, ohne sich dessen bewusst zu sein: »Da freut sich die Autovermietung!« Als ich diesen Kommentar dem Besitzer des orangefarbenen Aston Martin zeigte, meinte er kühl: »Stimmt, meine Stiftung vermietet mir den Wagen!« Ich musste so lachen.

Worauf will ich hinaus? Wenn ich ein Bild von einem luxuriösen Fuhrpark sehe, kann ich darauf gedanklich auf verschiedene Weise reagieren. Der Pessimist denkt: *Alles fake!*, *Das sind doch Betrüger!* oder *Da freut sich die Autovermietung!*. Der Optimist denkt: *Wow, auf diesem Parkplatz stehen Autos im Wert von 4 Millionen Euro!*, *Alles ist möglich!*, *Auch ich kann es schaffen!* oder *Wie kann ich es schaffen?*. Der Parkplatz zeigt, wie unterschiedlich wir Menschen ein und dasselbe Bild wahrnehmen (können). Wir allein haben es in der Hand, ob wir der Situation etwas entnehmen, das uns seelisch stärkt, oder etwas, das uns herunterzieht. Halil, einer der *DWS*-Teilnehmenden, gibt uns ein schönes Beispiel dafür, wie wir etwas Positives daraus ziehen können. Er selbst war weniger sportlich angereist, doch als er den Fuhrpark sah, beflügelte ihn dieses Bild. Er erstellte ein *Instagram*-Reel mit dem Kommentar: »Nächstes Jahr reise ich auch mit einem Sportwagen an.«

Meine Empfehlung lautet: Lass dich inspirieren statt frustrieren, egal von welcher Situation. Und komme bitte niemals auf den Gedanken: *Ach, für mich ist es eh zu spät, um erfolgreich zu werden.* Das ist Blödsinn. Dein Alter spielt keine Rolle. Und es gibt nur einen Zeitpunkt, der genau der richtige ist, um erfolgreich zu werden: jetzt!

Handlungsempfehlung

- Was auch immer du unter Erfolg verstehst: Jetzt ist der richtige Zeitpunkt, um dein Leben in diese Richtung zu lenken.
- Welchen *einen* Schritt kannst du noch heute unternehmen?

1

EIGENVERANTWORTUNG

Schuld sind niemals die anderen

> **»Der Mensch wird so lange von den Umständen gebeutelt und herumgestoßen, wie er glaubt, dass er ein Geschöpf äußerer Einflüsse ist.«**[12]

Diese Worte sandte James Allen im Jahr 1902 in die Welt. Verpackt in seinem zeitlosen Buch *Wie wir denken, so leben wir*. Gewagte Worte, nicht wahr? In aller Regel wehrt sich etwas in uns, wenn wir an vollkommene Eigenverantwortung glauben sollen. Warum wir Widerstand leisten, ist offensichtlich: Es gibt mindestens ein Dutzend vermeintlich guter Gründe für die Misere, in der wir uns zu sehen glauben. Eine Rezession. Politische Entscheidungen. Ein Chef, der uns nicht ernst nimmt. Der Arbeitgeber. Eine Partnerin, die uns nicht unterstützt. Falsche Freunde. Eine schwere Kindheit. Bevorzugte Geschwister. Eltern. Unsere psychische Belastbarkeit. Überhaupt die Gesundheit. Mangelndes Talent. All das sind prima Ausreden für Erfolglosigkeit. Denn dann sind wir nicht schuld.

Infolgedessen neigen wir dazu, zu meckern und mit dem Finger auf andere zu zeigen, anstatt die Ursache bei uns selbst zu suchen. Und das, obwohl wir in einem freien Industrieland leben, das uns Chancen bietet, die im weltweiten Vergleich immer noch zu den besten zählen. Die Ironie: Mit dieser Denkweise berauben wir uns unserer Freiheit. Vertreten wir die Meinung, wir seien Opfer der Umstände und nicht für uns selbst verantwortlich, sind wir nicht frei. Wir sind abhängig. Abhängig von den Entscheidungen anderer. Und dadurch erlangen diese anderen Macht über uns und unser Leben. Wieso sollten wir uns freiwillig zum Sklaven machen? Indem wir Eigenverantwortung übernehmen, lösen wir die unsichtbaren Fesseln mit einem Schlüssel, den wir die ganze Zeit mit oder besser gesagt in uns trugen – unseren Gedanken.

Hör auf zu jammern!

Der ehemalige Navy SEAL David Goggins findet folgende Worte: »Nur wir können die Herrschaft über unseren Verstand erringen, und das ist es, was wir tun müssen, um ein mutiges Leben zu führen, voller Errungenschaften, von denen die meisten glauben, dass sie niemals dazu befähigt wären.« Das einzige Gegenargument, das mir zu seiner These einfällt, ist, dass Goggins mehr Maschine als Mensch ist. Die Ausbildung zum Navy SEAL bestand er nicht nur, sondern er schloss sogar als Jahrgangsbester ab. Später entwickelte er sich zu einem Ausnahmeathleten und kam unter anderem beim Badwater Ultramarathon (217 Kilometer Länge, 4000 Höhenmeter, Temperaturen bis zu 50 °C) im ersten Anlauf als Zweiter ins Ziel. Zudem bestritt er einige Ultratriathlons, gegen die der »Ironman« wie eine Sprintdistanz aussieht.

Hatte Goggins gute Startvoraussetzungen? Wohl kaum. In seiner Kindheit wurde er von seinem Vater gedemütigt und verdroschen. Dieser ließ ihn in der familieneigenen Rollschuhbahn schuften wie einen Ackergaul, wofür er jedoch nicht einen Cent erhielt, weil sein sadistischer alter Herr sämtliche Früchte der Plackerei für sich beanspruchte. Irgendwann verließ seine Mutter ihren Ehemann und Peiniger und brachte dem jungen David eine neue Vaterfigur namens Wilmoth in sein Leben. Die beiden verstanden sich, endlich hatte er einen Vater, der ihn mit dem nötigen Respekt behandelte. Alles schien gut, da wurde Wilmoth ermordet. Es gab das Gerücht, er habe sich auf zwielichtige Gestalten eingelassen, was aber im Grunde keine Rolle spielte, denn die Ursache zu kennen, hätte den Verlust und den Rückschlag für ihn und seine Mutter auch nicht abgemildert. Naheliegend, dass diese harte Kindheit einen Rebell aus Goggins machte und ihm als Ausrede für seine Entwicklungsverzögerung diente. Er wies in fast allen Schulfächern Defizite auf, noch als Jugendlicher habe er wie ein Drittklässler gelesen, schreibt er in seinem Buch *Can't hurt me.*[13]

Eines Tages kam es zu einem symbolischen Ereignis. Der jugendliche Goggins betrachtete sein Spiegelbild, und an diesem Tag missfiel ihm ganz besonders, in was er blickte. Während ihn der Gedanke überkam, er sei ein »Möchtegern-Gangster«, der es im Leben zu nichts bringen werde, rasierte er sich nicht nur sein Gesicht, sondern seinen Schädel gleich mit. »Es liegt in deinen Händen«, sprach er zu sich. »Ja, ich weiß, dass die Lage beschissen ist. Ich weiß, was du alles durchmachen musstest. Ich war dabei, du Miststück! Hurra und halleluja! Niemand wird kommen, um dir den Arsch zu retten. Nicht deine Mami und auch nicht Wilmoth. Niemand! Das musst du selbst tun!«

Seitdem glaubt Goggins an 100-prozentige Eigenverantwortung. Er appelliert an uns, aufzuschreiben, was unserem Erfolg im Weg steht. Jedes Detail, ohne Scheu. Wenn uns jemand Schaden zugefügt habe oder wir auch heute noch Verletzungen ausgesetzt seien, dann sollten wir diese Geschichten schildern. Das gebe dem Schmerz Kontur, dadurch würden wir das Potenzial darin erkennen, »den ganzen Scheiß« hinter uns zu lassen, ist Goggins überzeugt. »Sie werden Ihre Geschichte, diese Liste von Ausreden, diese ganzen ausgezeichneten Gründe dafür, dass Sie es im Leben zu nichts bringen sollten, nutzen, um damit letztlich Ihren Erfolg zu befeuern.«

Der hat leicht reden, magst du denken, immerhin war er körperlich gesund. Was ist mit beeinträchtigten Menschen? Eine körperliche Behinderung sollte doch wohl als Ausrede gelten, oder? Lass mich diesem Einwand mit der Geschichte von Oliver Brünner begegnen – einem bemerkenswerten Mann, der schon in meinem Podcast zu Gast war.

Ob Träume wahr werden, liegt bei uns

Im Jahr 1962 nimmt sich Oliver Brünner seiner Lebensaufgabe an. Während seiner Geburt liegt ihm die Nabelschnur um den Hals. 15 Minuten lang Sauerstoffmangel lassen die Ärzte zu seiner Mutter sagen: »Sie haben ein Sorgenkind geboren.«

Rückblickend denkt er: *Was haben sie sich doch geirrt!* Erst anderthalb Jahre nach seiner Geburt zeigt sich das wahre Ausmaß der Komplikation. Oliver kann weder laufen noch sitzen, seine Hände sind unbenutzbar, seine Sprache ist lallend und holprig. Fortan besucht er eine Klinik nach der anderen, bis die Ärzte schließlich herausfinden, er leide an einer »spastischen Tetraparese mit Gesichtslähmung«.

Seine Kindheit und Jugend verlaufen den Umständen entsprechend, im Alter von 16 Jahren wird er von seinen Eltern in ein Behindertenheim gesteckt. Nachdem er dort angekommen ist, bricht eine Welt für ihn zusammen. *Was habe ich nur getan?* Nicht einmal die Fenster lassen sich öffnen. Jede Zelle in ihm wehrt sich gegen die neue Umgebung, die einer Zelle gleicht, und eine innere Stimme befiehlt ihm, ihr sofort zu entfliehen. Aber wie? Dank der scheinbar ausweglosen Situation lernt Oliver, die richtigen Fragen im Leben zu stellen, jene, die immer beantwortet werden. In diesem Fall: Wie kann ich dieses Haus wieder verlassen?

Der Heimleiter beginnt seine Begrüßungsrede mit den motivierenden Worten: »Herzlich willkommen. Sie bleiben hier bis ans Ende Ihrer Tage. Es sei denn, Sie leisten sich dreimal eine Abmahnung. Dann haben Sie das Haus zu verlassen.« Oliver sieht darin eine Chance, ja einen Fluchtweg aus dem Heim. Am selben Abend liegt er in seinem Bett und lauscht dem Radiosprecher, als dieser verlauten lässt: »If you can dream it, you can do it.« Es hat den Anschein, als gelten die Worte allein ihm. Er springt aus dem Bett und träumt! In seinem Traum lebt er in Wohlstand, reist um die Welt, fährt schicke Autos und ist von liebevollen Menschen umgeben. Träume werden wahr, ist sich Oliver sicher. »Die Grenzen deiner Träume sind oft die Grenzen deiner Welt. Was du dir nicht erträumen, was du dir nicht vorstellen kannst, das wirst du auch niemals erleben.«

Daraufhin sorgt Oliver dreimal für Stress; sein Dank gilt dem Heimleiter für den hervorragenden Tipp zum Ausbruch. Als wäre er vom Universum gesandt worden!

1984 verlässt Oliver das Heim. Noch beim Rausgehen ruft ihm jemand hinterher: »Du wirst in der Gosse landen.« Oliver lächelt und entgegnet: »Sicher. Aber diese Gosse wird mir gehören!« Olivers Philosophie lautet: Manchmal muss man durch Türen gehen, von denen man nicht weiß, wohin sie führen. Und manchmal muss man Regeln brechen, um auszubrechen.

Nach dem Ausbruch gleicht er zunächst sein Bildungsdefizit aus. Erst holt er seinen Realschulabschluss nach, anschließend besteht er sein Wirtschaftsabitur. Es folgt ein Studium in Lüneburg. Weil er knapp bei Kasse ist, bewirbt sich Oliver parallel als IT-Trainer der Fachhochschule Lüneburg. Im Vorstellungsgespräch stößt er auf Ablehnung: »Nein, mit dieser Behinderung können wir Sie unmöglich auf unsere Teilnehmer loslassen.« Oliver erhält eine Absage. Weil aber in seiner Welt das Glück mit den Mutigen ist, lässt er sich den Mut nicht nehmen, er lässt sich nicht entmutigen.

Es dauert ein paar Wochen, da klingelt das Telefon. Die Fachhochschule Lüneburg! »Herr Brünner, wir haben einen Trainerausfall. Könnten Sie einspringen?« Und ob er kann. Von diesem Zeitpunkt an geht es in seiner Trainerkarriere steil bergauf. Heute ist Oliver ein international agierender SAP- und IT-Trainer, der von seinen Kunden um die Welt geschickt wird. Nebenbei hat er eine wundervolle Familie mit sechs gesunden Kindern.

Eines Abends sitzt Oliver in einem Ingolstädter Biergarten, als er mitbekommt, wie ein Trainerkollege ein alkoholfreies Weizen bestellt – in Bayern kommt das einer Straftat gleich, muss man dazu wissen. Die beiden kommen ins Gespräch, und der Mann erzählt ihm, er trainiere für einen Halbmarathon, daher der Alkoholverzicht. Oliver fragt nach, findet dieses sportliche Ziel inspirierend. Da sagt der Mann, dem Olivers Behinderung keineswegs entgangen ist: »Lauf doch mit!« Oliver sieht an sich herunter, dann wieder zu dem Mann: »Mit diesen Beinen?« – »Ja, probier's doch einfach. Komm jeden Mittwoch zum Lauftreff, und wir trainieren gemeinsam. Wie wär's?« Oliver nimmt das Angebot an. Er läuft sehr langsam, weil bei jedem Schritt seine Knie aneinanderreiben. *Das wird nichts mit dem Halbmarathon*, denkt er.

Wieder stellt er sich eine mächtige Wie-Frage: »Wie kann ich es trotzdem schaffen?« Und so kommt ihm die Idee, sich in einem Fitnessstudio anzumelden und das Laufband auszuprobieren. Doch schon bei einer Geschwindigkeit von 4 km/h wird es gefährlich. Oliver stürzt. Ihn überkommen abermals Zweifel, aber anstatt aufzugeben, widmet er sich den Laufstudien von Geoffrey Kiprono Mutai, einem kenianischen Langstreckenläufer. Er liest sie nicht, nein, er studiert sie, und zwar so lange, bis er sie »in den freien Raum projizieren« kann. Oliver geht erneut ins Fitnessstudio, steigt aufs Laufband, lässt den Film vor seinem inneren Auge ablaufen und tauscht den Kenianer gegen sich aus. Es braucht sechs Monate tägliches Training, da läuft er plötzlich, ohne dass die Knie aneinanderreiben. Er steigert seine Geschwindigkeit erst auf 6, dann auf 8, schließlich auf 12 km/h. Am 28. April 2012 finisht er einen Halbmarathon und kommt *nicht* als Letzter ins Ziel.

Natürlich hatte Oliver auf seinem erfolgreichen Lebensweg mit negativen Gedanken zu kämpfen und Blockaden zu überwinden. Deswegen eignete er sich verschiedene Techniken an, eine davon werden wir im sechsten Kapitel kennenlernen. Doch das vorab: Wenn jemand zu uns sagt, wir könnten etwas nicht, seien zu etwas nicht imstande oder nicht gut genug, dann ist das laut Oliver bloß eine Meinung. Verloren haben wir erst, wenn wir diese Meinung annehmen. Darum sollten wir das Zepter für unser Leben selbst in die Hand nehmen. Schließlich sind wir nicht auf diesem Planeten, um das Leben anderer Leute zu leben. Wir sind hier, um unser Leben zu leben. If we can dream it, we can do it! [14]

Nachdem wir von Olivers Geschichte gehört haben, kommen wir uns regelrecht albern vor, erwischen wir uns bei destruktiven Gedanken wie *Ich schaffe es nicht, 15 Minuten pro Tag zu lesen*, *Ich habe keine Zeit, mehr Sport zu treiben* oder

Mein Leben ist so stressig, nur deshalb esse ich so viel Süßes!. Wir können es entweder handhaben, wie von Goggins empfohlen, also unserem Spiegelbild gehörig die Meinung geigen, oder aber wir stellen uns stattdessen Oliver Brünner vor. Eine größere Motivation gibt es kaum. Denn welche Ausrede wollen wir vorbringen, wenn selbst dieser Mann, trotz all seiner Einschränkungen, nicht in Wehmut verfällt, sondern stets Eigenverantwortung übernimmt?

Bei aller Motivation stellt sich aber dennoch eine Frage: Hat man überhaupt wissenschaftlich untermauert, dass eigenverantwortliches Handeln erstrebenswert ist?

Warum Selbstbestimmung und Autonomie den Erfolg fördern

Gemäß der Selbstbestimmungstheorie von Richard M. Ryan und Edward L. Deci hat jeder Mensch drei psychologische Grundbedürfnisse: *Kompetenz*, *Autonomie* und *soziale Eingebundenheit*.[15,16] Ihre Befriedigung führt zu effektivem Verhalten, außerdem hängt das psychische Wohlbefinden von diesen drei Grundbedürfnissen ab.

Unter *Kompetenz* verstehen wir das Gefühl, effektiv auf die Dinge, die wir als wichtig erachten, Einfluss zu nehmen. Wir wollen entsprechende Resultate sehen, nur so bleiben wir motiviert. Nehmen wir an, du beschließt, Spanisch zu lernen. Du setzt dich mit den Grundlagen der Grammatik auseinander, lernst Vokabeln und übst typische Situationen ein, wie beispielsweise den Bestellvorgang eines *café con leche*. Mit der Zeit erzielst du Fortschritte. Manches fällt dir leicht, anderes fordert dich heraus, aber insgesamt hast du das Gefühl, voranzukommen. Du führst erste Gespräche auf Spanisch, erhältst Feedback, erlebst kleine Erfolge. Dieses Gefühl der Kompetenz fördert dein Engagement. Es hilft dir, dranzubleiben und dich weiter verbessern zu wollen. Aber was, wenn das Kompetenzerleben ausbliebe? Darunter litte mit ziemlicher Sicherheit dein Wohlbefinden, was auch deine Motivation beeinträchtigen würde.

Autonomie steht in der Selbstbestimmungstheorie für ein Gefühl der Freiwilligkeit. Hiermit ist nicht unbedingt gemeint, völlig unabhängig von anderen Personen oder Gegebenheiten zu sein, vielmehr geht es darum, selbstbestimmt zu handeln und zu entscheiden. Eine Angestellte, die nach den Vorgaben ihrer Führungskraft arbeitet, muss sich nicht zwangsläufig abhängig fühlen. Solange sie die Entscheidungen der Führungskraft gutheißt, wird die Angestellte ihre Autonomie nicht bedroht sehen. Und selbst, wenn sie nicht von den Entscheidungen überzeugt ist, hat sie immer noch die Freiheit, zu kündigen, wann immer es ihr beliebt. Eine solche Selbstreflexion senkt das Risiko, uns als Opfer der Umstände zu betrachten, wie wir noch sehen werden, sobald wir uns mit den stoischen Lehren befassen.

Soziale Eingebundenheit umschreibt das Gefühl von Verbundenheit und Akzeptanz, das wir erleben (wollen), weil wir Teil einer Gemeinschaft sind. Letztlich geht es darum, was wir unseren Mitmenschen bedeuten und umgekehrt.

Im Zentrum der Selbstbestimmungstheorie steht die Motivation, denn sie steuert unser Verhalten. Grundsätzlich unterscheiden wir zwischen *intrinsischer* und *extrinsischer* Motivation, das sollte nichts Neues sein, allerdings betrachten Ryan und Deci sie als mehrdimensional, untergliedern sie somit feiner in: *fremdbestimmt*, *eher fremdbestimmt*, *eher autonom* und *autonom*. Lass uns einen Blick auf die steuernden Elemente dahinter werfen.

Fremdbestimmt fühlen wir uns zum Beispiel, wenn uns eine Belohnung in Aussicht steht oder aber, im Gegenteil, eine Strafe droht. Wir denken an einen Jungen, dessen Eltern ihn zum Lernen motivieren wollen. Es gilt die Abmachung: Schreibt er eine Eins in der Mathearbeit, bekommt er 5 Euro, bringt er hingegen eine Fünf mit nach Hause, kassieren die Eltern für eine Woche seine Videospielkonsole ein.

Eher fremdbestimmt ist unser Verhalten, sofern wir Schuldgefühle und Ängste vermeiden wollen oder unser Selbstwertgefühl dadurch zu stärken versuchen, indem wir beispielsweise den Stolz unserer Mitmenschen anstreben. Bleiben wir bei dem Schuljungen. Selbst ohne eine entsprechende Abmachung könnte der Junge zum Lernen motiviert sein, eben um seine Eltern nicht zu enttäuschen beziehungsweise umgekehrt: weil er sich nach Lob sehnt. Solange er nicht den wahren Wert hinter dem Lernaufwand sieht, basiert seine Motivation auf den Zielen seiner Eltern.

Das ändert sich, wenn der Junge erkennt und davon überzeugt ist, dass ihm das Wissen, das er sich aneignet, berufliche Türen öffnen kann. Jetzt handelt er *eher autonom*.

Autonom ist das Verhalten des Jungen, sofern er etwas lernt, das ihm Freude bereitet und er ein eigenes Interesse daran hat – völlig freiwillig und ohne Regulierung oder Ziel von außen. Er folgt einem inneren Gefühl, falls er sich zum Beispiel mit Astronomie befasst, weil ihn die Sterne begeistern.

Bemerkenswerterweise würde die autonome Motivation des Jungen, sich mit Astronomie zu befassen, voraussichtlich leiden, kämen plötzlich äußere Anreize hinzu. Sagen wir, die Eltern schenken ihm ein Teleskop zu Weihnachten; und weil diese Anschaffung recht kostspielig ist, knüpfen sie sie an die Bedingung, er müsse sich jeden Abend eine halbe Stunde damit beschäftigen. Diese Bedingung nähme dem Jungen mit hoher Wahrscheinlichkeit die Freude daran, die Sterne zu beobachten, und seine anfängliche intrinsische Motivation käme zum Erliegen. Dieses Phänomen nennen Wissenschaftler den *Korrumpierungseffekt*.

Nun klingt »korrumpieren« in diesem Beispiel nach einem harten Wort. Die Eltern wollen dem Jungen ja nicht schaden, sondern zu besserer Leistung motivieren. Aber kann das sinnvoll sein? Anders gefragt: Leisten wir bessere Ergebnisse, wenn wir Anweisungen von außen bekommen? Tatsache ist, eine fremdbestimmte Person handelt im Vergleich zu einer autonom motivierten weniger effektiv, insbesondere wenn Attribute wie Kreativität, Problemlösungskompetenz oder Durchhaltevermögen gefragt sind.

Die Qualität der Ergebnisse steigt mit der Autonomie, noch dazu profitieren die psychische Gesundheit und das Wohlbefinden. Dies lasse sich laut Ryan und Deci damit begründen, dass Autonomie eines der drei psychologischen Grundbedürfnisse ist, die wir befriedigt wissen wollen, weil wir uns dadurch besser fühlen. Mehr noch: Wir fühlen uns vitaler. Ein Verhalten, das zur Befriedigung aller drei Grundbedürfnisse führt, entzieht uns keine psychische Energie, stattdessen vitalisiert es uns, spendet uns also Energie, die uns für Handlungen zur Verfügung steht.

Doch welches Verhalten zahlt auf die drei psychologischen Grundbedürfnisse ein? Dazu wird in der Selbstbestimmungstheorie nicht nur die Motivation in »extrinsisch« und »intrinsisch« unterteilt, die Ziele ebenso. Zu den intrinsischen Zielen zählen *Gruppenzugehörigkeit*, *soziales Engagement* und *Persönlichkeitsentwicklung*. Erreichen wir sie, fühlen wir uns in der Regel psychologisch befriedigt. Extrinsische Ziele – darunter fallen beispielsweise *materieller Reichtum*, *Ruhm* oder *Ansehen* – befriedigen uns hingegen eher nicht. Das ist umso erstaunlicher, als viele Menschen genau danach streben, es erklärt aber auch, dass sie Glückseligkeit oftmals nicht in dem Maße empfinden, wie sie vor Erreichung des extrinsischen Ziels vermutet hätten. Man erwischt sich schon mal bei Gedanken wie: *Warum ist dieser Sänger depressiv, der führt doch ein Leben, von dem die meisten nur träumen?* Mit dem Wissen über die psychologischen Grundbedürfnisse dürfen wir nun spekulieren, es fehle ihm vielleicht an gefühlter Autonomie. Lässt er sich von extrinsischen Kräften leiten? Will er womöglich gar nicht singen? Oder würde er in seinen Songs lieber etwas anderes zum Ausdruck bringen, doch sein Produzent oder seine Managerin raten ihm aus monetären Gründen davon ab? Wer weiß, wer weiß.

Dass die fehlende Befriedigung von Autonomie eine Depression bei dem Sänger auslöst, ist gar nicht so weit hergeholt. Denn wie Ryan und Deci schreiben, würden klinische Berichte darauf hinweisen, Magersucht könne die Folge einer längeren Unterdrückung psychologischer Grundbedürfnisse sein. Wurde das Verlangen nach Kompetenz und Autonomie über einen langen Zeitraum nicht befriedigt, kompensieren Betroffene dies mitunter über ihr Essverhalten. Denn was und ob wir essen, darüber besitzen wir jederzeit die Kontrolle.

Demnach spricht vieles dafür, autonom und eigenverantwortlich zu handeln, sowohl im Hinblick auf unseren Erfolg als auch auf unsere (psychische) Gesundheit. Autonomie und Eigenverantwortung mögen nicht dasselbe sein, doch liegen die beiden Begriffe dicht beieinander. Wie wäre es, wenn wir es wie folgt betrachten: Wir treffen eigenverantwortlich die Wahl, in möglichst vielen Situationen autonom zu handeln, stets unsere Kompetenz zu fördern und uns ein Umfeld zu suchen, das uns bei dem unterstützt, was wir uns vornehmen. Das dürfte sich positiv auf unser Leben auswirken.

Einen weiteren wissenschaftlichen Beleg dafür, dass Eigenverantwortung zum Erfolg beiträgt, lieferten Rauch und Frese im Jahr 2007. Die Gießener Forscher untersuchten, wie sich Persönlichkeitsmerkmale und Verhaltensweisen auf den unternehmerischen Erfolg auswirken. Es handelt sich um eine Metastudie, das heißt, es floss eine Vielzahl empirischer Studien ein.[17]

Unter »unternehmerischem Erfolg« verstanden die Autoren allem voran die finanzielle Leistung, das Wachstum, die Innovations- sowie die Überlebensrate des Unternehmens. Wie haben wir uns die Persönlichkeit eines erfolgreichen Unternehmers vorzustellen? Stark mit Erfolg korrelierten Merkmale wie Leistungsbereitschaft, Innovationsfreude, Stresstoleranz, proaktive Persönlichkeit, Autonomiestreben und Selbstwirksamkeit. Die letzteren beiden Merkmale lassen sich am ehesten mit »Eigenverantwortung« gleichsetzen. Denn eine autonome, selbstwirksame Person hat das Vertrauen in die eigene Kompetenz, »Aufgabenanforderungen wirksam bewältigen zu können«.[18]

Diese Merkmale scheinen aber nicht nur für Unternehmer sinnvoll, sondern für uns alle, die wir nach Erfolg streben. Denn sie verkörpern ein erfolgreiches Gedankengut. Nehmen wir unsere Gedanken zum Stichwort. Wer sich eingehend mit Eigenverantwortung befasst, wird bei seiner Suche früher oder später in der Antike landen. Genauer gesagt bei den Stoikern.

Was uns die Stoiker über Eigenverantwortung lehren

»Eine der Hauptursachen unserer Unzufriedenheit im Leben ist, unser Wohlbefinden von Dingen abhängig zu machen, die jenseits unserer Macht liegen.« Diese Worte wählte Marcos Vázquez, ein spanischer Blogger, der in seinem Buch *Invicto – Unbezwingbar* über die stoische Lebenssicht aufklärt.[19] Zu den bekanntesten Stoikern zählten die antiken Philosophen Epiktet und Seneca sowie der ehemalige römische Kaiser Marcus Aurelius. Ihnen allen gemein sei, dass sie Antworten auf eine der zentralen Fragen der Menschheit finden wollten: Wie führt man ein gutes Leben?

Unsere Energie ist begrenzt, daher sei es nicht zu empfehlen, sie zu verschwenden, indem wir uns um Dinge sorgen, die außerhalb unseres Einflussbereichs liegen. Neulich habe ich einen negativen Gedanken aufgeschnappt, der gut hierzu passt. Ein älterer Herr blickt einen Wohnturm hinauf und sagt zu seiner Frau: »Wenn es jetzt ein Erdbeben gäbe, würde das Gebäude wie ein Kartenhaus einstürzen und uns unter den Trümmern begraben.« Woher solche Gedanken kommen, ist nicht schwer zu erraten. Bedeutsamer aber ist die Frage: Wohin sollen sie führen? Ja, ein schweres Erdbeben würde das Gebäude dem Erdboden gleichmachen und Tod und Unglück mit sich bringen. Es wäre ein Desaster. Zu welchem Zweck aber sollte ich während eines Spaziergangs an einem schönen Sommertag ausgerechnet daran denken? Werte ich dadurch mein Leben in irgendeiner Art und Weise auf? Welches Ziel verfolge ich? Geht es mir anschließend besser? Ob das Gebäude einstürzt, entzieht sich meiner Einflussnahme, und der Gedanke daran erzeugt Angst. Die Stoiker empfahlen, den Fokus auf Dinge zu richten, die wir beeinflussen können; allem anderen, was nicht in unserer Macht steht, sollten wir möglichst wenig Beachtung schenken.

Damit ist nicht gemeint, Ingenieure sollten die Erdbebensicherheit ignorieren. Ihnen verdanken wir, dass unsere Gebäude leichten bis mittelschweren Erdbeben trotzen, weil sie sie wieder und wieder durchgerechnet und eine entsprechende Konstruktion entwickelt haben. Nur wirkte der Passant auf mich weniger wie ein Ingenieur, der mit Sachverstand nach Lösungen suchte, sondern eher wie jemand, dessen Gedanken von negativen Schlagzeilen getrübt waren. Jedenfalls hätten ihm die Stoiker geraten, seine Energie sinnvoller einzusetzen – und zwar für seine Handlungen.

Epiktet soll einst gesagt haben: »Der weise Mensch achtet auf die Absicht seines Handelns, nicht auf ihre Ergebnisse. Die anfängliche Handlung liegt unter unserer Kontrolle, aber das Schicksal bestimmt ihr Ende.« Wir brauchen ein Gespür dafür, wo die Grenze unserer Macht verläuft. Was liegt innerhalb, was außerhalb? Die Stoiker sprachen von der *Dichotomie der Kontrolle*. Sie sei »ein fundamentales Grundprinzip des Stoizismus« und habe »große praktische Relevanz für unseren Alltag«.

Ein Beispiel soll uns helfen, zu begreifen, was die Stoiker meinten. Eine Verkäuferin, die jedes Mal, wenn sie eine Absage erhält, enttäuscht zusammenbricht, wird es nicht weit bringen. Wir nehmen an, sie gibt ihr Bestes, um die Kunden zu überzeugen, nur führt nun einmal selbst bei größter Verkaufskunst nicht jeder Termin zum Erfolg. Ihre Überzeugungsarbeit ist die Handlung; ob der Kunde schließlich kauft, wiederum das

Ergebnis. Eine Absage sollte sie zur Kenntnis nehmen und als Information betrachten, die ihr dabei hilft, sich zu verbessern und auf den nächsten Kundentermin vorzubereiten. Mehr liegt nicht in ihrer Macht.

Auf Handlungen konzentrieren statt auf Ergebnisse – auch ich habe diese Lektion als Verkäufer gelernt. Wer im Vertrieb an seine Fähigkeiten glaubt, lässt sich gemessen am Umsatz (Ergebnis) bezahlen. Der Vorteil: Man tauscht nicht bloß Zeit gegen Geld wie diejenigen, die für ein Fixgehalt arbeiten. Das bringt jedoch auch einen Nachteil mit sich. Man neigt dazu, dem Ergebnis ein zu hohes Gewicht zu verleihen und verzerrt dadurch die Realität.

Ein Beispiel: Anfang Januar meldete sich ein potenzieller Kunde und schloss kurz darauf den Deal meines Lebens mit mir ab. Allein durch diesen Neukunden hatte ich das Quartalsziel erreicht. Gefährlich wird es, falls das zu Faulheit führt. Denn ich habe diesen Kunden zwar einer Handlung zu verdanken, doch liegt diese drei Monate in der Vergangenheit. Drei Monate lang hatte ich Interessenten angerufen, Termine vereinbart, gepitcht. Es gab viele Absagen, ein paar mittelmäßige Zusagen und dann plötzlich diesen Monsterdeal. Du erkennst die Gefahr?

Wenn ich nur auf das Ergebnis starre, verleitet mich das zu dem Denkfehler, ich hätte meine Provision meinen jüngsten Handlungen zu verdanken. Und wenn ich jetzt meine Verkaufsaktivität herunterfahre, statt weiter Gas zu geben, sitze ich womöglich in drei Monaten auf dem Trockenen. Niemand weiß, ob meine Handlungen zu einem Ergebnis, das heißt zu einem Abschluss, führen. Es liegt nicht in meiner Hand.

Was ich aber jederzeit beeinflussen kann, sind die Handlungen, also gute Vertriebsarbeit zu leisten. Deswegen habe ich neben den üblichen Kennzahlen (Umsatz, Anzahl der Abschlüsse usw.) auch Mikrokennzahlen definiert: Wie viele Telefonate habe ich geführt? Wie viele E-Mails und *LinkedIn*-Nachrichten habe ich versendet? Wie oft habe ich einen Kunden besucht?

Diese Aktivitäten samt ihrer Überwachung lagen in meiner Verantwortung.

Wenn wir uns mit den stoischen Lehren befassen, kommen wir mitunter zu dem voreiligen Schluss, das Klügste sei es, sich dem Schicksal hinzugeben, da die Ergebnisse ja ohnehin außerhalb unseres Machtradius liegen. Doch das hätten die Stoiker garantiert nicht befürwortet. Ihrer Meinung nach liege die Selbstverwirklichung in unserer Verantwortung, genau genommen empfahlen sie, das Ziel zu verfolgen, »die beste Version von uns selbst zu werden«. Natürlich schließt das ein, dass wir manche Dinge hinnehmen müssen, wie etwa das Wetter, die Meinungen anderer oder politische Entscheidungen. Mir gefällt die Analogie, in der ein Hund an einen Karren gebunden ist. Der Karren wird von Tieren gezogen, die wesentlich stärker sind als er. Zwei Möglichkeiten bleiben ihm: Er kann sich vehement wehren, indem er bellt, jault und den Karren mit seinen Beinen zu bremsen versucht, was zwecklos wäre. Oder er akzeptiert sein Schicksal, nutzt die volle Länge seiner Leine aus und erkundet neugierig alles auf dem Weg, den der Karren nimmt. Es geht darum, »mit den Karten, die uns das Leben gerade zur aktuellen Zeit austeilt, das optimale Ergebnis zu erzielen«.

Reinhold Niebuhr, ein Theologe, Philosoph und Politikwissenschaftler, formulierte hierzu passend sein *Gelassenheitsgebet*: »Gott, gib mir die Gelassenheit, Dinge hinzunehmen, die ich nicht ändern kann, den Mut, Dinge zu ändern, die ich ändern kann, und die Weisheit, das eine vom anderen zu unterscheiden.«[20] Das schließt auch schwere Schicksalsschläge ein, zum Beispiel den Verlust eines uns nahestehenden Menschen. Weder Niebuhr noch die Stoiker hätten empfohlen, nicht zu trauern; das wäre eine gefühlskalte Reaktion, noch dazu eine Verdrängung. Aber sie hätten sicherlich dazu geraten, nach einer angemessenen Dauer der Trauer den Blick wieder auf das Hier und Jetzt zu richten. Geschehenes lässt sich nicht ungeschehen machen, und wir sollten nicht zulassen, dass unsere Gegenwart darunter leidet. Außerdem hat jedes negative Geschehen auch sein Gutes – es zu erkennen, liegt in unserer Verantwortung.

Eigenverantwortung zu übernehmen, ist demnach von den Stoikern hocherwünscht, denn nur auf diese Weise bringen wir es zu der besten Version unseres Selbst. Die Dinge hinzunehmen, die außerhalb unserer Kontrolle liegen, bedeutet gewiss nicht, ohne Leistungsbereitschaft etwas vom Leben erwarten zu dürfen. Epiktet sah es so: »Denk daran, dass du niemals die Belohnungen erhalten wirst, die andere hatten, ohne die gleichen Anstrengungen zu unternehmen. Es ist nicht vernünftig zu glauben, dass wir etwas bekommen können, ohne den fairen Preis zu zahlen. Diejenigen, die etwas erreicht haben, haben keinen Vorteil gegenüber dir, weil sie dafür einen Preis zahlen mussten. Es ist immer unsere Wahl, ob wir den Preis für eine Belohnung bezahlen wollen.«

Das erinnert mich an die Kommentare mancher Leute zu meinem *Instagram*-Account: »Maurice, du hast es ja so leicht! Du veröffentlichst einen Beitrag, und schon gewinnst du Kunden.« Der Punkt ist: Meine Intention war es anfangs überhaupt nicht, Geld mit *Instagram* zu verdienen. Vielmehr ließ ich mich von meiner Neugier leiten: Wie funktioniert *Instagram* überhaupt? Urlaubsfotos zu posten, darin sah ich nicht gerade meine Stärke, stattdessen zog ich es vor, meine Mitmenschen an meinem Verlangen nach Sachbüchern teilhaben zu lassen. Ich lud Fotos von markierten Buchseiten hoch und fasste die Markierungen in wenigen Worten zusammen. Die Leute fingen an, sich bei mir zu bedanken, weil sie ihre täglich empfohlene Lesedosis erhielten, ohne selbst ein Buch lesen zu müssen. Das positive Feedback hat mich glücklich gemacht, hat mich zum Weitermachen motiviert. Der Mehrwert sprach sich herum, und mit der Zeit wurde ich mit Reichweite belohnt. Natürlich ist mir diese Reichweite heute von Nutzen, wenn ich für meine Inhalte werbe. Die Chance dafür, Kunden zu gewinnen, liegt viel höher als anfangs, das bestreite ich nicht. Weil Vertrauen vorhanden ist. Dieses Vertrauen musste ich jedoch erst gewinnen. Diejenigen, die behaupten, die Kundengewinnung sei ein Leichtes, vergessen die vielen Stunden, die ich in den Aufbau meines Profils gesteckt habe (Handlung). Ihr Blick liegt allein auf meiner Reichweite (Ergebnis).

Diese Worte erinnern eher an Disziplin und Durchhaltevermögen als an Eigenverantwortung. Bevor ich allerdings Disziplin aufbringen kann, muss ich 100-prozentige Eigenverantwortung für mein Leben übernommen haben. Oder wie die Stoiker es ausdrücken würden: »Es ist töricht, eine Belohnung zu erwarten, ohne den Preis dafür zahlen zu wollen.«

Das Kapitel auf einen Blick

- Autonomie ist ein psychologisches Grundbedürfnis. Wir erfüllen es, indem wir eigenverantwortlich handeln.
- Übernehmen wir einhundertprozentige Eigenverantwortung, befreien wir uns von den Einflüssen anderer.
- Die Stoiker empfahlen, wir sollten uns auf Handlungen konzentrieren statt auf Ergebnisse. Denn nur die Handlungen liegen in unserer Macht.
- Was außerhalb unseres Machtbereichs liegt, nehmen wir zwar zur Kenntnis, aber wir versuchen es nicht zu kontrollieren, weil dies Zeitverschwendung wäre.

Handlungsempfehlung

- Ab heute übernimmst du volle Verantwortung für dein Leben. Nicht 90 %, nicht 99,99 %, sondern 100 % Eigenverantwortung!
- Committe dich, indem du »Ich übernehme 100 % Eigenverantwortung für mein Leben!« auf einen Zettel schreibst und ihn an einen Ort legst oder hängst, wo du ihn jeden Tag siehst.

2

LEIDENSCHAFT UND SINN

Die falsche Leidenschaft schafft Leiden, die richtige verspricht Zufriedenheit

Paris, 5. August 2024. Bei den Olympischen Spielen nimmt ein Athlet 45 Meter Anlauf, um etwas zu wagen, was niemand zuvor geschafft hat. Er will als erster Mensch eine Höhe von 6,25 Meter überspringen, unter Zuhilfenahme eines Kunststoffstabs, wohlgemerkt. Knapp 75 000 Menschen schauen ihm dabei zu, einschließlich seines Konkurrenten Sam Kendricks, der sich mit seinem Sprung bereits die Silbermedaille gesichert hat. 5,95 Meter, nicht schlecht! Doch Armand Duplantis springt schon seit Längerem in seiner eigenen Liga. Für ihn liegt die Latte bloß eine Lineallänge höher – aber auf diesem athletischen Niveau bedeuten 30 Zentimeter die Welt.

Der erste Versuch scheitert wegen eines Missgeschicks. Duplantis befindet sich schon auf der anderen Seite der Latte, touchiert dieselbe jedoch mit seinem rechten Arm. Für eine Sekunde scheint er enttäuscht, dann kehrt Gelassenheit zurück in die Mimik des 24-Jährigen.

Zweiter Versuch. Nun wirkt er konzentrierter, ernster. Das Publikum unterstützt ihn klatschend in einem Takt, den Duplantis vorgegeben hat. Erneut nimmt er Anlauf und fliegt mit seinem Stab in die Höhe; wieder scheint er mit einer Leichtigkeit über die Latte zu fliegen, nur weiß das dieses Mal sein Knie zu verhindern. Zusammen mit der Latte fällt er auf die Matte. Ein Blick zu seiner Freundin verrät: Der Druck ist gestiegen.

Letzter Versuch, zumindest bei diesen Olympischen Spielen. Die Musik im Stadion geht aus. Das Einzige, was man noch hört, ist das Klatschen tausender Hände. Das Publikum will es, Duplantis will es, selbst seine Konkurrenten wollen es. Zum dritten Mal sprintet er mit dem Kunststoffstab in den Händen die 45 Meter bis zum Absprungpunkt. Er sticht den Stab in den Boden, hebt ab und »baut ein Haus über der Latte«, wie man in diesem Sport zu sagen pflegt. Weltrekord! Kaum ist Duplantis auf der Matte gelandet, da läuft er auch schon sichtlich stolz und erleichtert in Richtung Publikum. Frenetischer Beifall, Jubelschreie, Pfiffe. Was ist hier gerade passiert? Laut Kommentatorin habe er sich mit seinem nun schon neunten Weltrekord »unsterblich gemacht«. Mit nur 24 Jahren hat Armand Duplantis das erreicht, wovon die meisten Leichtathleten träumen: Er ist dreimaliger Europameister, zweimaliger Weltmeister, und er hat zum zweiten Mal olympisches Gold im Stabhochsprung geholt. Hat er Talent? Mit Sicherheit. Kam sein Erfolg über Nacht? Bestimmt nicht. Genauer gesagt blickte er bei seinem Olympia-Siegessprung schon auf 20 Jahre Erfahrung zurück. Schon im Alter von 4 Jahren sprang er im Wohnzimmer seiner Eltern mit einem kleinen Fiberglasstab auf die Ottomane. »Während des Laufens einen Stab in den Boden zu drücken und sich daran festzuhalten, ist nicht so einfach. Normalerweise muss man 10, vielleicht sogar 12 Jahre alt sein, um es überhaupt zu versuchen. Er hat es mit einer Leichtigkeit hinbekommen«, berichtet sein Vater.[21]

Duplantis Vater, seinerzeit selbst Stabhochspringer, und seine Mutter, eine Siebenkämpferin, förderten ihn schon früh. Moment mal, ist das einer dieser Fälle, wo Eltern ihre unerfüllten Träume über die Kinder zu realisieren versuchen? Anders gefragt: Drängten ihn seine Eltern dazu, Stabhochspringer zu werden? Auszuschließen ist es nicht, jedoch schwer vorstellbar, denn wie motiviert man einen Vierjährigen, mit einem Stab auf eine Ottomane zu springen? Es scheint vielmehr, als wäre das Feuer von selbst entfacht. So erklärt sich denn auch, wie Duplantis Stunden damit verbringen konnte, Videos seines Idols Renaud Lavillenie zu schauen, der zwischen 2014 und 2020 den Weltrekord hielt. Bis ihn letztlich kein anderer als Duplantis brach.[22] Ein Teil dieser Bilderbuchkarriere ist sicherlich auf elterliche Unterstützung zurückzuführen. Kürzt man jedoch eine entscheidende Komponente aus der Gleichung heraus, hätte es Duplantis mit hoher Wahrscheinlichkeit nicht zu einem Weltklasseathleten gebracht. Die Rede ist von Hingabe, Passion, Leidenschaft, Inbrunst. Welches Wort wir auch verwenden, gemeint ist eine heftige Neigung, eine überaus große Begeisterung, die uns unablässig motiviert, über uns hinauszuwachsen. Oder in Duplantis' Fall: hinauszuspringen. Der

Leidenschaft folgt die Ausdauer fast automatisch. Sie lässt uns Siege intensiv feiern und Niederlagen überstehen. Man möchte behaupten: Leidenschaft ist etwas, das Leiden schafft – aber erträgliche.

Das schreibt sich wunderbar leicht daher. Doch wie steht es um den Wahrheitsgehalt? Gibt es Beweise dafür, dass eine Korrelation zwischen Leidenschaft und Erfolg besteht?

Leidenschaft und Erfolg

In ihrer Studie *Grit: Perseverance and Passion for Long-Term Goals* befasste sich die Psychologin Angela Duckworth mit der Frage, welche Bedeutung Ausdauer und Leidenschaft für die Erreichung langfristiger Ziele haben.[23] Es sei weithin bekannt, dass eine intellektuelle Begabung dem beruflichen Erfolg zuträglich ist, weniger bekannt sei indes die Auswirkung individueller Unterschiede. Daher definierte die Autorin ein nicht-kognitives Merkmal, »Grit«, das wir mit »Stehvermögen« übersetzen können. Über eine Website wurden Besucher dazu eingeladen, bei der Validierung der Grit-Skala mitzuhelfen. Anderthalb Jahre lang sammelte Duckworth Daten von insgesamt 1545 Teilnehmenden im Alter von 25 und älter, von denen 73 % weiblich und 27 % männlich waren und deren Durchschnittsalter 45 Jahre betrug.

Die Hypothese der Studie lautete, Grit könne ebenso essenziell für hohe Leistungen sein wie der Intelligenzquotient. Um sie zu überprüfen, entwickelte Duckworth eine Skala, die aus 27 »Items« bestand. Das übergeordnete Ziel war es, jene Einstellungen und Verhaltensweisen zu erfassen, die der Psychologin und ihrem Team aus früheren Interviews mit Anwälten, Geschäftsleuten, Akademikern und sonstigen Fachleuten bekannt waren. Berufe, die charakteristisch für hochleistungsfähige Individuen sind. Dabei formulierte Duckworth absichtlich Items, die für Jugendliche und Erwachsene gleichermaßen Gültigkeit besaßen und die sich nicht auf einen bestimmten

Lebensbereich (Schule, Arbeit, Sport etc.) beschränkten. Sie schloss positive Items ein wie »Ich habe Rückschläge überwunden, um eine wichtige Herausforderung zu meistern« oder »Ich beende alles, was ich anfange«, womit sie prüfte, ob die Teilnehmenden trotz Widrigkeiten ihr Anstrengungsniveau aufrechterhalten konnten. Genauso aber definierte sie negative Items wie zum Beispiel jene, die den Wankelmut der Teilnehmenden widerspiegelten: »Meine Interessen ändern sich von Jahr zu Jahr« oder »Ich habe Schwierigkeiten, mich auf Projekte zu konzentrieren, die länger als ein paar Monate dauern«. Letztlich hatten sich die Teilnehmenden anhand eines 5-Punkte-Systems (1 = trifft überhaupt nicht zu, 5 = trifft sehr zu) zu beurteilen.

Was fand Duckworth heraus? Zunächst einmal bestätigte sie, was sie annahm: Höher gebildete Erwachsene wiesen einen höheren Grit-Wert auf als weniger gebildete Erwachsene gleichen Alters. Mit anderen Worten: Je gebildeter wir sind, desto höher die Wahrscheinlichkeit, dass wir ein langfristiges Ziel verfolgen (Ausdauer) und uns diesem hingebungsvoll widmen (Leidenschaft). Ferner geht die Autorin davon aus, unser Grit-Wert nehme mit dem Alter zu, weil wir aus der Erfahrung lernen würden, dass das Aufgeben von Plänen, das Verschieben von Zielen und der wiederholte Neuanfang keine guten Strategien für den Erfolg seien. In Zahlen ausgedrückt, bedeutet das: Personen, deren Grit-Wert über dem Durchschnitt lag, wechselten mit einer um 35 % geringeren Wahrscheinlichkeit ihren Beruf, blieben also ihrem eingeschlagenen Weg treu. Allerdings seien ein starkes Verlangen nach Neuem und die in jungen Jahren vergleichsweise niedrige Frustrationstoleranz mitunter von Vorteil, weil wir dadurch Sackgassen eher verließen, was wiederum essenziell sei, um vielversprechendere Wege zu finden.

Zwei Schlüsse können wir aus dieser Studie für die Leidenschaft ziehen. Erstens, mit dem Bildungsniveau steigt die Chance, ein langfristiges Ziel ausdauernd und mit Leidenschaft zu verfolgen. Ob wir dadurch *die* eine Leidenschaft entfachen, nach der sich so viele von uns in ihrem Leben sehnen, bleibt fraglich. Wie wir noch feststellen werden, birgt die Suche nach der Einmaligkeit aber ohnehin eine Gefahr. Zweitens, je älter wir werden, desto eher widmen wir uns einem langfristigen Ziel mit Hingabe. Sich auszuprobieren, scheint insbesondere in jüngeren Jahren empfehlenswert. Dass Leidenschaft ein Erfolgsfaktor ist, da sie ebenso wie die Ausdauer zur Zielerfüllung beiträgt, daran besteht kein Zweifel. Endscheidend ist vielmehr, ob wir der »richtigen« Leidenschaft frönen.

Der Psychologieprofessor Robert Vallerand und sein Team entwickelten das »Dualistic Model of Passion (DMP)«, um den Einfluss von Leidenschaft auf das menschliche Verhalten zu untersuchen.[24] Ihren Erkenntnissen nach gibt es zwei Arten von Leidenschaft: die *harmonische* und die *obsessive*. Harmonische Leidenschaft entsteht, sofern wir eine Tätigkeit aus eigenem Antrieb ausüben. Wir empfinden sie als Bereicherung für unser Leben, fühlen uns somit nicht dominiert oder dazu gedrängt, sondern verbinden die Tätigkeit mit positiven Emotionen und einer hohen Lebensqualität. Die Schlüsselfrage, um herauszufinden, ob unsere Leidenschaft harmonisch ist, lautet: Können wir die Tätigkeit jederzeit unterbrechen, sofern es notwendig ist? Bejahen wir sie, klingt das nach Harmonie, müssen wir sie verneinen, deutet das auf eine Obsession hin.

Obsessiv handeln, das heißt, die Handlung ist zwanghaft, besessen, manisch. Dieser Zustand geht über ein gesundes Maß hinaus, die Leidenschaft nimmt also einen unverhältnismäßig großen Raum im Leben ein, was zu Konflikten in anderen Lebensbereichen führen kann. Menschen mit einer obsessiven Leidenschaft fühlen sich gezwungen, weiterzumachen, selbst wenn sie aufhören wollen. Das kann zu Stress, Erschöpfung und im schlimmsten Fall zu einem Burnout führen.

Wie entsteht eine solche Obsession? Nicht selten resultiert diese Art der Leidenschaft aus dem inneren Druck, eigenen und externen Erwartungen gerecht zu werden; genauso aber kann die betroffene Person von Außenstehenden zu einer Tätigkeit gedrängt werden. Offenkundig geht die harmonische Leidenschaft mit Wohlbefinden und Zufriedenheit einher, während die obsessive Leidenschaft mit einer schlechten psychischen Gesundheit korreliert. Um den Unterschied zu begreifen, benötigen wir ein Beispiel.

Ein talentierter Basketballspieler widmet sich von Kindestagen an seinem Lieblingssport. Nennen wir ihn Scotty. Scotty trainiert jede freie Minute, bis er es schließlich zu einem NBA-Spieler bringt, der sein Hobby zum Beruf gemacht hat und jetzt jede Menge Geld verdient. Klingt fantastisch, nicht wahr? Die Leidenschaft für den Basketball hat nur leider einen Haken: Scottys Selbstwertgefühl hängt davon ab. Er misst dem Sport eine derart hohe Bedeutung bei, dass alles andere in seinem Leben unwichtig erscheint. Scotty verbringt Zeit mit Freunden, denkt währenddessen jedoch an Basketball. Scottys Frau unterhält sich mit ihm, doch er hört nicht zu, weil er in Gedanken auf dem Court ist. Wir könnten unterstellen, es hätte etwas mit seinen Y-Chromosomen zu tun, aber nein, daran liegt es ausnahmsweise nicht, sondern an seiner Besessenheit für Basketball. Um es drastisch auszudrücken: Scotty hat das Gefühl, ohne Basketball wertlos zu sein. Es ist die einzige Sache, die ihm lebenswert erscheint, deshalb denkt er unentwegt an den orangefarbenen Ball und vernachlässigt sein soziales Umfeld und letztlich auch sich selbst. Seine obsessive Leidenschaft mag ihm zu außergewöhnlicher Leistung und Ruhm verholfen haben, doch weil er alles andere dafür geopfert hat, zahlt er einen Preis, den niemand zu zahlen bereit sein sollte: Unzufriedenheit.

Demnach ist die obsessive Leidenschaft tatsächlich etwas, das Leiden schafft. Schlimmstenfalls unerträgliche. Wie verhindern wir, dass es so weit kommt? Indem wir unsere Autonomie fördern beziehungsweise fördern lassen. Forschungen haben gezeigt, dass Lehrkräfte, Coaches oder Manager, die uns darin fördern, autonom zu handeln, indirekt dabei helfen, eine harmonische Leidenschaft zu entwickeln oder eine vorhandene aufrechtzuerhalten. Vallerand belegte das in einer Studie, in der autonome und kontrollierte Persönlichkeiten untersucht wurden. Diejenigen mit einer autonomen Persönlichkeitsausrichtung neigten eher zu harmonischer Leidenschaft, während diejenigen, deren Persönlichkeit starker Kontrolle unterlag, eine Tendenz zur obsessiven Leidenschaft aufwiesen.[25]

Autonomie und Eigenverantwortung – zwei Begriffe, die dicht beieinander liegen. Deswegen erlaube ich mir an dieser Stelle den Verweis auf das vorherige Kapitel »Eigenverantwortung – Schuld sind niemals die anderen«. Eigenverantwortlich durchs Leben zu schreiten, führt nicht nur eher zum Erfolg, es hilft uns offenbar sogar dabei, eine harmonische Leidenschaft auszuleben, die uns Glückseligkeit verspricht. Der zweite Querverweis führt zum Kapitel »Selbstwertgefühl: Sag, was bist du dir selbst wert?«. Ein gesundes Selbstwertgefühl setzt eigenverantwortliches Handeln voraus. Arbeiten wir daran, sinkt das Risiko, uns fremdgesteuert zu fühlen. Noch dazu kämen wir wohl kaum auf den Gedanken, unseren Selbstwert allein aus unserer Leidenschaft zu beziehen, was ebenfalls gegen die Entwicklung einer Obsession spricht. Dennoch bleibt eine Frage ungeklärt: Wie entwickeln wir eine harmonische Leidenschaft und muss es zwingend *eine* sein?

Das Streben nach (harmonischer) Leidenschaft

»Wenn du dir die glücklichsten, gesündesten, zufriedensten Menschen in unserer Welt anschaust, siehst du, dass jeder von ihnen die Leidenschaft seines Lebens gefunden hat und seine Zeit ganz darauf verwendet, ihr zu frönen.«[26] Diese Worte stammen von einem fiktiven Mönch namens Julian Mantle, einem ehemaligen Staranwalt, der im Reichtum schwelgte, seinen hochdotierten Job aber hinschmiss, um sich von einem weisen Volk im Himalaya über die Geheimnisse des Glücks aufklären zu lassen. Eine erstrebenswerte, mutige Kehrtwende, allerdings eine, die man sich leisten können muss. Für den normalen Bürger klingt diese Wandlung ebenso unvorstellbar wie die Traumkarriere eines Armand Duplantis. Denn nur den wenigsten ist es beschieden, schon von Kindestagen an ein dermaßen starkes Verlangen nach etwas zu verspüren, dass sie eine ganze berufliche Karriere darauf stützen können. Wie also lautet die Lösung? Uns immer wieder auszuprobieren, und zwar so lange, bis wir unsere Leidenschaft gefunden haben, scheint mir der einzig vernünftige Ansatz.

Tauchen wir in ein greifbares Berufsbeispiel ein. Die Wirtschaftsingenieurin Lara nimmt nach ihrem Studium eine Stelle im technischen Vertrieb an. Warum sie Wirtschaftsingenieurin geworden ist? Sie wählte dieses Studium, weil ihr ihr privates Umfeld signalisierte: »Damit wirst du Karriere machen!« In der Tat fühlte sie sich wohl bei dem Gedanken, eine Mischung aus Maschinenbau und Wirtschaftswissenschaften zu studieren; das klang nach etwas Wertvollem, wofür ihr bestimmt eine lukrative Stelle in Aussicht stünde. Und so kam es. Während ihrer Masterarbeit lernt sie den Manager eines deutschen Kugellagerherstellers kennen, der Lara zu einem Vorstellungsgespräch einlädt. Die beiden sind sich sofort grün, einige Monate später arbeitet sie als Junior-Key-Account-Managerin.

Lara kommt gut zurecht, und einige Aspekte ihres Jobs bereiten ihr Freude. Die Verhandlungen mit Kunden zum Beispiel. Oder das Erstellen von Präsentationsunterlagen. Lara beweist ein besonderes Gespür für die deutsche Sprache, das wussten schon ihre Kommilitonen zu schätzen, und weil sie sich gut ausdrücken kann, wird sie von den meisten Menschen auf Anhieb als kompetent wahrgenommen. Was ist die Kehrseite der Medaille? Dass sie sich nicht wirklich mit dem Produkt identifizieren kann. Schon im Studium bemerkte Lara, dass sich ihr Umfeld deutlich mehr für die Ingenieurskunst begeistern konnte als sie. Lara brennt nicht für Kugellager, zudem tut sie sich schwer mit der Konzernstruktur. Sie fühlt sich ihrer Freiheit beraubt, nicht zuletzt deshalb, weil sie das Reporting eine

Menge Zeit kostet. Nach fünf Jahren entschließt sich Lara zu kündigen. Sie gibt ihr vermeintlich sicheres Angestelltendasein auf, um sich neu zu orientieren. Ihre Familie und ihre Freunde halten sie für wahnsinnig. »Warum würdest du deinen gut bezahlten Job aufgeben wollen? Dann war ja das ganze Studium umsonst!«, muss sie sich anhören. Doch Lara lässt sich nicht von ihrem Entschluss abbringen. Glücklicherweise erinnert sie sich an die weisen Worte, die einst eine Dame in einem gewissen *Café am Rande der Welt* sagte: »Unsere Aufgabe besteht darin zu erkennen, dass uns etwas erfüllt, weil wir es selbst nun einmal so empfinden, und nicht, weil jemand uns sagt, dass es erfüllend sei.«[27]

Schon seit Längerem zeichnete sich ihre Vorliebe für Immobilien ab. Zusammen mit ihrem Freund kaufte sie eine Eigentumswohnung, renovierte sie und vermietete sie anschließend. »Ich will irgendetwas mit Immobilien machen«, schwebte ihr seitdem vor. Lara bekommt bei einem örtlichen Maklerunternehmen eine Chance als Quereinsteigerin. Unter dem Deckmantel der Unternehmensmarke vertreibt sie Häuser und Wohnungen, auch die Akquisition übernimmt sie persönlich. Ihre Vergütung setzt sich zusammen aus einem Teil Fixgehalt und einer Erfolgsprovision für jeden abgeschlossenen Deal. Es läuft nicht schlecht. Ihr Umgang mit den Kunden macht ihr ebenso Spaß wie bei ihrem vorherigen Arbeitgeber, wo sie Kugellager an Mann und Frau brachte. Einer Sache ist sich Lara mittlerweile aber bewusst: Sie ist nur eine durchschnittliche Verkäuferin. Keine schlechte, aber es reicht eben nicht, um zu den Topmaklerinnen zu gehören. Könnte sie nicht härter an sich arbeiten? Doch, schon. Nur fehlt ihr dafür die Begeisterung. Jene Begeisterung, dank der wir auf geradezu unheimliche Weise überdurchschnittliche Leistung abrufen, weil wir uns Stunde um Stunde mit diesem Thema befassen können, ohne dessen müde zu werden.

Ein Weltklasse-Stabhochspringer denkt nicht darüber nach, ob er mit einem Stab über eine Latte springen sollte. Er springt einfach, denn jede seiner Zellen ermutigt ihn dazu. Nach ebendieser Selbstverständlichkeit sehnt sich Lara. Erneut steht sie kurz vor einem Berufswechsel. Sie fällt eine Entscheidung, nach der ihre Familie sie für noch wahnsinniger hält als bei ihrem ersten Jobwechsel. Sie kündigt ins Blaue! Bevor sie jedoch einem neuen Job nachgeht, will sich Lara dieses Mal mehr Zeit für die Selbstreflexion nehmen. *Welche Tätigkeit geht mir leicht von der Hand? Woran hatte ich in meinem Leben schon immer Freude – in der Schule, im Studium, bei ihren bisherigen Jobs? Wofür wurde ich gelobt? Wobei baten mich meine Mitmenschen um Hilfe?* Lara erkennt ein verblüffendes Muster: Sie hatte schon immer ein Faible fürs Schreiben.

In der Schule war sie eine der wenigen, die den Deutschunterricht mochten, und in ihrem Studium verfasste sie mit Vorliebe wissenschaftliche Arbeiten, eine bei ihren Kommilitonen durchweg unbeliebte Tätigkeit. Das Muster war nicht so offensichtlich wie bei manch anderen. Sie schrieb in ihrer Freizeit nicht etwa Kurzgeschichten oder dergleichen, doch solang sie denken kann, hat sie sich an der deutschen Sprache erfreut. Am Satzbau, an der Grammatik, an einer gepflegten Wortwahl. In beiden Jobs war sie diejenige, die ihre Kollegen um Rat baten, wenn sie Schwierigkeiten bei Formulierungen hatten. Das war und ist Laras Talent, ein Talent, das die ersten 31 Jahre ihres Lebens brachlag.

Und so fällt der Entschluss, sich der Texterei zu widmen. »Kann man davon überhaupt leben?«, wollen ihre Freunde wissen. Ganz ehrlich: Sie weiß es nicht. Aber zum ersten Mal in ihrem Berufsleben zweifelt Lara nicht daran, Erfolg mit dem zu haben, was sie sich vornimmt. Für den Anfang schreibt sie Social-Media-Beiträge für einen Bekannten, der seine digitale Präsenz erhöhen will, dem aber die Zeit für regelmäßiges Posten fehlt. Bald darauf gewinnt sie weitere Kunden, vornehmlich interessierte Leser, denen ihr erster Auftraggeber verraten hat, dass er seine Beiträge gar nicht selbst schreibt. Peu à peu macht sich Lara einen Namen, bis sie schließlich eine Agentur gründet, mit der sie und ihr Team ein breites Spektrum an Schreibdienstleistungen anbieten.

Zu diesem Schritt gehört Mut, wirst du denken. Hundertprozentig! Wenn wir unsere Leidenschaft finden und ihr folgen möchten, brauchen wir Mut. Bringen wir ihn auf, wartet eine Belohnung auf uns, verrät uns *der Mönch, der seinen Ferrari verkaufte*: »Der Mut erlaubt es dir, deinen eigenen Weg zu gehen. Der Mut erlaubt es dir, zu tun, was immer du willst, weil du erkannt hast, dass es richtig ist. Der Mut verleiht dir dort Durchhaltevermögen, wo andere schlappmachen. Und letztlich gibt der Grad an Mut, den du hast, den Ausschlag dafür, welches Maß an Erfüllung du empfängst.«[28]

Der Leidenschaft zu folgen, stiftet Sinn

Seit ich denken kann, hatte ich den Traum, wohlhabend zu sein. Weil ich mir davon versprach, meine Leidenschaft ausleben zu können. *Wenn ich erst viel Geld besitze, kann ich all das tun, was ich will.* Was das im Detail sein soll, womit ich meine Zeit verbringe, das war mir allerdings nicht wirklich klar. Zeugen dieses Phänomens werden wir überall. Der Nachbar träumt vielleicht von einem Lottogewinn und denkt, sollte es tatsächlich eines Tages geschehen, dann würde er endlich sein Leben genießen und wäre glücklich. Aber warum? Der Lottogewinner kauft sich zunächst sein Traumhaus. Dann unternimmt er die Weltreise, von der er schon immer geträumt hat. Ein sportliches Fahrzeug darf natürlich auch nicht fehlen bei seinem neuen Lebensstil, ebenso wenig ein schicker Zeitmesser. Und falls noch Geld übrig ist, investiert er es in Aktien, Immobilien oder Ähnliches, wobei wir davon ausgehen dürfen, dass ihm aufgrund mangelnder Erfahrung nicht gerade die lukrativsten Deals vergönnt sind. Das ist aber nicht der entscheidende Punkt, sondern: Was folgt danach? Wird er das ersehnte Glück hinter diesem Lottogewinn finden? Ich wünsche es ihm, dennoch habe ich meine Zweifel.

Meine Suche nach der Leidenschaft war nämlich ähnlich. Nach meinem Studium nahm ich eine Stelle im Vertrieb bei der *resmio GmbH* an, einem Unternehmen, das Restaurants eine Software für Online-Reservierungen anbot. Zu einer Zeit, als nahezu jede Reservierung telefonisch einging, war das eine spannende Aufgabe für einen jungen Verkäufer. Mir gefiel das ungedeckelte Einkommen, das sich aus einem geringen Fixum und einer hohen Erfolgsbeteiligung zusammensetzte; aus meiner Sicht war das eine grandiose Chance, als Angestellter viel Geld zu verdienen. Und als ich am Höhepunkt dieses Jobs angelangt war, kündigte ich. Ähnlich wie bei Lara reagierte auch mein Umfeld nicht gerade verständnisvoll: »Maurice, du verdienst sechsstellig. Wieso kündigst du? Sei doch glücklich!« Jemandem zu raten, er solle glücklich sein, das ist, als versuchte man, ihn davon zu überzeugen, zu lieben. »Diese Frau ist so toll. Du musst sie lieben!« Doch ich schweife ab. Ich kündigte diesen Job ganz einfach deshalb, weil ich das Level durchgespielt hatte. Ich hatte die meisten Verträge abgeschlossen, die höchsten Umsätze erzielt und Kooperationen mit den renommiertesten Restaurants abgeschlossen. Es gab keinen Anreiz mehr für mich in diesem Job.

Danach bin ich zur Firma *LEAP* gewechselt, einem Anbieter für SEO- und Conversion-Rate-Optimierung. Dieser neue Vertriebsjob war das nächste Level für mich. Plötzlich verkaufte ich die Dienstleistung nicht mehr an Restaurants, sondern an die Top-500-Unternehmen Europas. Ein Jahr zuvor hatte ich noch in einer Pizzeria in Hannover gesessen, um den Inhaber davon zu überzeugen, wie sich ein Online-Reservierungstool auf seine Effizienz auswirke. Und jetzt wurde ich in der Firmenzentrale von *E.ON* vom Chief Digital Officer empfangen. »Wow, krass«, dachte ich, »was für eine Steigerung, Maurice!« Natürlich waren die Vertragsvolumina, die ich verhandeln durfte, ganz andere als in den Restaurants. Irgendwann erarbeitete ich mir dadurch ein Jahreseinkommen von 250 000 Euro.

Gleichzeitig gewann ich die Erkenntnis: Geld zu verdienen allein, bringt mir nichts. Geld ist kein gutes Warum. Erneut hatte ich alle Herausforderungen gemeistert, die sich mir in diesem Job gestellt hatten. Ich konnte die meisten Vertragsabschlüsse vorweisen und erhielt die höchsten Provisionen. Ich stellte sogar einen Jahresumsatzrekord auf, der bis heute (2024) ungebrochen ist. Gefühlt gab es in diesem Unternehmen nichts mehr, was ich erreichen konnte. »Hat das nicht eher was mit Zielen als mit Leidenschaft zu tun?«, wirst du dich vielleicht fragen. Jein. Diese beiden Vertriebsjobs ließen mich etwas über mich erfahren, was mir vorher nicht klar gewesen war: Leidenschaft resultiert für mich aus Veränderung. Ich liebe Veränderung, genau darin sehe ich mein Glück. Und ich liebe die Herausforderungen, die diese Veränderungen mit sich bringen. Negativ ausgedrückt: Wenn ich nicht gefordert werde, bin ich unglücklich.

Ich wurde aber noch mit einer weiteren Erkenntnis belohnt. Was mir in meinen Vertriebsjobs missfiel, insbesondere in meinem letzten, war die Konsequenz, die mein Erfolg für andere im Unternehmen hatte. Immer wenn ich einen Kunden gewann, freute sich zwar mein Chef, aber alle anderen reagierten mit: »Fuck! Das bedeutet noch mehr Arbeit, noch mehr Überstunden.« Fairerweise sei angemerkt: So funktioniert ein Agentur-Business nun einmal. Die Auslastung wird so hoch wie möglich gefahren, denn an diesem Punkt ist die Marge für das Unternehmen am höchsten. Ein neuer Mitarbeiter wird erst eingestellt, wenn alle auf dem Zahnfleisch gehen.

Und so hatte ich nach einem Vertragsabschluss immer das Gefühl: Ich verdiene Geld, aber alle anderen sind angepisst, weil ich sozusagen ihre Zeit verkauft hatte. In der Konsequenz war mein *Warum* irgendwann nicht mehr stark genug, und mir wurde klar, dass ich neue Wege gehen muss. Nun kündigt man jedoch einen Job, bei dem man eine Viertelmillion pro Jahr verdient, nicht, ohne eine Alternative zu haben; da legt der rationale Teil des Gehirns zu Recht ein Veto ein. Deshalb riet mir meine innere Stimme: *Maurice, wie wäre es, wenn du dein Glück und deine Lebensenergie im Innen suchst statt im Außen?*

Das war nur logisch. Doch wie sollte das gelingen? Ich ging in mich und überlegte, wann ich mich in meinem Leben besonders wohlgefühlt hatte. Spontan kam mir das Jahr 2016 in den Sinn, ein Zeitpunkt, zu dem ich erstmals *Miracle Morning* gelesen hatte. Die Tipps von Hal Elrod hatte ich seinerzeit umgesetzt, das heißt, Routinen in mein Leben integriert, um täglich zu meditieren, Sport zu machen, Dankbarkeit zu praktizieren, an meinen Gedanken zu arbeiten, meine Ziele zu visualisieren und Sachbücher zu lesen. Währenddessen hatte ich eine Lebensenergie und eine intrinsische Motivation verspürt, die ihresgleichen sucht. Von Ende Oktober 2016 bis Januar 2017 hatte ich die Routinen durchgezogen. Wieso ich das noch so genau weiß? Weil ich danach für drei Wochen nach Thailand geflogen und Zeuge meines Leichtsinns geworden war: »Komm, ich mache jetzt mal drei Wochen Pause. Die letzten drei Monate habe ich eine solche Disziplin bewiesen, dass mich dieser Urlaub schon nicht aus dem Trott bringen wird.« Doch das war ein Irrtum gewesen. Zurück im nasskalten Deutschland, hatte ich mich nicht aufraffen können, mit den Routinen weiterzumachen.

Trotzdem erinnerte ich mich ein paar Jahre später, als ich mit dem Gedanken spielte, meinen hochdotieren Vertriebsjob zu kündigen, an ebendiese drei Monate. Genauer gesagt dachte ich an die positive Energie, die ich dank der Routinen hatte gewinnen können. Ich wollte weitermachen! Ich fragte mich, ob ich mir nicht Mitstreitende ins Boot holen sollte, um die Wahrscheinlichkeit zu erhöhen, die Routinen auch wirklich dauerhaft durchzuziehen. Und so fragte ich 50 Leute aus meinem Netzwerk, wer Interesse daran hätte, 100 Tage lang ein Routine-Experiment mit mir durchzuführen. Tatsächlich meldeten sich sogar mehr als 50 Leute, was ein erstes Zeichen dafür war, auf ein starkes Bedürfnis vieler Menschen gestoßen zu sein. Vorerst beließ ich es bei den 50 Teilnehmenden, die ich allesamt in eine *WhatsApp*-Gruppe einlud, in der wir vor allem Nachweise dafür sammelten, dass wir die Routinen auch wirklich durchzogen. Die Regel lautete: Wer keine Nachweise erbringt, fliegt aus der Gruppe! Zwei Wochen später hatte sich das Feld gelichtet, und es waren noch 33 Leute übrig.

Dann geschah etwas, womit ich nicht gerechnet hatte. Bei den verbliebenen 33 Leuten entstand ein krasser Spirit, ein Sich-gegenseitig-Helfen, ein Motivieren, ein Inspirieren. Die Teilnehmenden sagten: »Ein solches Umfeld haben wir immer gesucht! Optimismus und gegenseitiges Antreiben statt elendes Opfergeschwätz und Klagelieder.« Das Bemerkenswerte dabei war die Heterogenität dieser relativ kleinen Gruppe von Menschen. Unter den 33 Teilnehmenden waren sämtliche Vermögensschichten und die verschiedensten Berufsgruppen vertreten, vom Schichtarbeiter bis hin zum Multiunternehmer. Auch das Alter schien keine Rolle zu spielen; der jüngste Teilnehmer war noch nicht mal volljährig, der älteste jenseits der 60 Jahre. Sie alle trafen aufeinander, spornten sich gegenseitig an, erreichten Ziele, entwickelten sich persönlich weiter. *Wahnsinn, was diese kleine Gruppe möglich gemacht hat. Ich bewege ja richtig was!*

Mein *Warum* war plötzlich viel stärker ausgeprägt als damals, als mein Umfeld gemotzt hatte, weil ihnen wegen meines Kundengewinns Arbeit beschert worden war. Das Ergebnis meiner Arbeit gefiel mir weit mehr, und ich spürte, dass ich mehr aus dieser Sache würde herausholen können. Ohnehin war die *WhatsApp*-Gruppe das komplette Chaos. *Wenn es mir gelingen würde, die Leute auf Live-Events zusammenzubringen, dann wären die Effekte bestimmt noch weit größer.* Aus dieser Idee ist im Jahr 2021 *DWS* entstanden. Heute, vier Jahre später, sind es 1200 Teilnehmende, von denen einige finanziell frei wurden. Die Interessen beschränken sich längst nicht mehr allein auf Routinen, nein, es gibt einen Austausch auf Dutzenden Ebenen. Teilnehmende verwirklichen Immobilienprojekte.

Sie gründen Unternehmen und werden Geschäftspartner. Es entstehen Freundschaften. Es finden sich Liebespaare. Das Einzige, was noch fehlt, ist ein *DWS*-Baby. Anfänglich dachte ich, 500 Menschen reichen vielleicht, aber mittlerweile bin ich überzeugt, dieses Netzwerk sollte das Leben so vieler Menschen wie möglich beeinflussen. Es soll weiter wachsen! Das Gute für mich: Die Ausdehnung meines Netzwerks stillt auch mein persönliches Wachstumsverlangen. Die Anforderungen ändern sich, je größer das Netzwerk wird; und da sehe ich die große Herausforderung für mein Leben, darin sehe ich meine Leidenschaft.

Finanziell erfolgreich zu sein, das allein verspricht keinen inneren Erfolg. Die Basis für inneren Erfolg ist Leidenschaft. Noch dazu hat die Leidenschaft einen netten Nebeneffekt: Unser Energielevel ist höher. Ich stelle mir das anhand eines Energietanks vor, der jedem Menschen zur Verfügung steht. Wer mit Leidenschaft agiert, verbraucht weniger Energie als jemand, der derselben Arbeit leidenschaftslos nachgeht. Außerdem stiften wir, wenn wir uns von der Leidenschaft leiten lassen, in aller Regel etwas Sinnvolles, das auch unseren Mitmenschen zugutekommt. Jeden Tag aufs Neue zu erfahren, wie meine Teilnehmenden nützliche Routinen in ihr Leben bringen, erfüllt nicht nur sie, sondern mich gewissermaßen auch. Es fühlt sich richtig an oder um es mit den Worten des Autors John Strelecky auszudrücken: Ich habe meinen »Zweck der Existenz (ZDE)« erkannt.

»Diejenigen, die ihren ZDE kennen und die tun, was sie möchten, um ihn zu erfüllen, scheinen sehr glücklich zu sein. Sie erleben unerwartete, scheinbar zufällige Dinge, genau dann, wenn sie es am dringendsten brauchen«, lässt Strelecky eine Figur in seinem *Café am Rande der Welt* sagen. Wie recht er hat, merke ich in letzter Zeit ganz besonders. Nachdem es lange gedauert hat, um *DWS* ans Laufen zu bringen, ist der Andrang auf mein Netzwerk mittlerweile riesig. Ich weiß nicht, woher die ganzen Bewerber plötzlich kommen, aber allein letzten Monat waren es über 250. Es scheint, als wären unsichtbare Kräfte am Werk, die mir unterstützend zur Hand gehen als Belohnung dafür, dass ich meiner Leidenschaft folge.

Sein Leben *der* einen Leidenschaft zu widmen, birgt allerdings auch eine nicht zu unterschätzende Gefahr. Was, wenn wir ihr nicht mehr folgen können (aus welchen Gründen auch immer)? Ein klassisches Beispiel ist das Ende einer Profisportler-Karriere. Irgendwann wird der Tag kommen, an dem selbst ein Armand Duplantis seinen Zenit überschritten hat. Auf den Plan werden jüngere Stabhochspringer treten. Ob sie seinen Weltrekord brechen, wenn er denn bis dahin überhaupt noch besteht, das sei mal dahingestellt, doch das ist nicht der entscheidende Punkt. Duplantis wird physisch nicht mehr mit den Jüngeren mithalten können. Das wird unweigerlich die Frage aufwerfen: Was fängt er mit seiner zweiten Lebenshälfte an? Sollte der Stabhochsprung für Duplantis eine obsessive Leidenschaft gewesen sein – was ich ihm keinesfalls unterstellen möchte –, wird sie spätestens am Ende seiner Karriere zu einem Problem. Denn in diesem Fall hinge sein Selbstwert von seiner sportlichen Leistung ab, und sein Ausstieg hätte eine seelische Leere zur Folge. Aber auch für eine harmonische Leidenschaft müsste Duplantis Ersatz finden. Eventuell blüht er als Trainer, Kommentator oder Werbeträger auf. Idealerweise findet er bereits während seiner aktiven Karriere eine weitere Leidenschaft, der er sich vermehrt widmet, sobald sein Karriereende naht. Vielleicht Golf. Oder Reisen. Demnach ist der Weisheit letzter Schluss, eine Leidenschaft zwar anzustreben, sie jedoch nicht als die einzig wahre Bestimmung zu betrachten, da wir jederzeit damit rechnen müssen, dass uns äußere Umstände zum Umdenken zwingen.

Einen interessanten Gedanken hierzu las ich kürzlich in einem Artikel. Angeblich sei es schädlich, nach der einen Berufung zu suchen, weil dies impliziere, wir kämen mit einem angeborenen Interesse oder Talent zur Welt. Psychologen der Universitäten Stanford und Yale seien der Ansicht, das könnte uns in eine Sackgasse führen. Dazu führten sie ein Experiment mit Studierenden durch, die gemäß ihren Interessen in Gruppen eingeteilt wurden. Die Probanden sollten Texte lesen, die außerhalb ihres Interessenbereichs lagen. Das Ergebnis: Diejenigen mit einer festen Denkweise fanden den Artikel weniger interessant als diejenigen, deren Denkweise die Psychologen als »dynamisch« bezeichneten. Soll heißen: Wer sich auf seinen Fachbereich versteifte, dem fehlte die Neugier, sich für Neues zu begeistern. Daraus schlussfolgerten die Psychologen, es sei nicht ratsam, nach der einen Leidenschaft zu suchen, stattdessen sollten wir sie lieber entwickeln.[29]

Diese Empfehlung spricht für das Ausprobieren, denn das Interesse geht dem Talent voraus, nicht umgekehrt. Karrieren wie die eines Armand Duplantis lassen uns womöglich zu dem Schluss kommen, Talent sei wichtiger als das Interesse. Aber woher wissen wir das? Wäre es nicht möglich, dass Duplantis sein Talent gerade deswegen entwickelte, weil er so interessiert und leidenschaftlich an dem perfekten Stabhochsprung gearbeitet hatte? Was wir sicher sagen können: Seine Karriere war ein »Lucky Shot«. Schon im Kindesalter die eine Sache zu entdecken, für die man über alle Maßen brennt, ist außergewöhnlich. Wahrscheinlicher scheint da der Weg einer Lara, die sich schrittweise und über Umwege ihrer Leidenschaft annähert. Wann der richtige Zeitpunkt dafür ist, nach unserer Leidenschaft zu suchen? Heute. Denn mit dem Alter steigt in der Regel die Fallhöhe, die wir spüren, sei es wegen einer Familie, die wir zu versorgen haben, oder sonstiger finanzieller Verpflichtungen. Trotzdem sollten wir selbst die höchste Fallhöhe niemals als Ausrede dafür nutzen, ein leidenschaftsloses Dasein zu fristen. Das Leben ist nun einmal weniger idealisiert als in so mancher Parabel, die wir lesen. Entnehmen können wir ihr aber die Freiheit, die wir jederzeit besitzen, das zu tun, was uns vorschwebt: »Das Leben ist eine tolle Geschichte. Einige Menschen erkennen bloß nicht, dass sie selbst die Autoren sind und die Geschichte so schreiben, wie sie möchten.«[30]

Das Kapitel auf einen Blick

- Leidenschaft und Ausdauer sind eine starke Kombination, die uns hilft, einem eingeschlagenen Weg treu zu bleiben.
- Wir unterscheiden zwischen *harmonischer* und *obessiver* Leidenschaft. Die obsessive Leidenschaft schafft wirklich Leiden, während die harmonische Zufriedenheit verspricht.
- Nur den wenigsten wird die Leidenschaft in die Wiege gelegt, die meisten entwickeln sie durch Ausprobieren.
- Unserer Leidenschaft zu folgen, erfordert Mut.
- Unserer Leidenschaft zu folgen, stiftet Sinn.
- *Eine* Leidenschaft als die einzig wahre Bestimmung zu betrachten, birgt eine Gefahr, da wir damit rechnen müssen, dass uns das Leben zur Neuausrichtung zwingt.

Handlungsempfehlung

- Auf einer Skala von 1 bis 10: Wie sehr brennst du für das, was du täglich tust?
- Falls du nicht mindestens eine 7 genannt hast: Probiere dich in etwas aus, von dem du annimmst, es könnte dich begeistern. Was hält dich davon ab?

3

VERÄNDERUNGS-BEREITSCHAFT

Wer sich der Veränderung verwehrt, dem wird das Leben erschwert

Wolfgang hat eine Leidenschaft für Sportwagen. Als er im Jahr 1970 die Realschule verlässt, kommt für ihn nur ein Beruf infrage: Er will Karosserieschlosser werden. Am liebsten bei einem Zuffenhausener Unternehmen, das in seinen Augen die schönsten Automobile der Welt herstellt. Wolfgangs Bewerbung glückt, sein Chef kann das Feuer in seinen Augen sehen. Und so lernt der junge Wolfgang das Biegen, Schneiden, Formen und Schweißen von Blechteilen, was ihn zur Fertigung diverser Karosserieteile befähigt. Eine Arbeit, die zu dieser Zeit weitestgehend manuell abläuft und vor allem eines bedeutet: körperliche Anstrengung. Maschinelle Unterstützung erhält Wolfgang lediglich von ein paar Pressen, Schweißgeräten und Schneidmaschinen; die eigentliche Montage verrichten er und seine Kollegen noch händisch.

Im Jahr 1980 führt der Zuffenhausener Automobilhersteller den ersten vollautomatischen Schweißroboter ein. Dieser arbeitet noch recht primitiv, ist aber bereits imstande, präzisere Schweißnähte zu setzen als Wolfgang, sodass die Qualität der Karosserien steigt. Doch was viel erheblicher ist: Der Roboter arbeitet schneller und ohne zu ermüden. In den folgenden Jahren bekommt Wolfgang immer mehr technische Konkurrenz, die routinemäßige Arbeiten wie das Kleben, Nieten, Schrauben oder Clinchen von Verbundteilen übernimmt. Er sieht sich zur Veränderung gezwungen. Vom einstigen Karosserieschlosser entwickelt er sich mehr und mehr zum Maschinenbediener. Auch beurteilt und überwacht er die Arbeit seiner maschinellen Kollegen. Dafür legen Anlagenplaner im Vorfeld Qualitätsmerkmale fest, die Wolfgang anhand von Stichproben kontrolliert. Das heißt, er entnimmt Bauteile aus dem laufenden Prozess und überprüft sie entweder selbst mithilfe von Lehren oder übergibt sie an die Abteilung für Messtechnik.

Mittlerweile sind die 1990er-Jahren angebrochen. Wolfgang blickt auf 20 Jahre Berufserfahrung zurück. Computergestützte Anlagen sind aus der Fertigung nicht mehr wegzudenken, eine regelrechte Welle der Automatisierung wird losgetreten. Abermals verbessert sich die Qualität. Neben der stichprobenartigen Prüfung von Bauteilen zählt es zu Wolfgangs Aufgaben, die Maschinen zu warten und einzurüsten. Abhängig vom Fahrzeugtyp sind unterschiedliche Werkstückvarianten notwendig; diese Umrüstung können die Maschinen nicht selbst durchführen, sie brauchen Wolfgang. Diese neuen Maschinen unterscheiden sich stark von den einstigen, mit denen es Wolfgang in den 1970er-Jahren zu tun hatte. Statt bloß mechanischer Kenntnisse werden mechatronische vorausgesetzt, denn Wolfgang muss die Systeme verstehen, die die Anlagen steuern. Zumindest in seinen Grundzügen, Unterstützung erhält er von einer neuen Berufsgruppe namens Systemtechnikern. Wolfgang muss sich zunehmend auf »Kopfarbeit« einlassen, was nicht immer gelingt, da er als Vertreter der alten Schule kopflastigen Veränderungen nicht selten mit Argwohn begegnet.

Mittlerweile liegt die Jahrtausendwende hinter uns. In den 2000er-Jahren nimmt der Grad der Automatisierung weiter zu, erstmals macht sich die Digitalisierung so richtig bemerkbar. Um beispielsweise Lackstärken oder Spaltmaße zu überprüfen, kommt hochpräzise Messtechnik zum Einsatz. Außerdem enthält jede Anlage ein Qualitätsmanagementsystem, wodurch Fehlerquellen minimiert werden und sich eine konsistente Karosseriebeschaffenheit ergibt. Die Fertigung ist viel schlanker und effizienter geworden, unter anderem deshalb, weil sie just in time abläuft. Wolfgang wird hier und da geschult, zum Beispiel damit er imstande ist, Störungen an den Maschinen zu beseitigen oder mit neuen Funktionen umzugehen. Seine Dienste als Maschinenbediener sind weiter gefragt, die fortschrittlichen neuen Aufgaben übernehmen andere Berufsgruppen wie Lean-Manager, Prozessplaner und Qualitätsingenieure.

Zeitsprung in die 2010er-Jahre. Während sich die Fertigungsanlagen nahezu selbst steuern, steuert Wolfgang seinem Renteneintritt entgegen. Im Zuge der vierten industriellen Revolution gewinnen die Maschinen deutlich an Intelligenz.

Ganze digitale Netzwerke entstehen, und Algorithmen analysieren immense Datenmengen. Das macht einen Wolfgang aber immer noch nicht obsolet, denn es braucht weiterhin Maschinenbediener, die Maschinen einrüsten, warten und von Störungen befreien. Mittlerweile kann Wolfgang spüren, wie der Druck auf die Automobilbranche steigt. Wie sicher sein Job noch ist, vermag er nicht zu sagen, doch das ist ihm auch ziemlich schnuppe. Nach 45 Jahren Dienstzeit stempelt Wolfgang zum allerletzten Mal aus bei seinem Zuffenhausener Arbeitgeber und gleichzeitig ein bei sich daheim – sein letzter Lebensabschnitt darf beginnen, er ist nun offiziell Rentner.

Was ist aus Wolfgang geworden? Das hängt von unserer Vorstellung ab, denn Wolfgang ist ebenso fiktiv wie seine Geschichte. Dennoch hätte der Weg eines treuen Angestellten, der sein gesamtes Berufsleben einer einzigen Firma widmet, so oder so ähnlich aussehen können. Viereinhalb Jahrzehnte angestellt sein bei ein und demselben Arbeitgeber: Ist das für einen Berufseinsteiger im Jahr 2025 noch denkbar? Wir dürfen es bezweifeln. Denn das Wissen der Menschheit wächst rasant.

Wie Wissen unsere Berufswelt verändert

Im Jahr 1982 schätzte der amerikanische Architekt und Konstrukteur Buckminster Fuller, Schöpfer der »Knowledge Doubling Curve«, das Wissen der Menschheit habe sich bis 1900 alle 100 Jahre verdoppelt. Dann geschah Fullers Wahrnehmung nach etwas Sonderbares: Aus dem vergleichsweise langsamen Anstieg wurde plötzlich ein rasanter. 1945 habe die Verdopplungszeit schon bei nur noch 25 Jahren gelegen, um sich daraufhin bis 1982 nochmals deutlich auf 12 bis 13 Monate zu verkürzen.[31] Was damals wie eine unvorstellbare Geschwindigkeit schien, gleicht aus heutiger Sicht einem Trabant mit Motorschwäche. Zwar gehen Mathematiker davon aus, dass die von Fuller geschätzte Verdopplungszeit erst im

Jahr 2019 realistisch gewesen sei, jedoch nehmen sie an, unser Wissen werde sich in naher Zukunft in gerade einmal zwölf Stunden verdoppeln.[32] Folglich 2-mal täglich, 60-mal monatlich, 730-mal jährlich. Jeweils verdoppeln! Das exponentielle Ausmaß vermag sich nicht mal der cleverste Mathematiker im Traum vorzustellen. Der Verantwortliche für diese Wissensbeschleunigung ist schnell ausgemacht: das *Internet of Things*. Je mehr Geräte und Menschen auf der Welt miteinander vernetzt sind, desto schneller kann sich auch Wissen verbreiten und weiterentwickelt werden.

Da sich Wissen schwerlich quantitativ erfassen lässt, versteifen wir uns besser nicht auf die exakte Verdopplungszeit. Sie beruht eben auf Schätzungen. Fakt aber ist: Das Wissen wächst längst nicht mehr linear. Die Weltbevölkerung wächst exponentiell. Technologien entwickeln sich exponentiell. Wie sollte das zu linearem Wissenswachstum führen?

In einer Welt, in der immer mehr Wissen angehäuft wird, entstehen natürlich auch massenhaft Schrottplätze, auf denen altes Wissen landet, das nicht länger von Nutzen ist. Was haben wir heute noch davon, wenn wir die Funktionsweise eines Videorekorders verstehen? Oder die einer Kassette? Fragt man junge Menschen, was ein Bleistift mit einer Hörspielkassette zu tun hat, wissen sie es nicht. Warum sollten sie auch? Während ich mich in meiner Kindheit für besonders clever hielt, als ich die Hörspielkassette mit einem Bleistift zurückspulte, »spulen« heutige Kinder ihre Hörspiele mit ihrem Finger vor und zurück: auf dem Smartphone oder Tablet. Unser Wissen verliert an Bedeutung, und das wegen des exponentiellen Wissensanstiegs in immer kürzeren Zeitabständen, abhängig von der Branche. Es liegt auf der Hand, dass dies berufliche Risiken birgt, denn wo Wissen unbrauchbar wird, gilt dies unweigerlich auch für diejenigen, die dieses veraltete Wissen in ihren Jobs anwenden.

Im Jahr 2013 veröffentlichten Frey und Osborne die Studie *The Future of Employment: How Susceptible Are Jobs to Com-*

puterization?. Kern ihrer Arbeit war eine Schätzung, wie stark verschiedene Berufsgruppen gefährdet sind, in Zukunft von einer maschinellen Intelligenz ersetzt zu werden. Grundlage der Analyse bilden die neun Faktoren *Kreativität, soziale Intelligenz, Verhandlungsgeschick, emotionale Intelligenz, Problemlösungskompetenz, kognitive Flexibilität, manuelle Geschicklichkeit, Wahrnehmung* und *kritisches Denken*. Die Hauptaussage: 47 % sämtlicher Berufe in den USA seien von der Automatisierung gefährdet und fielen ihr innerhalb der nächsten zwei Jahrzehnte zum Opfer.[33] Eine besonders hohe Automatisierungswahrscheinlichkeit nahmen Frey und Osborne für die folgenden Berufen an:

- Telemarketer: 99 %
- Steuerberater: 99 %
- Versicherungsberater: 99 %
- Uhrmacher und Juweliere: 99 %
- Models: 98 %
- Kassierer: 97 %

In diesen Berufen stehen wiederholende, regelbasierte Aufgaben auf der Tagesordnung, die mithilfe von Algorithmen relativ einfach abbildbar seien. Indessen würden Berufe, in denen ein hohes Maß an Kreativität, sozialer Intelligenz oder manueller Geschicklichkeit gefragt sind, mit einer deutlich niedrigeren Wahrscheinlichkeit verdrängt.

- Therapeuten: 0,4 %
- Choreografen: 0,4 %
- Ärzte und Chirurgen: 0,4 %
- Künstler (Maler, Musiker etc.): 0,5 %
- Pädagogen (Erzieher, Lehrkräfte): 0,7 %
- Sozialarbeitende: 0,9 %

Diese Zahlen waren schockierend, malten sie doch ein düsteres Szenario für die erstgenannten Berufsgruppen. Die Veröffentlichung ist mittlerweile gut ein Jahrzehnt alt – was ist seitdem in Deutschland geschehen?

Dort, wo ich einkaufen gehe, werden nach wie vor Kassierer beschäftigt, wenngleich inzwischen vielerorts das »Self-Scanning« eingeführt wurde. Dadurch sind weniger Kassen menschlich besetzt, was höchstwahrscheinlich den Personalbedarf reduziert hat. Jedoch sollten wir bei dieser Betrachtung den im Einzelhandel vorherrschenden Arbeitskräftemangel berücksichtigen; der Handelsverband Deutschland sprach jüngst von 120 000 nicht besetzten Stellen.[34] Von einer unbesetzten Stelle kann eine Maschine den Menschen schließlich nicht verdrängen.

Telemarketer sind hierzulande seltener anzutreffen als Telefonisten. Letztere verkaufen im Grunde nicht, sondern nehmen bloß Anrufe entgegen, beraten zu Produkten und leiten Informationen weiter. Solange es Teleshopping gibt, wird es Telefonisten geben, allerdings wird ihr Bedarf sinken, sobald die Verkaufssendungen vermehrt im Internet oder gar nicht mehr übertragen werden. Wozu sollte man noch beim Sender anrufen, wenn man seine Fragen auch einem Chatbot mitteilen und das Produkt direkt über das Mobilgerät oder den Smart-TV bestellen kann?

Was Models betrifft, hört man immer häufiger, Unternehmen würden auf KI-generierte Bilder setzen, da es für Käufer keine Rolle spiele, ob die Person auf dem Foto ein echter Mensch ist. Bedeutender ist, wie das T-Shirt oder die Bluse an einem (menschenähnlichen) Körper wirkt. Ohnehin spiegeln die sogenannten Menschen, die uns bildhaft Produkte anpreisen, nur selten die Realität wider; die Falten werden geglättet, die Pickel retuschiert, der Körper feiner definiert. Wozu also braucht man noch »Standardmodels«? Wir dürfen davon ausgehen, dass besonders in der Modebranche schon weniger Aufträge an menschliche Models vergeben werden.

Und wie geht es den Steuerberatern? Obwohl ich die Annahme von Frey und Osborne, eine KI könnte ihren Job übernehmen, durchaus nachvollziehen kann, scheint die Sache etwas komplizierter zu sein. Denn die Steuerberater, die ich kenne, beschweren sich keineswegs über mangelnde Mandate, ganz im Gegenteil: Zum Teil nehmen sie keine neuen Klienten mehr an.

Das trifft auch auf Ärzte zu, vom dort vorherrschenden Fachkräftemangel wollen wir gar nicht erst anfangen. Doch tatsächlich kommt hier schon KI zum Einsatz, zum Beispiel bei der Muttermaluntersuchung, wie mir kürzlich ein Professor für Dermatologie berichtete. In wenigen Sekunden würden Kameras einen Körper scannen und könnten so die Muttermale zählen und Auffälligkeiten erkennen. Das Urteil, ob es sich dabei um eine bösartige Hautveränderung handelt, fällt bislang weiterhin ein Arzt.

Eines menschlichen Urteils bedarf es ebenfalls bei den Berufen Therapeut, Sozialarbeiter und Pädagoge. Eine vollständige Verdrängung des Menschen ist derzeit schwer vorstellbar, da diese Berufe ein hohes Maß an sozialer Kompetenz voraussetzen. Bisher kommt KI unterstützend zum Einsatz, beispielsweise damit Patienten den passenden Therapeuten für ihre Bedürfnisse finden.

Na ja, und Künstler sind eben Künstler. Die Idee, dass Menschen Maschinen für ihre Kunst bewundern, ist nach wie vor befremdlich, mal abgesehen davon, dass Kreativität im Jahr 2025 noch nicht zu den Stärken einer künstlichen Intelligenz zählt. Allerdings sorgte kürzlich ein amerikanischer Freelancer für Aufsehen, der angeblich einen Kunden an eine künstliche Intelligenz verloren habe. Hauptsächlich erstelle er Blogbeiträge für Unternehmen. Aus heiterem Himmel habe ihn ein Kunde nicht mehr beauftragt, veröffentliche seitdem aber nahezu täglich Beiträge, was einer deutlich gesteigerten Frequenz entspreche. Nachdem er sich die Beiträge genauer ansah, erhärtete sich der Verdacht: Sein ehemaliger Kunde erstellt die Blogbeiträge nun mit einer KI. Das Video des Freelancers wurde zahlreich kommentiert, und es häuften sich Aussagen anderer freier Autoren, Werbetexter und Grafikdesigner, die Ähnliches erleben mussten.[35]

Sind die »Kreativen« also doch gefährdet? Dazu muss angemerkt werden, dass der kreative Tiefgang und die Komplexität eines Unternehmensblogs nicht gerade dem entsprechen, was einen Roman oder ein gut recherchiertes Sachbuch auszeichnet. Meistens geht es doch in einem Unternehmensblog darum, Kunden über Produkte auf dem Laufenden zu halten und die eine oder andere Story zu teilen, sich also nahbar zu machen. Vorausgesetzt, die KI wird mit den richtigen Informationen gefüttert, kann sie eine solche Aufgabe gut übernehmen.

Das zeigt auch eine im *Journal of Economic Behavior & Organization* veröffentlichte Studie, für die mehr als drei Millionen Stellenausschreibungen auf einer globalen Freelancer-Plattform untersucht wurden.[36] Wohlgemerkt vor und nach der Einführung von *ChatGPT*. Das Augenmerk lag weniger auf dem drohenden Jobverlust als auf den veränderten Anforderungen, die die Einführung der KI in den verschiedenen Arbeitsbereichen mit sich brachte. Besonders stark sank auf der einen Seite der Bedarf an leicht automatisierbaren Aufgaben wie der Erstellung von »About us«-Seiten, die 59 % weniger nachgefragt wurde. Auch bei Übersetzungsaufträgen verzeichneten die Forscher einen deutlichen Rückgang von 23 %. Auf der anderen Seite komme es zunehmend auf komplementäre Fähigkeiten an. So stieg die Nachfrage für die Programmierung von »machine learning« um 24 %, die Entwicklung von Chatbots wurde sogar dreimal häufiger nachgefragt. Sollen sich die Freelancer-Autoren nun zu Programmierern entwickeln? Verringern würde es ihren Marktwert sicher nicht, dennoch ist es schwer vorstellbar. Vielleicht müssen sie das ja gar nicht. Vielmehr lässt sich aus dieser Studie schließen, dass sich die Bedürfnisse der Kunden verändert haben und dass diejenigen

Freelancer gewinnen, die sich darauf einzustellen wissen. Wie wir weiter unten noch sehen werden, könnte es zum Beispiel die Fähigkeit zum unterhaltsamen Storytelling sein. In jedem Fall ist die Veränderungsbereitschaft sowie -fähigkeit heute eine wertvolle Ressource.

Zeit für ein Zwischenfazit. Ja: Bei den von *Frey und Osborne* als hochgefährdet eingestuften Berufen gab es wahrscheinlich Jobverluste zu verzeichnen, in Deutschland aber bislang noch nicht in bedrohlichem Ausmaß. Und nochmals ja: Bei den als wenig gefährdet eingestuften Berufen hatten Maschinen bisher keine Chance, den Menschen zu verdrängen. Wie viele Köpfe schon gerollt sind und noch rollen werden, ist weiterhin schwer zu belegen oder zu prognostizieren. Denn zu genauen Aussagen wie »Letztes Jahr hat jeder dritte Kassierer seinen Job an eine Maschine verloren« will sich anscheinend niemand versteigen. Wobei wir unterstellen dürfen, dass die Supermarktbetreiber ihre automatischen Kassen nicht nur wegen des Arbeitskräftemangels eingeführt haben, sondern auch deshalb, weil sie mittelfristig Personalkosten einsparen wollen. Was das in Zahlen bedeutet, wissen wir nicht, vorerst müssen wir uns daher auf Schätzungen und unsere Beobachtungsgabe verlassen. Beides deutet darauf hin, dass sich der Markt zumindest erheblich schneller verändert als noch vor ein paar Jahrzehnten.

Unser eingangs erwähnter Karosserieschlosser Wolfgang blieb seinem Arbeitgeber 45 Jahre treu. Möglich war das ohne große Veränderungen, im Grunde musste er sich bloß zum Maschinenbediener entwickeln. Mit Sicherheit verursachte diese Veränderung bisweilen Unwohlsein und auch ein wenig Angst vor einem drohenden Jobverlust, nur hatte Wolfgang einen immensen Vorteil gegenüber heutigen Berufstätigen: Ihm blieb mehr Zeit, sich zu verändern. Obwohl die Automobilbranche wegen der starken Konkurrenz schon damals zu den schnelleren Branchen zählte, kamen die Veränderungen langsam, vergleicht man sie mit den heutigen.

Ein Wolfgang in den 1980er-Jahren hätte uns vermutlich ausgelacht, hätten wir ihm von einem kalifornischen Milliardär erzählt, der ein E-Auto-Start-up in knapp zwei Jahrzehnten zum wertvollsten Automobilkonzern der Welt machen wird. Und dass die Chinesen ihm Paroli bieten und ebenfalls ein Unternehmen erschaffen würden, das mit seiner Marktkapitalisierung jene der deutschen Autobauer in den Schatten stellt. Ja, das hätte Wolfgang für unrealistisch gehalten, und doch ist es heute Realität. Was ich aber eigentlich mitteilen möchte: Die Veränderungsgeschwindigkeit eines Wolfgangs wird in Zukunft nicht mehr reichen, da unsere Jobs jederzeit bedroht sind: von der Automatisierung, von KI, von günstigeren Arbeitskräften dank der Globalisierung, von disruptiven Neuerungen. Und, und, und. Je schneller Wissen entsteht, sich verbreitet und gleichzeitig veraltet, desto schneller kann jeder von uns auf der Strecke bleiben. Sollte uns das panisch stimmen? Nicht doch, es gibt eine viel bessere Option.

Sorge dich nicht, spiele

Sich gegen den Fortschritt zu wehren, das ist, als wollten wir die Sonne am Aufgehen hindern. Diese Phänomene entziehen sich unserer Macht. Darum möchte ich einmal mehr zu einer stoischen Sichtweise raten, nämlich, uns im Leben auf das zu konzentrieren, was innerhalb unseres Einflussbereichs liegt. Und das ist unsere eigene Wahrnehmung. Mir scheint, wenn es um den Beruf geht, verwandelt sich das neugierige Kind in uns in einen ernsten Bürokraten, der sich sorgt und stresst und dem jeglicher Entdeckergeist abhandengekommen ist. Wenn wir ehrlich sind, bangen wir doch gar nicht um unseren Job, vielmehr fürchten wir die anstehende Veränderung, die ein Jobverlust mit sich brächte. Aber muss man das so pessimistisch betrachten? Wo bleibt die Leichtigkeit im Leben?

Ein neugieriges Kind blickt der Zukunft interessiert entgegen, weil es in seiner Umwelt so viel zu entdecken gibt. Es fürchtet Neues nicht. Jedenfalls weniger als ein Erwachsener, denn das Kind malt nicht sofort schwarz, dass sich seine Situation zum Schlechteren wenden wird. Aus gutem Grund: Die meisten Ängste und Sorgen sind unbegründet. Schon Dale Carnegie reflektierte, dass 99 % aller Dinge, über die er sich gesorgt oder vor denen er Angst gehabt hatte, nie passiert waren. Und selbst wenn unsere Sorge begründet war, sind die Konsequenzen in der Regel weit weniger schlimm, als wir sie uns ausgemalt hatten. Was passiert denn schlimmstenfalls bei einem Jobverlust? Droht die Privatinsolvenz? Verlieren wir unser Haus? Ist die Ehe ruiniert? Solange wir nicht den Glauben an uns selbst verlieren, sind solche Szenarien doch höchst unwahrscheinlich. Es werden sich neue Chancen auftun, die wir zu nutzen wissen, sofern wir gegenüber Veränderungen aufgeschlossen sind. Und eine Eigenschaft hilft uns dabei ganz besonders: Demut.

Demut ist eine wesentlich bessere Charaktereigenschaft, als ihr Ruf vermuten lässt. Der Autor und Psychologe Adam Grant meint: »Demut wird oft missverstanden. Sie hat nichts mit geringem Selbstvertrauen zu tun. Eine der lateinischen Wurzeln von Demut bedeutet ›von der Erde‹. Es geht darum, geerdet zu sein – zu erkennen, dass wir fehlbar sind.«[37] Gehen wir mit einem gesunden Maß Demut durchs Leben, gestehen wir uns eher Wissenslücken ein und hinterfragen unsere Denkweisen. Und erst, wenn wir wissen, dass wir zu wenig wissen, sind wir bereit, diese Wissenslücken zu schließen. Anders formuliert: Wir müssen uns unserer Fehlbarkeit erst bewusst werden, bevor wir uns geistig dafür öffnen können, dazuzulernen und uns weiterzuentwickeln.

Dieses Eingeständnis von Fehlbarkeit schützt uns auch vor dem *Dunning-Kruger-Effekt*. Bestimmt hast du schon vom sogenannten *Hochstapler-Syndrom* gehört, dem Phänomen, dass manche Menschen ihre eigene Kompetenz geringer einschätzen, als sie in Wahrheit ist. Die Betroffenen werden von Selbstzweifeln geplagt, ihre Leistung würde den Ansprüchen nicht gerecht, und falls sie entgegen ihrer Erwartungen doch einen Erfolg verbuchen, fühlt sich dieser erschlichen und unverdient an. Der Dunning-Kruger-Effekt beschreibt das andere Extrem: das *Besserwisser-Syndrom*.

Die beiden Psychologen David Dunning und Justin Kruger fanden heraus, dass Menschen, die keine Ahnung haben, in vielen Situationen gar nicht erkennen, dass sie keine Ahnung haben. Dafür lässt sich noch ein gewisses Verständnis aufbringen. Was hingegen geradezu lachhaft ist: Sie fühlen sich umso kompetenter, je weniger Ahnung sie haben. Zu diesem Schluss kamen Dunning und Kruger nach einem Test zu logischem Denken, Grammatik und Sinn für Humor, an dessen Ende sie die Teilnehmenden darum baten, ihr Ergebnis einzuschätzen. Diejenigen, die am schlechtesten abschnitten, waren am überzeugtesten von ihren Fähigkeiten. Im Schnitt nahmen sie an, ein besseres Ergebnis als 62 % der anderen Studienteilnehmenden abgeliefert zu haben, obwohl sie tatsächlich zu den untersten 12 % zählten. Auf die Spitze getrieben, bedeutet das: Je logischer jemand zu denken meint, desto unlogischer denkt er. Je stärker jemand von seinem Grammatikverständnis überzeugt ist, desto mehr Fehler macht er. Und je witziger jemand zu sein glaubt, desto unwitziger ist er.

Nach Grant liegt das Optimum irgendwo zwischen Selbstunter- und Selbstüberschätzung; er nennt diesen Zustand »selbstbewusste Demut«. Grant differenziert dabei zwischen dem Glauben an sich selbst und dem Glauben an die eigenen Werkzeuge. Während eine Person, die sich in beidem unsicher ist, ein »zwanghaftes Minderwertigkeitsgefühl« hat, legt eine Person, die sich in beidem sicher ist, »blinde Arroganz« an den Tag. Beides ist schädlich. Aber was resultiert, wenn diese Person zwar grundsätzlich an sich selbst glaubt, jedoch infrage stellt, ob sie zum jetzigen Zeitpunkt über die nötigen Fähigkeiten verfügt, um eine bestimmte Aufgabe zu bewältigen? Selbstbewusste Demut. Dieser Zustand bedeutet, dass die Person selbstkritisch genug ist, um zu wissen, dass sie noch nicht über die entsprechenden Fähigkeiten verfügt, aber gleichzeitig selbstbewusst genug, anzunehmen, sie könne sich diese Fähigkeiten zu eigen machen.[38]

Mit selbstbewusster Demut schätzen wir nicht nur unsere Kompetenz ziemlich gut ein, wir halten uns auch permanent für verbesserungsfähig. Das schützt uns davor, auf dem »Mount Stupid« festzusitzen. Als kompletter Anfänger gehen wir in aller Regel nicht davon aus, wir seien Experte auf einem Gebiet (selbst ernannte Universalgenies klammern wir an dieser Stelle aus). Stelle dir vor, du lernst die Programmiersprache C. Dein Verständnis ist gleich null, überhaupt hast du nie zuvor eine Programmierzeile geschrieben. Bringst du ein gewisses Talent fürs Programmieren mit, wirst du relativ schnell Fortschritte machen. Deine Kompetenz steigt und mit ihr dein Selbstvertrauen. Nur leider spielt dir dein Gehirn einen Streich, denn deine Kompetenz kann mit deinem Selbstvertrauen nicht Schritt halten.

Diese ungleiche Entwicklung gipfelt auf dem »Mount Stupid«, auf dem deine Kompetenz unwesentlich höher ist als am Anfang, dein Selbstvertrauen dir jedoch den Eindruck vermittelt, du könntest dich mit Steve Wozniak messen. Zwei Möglichkeiten verbleiben dir: Du hältst an deinem unrealistischen Selbstvertrauen fest und verharrst auf ewig auf dem Gipfel der Ahnungslosigkeit oder du gestehst dir dein Defizit ein. Zweiteres ist empfehlenswerter, allerdings auch schmerzhafter, denn nach jedem Hochmut kommt der Fall, der dich hinabbefördert ins Tal der Verzweiflung, wo du geerdet wirst. Von dort beginnt ein steiniger Weg hinauf zum nächsten Gipfel, auf dem eine Belohnung wartet: der Expertenstatus. Im Übrigen zeichnet einen echten Experten die Überzeugung aus, niemals alles auf einem Gebiet zu wissen – er hält sich jederzeit für fehlbar.[39]

Ein Kind ist Experte darin, sich seiner Fehlbarkeit bewusst zu sein. Aufhalten lässt es sich normalerweise davon nicht, sondern beflügeln. Zumindest so lange, bis die Schule dem Kind die Flügel stutzt und es zu einem treuen Vasallen des

Systems auszubilden versucht. Im traditionellen »Spiel des Lebens« folgt auf die Kindheit die Schulzeit, auf die Schulzeit die Ausbildung oder das Studium, darauf der Beruf, und am Ende des Berufslebens wartet die Belohnung in Form des Rentendaseins. Das schien mir schon immer zu trist. Wieso sollte das Leben so linear verlaufen und warum die »Belohnung« so fern in der Zukunft liegen?

Neulich erzählte mir ein Zeitsoldat: »Ich kann es kaum erwarten, bis die nächsten zweieineinhalb Jahre vorbei sind, denn dann bin ich endlich raus beim Bund.« Wie bitte? Dieses Phänomen, dass wir uns Lebenszeit *wegwünschen*, finde ich richtig übel. Ich wurde neugierig: »Kannst du nicht vorher aussteigen?« – »Doch, aber dann muss ich 30 000 Euro zurückzahlen. Der Bund hat mein Studium finanziert.« 30 000 Euro für zweieinhalb Jahre Lebenszeit? Das klingt nach einem guten Deal. Natürlich ist seine Zeit, die er beim Bund absitzt, nicht komplett wertlos, trotzdem scheint es mir bedenklich, sich so sehr die Zukunft herbeizusehnen.

Umgekehrt kann uns Sehnsucht auch zu außergewöhnlicher Leistung motivieren. Meine Lebenssicht ist die folgende: Das Leben ist ein Spiel, das aus verschiedenen Levels besteht, und von diesen Levels möchte ich möglichst viele spielen. Mein Ziel ist es, das Leben regelrecht »durchzuspielen«, damit ich eines Tages im wahrsten Sinn des Wortes *lebensmüde* bin und beruhigt dem entgegenblicken kann, was uns alle erwartet. In jedem dieser Level möchte ich »zum Ferrari werden«. Damit ist nicht etwa gemeint, dass ich mich zu einem Androiden mit V12-Saugmotor entwickeln möchte, vielmehr meine ich, ich will menschlich und unternehmerisch zu einer Person werden, die eines Ferraris würdig ist. Eines Ferraris, von dem ich schon mein ganzes Leben lang träume.

Zum Beispiel möchte ich ein satter Einkommensmillionär sein, um mir den Ferrari finanziell wirklich leisten zu können, weil ich keine Lust habe, mir einen absparen zu müssen. Doch auf Geld allein beschränkt sich meine Sicht nicht. Ich will eine

Persönlichkeit besitzen, die auf Ferrari-Level ist. Ich will ein Ehemann und Vater sein, der auf Ferrari-Level ist. Und ich will gesundheitlich auf Ferrari-Level sein. Das heißt, ich will in allen Bereichen, die für mich Erfolg ausmachen, auf Ferrari-Level performen. Erst wenn ich das geschafft habe, fühle ich mich berechtigt, einen Ferrari zu fahren. Um es zusammenzufassen: Ich will ein menschlicher Ferrari werden, bevor ich mir erlaube, einen zu besitzen.

Anderthalb Jahre sind der Zeitraum, den ich mir gegeben habe, um ans Levelende zu gelangen. Bestellt ist der Ferrari schon, bezahlt noch nicht. Du kannst dir gar nicht vorstellen, was für ein unglaublich starkes Commitment diese Bestellung war. Die in Aussicht stehende Belohnung schärft meine Sinne, und mein Gehirn sucht unentwegt nach Möglichkeiten, das Level durchzuspielen. Ich bin zuversichtlich, dass die freigesetzte Energie zu einer Überkompensation der Ausgabe führen wird.

Spielerische Leichtigkeit und selbstbewusste Demut sind eine starke Mischung, um den Veränderungen dieser Welt zu begegnen. Sie führt zu der Motivation, uns neue Fähigkeiten anzueignen, wann immer dies nötig ist, und falsche Überzeugungen über Bord zu werfen, die uns am Verändern hindern. Das macht uns letztlich zu flexibleren Wesen. Doch zwei Fragen liegen sicher einigen auf der Zunge: Woher wissen wir, wie wir uns verändern sollten? Und wie gewährleisten wir eine Veränderung, die im Einklang mit unserem Lebenssinn steht?

Veränderungsbereitschaft + Reichweite = Erfolg

Zunächst einmal senkt die zuvor beschriebene Geisteshaltung das Risiko, von einer KI ersetzt zu werden, denn sie erhöht unseren Marktwert. Wir denken an einen Telefonisten, der es liebt, sich den Anliegen seiner Anrufer anzunehmen, und der so gut in seinem Job ist, dass ihm sein Ruf als hervorragender Telefonist vorauseilt. Jede dritte Anruferin erkundigt sich nach ihm, weil sie sich bei ihm so gut aufgehoben gefühlt hat. Nicht das, was er tut, ist besonders, sondern die Art, wie er es tut. Anrufer spüren seine Hingabe, seine Leidenschaft; es scheint, als würde sie sich den Weg durch die Telefonleitung suchen und auf die Person am anderen Ende überspringen. Solche Menschen kennst du doch, oder?

Ein Telefonist dieses Schlags weicht als Letztes der KI, davon können wir ausgehen. Aber malen wir das düsterste Szenario und behaupten, seine Stelle wird gestrichen, weil das Unternehmen die Bestellungen nicht länger telefonisch entgegennimmt. Chatbots übernehmen jetzt seinen Job, und eine alternative Stelle im Customer Service – was bei seiner Inbrunst schwer zu glauben ist – kann ihm das Unternehmen nicht anbieten. Was stellt der Telefonist nun mit seinem Berufsleben an?

Nun, es wird nach wie vor andere Bereiche geben, in denen die menschliche Kommunikation gefragt ist, und die ist doch die Stärke des Telefonisten, richtig? Und, wie sich herausstellt, auch sein eigentlicher Lebenssinn. Im Prinzip ist das Medium unwichtig, der Kern seiner Arbeit war schon immer die Kommunikation mit Menschen. Eines Tages hat er den Einfall, ein Unternehmen zu gründen, das anderen Menschen dabei hilft, mit mehr Begeisterung zu sprechen. Oder er entwickelt sich zu einem Stimmtrainer, denn offenbar verstand es der Telefonist meisterhaft, seine Stimme auf eine unterhaltsame, bewegende Art einzusetzen. Vielleicht lässt er sich auch zu einem Redner ausbilden und hält Keynotes, in denen er das Auditorium für ebendieses Thema inspiriert: Kommunikation. Natürlich fehlen ihm anfangs die nötigen Fähigkeiten, das geht uns allen so, wenn wir uns an eine neue Situation anpassen. Doch der ehemalige Telefonist verfügt über das Selbstvertrauen, sich diese Fähigkeiten anzueignen (selbstbewusste Demut).

Neben der Veränderungsbereitschaft bietet sich noch etwas an, das uns davor schützen kann, von einer KI ersetzt zu werden: Sichtbarkeit und Reichweite. Im Zeitalter der Personal Brands gewinnt die eigene Person an Wichtigkeit. Im April

2025 folgen Elon Musk bei *X* 219 Millionen Accounts, *Tesla* bloß 24 Millionen. Das ist doch bemerkenswert. Die Person hinter einem der wertvollsten Unternehmen der Welt scheint die Leute mehr zu interessieren als das Unternehmen selbst. Aus diesem Grund rate ich auch davon ab, sich hinter wortspielerischen Accountnamen wie beispielsweise »Dividente« zu verstecken. Was, wenn die Person eines Tages keine Dividente mehr sein möchte? Dann hat sie ein Problem, da sie nur mit Aktien und Dividenden in Verbindung gebracht wird. Klüger scheint es, den richtigen Namen für die Personal Brand zu nutzen. Die Menschen sollten mehr mit uns verbinden als nur ein einziges Thema.

Stand April 2025 folgen mir 31 300 Accounts bei *Instagram*. Diese Menschen interessieren sich für mein Profil, weil ich Erfolgswissen sowie persönliche Einblicke teile. In meinen Content fließen sowohl meine eigenen Erfahrungen ein als auch die Gedanken aus hunderten Büchern. In den vergangenen zwei Wochen habe ich damit 2,4 Millionen Menschen erreicht. Lass diese Zahl auf dich wirken. Würden diese Menschen eine neue Stadt gründen, wäre es die zweitgrößte Stadt Deutschlands. Natürlich bekommt man Reichweite nicht umsonst. Sie ist der Gegenwert für den Wert, den wir liefern. Und das schützt uns vor Armut. Wieso das? Mit dieser Reichweite ist jede Menge Vertrauen verbunden, und dieses Vertrauen lässt sich wiederum in einen finanziellen Wert umwandeln.

Zu diesem Buchkauf hast du dich vielleicht entschlossen, weil du mir bei *Instagram* folgst und darauf vertraust, dass dich der Inhalt einen Schritt weiterbringt (falls dem so ist, danke ich dir für dein Vertrauen). Aber: Reichweite schützt uns nicht auf ewig vor Armut, nur temporär. Denn verliert das, was ich biete, an Wert – zum Beispiel, weil jemand anderes besseren Content bietet und zu einer spannenderen Person in meinem Bereich avanciert –, verliere ich an Reichweite. Meine Follower wandern ab. Ebenso könnte es sein, dass mit der Zeit immer weniger Menschen *Instagram* nutzen und zu *TikTok* überlaufen. Stirbt das Medium, wird der Draht gekappt, den ich zu den Menschen über dieses Medium hergestellt habe. Trotzdem sollten dich solche Gedanken keinesfalls davon abhalten, eine Personal Brand aufzubauen. Es nicht zu tun, halte ich für einen ähnlich schwerwiegenden Fehler, wie nicht für die Rente vorzusorgen. Denn eine Personal Brand, die viele Menschen begeistert, schützt dich ein gutes Stück weit vor der KI. Aus einem einfachen Grund: Eine künstliche Intelligenz erlebt nichts, sie hat nichts Menschliches an sich; demzufolge ist das, was sie preisgibt, generisch und seelenlos. Menschen wollen Menschen erleben, mit deiner persönlichen Geschichte kannst du dich von der KI abheben. Und falls die Social-Media-Plattform, auf der du deine Geschichte teilst, ausstirbt, tja, dann wird es wohl Zeit für eine Veränderung. Womit sich der Kreis schließt, und wir wieder beim eigentlichen Thema wären: der Veränderungsbereitschaft.

Obwohl Napoleon Hill indirekt darüber schrieb, verdienen die Aspekte *lebenslanges Lernen* und *Veränderungsbereitschaft* heute eine stärkere Betonung. Lebenslanges Lernen ist ein Wert, und den sollten wir leben. Er setzt aktives Handeln voraus. Viele Menschen nehmen nach der Ausbildung nie wieder ein Buch in die Hand, sie besuchen freiwillig kein Seminar und bilden sich jobunabhängig nicht weiter. Zu mir hat mal ein Kommilitone gesagt: »Ich bin so froh, dass mein Studium bald zu Ende ist, dann kann ich endlich mit dem Lernen aufhören.« Mit einer solchen Einstellung wird man es in Zukunft immer schwerer haben.

Für Wolfgang hat es gereicht, sich zwei- bis dreimal pro Jahrzehnt schulen zu lassen, indessen wird diese Veränderungsgeschwindigkeit in Zukunft nicht mehr ausreichen. »Nicht die Großen werden die Kleinen fressen, sondern die Schnellen die Langsamen«, pflegt ein Bekannter zu sagen. Anstatt mit Panik zu reagieren, schlage ich vor, jeden Tag etwas Zeit in die Weiterbildung zu investieren. Wie viel Zeit wir dafür aufbringen, ist fast egal, Hauptsache, wir bringen überhaupt welche auf.

Wir werden uns wundern, wie uns selbst kleine, dafür aber regelmäßige Schritte voranbringen. Zum Beispiel: Jeden Tag zehn Seiten lesen. Zehn Seiten pro Tag, das entspricht 300 Seiten im Monat, also etwa einem Sachbuch. Pro Jahr macht das zwölf, in zehn Jahren schon 120 Sachbücher. 120 Sachbücher! Gelesen mit einem durchschnittlichen Aufwand von zehn Seiten pro Tag. Welche Person wird erfolgreicher sein: diejenige, die mit einem Wissensschatz von 120 Sachbüchern durchs Leben geht, oder die andere, die das letzte Buch in ihrer Ausbildung in der Hand hatte?

Die Psychologin Carol Dweck nennt diese Lerneinstellung »Growth Mindset«.[40] Besitzen wir es, sind wir der Überzeugung, wir könnten unsere Fähigkeiten durch Anstrengung und Übung entwickeln. Berechtigte Kritik als Antrieb und nicht als Demotivation zu sehen, gehört zu diesem Mindset ebenso dazu, wie mit Rückschlägen umzugehen und sich kontinuierlich zu verbessern. Demgegenüber steht das »Fixed Mindset«, eine starre Denkweise, die uns glauben lässt, unsere Fähigkeiten und Talente seien angeboren, also unveränderlich. Diese Haltung führt zu Stagnation. Welche dieser beiden Denkweisen führt wohl eher zum Erfolg?

Kombinieren wir das Growth-Mindset obendrein mit spielerischer Leichtigkeit und selbstbewusster Demut, können wir dem kommenden Zeitalter mit stoischer Gelassenheit entgegenblicken. Momentan wissen wir nicht, welche Jobs es bald nicht mehr geben wird, aber vieles deutet darauf hin, dass sich Menschen zunehmend komplexeren Aufgaben widmen werden, in denen vor allem Kreativität, strategisches Denken, Problemlösungskompetenz sowie emotionale und soziale Intelligenz gefragt sind. Eigenschaften, die wir einer künstlichen Intelligenz derzeit nur bedingt zuschreiben. In jedem Fall sollten wir lernen, mit KI umzugehen, sie also zu unserem Partner zu machen, um unsere Stärken mit ihren zu kombinieren. Denn das Damoklesschwert schwebt über den Ignoranten. Über jenen Menschen, die sich Neuem versperren, die lernfaul sind oder meinen, sie wüssten eh schon alles. Aber vor allem schwebt es über jenen Menschen, die sich für unersetzlich halten.

Das Kapitel auf einen Blick

- Das menschliche Wissen wächst exponentiell. Damit steigt das Risiko, von einer Maschine oder künstlichen Intelligenz ersetzt zu werden.
- Selbstbewusste Demut ist die »gesunde« Mitte zwischen Selbstüber- und Selbstunterschätzung. Sie schützt uns vor dem Irrglauben, unersetzlich zu sein.
- Statt voller Ängstlichkeit sollten wir mit spielerischer Leichtigkeit durchs Leben gehen
- Im Zeitalter der KIs wird unsere Persönlichkeit an Wert gewinnen. Sich eine Personal Brand aufzubauen, ist nur logisch.
- Was wohl für immer von Vorteil ist: ein Growth-Mindset. Mit dieser Einstellung sind wir der Überzeugung, wir könnten unsere Fähigkeiten durch Anstrengung und Übung entwickeln und lebenslang dazulernen.

Handlungsempfehlung

- Lerne jeden Tag - ein Leben lang!
- Erschaffe dir Lernroutinen. Zum Beispiel: täglich zehn Seiten lesen, einen Podcast hören (am besten *Erfolg ist kein Zufall* 😉), meditieren, Tagebuch führen, mehrmals im Jahr ein Seminar besuchen oder, oder, oder.

4

SELBSTWERTGEFÜHL

Sag, was bist du dir selbst wert?

Sarah Lippert war eine »People-Pleaserin«. Fast ununterbrochen legte sie ein Verhalten an den Tag, von dem sie annahm, ihre Mitmenschen würden es begrüßen. Diese Mühe machte sie sich, weil sie sich davon eine Belohnung erhoffte. Eine Belohnung, nach der wir uns alle sehnen – ein gesundes Selbstwertgefühl. Sarah versuchte, ihren Selbstwert zu nähren, indem sie den Menschen um sich herum gerecht wurde. Genauer gesagt zahlte jede Reaktion aus ihrem Umfeld auf Sarahs Selbstwertkonto ein. Zumindest dachte sie das.

Nun war es allerdings nicht so, dass ihre Mitmenschen ihr genaue Anweisungen gaben, nach denen sie sich richtete. Sarahs Mutter sagte nicht etwa »Werde Beamtin!«, und doch wurde aus ihr eine, weil es ihr an Selbstvertrauen mangelte, einen eigens gewählten Berufsweg einzuschlagen. Sarah ließ sich von Fragen leiten wie: *Was gibt mir Sicherheit? Womit stelle ich meine Mama zufrieden? Welcher Beruf gilt in meiner Familie als »normal«?* Eine Beamtenlaufbahn in der öffentlichen Verwaltung war nicht der Weg, für den Sarah brannte. Lange Zeit hatte sie sich vor der eigentlich naheliegenden Frage gedrückt: Was will *ich*?

Nicht nur in Bezug auf ihren Beruf mied sie diese Frage, sondern praktisch in jedem Lebensbereich. Das fiel zum Beispiel in der Partnerschaft auf. Wobei: Feste Partner hatte sie in dieser Lebensphase nicht, es waren eher Dates, von denen sie die Hoffnung hatte, es könnte eine ernsthafte Beziehung daraus entstehen. Ihre Dates hatten hingegen etwas Lockeres im Sinn. Am liebsten hätte Sarah frei von der Leber weg gesagt, welche Art von Beziehung sie sich wünscht, doch aus Angst, der Mann könnte das Interesse an ihr verlieren, spielte sie nach seinen Regeln. »Bevor er sich gar nicht mehr mit mir treffen will, läuft die Beziehung eben, wie er sie sich vorstellt«, dachte Sarah. Das ging so weit, dass sie sich einbildete, denselben Musikgeschmack des Mannes zu haben, obwohl sie mit der Musik eigentlich gar nichts anfangen konnte. Einmal fand sie diese Musikrichtung toll, beim nächsten Date plötzlich jene. Auch bei Hobbys zeigte sich ihr Anpassungsdrang. Der Mann war sportbegeistert? Sarah ebenfalls! In nahezu jeder Situation fragte sie sich *Was gefällt ihm?* statt *Was gefällt mir?*.

Dieses People-Pleasing begann mit Unsicherheit und führte schließlich zu Selbsthass, wie Sarah sich rückblickend eingesteht. Wenn sie Kleidung shoppen ging, um anderen zu gefallen, hasste sie sich im Nachhinein dafür: *Wieso gibst du so viel Geld für Klamotten aus? Das kannst du dir nicht leisten!* Nach und nach litt auch Sarahs Körper darunter. Manchmal shoppte sie den ganzen Tag lang, aß und trank viel zu wenig, geriet bei jeder Treppe außer Atem, machte jedoch keine Anstalten, ihre Shopping-Tour abzubrechen. Als sie abends zu Hause ankam und sich bewusst wurde, was sie ihrem Körper da angetan hatte, verachtete sie sich. Selbsthass empfand sie auch wegen ihrer Essstörung; sie litt unter Bulimie und »Binge Eating«. Sarah wusste, es war schlecht, was sie tat, und doch tat sie es, um ihren Mitmenschen zu gefallen. Ein Paradoxon.

Aufgrund ihrer Essstörung wurde Sarah zunehmend müder, körperlich wie geistig. Und dennoch förderte ihr Unterbewusstsein eines Tages einen Gedanken zutage, der alles verändern sollte. Sarah hockte gerade in ihrem Studentenzimmer und schmiedete Vorsätze für das nächste Jahr, als mit einem Mal die Worte »Echt sein« vor ihrem geistigen Auge aufblitzten. Diese acht Buchstaben standen für ein starkes Bedürfnis, das Sarah viel zu lange unterdrückt hatte und das sie sich nun erstmals zu verspüren traute: *Ich will einfach ich sein und als die Frau gemocht werden, die ich bin.* Diesen prägenden Moment verewigte Sarah, indem sie sich »Echt sein« auf ihre rechte Körperseite tätowieren ließ. Es war ein wichtiges Ereignis in ihrem Leben, denn von da an veränderte sich Sarah grundlegend. Sie wandelte ihren Selbsthass in Selbstliebe um – die bitte nicht mit Selbstverliebtheit zu verwechseln ist – und stellte sich an erste Stelle in ihrem Leben – was keineswegs mit Egoismus gleichbedeutend ist. Sie freundete sich mit dem Gedanken an, dass Echtheit ihren Preis hat, da man riskiert, abgelehnt zu werden. Aber das Wichtigste war der Vertrauensvorschuss, den Sarah sich gab. »Um eine Veränderung zu bewirken, muss ich mich trauen, an eine Zukunft zu glauben, für die ich weder in der Vergangenheit noch in der Gegenwart Beweise habe.«

Heute ist Sarah Inhaberin eines Coaching-Unternehmens, mit dem sie exklusiv Frauen berät, meist People-Pleaserinnen, wie sie einst eine war. Sarah versucht, Zweifel zu beseitigen wie: *Muss ich mich als Mutter schämen, wenn ich mit Vollgas meine Karriere vorantreiben will? Ist eine Selbstständigkeit nicht viel zu unsicher? Ist es für eine Beziehung schädlich, falls ich mehr verdiene als mein Mann?* In erster Linie verhilft Sarah ihren Coachees zu mehr Selbstvertrauen.[41] Doch was bedeutet es überhaupt, sich selbst zu vertrauen, und inwiefern ist dieses Gefühl abzugrenzen von verwandten Gefühlen wie dem *Selbstbewusstsein*, der *Selbstachtung*, dem *Selbstwertgefühl* und der *Selbstwirksamkeit*?

Ein Überblick psychologischer »Selbst«-Begriffe

Die Wahrnehmung unseres Selbst muss schon etliche Menschen auf diesem Planeten beschäftigt haben, anders erklärt sich nicht der reichhaltige Wortschatz, der kaum zu überblicken ist. Wagen wir dennoch einen Versuch.

Selbstbewusstsein (self-conciousness, self-awareness)
Philosophisch betrachtet ist das Selbstbewusstsein das »Bewusstsein (des Menschen) von sich als selbstdenkendem Wesen«.[42] Das heißt, ich als Mensch nehme mich als denkendes Wesen wahr, die Begriffe Selbstbewusstsein und Selbstwahrnehmung liegen dicht beieinander. Ich erkenne, »eine eigene Person, eine Einheit mit eigener Identität und Kontinuität zu sein«[43], und es gelingt mir, meine Innen- von der Außenwelt abzugrenzen. Das schließt auch die Wahrnehmung ein, wie sich meine Emotionen auf die Außenwelt auswirken. Für den Psychologen Daniel Goleman bildet das Selbstbe-

wusstsein das Fundament der emotionalen Intelligenz.[44] Das klingt plausibel, denn erst wenn ich mir meiner eigenen Emotionen bewusst bin, kann ich mir der Emotionen meiner Mitmenschen bewusst werden und begreifen, welchen Einfluss meine Aussagen und Handlungen darauf haben. Im weitesten Sinne verstehen wir unter einer *selbstbewussten Person* aber ebenso jemanden, der auf gesunde Weise von sich überzeugt ist, also an seinen Selbstwert glaubt.[45]

Selbstwertgefühl (self-esteem)

Somit kommt die Beschreibung des Selbstbewusstseins jener des Selbstwertgefühls recht nah, zumindest im umgangssprachlichen Gebrauch. In der Psychologie trennt man die Begriffe schärfer. Das Selbstwertgefühl ergibt sich aus der allgemeinen Bewertung, die ich über mich als Person vornehme. Meine Einschätzung ist höchst subjektiv und emotional, die Betonung liegt also auf dem letzten Teil des Wortes: Selbstwert*gefühl*.[46] Eine überzeugende Definition lieferte der Psychotherapeut Nathaniel Branden, nach dessen Verständnis das Selbstwertgefühl aus zwei Komponenten bestehe, die wechselseitig zusammenhingen: »Die eine ist die Selbst-Wirksamkeit – ein Gefühl von Urvertrauen angesichts der Herausforderungen des Lebens. Die andere ist die Selbstachtung – ein Gefühl, dass man es wert ist und verdient, glücklich zu sein.« Achtung vor mir selbst haben, das bedeutet, ich bin mir meines Wertes sicher und überzeugt von meinem Recht, ein glückliches Leben führen zu dürfen. Selbstachtung impliziert folglich, »dass ich mich wohlfühle, wenn ich in angemessener Weise meine Gedanken, Wünsche und Bedürfnisse geltend mache«.[47] Die *Selbstwirksamkeit* hat wiederum ein kanadischer Psychologe geprägt.

Selbstwirksamkeit (self-efficacy)

Die Begriffe »Selbstwirksamkeit« beziehungsweise »Selbstwirksamkeitserwartung« sind zurückzuführen auf Albert

Bandura, der bereits in den 1970er-Jahren von sich reden machte, als er die Selbstwirksamkeit als Lernkonzept entwickelte. Sein größter Erfolg ist wohl sein Buch *Self-efficacy: The exercise of control*. Darin präsentiert er sein Konzept einer breiten Öffentlichkeit und stellt Bezüge zu allgemeinen Themen wie Gesundheit, Effektivität und Erfolg her. Der Selbstwirksamkeit liegt die Annahme zugrunde, ich selbst könne Einfluss auf die Dinge und die Welt nehmen.* Wenn ich selbst daran glaube, *wirksam* zu sein, also etwas *bewirken* zu können, so gelingt es mir auch, in schwierigen Situationen selbstständig zu handeln. Mit anderen Worten: Ich habe Vertrauen in mich als Person, eine schwierige Situation meistern zu können. Umgekehrt betrachtet stelle ich mich der Situation allerdings nur, sofern ich vom Erfolg meines Handelns überzeugt bin. Mangelt es mir an Überzeugung, dass ich eine Handlung erfolgreich ausführen kann, beginne ich die Handlung in aller Regel nicht. Das war eine wesentliche Erkenntnis von Bandura.[48]

Laut Nathaniel Branden ist dabei nicht das Wissen entscheidend, das ich mir in der Vergangenheit angeeignet habe, vielmehr steht die Selbstwirksamkeit für ein grundlegendes Verständnis von meiner Lernfähigkeit: »Sie ist die Überzeugung, dass wir prinzipiell in der Lage sind, das zu lernen, was wir lernen müssen, und dass wir entschlossen sind, rational und bewusst unser Bestes zu tun, die Aufgaben und Herausforderungen zu meistern, mit denen wir angesichts unserer Wertvorstellungen konfrontiert werden.«[49] Es liegt auf der Hand, dass mir die Selbstwirksamkeit ebenfalls zugutekommt, sobald meine Veränderungsbereitschaft gefragt ist. Denn als selbstwirksamer Mensch habe ich eher das Vertrauen, einer neuen Aufgabe gewachsen zu sein, denn als selbstunwirksamer Mensch. Das trifft selbstverständlich

* Aus diesem Grund fiel der Begriff »Selbstwirksamkeit« bereits im Kapitel »Eigenverantwortung: Schuld sind niemals die anderen«, in dem von der Wichtigkeit der Eigenverantwortung die Rede ist.

nicht auf alle Situationen zu, da meine Kompetenz Grenzen kennt; solange die Aufgabe aber nicht allzu weit außerhalb meines Kompetenzkreises liegt, stehen die Chancen gut, dass ich denke, damit fertigzuwerden, und dass ich letztlich auch nicht enttäuscht werde. Und mit jeder neuen Aufgabe, die ich bewältige, steigt logischerweise mein Selbstvertrauen.

Selbstvertrauen (self-confidence)
Bleibt noch der ursprünglich gewählte Begriff übrig. Meiner Recherche und Schlussfolgerung nach entspricht das Selbstvertrauen weitestgehend der Selbstwirksamkeit. Es beschreibt das Vertrauen in mich als Menschen und in meine Fähigkeiten. Ohne Selbstvertrauen scheue ich eine Handlung, das heißt, weder bin ich wirksam noch von meiner Wirksamkeit überzeugt. Indessen gewinne ich dank meines Selbstvertrauens Sicherheit, was mich und meine Fähigkeiten betrifft. Das erinnert doch sehr an »Selbstsicherheit«, nicht wahr? Für meine Begriffe drücken »Selbstvertrauen« und »Selbstsicherheit« etwas Ähnliches aus.

Den Selbstwert erhöhen – wie geht das?

Für mein Verständnis vereint das »Selbstwertgefühl« alle Begriffe, darin steckt alles, was wir für ein erfolgreiches Bild von uns selbst benötigen. Es scheint unnötig, die Vorteile eines gesunden Selbstwertgefühls zu beweisen, denn dass es uns eher zum Erfolg verhelfen wird als ein schwach ausgeprägtes Selbstwertgefühl, erklärt sich von selbst. Deswegen schenken wir dem Warum keine Beachtung. Die drängendste Frage dieses Kapitels lautet: Wie erlangen wir ein hohes, dennoch realistisches Selbstwertgefühl? Dafür benötigen wir nichts weiter als Selbstachtung und Selbstwirksamkeit, denn wie wir ja jetzt wissen, sind dies die Bestandteile des Selbstwertgefühls. Aber wie soll das im Detail vonstattengehen? Indem wir Dinge tun, die unser Selbstwertgefühl stärken, und solche unterlassen, die es unterminieren. Klingt simpel? Das ist es im Grunde, aber wie bei vielem im Leben liegt die Genialität nicht in der Theorie, sondern in der Umsetzung.

Beginnen wir mit einem Ausflug in die Selbstwirksamkeit und lassen die Selbstachtung vorerst außen vor. Bandura nennt vier Faktoren, die die Selbstwirksamkeit sowohl zu stärken als auch zu schwächen vermögen, je nachdem, in welche Richtung das Pendel ausschlägt.

1. Erfolgserlebnisse

Grundsätzlich stärken Erfolge, die ich auch wirklich als solche erlebe, meine Selbstwirksamkeit, während Misserfolge sie schwächen, insbesondere wenn ich mich persönlich dafür verantwortlich mache. Um Erfolge und Misserfolge realistisch einzuschätzen, bedarf es folglich eines Bewusstseins dafür, wo die Ursache liegt. Ein Beispiel: Ich halte eine exzellente Präsentation, bekomme positives Feedback von Dutzenden Leuten, schreibe den Erfolg aber nicht mir selbst zu. Warum nicht? Weil die Präsentation von meinen Mitarbeitenden erstellt wurde und ich sie »nur« vorgetragen habe. Dabei verkenne ich meine Fähigkeit des Vortragens, die ja nun mal eine entscheidende Rolle für den Erfolg gespielt hat. Das Feedback kann noch so positiv sein, auf meine Selbstwirksamkeit wird es nicht einzahlen, solange ich mir wie ein Hochstapler vorkomme. Woran es mir mangelt, ist eine realistische Einschätzung. Umgekehrt gilt das genauso für einen Misserfolg. Die Präsentation missglückte, weil die Akustik schlecht war, die Technik mehrmals versagte und der Termin obendrein kurz nach der Mittagspause stattfand, als sich die meisten noch im Suppenkoma befanden? Dann sollte ich die Ursache des Misserfolgs nicht bei mir suchen, zumindest nicht bei mir allein. Mit jedem erlebten Erfolg erhöhe ich meine Selbstwirksamkeit, mit jedem erlebten Misserfolg verringere ich sie; wobei mich Misserfolge ebenso gut abhärten können. Letzteres ist natürlich gerade zu Anfang eine Herausforderung, da ich auf wenige Erfolge zurückblicken kann. Doch je öfter ich mir beweise, Erfolge verbuchen zu können, desto geringer ist die Wahrscheinlichkeit, dass mich ein Misserfolg aus der Bahn wirft. Mit anderen Worten: Meine Resilienz hat sich erhöht.

2. Stellvertretende Erfahrungen

Wenn ich einen Mitmenschen beobachte, wie er oder sie erfolgreich eine Aufgabe bewältigt, kann sich das positiv auf meine Selbstwirksamkeit auswirken. Eine junge Mutter könnte eine andere Mutter beobachten, die sich mitten im Konflikt mit ihrem dreijährigen Sohn befindet. Er will partout nicht vom Klettergerüst steigen, was er plärrend allen Anwesenden zu verstehen gibt. »Oha!«, denkt die Beobachterin. »Da wird noch einiges auf mich zukommen.« Doch zu ihrer Überraschung schafft die andere Mutter es, ihren trotzigen Dreijährigen zu beruhigen, indem sie erfolgreich mit ihm verhandelt. Die junge Mutter ist beeindruckt und fühlt sich sogleich bestärkt, eine ähnliche Situation meistern zu können. Der Effekt auf die Selbstwirksamkeit ist umso stärker, je ähnlicher sich die beiden Mütter sind, optisch wie intellektuell. Besonders großen Einfluss auf die Selbstwirksamkeit haben soziale Vorbilder, als da wären die engsten Verwandten, Freunde, Lehrkräfte, Kollegen und Mentoren.

3. Verbale Überzeugung

Ermutigungen steigern meine Selbstwirksamkeit, Entmutigungen verringern sie, Demütigungen zerstören sie. Es ist nicht schwer, das zu beweisen. Sagen wir, ich will einen Artikel schreiben. Während ich recherchiere, gibt mir meine Frau immer wieder zu verstehen, dass ich der Sache nicht gewachsen sei. Mir fehle es an Erfahrung, moniert sie, außerdem habe ich nie zuvor einen Artikel geschrieben. Ein gesundes Selbstwertgefühl vorausgesetzt, widerstehe ich den destruktiven Kommentaren möglicherweise, jedoch steigt das Risiko, dass Selbstzweifel in mir aufkommen: *Hat sie womöglich recht? Ist der Artikel eine Nummer zu groß für mich? Werde ich Kritik einfahren, wenn ich meine Gedanken veröffentliche? Leidet am Ende mein Ruf darunter?* Nun stelle ich mir die gleiche Situation noch einmal vor, nur dieses Mal bestärkt mich meine Frau, anstatt mich zu entmutigen. Was nicht heißen soll, sie würde auf konstruktive Kritik verzichten, nein, sie gibt mir ehrliches Feedback auf sachlicher Ebene, vermittelt mir aber gleichzeitig das Gefühl, ich könne die Aufgabe bewältigen. Den Kommentaren unserer Mitmenschen können wir uns nie vollständig entziehen, da kann unser Selbstwertgefühl noch so stark ausgeprägt sein. Dessen sollten wir uns als soziale Wesen bewusst sein.

4. Physiologischer und emotionaler Zustand

Bin ich körperlich und geistig nicht auf der Höhe, sinkt meine Selbstwirksamkeit. Ich mag mich grundsätzlich als kompetent genug erachten, einen Vortrag über Erfolg zu halten, plagt mich aber das Lampenfieber oder die Versagensangst oder habe ich einfach einen schlechten Tag, beeinträchtigt das meine Selbstwirksamkeit. Aufgrund der Signale, die mir mein Körper sendet, leidet meine gefühlte Kompetenz. Emotionale Faktoren wie Angst können genauso ursächlich sein wie physiologische, zum Beispiel schwitzige Hände, Herzrasen oder ein beklemmendes Gefühl in der Brust. Dieser vierte Punkt verdeutlicht auch, dass unsere Selbstwirksamkeit nicht immer auf demselben Niveau liegt. Sie unterliegt Schwankungen und mit ihr gleichermaßen unser Selbstwertgefühl. Was wir beim Streben nach Selbstwirksamkeit unbedingt beachten sollten, ist die Wahl einer geeigneten Aufgabe. Das erinnert mich an eine Schulgeschichte.

Ein Elefant, eine Katze, ein Eichhörnchen und eine Schlange lauschen einem alten Schimpansen, ihrem Lehrmeister. »Klettert den Baum hoch!«, weist er seine vier Schüler an. Katze, Eichhörnchen und Schlange gehorchen, sodann schaffen sie es nacheinander bis zur Krone, wenngleich in unterschiedlichem Tempo. Indessen steht der Elefant ratlos am Boden, blickt ungläubig nach oben, erklärt dem Schimpansen seine Sorge. Der kennt jedoch keine Gnade: »Das ist nun mal die Aufgabe. Jeder hat sie zu bewältigen, auch du!« Der Elefant will seinen Lehrmeister nicht enttäuschen und bemüht sich um einen Versuch. Vorsichtig setzt er erst den linken vorderen Fuß am Stamm an, dann den rechten. Keine Chance. Nun versucht er es rückwärts mit dem Heck voran, wobei er sich sogar mit dem Rüssel vom Boden abdrückt. Wieder unmöglich. Der Elefant resigniert. »Du hast die Aufgabe nicht bewältigt, deine Mitschüler schon. Setzen, sechs!«, lautet das niederschmetternde Urteil des Schimpansen.

Natürlich hätte ein guter Lehrer die Fähigkeiten seiner Schüler samt ihren Grenzen einzuschätzen gewusst. Aber es gibt eben nicht nur gute Lehrkräfte. Wie unschwer zu erkennen ist, untergräbt der Schimpanse die Selbstwirksamkeit des Elefanten. Was der Elefant braucht, ist eine passende Aufgabe, bei der seine Fähigkeiten zur Geltung kommen. Am besten eine Aufgabe, die sinnstiftend ist, eine, für die er eine Passion hat.

Ein weiteres Problem mit der Selbstwirksamkeit ist, dass die meisten Menschen sie selbst zerstört haben. Wie das? Sie haben sich zu oft Dinge vorgenommen und nicht eingehalten. Dieses inkonsequente Verhalten hat sich das Unterbewusstsein gemerkt, und nun meldet es sich bei jedem neuen Vorhaben zu Wort: »Was hast du vor? Mach dich bitte nicht lächerlich!« Wenn ich ein höheres Selbstwertgefühl anstrebe, ist es daher enorm wichtig, mir selbst Treue zu schwören. Das bedeutet, ich muss ab sofort alles, was ich sage, einhalten.

Alles! Anfangs wird mich mein Unterbewusstsein noch belächeln: »Haha, du scheiterst doch eh ...« Das darf ich ihm nicht verübeln, immerhin ist es seit Jahren gewohnt, dass ich zu dem Wort, das ich mir selbst gebe, selten stehe. Spucke ich in dieser sensiblen Umstellungsphase zu große Töne, na ja, wir können uns denken, wie das endet.

Neujahrsvorsätze sind dafür ein Paradebeispiel. »Ab morgen mache ich jeden Tag Sport« könnte eines dieser gewagten Vorhaben lauten, das wir uns in einem Moment der Euphorie vornehmen. Dagegen spricht grundsätzlich nichts, nur birgt es eben die Gefahr, dass mein Selbstwertgefühl leiden wird, falls ich aufgebe. Durchaus denkbar ist auch, dass mir meine innere Stimme den Wind aus den Segeln nimmt, sobald die anfängliche Euphorie wieder nachgelassen hat. Sie ahnt, ich werde scheitern, und will mich schützen, womit sie mich handlungsunfähig macht.

Eine Sache möchte an dieser Stelle klarstellen: Ich stelle mich nicht gegen große Ziele, im Gegenteil. Worum es mir geht, sind die einzelnen Schritte auf dem Weg zum Ziel. Nicht das Ziel ist oftmals zu groß gewählt, sondern die einzelnen Schritte, deswegen ziehen wir es nicht durch. Anstatt sich also vorzunehmen »Ab sofort mache ich jeden Tag Sport«, wie wäre es da mit dem Vorhaben »Ab sofort treffe ich jeden Tag eine bewusste Entscheidung für meinen Körper«? Damit erhöht sich die Chance, durchzuhalten, ungemein, denn dieses Vorhaben bezieht sich nicht allein auf sportliche Aktivitäten. Wir tun nämlich auch etwas für unseren Körper, falls wir zehn Minuten meditieren, einmal um den Block spazieren oder einen Apfel essen; selbst von einem Mittagsschlaf profitiert unser Körper, und der steht ja wohl in einem starken Kontrast zu einer Sporteinheit. Fange im Kleinen an – erst recht, wenn du die Welt verändern willst!

Admiral William H. McRaven hielt im Jahr 2014 auf der Abschlussfeier der University of Texas in Austin eine unfassbar gute Motivationsrede.[50] Ziel seiner Rede war, den Absolventen zehn Lebensprinzipien mit auf den Weg zu geben, derer er sich während seiner aktiven Zeit bei der Navy bewusst geworden war. Das erste Prinzip lautet: »Mach jeden Tag dein Bett!« Nicht beiläufig und schludrig, sondern mit derselben Akribie, die eines Navy SEALs würdig ist. Dahinter steckt mehr Weisheit, als man zunächst vermutet. Indem wir unser Bett machen, haben wir bereits die erste Aufgabe des Tages gemeistert. Sie jeden Tag mit großer Sorgfalt durchzuführen, erfordert zum einen Bewusstheit, zum anderen erfüllt uns das Resultat mit Stolz, zumindest ein bisschen. Und dieses bisschen Stolz gibt uns das Gefühl von Selbstwirksamkeit. Das sagt der Admiral nicht explizit, es ist eine logische Ableitung. Was der Admiral indes betont: »Wenn du die kleinen Dinge im Leben nicht richtig machen kannst, wirst du niemals imstande sein, die großen Dinge richtig zu machen.«

Lässt sich daraus etwa ableiten, dass wir unser Selbstwertgefühl beeinflussen können, indem wir Routinen in unser Leben bringen? Es hat den Anschein. Und zwar positiv wie negativ. Denn ebenso wie der Selbstwert eines Läufers davon profitiert, wenn er regelmäßig um den See joggt, weiß eine Raucherin tief in ihrem Inneren, was sie ihrem Körper antut. Nicht selten hören wir Sätze wie: »Ich will schon lange aufhören, aber ich schaffe es einfach nicht.« Das klingt, als fühle sich die Raucherin hilflos und fremdgesteuert. Kann das gut für ihr Selbstwertgefühl sein?

Besonders großes Potenzial, unserer Selbstwirksamkeit einen Schub zu verleihen, hat alles, bei dem wir entweder unseren inneren Schweinehund bändigen oder unsere Angst überwinden müssen. Deswegen steige ich regelmäßig in mein Eisfass. Sobald ich mit dem eiskalten Wasser in Berührung komme, verfalle ich in Schnappatmung, und es dauert 30 Sekunden (die sich deutlich länger anfühlen), bis sich mein Atem beruhigt hat. Dieser Strapaze setze ich mich aus, weil ich um die gesundheitlichen Vorteile weiß, doch vor allem geht es mir um die mentale Stärke, die daraus erwächst. Im Selbstwertgefühl-

Jargon gesprochen, könnte ich auch sagen: Mir jeden Morgen zu beweisen, die Kälte zu überstehen, stärkt nicht nur mein Immunsystem und meine Blutgefäße, es stärkt auch meine Selbstwirksamkeit. Kälte ist demnach auf vielen Ebenen ein selbstwirksames Mittel.

Wo der Schweinehund in der Komfortzone bellt, da ist eine bestimmte Emotion nicht fern, die uns oft davon abhält, uns einer Situation zu stellen: Angst. Will Smith hat dazu eine witzige Geschichte erzählt über einen Fallschirmsprung, den er zusammen mit Freunden in Dubai absolviert hatte. An einem feuchtfröhlichen Abend beschlossen die Freunde, am nächsten Tag aus einem Flugzeug zu springen. Vom Alkohol beschwingt, klatschten sie sich ab, schrien »Yeah!« und fühlten sich wie King Louie, der gerade zum ersten Mal Feuer gemacht hat. Erst als er in seinem Bett lag, wurde sich Will bewusst, worauf er sich da eingelassen hatte. »Hm«, dachte er, »die anderen waren doch auch betrunken, oder?« Ihn überkam die Angst. Er versuchte, herauszufinden, warum es erstrebenswert sei, aus einem Flugzeug zu springen, fand jedoch keine schlüssige Antwort. Trotzdem zog er es durch. Seine Angst erreichte ihr Maximum, als die Tür des Flugzeugs aufging und er am Rande des Flugzeugs saß, die Beine in der Luft baumelnd. Im freien Fall ließ die Angst schlagartig nach und wich freudiger Aufregung. Ironischerweise war der Moment der maximalen Gefahr der Moment der minimalen Angst. Wills Fazit: »Gott platziert die besten Dinge im Leben auf der anderen Seite der Angst.«[51]

Ihrer Angst hatte sich auch Sarah Lippert zu stellen, als sie sich entschied, ihr Dasein als People-Pleaserin aufzugeben. Wie sie das geschafft hat? Sie nahm sich selbst wahr; das war die erste von drei Phasen. Sarah fragte sich: *Welche Glaubenssätze habe ich? Woher kommen sie? Warum messe ich bestimmten Glaubenssätzen eine so hohe Bedeutung bei? Welche negativen Konsequenzen ergaben sich daraus und – vor allem – könnten sich noch daraus ergeben?* Es glich einer seelischen Bestandsaufnahme, bei der Sarah zu lesen versuchte, wer was auf ihr reines, weißes Blatt geschrieben hatte, als das jeder Mensch auf die Welt kommt.

Darauf folgte die zweite Phase, die vermutlich wichtigste von allen: die Selbstannahme. Weder suchte Sarah nach Argumenten, um ihr bisheriges Verhalten zu rechtfertigen, noch überlegte sie, warum es sinnvoll sein könnte, es in Zukunft fortzuführen. Nein. Sie akzeptierte ihre Fehler, ohne sich dabei zu verurteilen, und das war es, was das Fundament für die Veränderung bildete. In unserer gemeinsamen Podcast-Folge fragte ich Sarah, ob sie das Buch *Die 6 Säulen des Selbstwertgefühls* von Nathaniel Branden gelesen habe, was sie zu meiner Überraschung verneinte. Denn mit ihrem Vorgehen ging sie lehrbuchmäßig vor; Branden schreibt der Selbstannahme eine hohe Bedeutung zu. Wer sich nicht selbst annehme, könne kein Selbstwertgefühl haben, so der Autor. Selbstannahme und Selbstwertgefühl seien so eng miteinander verknüpft, dass sie gelegentlich verwechselt würden. Der Unterschied: »Während das Selbstwertgefühl etwas ist, was wir erfahren, ist die Selbstannahme etwas, was wir tun.«[52] Das Selbstwertgefühl ist demnach ein Resultat der Selbstannahme.

Auch Sarahs Phase davor, die Selbstwahrnehmung, erhöht das Selbstwertgefühl. Branden nennt sie zwar nicht explizit, aber für mich klingt das sehr nach der ersten Säule, die er beschreibt: »Bewusst leben«. Bewusst zu leben, das bedeutet, ich bin mir meiner Emotionen, Gedanken und Handlungen bewusst. Alles, was ich aus dem Unterbewusstsein in mein Bewusstsein befördere, trägt dazu bei, bewusster zu leben. Nach Branden sind die sechs Säulen, die unser Selbstwertgefühl stärken, die folgenden:

1. Bewusst leben
2. Sich selbst annehmen
3. Eigenverantwortlich leben
4. Sich selbstsicher behaupten

5. Zielgerichtet leben
6. Persönliche Integrität wahren

Es würde den Rahmen sprengen, auf jede einzelne Säule einzugehen, doch das müssen wir überhaupt nicht. Einiges, mit dem wir uns in diesem Buch befassen, fördert indirekt das Selbstwertgefühl; umgekehrt bildet ein gesundes Selbstwertgefühl die Basis für andere Erfolgsfaktoren. Es ist also schlau, an beiden Enden anzusetzen. Beispielsweise habe ich der *Eigenverantwortung* und den *Träumen* (den Zielen ähnlich) jeweils ein eigenes Kapitel gewidmet, weil ihre Wirkung auf den Erfolg nicht von der Hand zu weisen ist. Wie wir uns selbstsicher behaupten, dazu tragen ganz bestimmt die Kapitel über *Resilienz* und *Veränderungsbereitschaft* bei. Wir erinnern uns an die selbstbewusste Demut, die uns Neuem gegenüber öffnet und die uns gleichzeitig davor schützt, auf dem »Mount Stupid« zu versauern. Und wie wichtig die persönliche Integrität für den Erfolg ist, steht hoffentlich an vielen Stellen zwischen den Zeilen; außerdem finden sich dazu Gedanken im Kapitel über das *Werteverständnis*.

Was für dieses Kapitel bleibt, sind die Bewusstheit und die Selbstannahme – zwei Selbstwertgefühl-Booster, die sich Sarah zu eigen machte, indem sie sich mit ihren Fehlern konfrontierte, ohne sich dafür zu geißeln. »Selbstannahme ist die Voraussetzung für Veränderungen und Wachstum. Wenn ich mit einem Fehler, den ich gemacht habe, konfrontiert werde, so kann ich, wenn ich ihn als meinen Fehler akzeptiere, daraus für die Zukunft lernen. Aus einem Fehler, bei dem ich nicht akzeptiere, dass ich ihn gemacht habe, kann ich nicht lernen«, ist sich Branden sicher.

Und welche war die dritte Phase in Sarahs Genesungsprozess, jene, die nach der Selbstwahrnehmung und der Selbstannahme kam? Loslassen. Loszulassen schloss nicht nur die Vergebung für die eigenen Fehler ein, sondern ebenso, dass sie ihren Mitmenschen vergab, allen voran ihren Eltern. Loszulassen bedeutet auch, den Menschen, die mietfrei in unserem Kopf hausen, auf freundliche Art klarzumachen, dass ihre Glaubenssätze nichts mit unseren eigenen gemein haben und dass sie doch bitte aus unseren Gedanken verschwinden mögen.

Im folgenden Kapitel werden wir uns diesen Lösungsprozess genauer anschauen. Die Arbeit am Selbstwertgefühl setzt voraus, dass wir uns unserer Grundwerte bewusst werden. Denn unser Werteverständnis ist die Voraussetzung für einen liebevollen Umgang mit uns selbst, für die Identität, die wir anstreben, und damit letztlich auch für unser Selbstwertgefühl.

Das Kapitel auf einen Blick

- Das Selbstwertgefühl entsteht im Zusammenspiel von *Selbstwirksamkeit* und *Selbstachtung*.
- Selbstwirksam fühlen wir uns, wenn wir etwas *bewirken*, zum Beispiel bei einem Erfolgserlebnis.
- Selbstwirksam fühlen wir uns auch, wenn wir unseren inneren Schweinehund bändigen oder uns unseren Ängsten stellen.
- Selbstachtung setzt voraus, dass wir uns selbst wahr- und annehmen – wir akzeptieren uns als menschliches Wesen, mit jeglichem Für und Wider.
- Sobald wir mit unseren Vorsätzen brechen, untergraben wir unser Selbstwertgefühl. Deswegen sollten wir stets halten, was wir uns selbst versprechen.
- Unser Selbstwertgefühl lässt sich auch indirekt fördern, zum Beispiel, indem wir Eigenverantwortung übernehmen, an unserer Resilienz arbeiten oder getreu unseren Werten leben.

Handlungsempfehlung

- Höre auf, dich zu verarschen, und halte dich stringent an das, was du dir vornimmst. Dadurch baust du Vertrauen zu dir selbst auf, was sich positiv auf dein Selbstwertgefühl auswirken wird.
- Was schiebst du schon seit Längerem auf, aus Angst oder weil es außerhalb deiner Komfortzone liegt? Trage dir noch heute einen Termin in den Kalender ein und gehe die Sache an!

5

WERTEVERSTÄNDNIS

Erfolgreiche Menschen haben sich mehr als nur gefunden

Mit Mitte zwanzig durchlief ich eine identitäre Findungsphase. Ich wusste noch nicht so recht, wo ich im Leben stehen will, ein Entschluss stand jedoch felsenfest: Ich wollte erfolgreich sein. Wie bereits in der Einleitung gestanden, verband ich »Erfolg« primär mit Geld und Reichtum. Eines Tages betraute mich ein Kumpel mit einem Gedanken, der eine nicht ungefährliche Wirkung entfalten sollte: »Maurice, ein erfolgreicher Mann hat nicht nur eine Freundin, sondern nebenbei auch eine Affäre.« Wie er darauf komme, fragte ich ihn. Er argumentierte mit Prominenten und mächtigen Männern, die offensichtlich nicht viel für Monogamie übrig hätten.

Der Popstar Robbie Williams stieß in der Blüte seiner Karriere unzählige Frauen nicht von der Bettkante. Um den Verleger Hugh Hefner hüpften Dutzende *Playboy*-Häschen herum; er bot ihnen sogar Unterschlupf in seiner »Mansion«. Der Schauspieler Jude Law fing eine Affäre mit seinem Kindermädchen an. Hugh Grant wurde in flagranti im Auto mit einer Prostituierten erwischt, obwohl er mit Elizabeth Hurley liiert war. Trotz einer hochschwangeren Frau daheim vergnügte sich Boris Becker in der Besenkammer. Tiger Woods lochte nicht nur meisterlich auf dem Golfplatz ein. Bill Clinton ließ sich im »Oral Office« verwöhnen.

Zugegeben, die meisten dieser Fälle gingen nicht gut aus für die Akteure. Aber die Promiskuität zeichne sie aus, erklärte mir mein Kumpel, ihr Status verlange geradezu danach. Anstatt diesen eigenwilligen Gedanken zu hinterfragen, erlaubte ich ihm, die Pforte meines Unterbewusstseins zu passieren, wo er in der hintersten Ecke abgespeichert wurde: *Erfolgreiche Männer fahren mehrgleisig*.

Als ich einige Monate später eine Messe in Leipzig besuchte, wurde es heikel. Einen Abend gingen wir feiern, und unter Alkoholeinfluss kam mit einem Mal alles hoch, was mir mein Kumpel erzählt hatte. Erfolg = Freundin + Affäre. Plötzlich klang diese Gleichung plausibel. Also bandelte ich mit einer völlig Fremden an, mit der Absicht, auf mein Erfolgskonto einzuzahlen. Nebenbei bemerkt ist das ein wunderbares Beispiel dafür, wie Umfelder einen dummen Gedanken verstärken können.

Nun verbesserte ich mit diesem Seitensprung nicht gerade die Beziehung zu meiner Freundin, wie wir uns vorstellen können. Damit hätte ich im Grunde rechnen müssen, denn die subtile Botschaft verbarg sich in der Gleichung. Denn wenn *Erfolg = Freundin + Affäre* gilt, dann gilt logischerweise auch *Affäre = Erfolg - Freundin*. Ich nahm an, ich könnte den Seitensprung einfach abhaken und so tun, als wäre nichts gewesen. Ohnehin ahnte meine Freundin nichts, und ich hatte auch nicht vor, eine Beichte abzulegen. Doch so simpel war die Sache nicht. Es gab nämlich eine Person, der ich mit dieser Aktion im Besonderen schadete - mir selbst. Immerhin erteilte ich mir aber eine im wahrsten Sinne des Wortes *wert*-volle Lektion fürs Leben.

Zum ersten Mal spürte ich einen Konflikt auf meiner Werteebene. Obwohl ich meiner Freundin nicht von dem Fehltritt erzählte, fühlte ich mich so elend, dass die Beziehung für mich kaum noch Wert hatte. Zum Wert einer Beziehung tragen beide Menschen ihr persönliches Wertepaket bei, und mein Beitrag schien mir in diesem Moment äußerst gering zu sein. Von etwas wie Werten hatte ich schon gehört, na klar, aber mehr floskelhaft, ohne ihre Bedeutung zu verstehen. Doch als mein Unterbewusstsein nach dem Seitensprung vehement protestierte, wurde ich mir eines Wertes bewusst, dem ich offenbar eine Bedeutung beimaß: Treue.

An diesem Wert hat sich bis heute nichts geändert, und mit der Zeit wurde ich mir einiger weiterer Werte bewusst, auf die ich im Laufe des Kapitels noch näher eingehen werde. Was für den Moment genügt, ist die Erkenntnis, dass es da Werte in uns gibt, die unser Handeln leiten. Wir könnten auch sagen: Sind wir in vollem Bewusstsein über unsere Werte, haben wir uns gefunden. Falls wir uns ihrer jedoch nicht bewusst oder sie noch nicht stark genug ausgeprägt sind, was gerade in jüngeren Jahren der Fall sein könnte, laufen wir Gefahr, uns zu verirren.

In meinem Fall zeigte sich der Irrweg daran, dass ich mich zu einer fragwürdigen Handlung verleiten ließ. Möglich war das, weil ich quasi noch auf der Suche nach meiner Identität war.

Werte sind Teil unserer Identität

Was genau soll das überhaupt sein, ein Wert? Mich hat kürzlich folgende Definition angelacht: »Werte sind bewertende Gedanken zu zentralen Dingen im Leben wie zur eigenen Person, zu Freunden oder zur Gesellschaft.«[53] Etwas förmlicher kommen diese Worte daher: »Aus sozialwissenschaftlicher Perspektive gilt ein Wert als Vorstellung, dass etwas oder jemand als wichtig und/oder gut (wert-)geschätzt werden sollte bzw. (Wert-)Schätzung verdient.«[54] Wieder anders drückt es der Abenteurer und Unternehmer Jochen Schweizer aus: »Werte sind das Fundament unseres Lebens. Und sie sind das Fundament unserer Lebenshaltung.«[55] Wie wir sie auch definieren, in jedem Fall beeinflussen Werte sowohl unsere Vorstellungen als auch unsere Handlungen, und damit sind sie letztlich auch Teil unserer Identität.

Wenn wir das Internet nach »Werten« durchstöbern, stoßen wir rasch auf Listen, die Dutzende, wenn nicht gar Hunderte Einträge enthalten. Daraus die auf uns zutreffenden Werte auszuwählen, kann schnell zur Überforderung führen, noch dazu klingen einige dieser Werte doch recht ähnlich. *Ehrlichkeit*, *Vertrauenswürdigkeit* und *Integrität* sind ein solches Beispiel. Diese Werte verkörpern offensichtlich nicht dasselbe, allerdings scheint es, als seien sie Ausprägungen eines fundamentalen Grundwertes.

In den 1980er-Jahren begab sich der Sozialpsychologe Shalom Schwartz auf die Suche nach universellen Werten, die unterschiedlich stark ausgeprägt bei allen Menschen vorzufinden sind. Zehn Grundwerte (»basic values«) förderte er dabei zutage. Später ergänzten Schwartz und sein Team neun weitere, die jedoch nicht die ganze Theorie kopfstehen ließen, sondern hauptsächlich zu einer feineren Unterteilung führten; es entstanden sozusagen Subwerte. Allerdings werden seitdem zwei Werte, *Ansehen* und *Demut*, losgelöst betrachtet.

Universell seien die 19 Grundwerte deshalb, weil jeder von ihnen auf mindestens einer der drei universellen Anforderungen der menschlichen Existenz beruht: *1) dem Bedürfnis des Einzelnen als biologischer Organismus, 2) der Notwendigkeit einer koordinierten sozialen Interaktion* und *3) den Überlebens- und Wohlfahrtsbedürfnissen von Gruppen*. In einem Artikel aus dem Jahr 2012 schreiben Schwartz und seine Co-Autoren, die 19 Grundwerte »[...] konzentrieren sich auf das Erreichen persönlicher oder sozialer Ergebnisse, sie fördern Wachstum und Selbsterweiterung oder Angstvermeidung und Selbstschutz, sie drücken Offenheit für Veränderungen oder die Bewahrung des Status quo aus, und sie fördern das Eigeninteresse oder die Überwindung des Eigeninteresses im Dienste anderer«.[56]

Nun dürfte sicherlich die Neugier entfacht sein, welche Grundwerte das denn sind. Ich will sie dir nicht länger vorenthalten, doch vorab eines noch anmerken: Unter jedem Wert findest du Aussagen*, die du auf dich wirken lassen sollst. Wie stark fühlst du dich von ihnen angesprochen? Wie du das für dich gewichtest, bleibt dir überlassen, Ziel soll es sein, dass du die für dich wichtigsten Werte ausfindig machst. Es kommt hierbei nicht auf kopflastige Akribie an, vielmehr soll dir dein Gefühl den Weg zu deiner Werteebene leiten.

Selbstbestimmung (self-direction)

Unterteilt in die Subwerte *selbstbestimmtes Denken* und *selbstbestimmtes Handeln*, ist Selbstbestimmung ein Wert, nach dem jeder Mensch strebt. Begriffe wie Freiheit, Un-

*Was die Aussagen betrifft, habe ich mich von »Wirtschaftspsychologie aktuell« inspirieren lassen: *https://wirtschaftspsychologie-aktuell.de/magazin/leben/die-entscheidenden-werte-eines-menschen.*

abhängigkeit, Selbstständigkeit, Autonomie, Kreativität, Vorstellungskraft, Neugier, Ideenreichtum, Interesse und Zielvorstellung beschreiben gut, was sich hinter diesem Wert verbirgt.

Aussage: Es ist mir wichtig, mir eine eigene Meinung zu bilden und ungewöhnliche Ideen zu haben (selbstbestimmtes Denken). Ich will Dinge möglichst unabhängig tun und freie Entscheidungen treffen (selbstbestimmtes Handeln).

Stimulation (stimulation)

Wenngleich »Stimulation« in der deutschen Sprache sexuell konnotiert ist, geht es bei diesem Wert vielmehr darum, ein aufregendes Leben zu führen, Neues auszuprobieren und nach Herausforderungen zu suchen. Wir wollen anregende Erfahrungen sammeln und ein vielseitiges, nach Möglichkeit von unseren Mitmenschen abweichendes Leben führen. Ebenso spielen Abenteuerlust, Wagemut, Risiko, Leidenschaft und der Drang zur Veränderung mit in diesen Wert hinein.

Aussage: Es ist mir wichtig, immer wieder neue Erfahrungen zu machen. Abenteuer und Veränderungen sind Teil meines Lebens.

Hedonismus (hedonism)

Auch wenn es manchmal anders scheint, wollen im Grunde alle Menschen ein vergnügliches Leben führen – selbst die Griesgrame. Vielleicht vergnügt es sie ja, griesgrämig zu sein? Dieser Wert steht für Vergnügen, Lust, Lebensfreude, Spaß, Genuss, Sinnlichkeit, Befriedigung, Belohnung und Genugtuung.

Aussage: Ich möchte das Leben in vollen Zügen genießen.

Erfolgsstreben (achievement)

Nach gesellschaftlichen Maßstäben beurteilt Erfolg haben wollen. Das ist der Kern dieses Wertes. Die Leistungsmotivation der Menschen mag unterschiedlich stark ausgeprägt sein, vorhanden ist sie aber generell, selbst bei denjenigen, die sich nicht gerade als Leistungsträger bezeichnen würden. Schwartz erwog, es könne zwei Subtypen dieses Wertes geben, nämlich »persönlicher Erfolg« und »Kompetenz zeigen«; die eine Sicht richtet sich also nach innen, die andere nach außen. Es gibt etliche Attribute, die mit diesem Wert verwandt sind, als da wären Zielstrebigkeit, Fähigkeit, Ehrgeiz, Fleiß, Hingabe, Kompetenz, Siegeswille, Optimierungsdrang und Geltungsbedürfnis.

Aussage: Es ist mir wichtig, Erfolg zu haben und von anderen als kompetent wahrgenommen zu werden.

Macht (power)

Macht ist überaus komplex und wurde ursprünglich in drei Subwerte unterteilt: *Dominanz*, *Ressourcenkontrolle* und *Ansehen*. Da das Ansehen aber auch vom Grundwert *Sicherheit* abhängt, schlugen die Autoren in ihrer überarbeiteten Theorie vor, letzteren Wert isoliert zu betrachten.

Dominanz

Dominanz bedeutet, Menschen dazu zu bringen, das zu tun, was wir von ihnen wollen. Je mächtiger und einflussreicher wir sind, desto besser gelingt uns das. Wie mächtig jemand ist, hängt natürlich auch von der Perspektive ab. So ist zum Beispiel eine Mutter aus Sicht ihrer sechsjährigen Tochter durchaus mächtig, aus Sicht ihres Vorgesetzten hingegen weniger.

Ressourcenkontrolle

Ressourcenkontrolle ist die Macht, die wir durch die Kontrolle über Geld oder Sachmittel erlangen. Eine Vermieterin, die 50 Anfragen für ihre Wohnung erhält, fühlt sich aufgrund dieses Andrangs mitunter mächtig. Sie kontrolliert eine begrenzte Ressource: Wohnraum.

Aussagen: Ich bin gern in der Position, anderen sagen zu können, was sie tun sollen (Dominanz). Das Gefühl der Macht, das mir Geld oder Sachmittel verleihen, ist mir wichtig (Ressourcenkontrolle).

Ansehen (face)

Auf den ersten Blick hat Ansehen nicht unbedingt etwas mit Macht zu tun, das ändert sich jedoch, sobald wir uns fragen: Aus welchem Grund streben wir Prestige an? Warum ist es uns wichtig, einen guten Ruf zu genießen? Weil wir dadurch Einfluss auf unsere Mitmenschen ausüben können, und das ist nichts anderes als eine Form von Macht. Umgekehrt betrachtet schützt uns ein hohes Ansehen auch davor, Opfer der Macht anderer zu werden. Das Ansehen sichert uns gewissermaßen ab. Dass die *Sicherheit* unseren Wunsch nach einem hohen Ansehen antreibt, ist nur logisch, denn ein schlechtes Ansehen erhöhte vor Jahrmillionen das Risiko, aus der Gruppe verstoßen zu werden, und bedeutete damit nicht selten den Tod. Davor versuchen wir uns instinktiv zu schützen.

Aussage: Mir einen guten Ruf aufzubauen beziehungsweise ihn aufrechtzuerhalten, hat einen hohen Stellenwert für mich.

Sicherheit (security)

Auch dieser Wert besteht aus mehreren Subwerten, und zwar aus der *persönlichen* und der *gesellschaftlichen Sicherheit*. Uns ist sowohl an einem sicheren unmittelbaren Umfeld gelegen, in dem man uns und unseren Liebsten keinen

Schaden zufügen kann; genauso aber wünschen wir uns die Sicherheit auf einer übergeordneten kollektiven Ebene. Was bringt uns ein sichereres Zuhause, wo ein wertschätzender, respektvoller Umgang gepflegt wird, falls sich dieses Zuhause in einem politisch instabilen Staat befindet? Die Sicherheit ist also immer als Gesamtes zu betrachten. Eng verwandt mit oder ein Teil der Sicherheit sind beispielsweise die Bedürfnisse nach Zugehörigkeit, Harmonie, Partnerschaft, Stabilität, Wechselseitigkeit, Schuldlosigkeit, Unterstützung, Ordnung, Sauberkeit und Gesundheit.

Aussage: Ein sicheres Umfeld ist mir wichtig (persönliche Sicherheit). Der Staat, in dem ich lebe, soll sich gegen alle möglichen Bedrohungen schützen (gesellschaftliche Sicherheit).

Konformität (conformity)

Konformität anstreben, das bedeutet, uns nach den sozialen Erwartungen und Normen zu richten, Regeln zu befolgen und Respekt sowohl zu zollen als auch einzufordern. Zum einen geht es hierbei um die zwischenmenschliche Übereinstimmung (Angepasstheit gegenüber anderen), die gelingt, indem wir es vermeiden, anderen zu schaden oder sie zu verärgern. Zum anderen kommen wir Gesetzen, Regeln, Anordnungen und Pflichten nach. Wir versuchen also, allgemeinen Erwartungen gerecht zu werden (Angepasstheit bezüglich Regeln). Schlagwörter, die wir entweder direkt oder indirekt mit diesem Wert in Verbindung bringen, sind: Pflichtbewusstsein, Rechtschaffenheit, Gerechtigkeit, Anstand, Fairness, Ehrbarkeit, Unbestechlichkeit, Loyalität, Geradlinigkeit, Gehorsam und Höflichkeit. Ebenfalls passt die biblische »Goldene Regel« in diesen Kontext: »Was du nicht willst, was man dir tu', das füg auch keinem anderen zu.«

Aussagen: Ich befolge Regeln und Gesetze auch dann, wenn es niemand mitbekommt. Es ist mir wichtig, andere weder zu ärgern noch ihnen zu schaden.

Tradition (tradition)

Tradition bezieht sich auf Kultur, Familie und Religion. Je ausgeprägter dieser Wert ist, desto größer ist das Verlangen, kulturelle, familiäre und religiöse Traditionen und Bräuche zu wahren und zu respektieren. Eine Familie trifft sich vielleicht jeden Sonntag zum Kaffee und Kuchen, das hat Tradition. Ein Münchner besucht jedes Jahr das Oktoberfest, nicht nur um des Trinkens willen, sondern weil er es als kulturelle Verpflichtung sieht. Und ein Moslem pilgert einmal in seinem Leben nach Mekka, dazu rät ihm seine Religion. Es walten höhere Kräfte, die uns leiten und die wir oftmals nicht hinterfragen. Folgende Wörter stehen mit der Tradition im Zusammenhang: Glaube, Gewohnheit, Brauchtum, Familie, Toleranz und Respekt.

Aussage: Mir ist es wichtig, familiäre, kulturelle und/oder religiöse Bräuche zu pflegen und zu wahren.

Demut (humility)

Ursprünglich als Teil der *Tradition* betrachtet, separierten Schwartz und sein Team den Wert *Demut* später, da Antworten der Probanden auf eine Abweichung hinwiesen. Die Attribute, die auf Demut statt auf Tradition hindeuteten, waren »Bescheidenheit«, »Zurückhaltung« und »die Lebensumstände akzeptieren«. Unter Demut verstehen wir demnach die Sicht, als einzelner Mensch im Gesamtgefüge relativ unbedeutend zu sein. Wie du im Kapitel »Veränderungsbereitschaft: Wer sich der Veränderung verwehrt, dem wird das Leben erschwert« liest, ist sowohl ein zu geringes als auch ein zu hohes Maß an Demut problematisch; denn zu wenig Demut korreliert mit Arroganz, zu viel mit einem Minderwertigkeitskomplex. Der gesunde Mittelweg, den Adam Grant vorschlägt, lautet »selbstbewusste Demut«. Grants Vorschlag deckt sich auch mit den Erkenntnissen von Jim Collins, der in seinem Buch *Good to great* die erfolgreichsten amerikanischen Unternehmen des 20. Jahrhunderts analysierte, darunter *Kimberly Clark*, *Walgreens* und *Wells Fargo*. Ein Erfolgsfaktor seien sogenannte »Level 5 Leaders«. Sie zeichnen sich durch eine scheinbar paradoxe Mischung aus Demut und Willenskraft aus, wohingegen Führungskräfte in vielen mittelmäßigen Unternehmen allzu oft aus egozentrischen Motiven handeln.[57]

Aussage: Ich bin zufrieden mit dem, was ich habe, und strebe nicht nach immer mehr.

Wohlwollen (benevolence)

Wohlwollen setzt sich zusammen aus den beiden Unterwerten *Fürsorge* und *Verlässlichkeit*. Fürsorge bedeutet, wir sind hilfsbereit und um das Wohlergehen von uns Nahestehenden bemüht. Verlässlichkeit zeigen wir wiederum, indem wir uns als vertrauenswürdiges Mitglied der Gruppe erweisen, das heißt wir ehrlich und echt sind. Außerdem scheuen wir nicht davor zurück, unsere Mitmenschen um Verzeihung zu bitten respektive eine Entschuldigung anzunehmen. Folgende Begriffe weisen eine Ähnlichkeit mit diesem Wert auf: Glaubwürdigkeit, Ehrlichkeit, Loyalität, Verantwortungsbewusstsein, Freundschaft, Treue, Fürsorge und Nächstenliebe. Erkennbar ist ebenfalls eine Verwandtschaft mit dem Wert *Konformität*.

Aussage: Es ist mir wichtig, mich um das Wohlergehen von mir Nahestehenden zu sorgen. Ich will mich als ehrliches und verlässliches Mitglied einer Gruppe erweisen.

Universalismus (universalism)

Hierbei handelt es sich erneut um einen komplexen Wert, der sich aus den Bestandteilen *Toleranz*, *gesellschaftliche Belange* und *Schutz der Natur* zusammensetzt.

Toleranz

Toleranz sagt aus, dass wir Mitmenschen, die anders denken und sind als wir, akzeptieren und verstehen wollen. Das heißt, wir diskriminieren sie nicht wegen, sondern zeigen uns offen für ihre Andersartigkeit, worin auch immer diese bestehen mag. Ähnliche Eigenschaften sind Aufgeschlossenheit, Akzeptanz, Verständnis, Weisheit und Reife.

Gesellschaftliche Belange

Gesellschaftliche Belange haben einen Wert für uns, sofern wir uns für Gleichheit, (soziale) Gerechtigkeit, den Weltfrieden und somit für den Schutz aller Menschen einsetzen, nicht bloß für uns Nahestehende.

Schutz der Natur

Dieser bedeutet hier im Wesentlichen: Bewahrung der natürlichen Umwelt. Wir fühlen uns mit der Natur verbunden, weil wir erkennen, ein Teil von ihr zu sein. Hinzu kommt, dass wir die Schönheit unseres blauen Planeten, ja sogar des ganzen Universums anerkennen.

Aussagen: Ich höre Menschen zu, die anders sind als ich selbst, weil ich sie verstehen und akzeptieren will (Toleranz). Gleichheit, Gerechtigkeit und der Schutz aller Menschen sind mir wichtig, insbesondere setze ich mich für schwache und verletzliche Menschen ein (gesellschaftliche Belange). Ich bin überzeugt, die Natur und meine Umwelt schützen zu müssen (Schutz der Natur).

Nachdem du nun jeden dieser Werte hast auf dich wirken lassen, gehen wir noch einen Schritt weiter. Traust du dir zu, sie in eine Reihenfolge zu bringen, indem du sie von wichtig nach unwichtig ordnest? Christian und ich wollen mit gutem Beispiel vorangehen, nachfolgend erhältst du Zutritt auf unsere Werteebene:

MAURICE		CHRISTIAN
Wohlwollen	WICHTIG	Selbstbestimmung
Hedonismus		Erfolgsstreben
Selbstbestimmung		Stimulation
Ansehen		Ansehen
Erfolgsstreben		Konformität
Stimulation		Universalismus
Sicherheit		Wohlwollen
Macht		Hedonismus
Universalismus		Sicherheit
Konformität		Demut
Demut		Tradition
Tradition	UNWICHTIG	Macht

Das Modell von Schwartz ist sicherlich nicht perfekt, umstritten ist zum Beispiel, ob es tatsächlich alle Werte abbildet, die für uns Menschen von Belang sein könnten. Für eine Tendenz ist es jedoch allemal ausreichend, denn es lässt – vorausgesetzt, wir reflektieren uns realistisch – tief in unsere Identität blicken und zeigt auf, was uns im Leben wichtig ist. Da die Selbstreflexion aber nicht immer so einwandfrei gelingt, ist es ratsam, die Reihenfolge einigen Nahestehenden vorzulegen, um sie um ihre Meinung zu bitten. Möglicherweise ernten wir daraufhin Kommentare wie: »Du bewertest *Ansehen* so weit unten? Ähm, okay.« Solche Kommentare nehmen wir gelassen zur Kenntnis. Und falls uns die Mehrheit tatsächlich so einstuft, als wäre uns Ansehen wichtiger, als wir es wahrhaben wollen, erhärtet sich der Verdacht, dass wir einer Fehleinschätzung erlegen sind. Ehrlichkeit ist bei unserer Selbsteinschätzung ungemein wichtig, da uns Unehrlichkeit etwas Entscheidendes kostet: Selbstwertgefühl.

Erfolgreich ist nur, wer nach seinen Werten lebt

Eine Frage, die vermutlich den meisten auf den Nägeln brennt, ist die, ob erfolgreiche Menschen ein bestimmtes Wertepaket mitbringen, ihre Werte also von Natur aus auf Erfolg gepolt sind. Auch wenn ich nur allzu gern eine klare Faktenlage hierzu präsentiert hätte, ist mir das leider nicht vergönnt, da es *die* erfolgreiche Wertekombination nicht zu geben scheint. Ursprünglich hatte ich vor, aufzuzeigen, dass wohlhabende Menschen in aller Regel ehrbare Werte vertreten (Ehrlichkeit, Integrität, Verlässlichkeit und so weiter), weil das meiner persönlichen Einstellung entspricht und dem, was mir mein Netzwerk aus finanziell erfolgreichen Menschen spiegelt. Aus wissenschaftlicher Sicht können wir aber kein eindeutiges Fazit ableiten.

So meinte zum Beispiel der Psychologe Paul Piff in seinen Studien – sie zählen zu den einflussreichsten auf diesem Gebiet – herausgefunden zu haben, dass ein hoher sozioökonomischer Status unethisches und selbstsüchtiges Verhalten begünstigen würde. Angeblich hätten Menschen der Oberschicht im Vergleich zu Angehörigen der Mittel- oder Unterschicht eine stärkere Neigung, die Verkehrsregel zu brechen, sich unethisch in Entscheidungsprozessen zu verhalten, in Verhandlungen zu lügen, Mitmenschen wertvolle Gegenstände zu entwenden und zu betrügen, um ihre Chance auf eine Belohnung zu erhöhen.[58] Doch als die Psychologin Minah H. Jung und ihre Kollegen den

Versuch unternahmen, dieses Ergebnis zu replizieren, misslang ihnen dies. Im Gegensatz zu den ursprünglichen Erkenntnissen von Piff fanden sie keine Beweise für einen Zusammenhang zwischen einem hohen sozioökomischen Status und unethischem, selbstsüchtigem Verhalten.[59]

Reichtum, Wohlstand und Status mit bestimmten Werten in Verbindung bringen zu wollen, bleibt daher gewagt. Was wir hingegen ruhigen Gewissens vertreten können, ist die Ansicht, dass Menschen, die sich unehrlich und nicht integer verhalten, mit ziemlicher Sicherheit an Selbstwert einbüßen. Der Psychotherapeut Nathaniel Branden drückte es folgendermaßen aus: »Mangelnde Integrität verletzt das Selbstwertgefühl, und diese Wunde kann nur durch Integrität heilen. Vereinfacht ausgedrückt beinhaltet die Frage der Integrität folgende Fragen: Bin ich ehrlich, zuverlässig und vertrauenswürdig? Halte ich meine Versprechen? Tue ich das, was ich vermeintlich bewundere, und vermeide ich das, was ich vorgeblich verabscheue? Bin ich fair und gerecht im Umgang mit anderen?« Integrität bedeute Übereinstimmung, sagt Branden weiter. Unsere Worte und unser Verhalten sollten übereinstimmen, sofern uns etwas an unserem Selbstwertgefühl liegt.[60]

Überhaupt hängt unser Selbstwertgefühl logischerweise von all unseren Werten ab. Wenn uns ein Wert besonders wichtig erscheint, wir jedoch nicht nach ihm leben, das heißt, ihm nicht jene Beachtung schenken, die er gemäß unserer innersten Vorstellung verdient hätte, leidet unsere Zufriedenheit. Weil es ein Verrat an uns selbst ist! Wir bezahlen dafür nicht nur mit Selbstwert, wir büßen außerdem an Authentizität ein, und dadurch wirken wir auf unsere Mitmenschen weniger anziehend. Die von Forbes als »Manifestations-Queen« betitelte Persönlichkeitscoach Roxie Nafousi schreibt in ihrem Buch: »Authentizität ist ein wesentlicher Bestandteil erfolgreicher Manifestation, denn wir sind dann am magnetischsten, wenn wir unsere Wahrheit leben und zum Ausdruck bringen.« Unser Handeln müsse mit dem übereinstimmen, was wir denken und wer wir wirklich sein wollen, betont sie, dadurch würden wir nicht nur Anziehungskraft auf unsere Mitmenschen ausüben, sondern auch den Erfolg anziehen.[61] Dabei verweist sie auf ein Interview zwischen Talkmasterin Oprah Winfrey und Sheryl Sandberg, ehemals COO von *Facebook*. Als es um Authentizität ging, fand Oprah folgende Worte: »Ich hatte keine Ahnung, dass es mich so reich machen würde, authentisch zu sein. Hätte ich das gewusst, hätte ich schon viel früher damit angefangen.«[62]

Authentisch sein, das klingt so simpel. Doch wenn wir ehrlich sind, ist es alles andere als das. Denn es zählt nicht gerade zu den einfachsten Aufgaben, aus dem Stegreif die für uns wichtigen Werte abzurufen, geschweige denn nach ihnen zu leben. Vielmehr entdecken wir sie durch die Erfahrungen, die wir im Leben sammeln. Ein Beispiel hierfür ist Christian. Ihm ist seit jeher *Freiheit* besonders wichtig, die wir gemäß der Theorie von Schwartz dem Grundwert *Selbstbestimmtheit* unterordnen können. Selbstbestimmt zu denken und zu handeln, dieses Verlangen konnte sein erster Job im technischen Vertrieb nicht stillen. Zu groß war die Abhängigkeit von Vorgesetzten und zu hinderlich die Prozesse im Unternehmen. Christian hatte das Gefühl, dass etwas nicht passte; mit welchem Wert sein einschränkendes Umfeld aber kollidierte, dessen wurde er sich erst im Laufe der Zeit bewusst. Irgendwann folgte der Entschluss, nicht länger Angestellter zu sein, da Christian sich nach einer beruflichen Tätigkeit sehnte, in der er sich frei würde entfalten können. Heute ist er Autor und Ghostwriter – ein Job, der mit seinem stark ausgeprägten Grundwert *Selbstbestimmtheit* harmoniert. Wo kann man sich gedanklich »freier« ausleben als bei der Schriftstellerei?

Seine Grundwerte nicht auf Anhieb benennen zu können, sondern mit der Lebenserfahrung zu entdecken, ist die Regel, möchte ich behaupten. Manchmal sind es helle Momente, die plötzlich Licht auf unsere im Dunkeln verborgenen Werte werfen. Ich erinnere mich an einen Vortrag von Nils Eiffler. Nils ist

Multiunternehmer, ein feiner Kerl und zweifelsohne finanziell erfolgreich – unter anderem hat er schon mehr als 300 Immobilien gehandelt, das heißt, er hat sie gekauft, aufgewertet und wieder verkauft. Doch nicht nur das: Nils hat auch sich als Mensch aufge-*wertet*.

Es gab eine Zeit, da standen Anerkennung und Status ganz oben auf Nils' Werteliste. »Man konnte schwerlich mehr im Außen sein als ich«, sagt Nils selbst über sich. Bei seinem damaligen Geschäftspartner Ben war das jedoch anders, für ihn stand die Familie an oberster Stelle. Die Firma, die die beiden führten, lief gut, deswegen nahm sich Ben jedes Wochenende frei, um Zeit mit seiner Familie zu verbringen. Doch Nils sah das anders: Eben weil es ihm vorrangig um Anerkennung ging, nahm er sich das Wochenende nicht frei, sondern arbeitete quasi durchgehend. Maßgeblich ändern sollte sich seine Einstellung bei einem Seminar zum Thema Glücklichsein.

Eine Übung lautete: *Schreib deine eigene Grabrede*. Und während er das tat, sah er vor seinem geistigen Auge plötzlich seinen 18 Monate alten Sohn tot in einem Sarg liegen. Nils spürte das Wasser in sich hochsteigen, doch er kämpfte dagegen an, genauer gesagt hinderte ihn sein Glaubenssatz »Echte Männer weinen nicht!« an einem Gefühlsausbruch. Da tippte ihn sein Kumpel sanft an der Schulter an und sprach: »Ist doch gut. Lass es doch einfach zu.« Diesem Rat folgte Nils. Zehn Minuten weinte er bitterlich, und es sei so ein schönes Gefühl gewesen, die Schleusen zu öffnen, meint er. Als Nils wieder zu Hause war, ging er ohne Umwege zu seinem Sohn, blickte ihm tief in die Augen und versicherte ihm: »Ich liebe dich, mein Sohn! Schön, dass du da bist.«

Teil des Seminars war auch eine Meditationsübung. In Gedanken schritt Nils durch einen dunklen Wald. Er sah seine Hand kaum vor Augen, wohin er sich bewegte, schon gar nicht, nur ab und zu vernahm er das Knacken von Ästen, auf die er getreten war. Dann erblickte er Lichtstrahlen. Er näherte sich ihnen und erkannte, dass sie aus einer Art Hobbit-Hütte kamen, deren Beleuchtung in den Wald strahlte. Nils hörte lachende Leute und Musik, also wagte er einen Blick durch das Fenster. Zu seiner Überraschung befanden sich darin seine Familie und all seine Freunde; sie waren munter, tranken, tanzten und lachten. Nur eine Person fehlte: Nils. Nils klopfte an das Fenster in der Hoffnung, man würde ihn hören und ihm Zugang gewähren. »Hey, lasst mich rein! Ich will mit euch lachen und singen«, rief er. Doch Nils glich Luft. Seine Familie und Freunde ignorierten ihn nicht, nein, sie bemerkten ihn nur einfach nicht. In diesem »lichten« Moment konnte Nils spüren, wie Anerkennung und Status an Bedeutung verloren und dafür Familie, Freunde und Liebe an Wichtigkeit gewannen. Die im wahrsten Sinne wertvollste Botschaft, die Nils aus dem Seminar mitnahm, lautete: »Du kannst nur glücklich sein, wenn du nach deinen Werten lebst.«[63]

Manchmal erwischt sich Nils auch heute noch dabei, wie ihm eine innere Stimme – er nennt sie Ego – zuflüstert: »Heeeey, Nilsi! Es wäre doch schon geil, wenn die hier alle über dich reden, weil sie dich für einen mega Typen halten würden, oder?« Doch Nils kennt keine Gnade: »Hör mal, Ego, du kannst die Schnauze halten! Ich danke dir, dass du 38 Jahre Teil von mir warst, aber jetzt bist du nicht mehr dran. Sorry.«[64] Klare Worte, die Nils nur finden konnte, weil er sich über seine Werte im Klaren war. Sein Beispiel zeigt, wie sich unser Werteschwerpunkt verlagern kann, abhängig von unserem Alter, unserer Erfahrung und unseren Lebensumständen.

Wie wir unsere Identität auf Erfolg ausrichten

So, wie Nils sich heute präsentiert, wirkt er auf mich, als wäre er im Reinen mit sich, als hätte er sich als Mensch gefunden. Da Nils allerdings angibt, in der Zeit zuvor, als ihm Ansehen und Status besonders wichtig erschienen, irgendwie gehemmt gewesen zu sein, liegt die Vermutung nahe, dass ihm die Werte *Familie, Freunde* und *Liebe* im Grunde schon immer wichtig gewesen sind. Es brauchte bloß zwei Ereignisse, um ihm das zu vergegenwärtigen, und das waren sein Sohn im Sarg und die Familie und die Freunde in der Hobbit-Hütte. Meiner Ansicht nach ist es unwahrscheinlich, dass sich Werte grundlegend ändern.

Was aber sollten wir tun, wenn wir gern mehr Erfolg im Leben hätten, uns jedoch das Gefühl beschleicht, nicht über die »idealen Werte« zu verfügen? Können wir unsere Identität in Richtung Erfolg verändern, ohne dabei eine Wertekollision zu riskieren? Schließlich hätten wir nichts davon, Erfolg – worin auch immer dieser bestehen soll – zulasten eines Wertes zu erzielen, wir diesen also verraten müssten. Die gute Nachricht ist: Solche Gedanken könnten ein Zeichen dafür sein, dass unser Wert *Erfolgsstreben* stärker ausgeprägt ist, als wir bislang gedacht haben. Es sind also nicht zwangsläufig die Werte, die uns im Weg stehen, sondern eher Glaubenssätze und Ansichten anderer Menschen, die im Laufe der Zeit den Weg in unseren Kopf fanden und die uns nun daran hindern, unsere Wunschwerte zu vertreten.

Ein aufschlussreiches Podcast-Gespräch hierzu hatte ich mit dem Mindset Coach Alexander Lang. Ich muss gestehen, als mir Alex für ein Gespräch empfohlen wurde, war ich äußerst skeptisch: *Nicht noch ein Coach!*, war mein erster Gedanke. Dann erfuhr ich, dass Alex in seinem Leben schon mehr als 350 000 Euro in Seminare und seine persönliche Weiterbildung investiert hatte. Meine Reaktion darauf war zwiegespalten. Offen gestanden klang das für mich nach Geldverschwendung, da ich bislang keines dieser Hochpreiscoachings ausprobiert habe und durchaus meine Zweifel hege, ob sich eine solche Ausgabe auszahlen würde. Gleichzeitig aber inspirierte mich Alex mit seiner Bereitschaft, so viel Geld in die Weiterbildung zu investieren. Allein eine Mastermind kostete ihn über 100 000 Euro! Er war der Ansicht, diese Investition würde sich um ein Vielfaches auszahlen, allein schon aufgrund des interessanten Netzwerks, das er knüpfen und in sein Leben »mitnehmen« dürfte. Das ist ein guter Punkt. Wer bereit ist, 100 000 Euro für eine Mastermind auszugeben, ist von einem besonderen Schlag. Diese Menschen sind entweder völlig verzweifelt, sodass sie all ihr Geld zusammengekratzt haben (oder sogar einen Kredit aufnehmen) in der Hoffnung, durch eine Mastermind werde sich ihr Leben endlich zum Besseren wenden. Oder aber es sind Menschen, die seit jeher enorm an sich arbeiten und immer vorankommen wollen, egal, wie viel sie schon gelernt haben, und egal, wie vermögend sie bereits sind. Meine Neugier siegte, ich lud Alex in meinen Podcast ein. Und bereits während der Aufnahme merkten wir, dass wir Brüder im Geiste sind. Daher zögerte er auch keine Sekunde, Teil meines Netzwerks *DWS* zu werden, wo er zuletzt einen Workshop zum Thema Selbstständigkeit hielt.

In diesem Workshop fing Alex an einem für mich überraschenden Punkt an – bei der Identität. Er ist der Überzeugung: »Wenn wir im Leben weiterkommen wollen, müssen wir unsere Identität hinterfragen.« Wer bin ich? Wer will ich sein? Wo lebe ich? Mit wem umgebe ich mich? Und wie trete ich anderen gegenüber auf? Das sind die Fragen, mit denen wir uns beschäftigen müssten, wenn wir unseren Erfolgskurs optimieren wollten. Beweise dafür, dass da etwas dran ist, finden wir schnell. Ein prominentes Beispiel sind Lottomillionäre, die es irgendwie fertig bringen, kurze Zeit nach ihrem Gewinn wieder blank zu sein. Wie kann so etwas passieren? Sie haben sich ihr Vermögen nicht schrittweise erarbeitet, das heißt, es wuchs nicht im gleichen Tempo wie ihre Fähigkeiten und Gedanken. Anders ausgedrückt: Ihre finanzielle Intelligenz konnte nicht mit ihrem Kontostand schritthalten. Infolgedessen denken sie nach wie vor wie ein finanziell ungebildeter Mensch, und der konsumiert in aller Regel lieber, als sich mit der Vermögensabsicherung oder -vermehrung zu befassen.

Im starken Kontrast zur Identität des »Verprassers« steht die ebenfalls weit verbreitete Identität des »Sparbrötchens«. Während einer Mastermind-Reise, die ich regelmäßig mit meinem Netzwerk durchführe, schlug jemand vor, das Wasser im nahegelegenen Supermarkt zu kaufen statt für kostspielige 3 Euro pro halbem Liter im Hotel. Ganz ehrlich: Ich will mir keine Gedanken darüber machen müssen, ob das Wasser nun einen, 3 oder 5 Euro kostet. Damit sende ich das falsche Signal ins Universum, nämlich: *Ich bin es nicht wert, teures Wasser zu trinken*. Es ist ein Anzeichen für ein Mangel-Mindset, für jemanden, der an jeder Ecke spart und dadurch nicht viel gewinnt. Damit will ich nicht sagen, wir sollten verschwenderisch sein, sondern großzügig zu uns und unserem Umfeld, insbesondere bei den kleinen Dingen im Leben. Und ein Wasser für 3 Euro im Hotel ist so ein kleines Ding, deswegen gebe ich gern noch 2 Euro Trinkgeld. Vor allem, weil Spendabilität eine immense Wirkung hat. Ich mag es, Menschen zum Essen einzuladen. Einmal habe ich ein Sonderessen veranstaltet für all diejenigen, die schon mehr als dreimal an meinen Mastermind-Reisen teilgenommen haben. Und obwohl ich das mehr als Gegenleistung empfand (immerhin hatten die Teilnehmenden zuvor einige Euros investiert), wurde es mir als Großzügigkeit ausgelegt. Solche Erlebnisse sind erfreulich und bestärken mich darin, dass wir mit Mangelgedanken nicht weit kommen. Außerdem ist die Idee, am Wasser zu sparen, zu kurz gedacht. Denn die Stunde, die ich benötige, um zum Supermarkt und zurück zu fahren, kann ich sinnvoller nutzen, zum Beispiel zum Lesen oder für ein Telefonat. Aus dem gleichen Grund beschäftige ich auch eine Reinigungskraft. In der Zeit, in der ich mein Haus reinigen würde, verdiene ich ein Vielfaches mit meinem Business. Auf die Opportunitätskosten zu achten, sollte nichts Neues sein, allerdings ist es blanke Theorie; und die ist schwierig, in die Tat umzusetzen, solange uns unsere »alte« Identität im Weg steht.

Alex empfiehlt, wir sollten uns zunächst im Gesamten definieren. Was wir aufschreiben, ist eine Mischung aus der Person, die wir gerade sind, und jener, die wir anstreben. Damit würden wir einen »Identitätsshift« einleiten. Er hält diese Methode für die Königsdisziplin im Coaching, weil wir so in kurzer Zeit alte Glaubenssätze und Verhaltensmuster erkennen und somit neu ausrichten könnten. Denn Glaubenssätze haben Einflüsse auf unsere Metaprogramme, also auf alles, was wir in der Welt wahrnehmen. Was um uns herum in der Außenwelt passiert, passiert zu großen Teilen so, wie unsere Metaprogramme es haben wollen. Soll heißen, es wird nur das eingeblendet, was sich mit unseren Erfahrungen deckt. Wenn wir in der Kindheit eine schlechte Erfahrung gemacht haben, dann zeigt uns unser Gehirn häufig das, was diese Vorerfahrung bestätigt. Der Grund: Unser Gehirn möchte nicht umdenken, sondern Bestätigung erhalten, weil das ressourcenschonender ist. In der Konsequenz filtert unser Gehirn vieles von der Außenwelt heraus; was wir letztlich wahrnehmen, ist nur ein Bruchteil dessen, was in der Realität geschieht.

In Zahlen ausgedrückt, bedeutet das: Pro Sekunde prasseln rund 400 Millionen Reize auf unseren sensorischen Filter (Sehen, Tasten, Riechen, Schmecken, Hören) ein. Von diesen Reizen bleiben etwa 11 Millionen Sinneseindrücke pro Sekunde übrig, die wir in unseren *sozialen und persönlichen Filter* weiterleiten. Und der ist äußerst streng! Basierend auf unseren Zielen, Werten, Erwartungen, Überzeugungen, Konditionierungen, unserer Kultur und nicht zuletzt unserem aktuellen Zustand filtern wir, was das Zeug hält. Übrig bleiben gerade einmal 40 Eindrücke pro Sekunde, also 0,0001 % der ursprünglichen äußeren Reize.[65] Es ist, als würden wir die Welt durch ein winziges Fenster in einem Turm betrachten, das obendrein mit einer ganz speziellen Folie überzogen ist, die die Geschehnisse verzerrt darstellt, damit sie mit unserer Vorstellung harmoniert. Wir müssen also irgendwie diesem Turm entfliehen, wenn wir unsere Identität ändern wollen.

Ein häufiger Trugschluss sei es laut Alex, anzunehmen, wir brauchten zuerst Ergebnisse, um uns daraufhin entsprechend zu verhalten. Er nennt es den Wenn-Dann-Modus. »Wenn ich eine Million Euro besitze, dann verhalte ich mich wie ein

Millionär. Dann werde ich mir alles Mögliche leisten und kann tun und lassen, was ich will. Ich werde mich nur noch darauf konzentrieren, was ich liebe!« In der Persönlichkeitsentwicklung vertritt man jedoch die Ansicht, dass wir zuerst wie ein Millionär denken müssen, um überhaupt einer werden zu können. Das heißt nicht, dass wir verschwenderisch mit unserem Geld umgehen sollten, sondern Fülle in unser Leben bringen. Das kann im Kleinen beginnen. Anstatt im Restaurant als Erstes auf den Preis der Gerichte zu starren, blenden wir die Zahlen aus und achten nur darauf, was uns wirklich schmecken würde. Ohnehin werden uns 10 Euro mehr oder weniger, die wir für ein Gericht bezahlen, weder zu einem Vermögen verhelfen noch verarmen lassen. Außerdem rät Alex, das Umfeld zu wechseln, und schlägt damit in dieselbe Kerbe, in die ich im Kapitel »Alles ist Umfeld, und Umfeld ist alles« schlagen werde. Wenn du Millionär werden willst, triffst du dich mit anderen Millionären, und du hältst dich dort auf, wo Millionäre sind. Du besuchst Seminare, gehst auf Fortbildungen, und du machst am besten sofort das, was du liebst, selbst wenn du davon noch nicht leben kannst. Das Prinzip lautet: *sein, tun, haben*. Wir müssen erst sein, was wir werden wollen, dann alles dafür tun, was uns dorthin führt, und schließlich haben wir das, wonach wir uns gesehnt haben. Doch wie genau geht der Identitätsshift nun vonstatten? Du vollziehst ihn in drei Schritten:

Schritt 1

Du fertigst eine Mindmap an und notierst zu folgenden Fragen alles, was dir einfällt: Welche Ängste habe ich? Welche Glaubenssätze leiten mich und blockieren mich möglicherweise? Habe ich Traumata erlitten und falls ja, welche? Im Kern geht es darum, herauszufinden, was uns in der Vergangenheit am Vorankommen gehindert hat. Nur wenn ich die Vergangenheit verstehe, die mich zu meiner heutigen Identität geführt hat, bin ich imstande, sie zu verändern. Allein sei das recht schwierig, sagt Alex, da du dir diese Fragen zwar stellen könnest, aber vermutlich nicht tief genug bohren würdest. Aus einem Schutzreflex heraus wirst du dich unter Umständen davon abhalten; unser Unterbewusstsein hat genügend Tricks auf Lager, um das Bohren zu verhindern. Aber bohre ruhig und schaue, wie tief du kommst. Solltest du an einem Punkt feststecken oder nicht weiterkommen, kannst du erwägen, die Hilfe eines Coaches in Anspruch zu nehmen.

Schritt 2

Im zweiten Schritt schreibst du alles auf, was du loslassen willst, alles, was dem Teil deiner alten Identität entspricht, von der du dich verabschieden willst. Hier ist vieles möglich: Faulheit. Es allen recht machen zu wollen (wir denken an das People-Pleasing von Sarah Lippert). Ein bestimmtes Gehalt, das du als »normal« erachtest. Fehlende Disziplin. Schlechte Schlafgewohnheiten. Erneut notierst du alles, was dir einfällt.

Schritt 3

Im dritten und entscheidenden Schritt schreibst du dir selbst einen sogenannten Vergebungsbrief:

1. Im ersten Teil erwähnst du alles, was du dir vorwirfst, zum Beispiel: »Du warst zu faul«, »Du hast dich im Leben limitieren lassen«, »Du warst nicht diszipliniert genug beim Sport«. Geize nicht mit Vorwürfen und lasse nichts unerwähnt.
2. Im zweiten Teil wirst du gütiger und kommst darauf zu sprechen, wofür du der alten Identität dankbar bist. Auch wenn es manchen schwerfällt, irgendetwas wird es sicherlich geben. »Danke, dass du mich immer gut bekocht hast!«
3. Im dritten Teil schreibst du auf, was du der Person wünschst. »Ich wünsche dir, dass du glücklich wirst und dass du deine Zwänge ablegen kannst.«

4. Im vierten und letzten Teil des Vergebungsbriefs lässt du los. »Es war schön mit dir, aber ich lasse jetzt los. Du bist zwar ein Teil von mir, aber heute ist für dich kein Platz mehr in mir. Ciao!« Anschließend liest du dir den Brief *laut* vor und dann – verbrennst du ihn. Die Verbrennung hat etwas Symbolisches, da deine neue Identität sieht, dass es kein Zurück mehr gibt. Die Reaktionen darauf können sehr unterschiedlich sein, betont Alex, von Lächeln über Weinen bis hin zu psychischer Instabilität sei alles denkbar. Nimm dir daher wenigstens einen Vertrauten zur Seite, wenn du die »Zeremonie« schon ohne Coach durchführst.

Nachdem du die alte Identität losgelassen hast, widmest du dich umgehend deiner neuen. Erneut empfiehlt sich eine Mindmap: Was will ich? Was will ich nicht (mehr)? Was gibt mir Energie? Was nicht? Wie will ich leben? Wie nicht? Die negative Seite hast du zuvor schon erarbeitet, da sie zum Teil der Identität gehört, den du mithilfe des Briefs losgelassen hast. Für Alex ist die Identität etwas, das ständig im Wandel ist, deswegen wiederholt er diesen Prozess jährlich, verabschiedet sich also einmal pro Jahr von allem, was ihm nicht mehr an sich gefällt, um zu einer besseren Version seiner selbst zu werden. Jedes Jahr verbrennt er seine alte Identität und steigt wie Phönix aus der Asche auf.

Wenngleich ich diesen Prozess exakt in dieser Form noch nicht durchgeführt habe, sympathisiere ich mit der Idee dahinter, da sie unserem Unterbewusstsein suggeriert, sich ein Leben lang weiterzuentwickeln. Zu dieser Weiterentwicklung gehört, unsere Werte zu entdecken, damit wir wertebasiert handeln können; und das sollten wir tun, weil es uns eher zum Glück und zum Erfolg führt. Meinem Verständnis nach ist es eher selten, dass sich unsere Grundwerte wesentlich ändern. Häufiger ist es wohl, dass sich, abhängig von der Lebenssituation, dem Alter, der Erfahrung und so weiter, ihre

Bedeutung verschiebt. Sind wir erst finanziell frei, schwächt der Wert Erfolgsstreben womöglich von einer 10 auf eine 8 ab, dafür steigt der Wert Demut von einer 4 auf eine 5. Manche Werte – und wenn es bloß Ausprägungen eines Grundwertes sind wie meine eingangs erwähnte *Treue* – bleiben hingegen starr auf demselben Niveau, will ich meinen. In der Regel trägt eine Verschiebung auf Werteebene auch zu einer Veränderung der Identität bei. Unsere »Wertereihenfolge« sollten wir daher immer mal wieder aktualisieren, um zu schauen, wo wir stehen. Denn erfolgreiche Menschen haben sich nicht nur einmal gefunden, sie (er)finden sich immer wieder aufs Neue.

Das Kapitel auf einen Blick

- Werte lenken unser Denken und Handeln.
- Mindestens zwölf *Grundwerte* finden wir – mehr oder minder stark ausgeprägt – bei jedem Menschen.
- Es ist unsere Aufgabe, herauszufinden, welche Werte uns besonders wichtig im Leben sind. Sofern wir nach ihnen handeln, werden wir mit Selbstwertgefühl und Zufriedenheit belohnt.
- Die Suche dauert eine Weile. In der Regel entdecken wir »unsere Werte« im Laufe des Lebens anhand von Handlungen, die sich gut, oder solchen, die sich schlecht anfühlen.
- Auch kann sich mit unserer Lebenserfahrung die Bedeutung des einen zugunsten des anderen Wertes verschieben. Diese Verschiebung verändert letztlich auch unsere Identität.

Handlungsempfehlung

- Bringe die zwölf Grundwerte in *deine* Reihenfolge. Ordne sie von wichtig nach unwichtig.
- Notiere, in welchen Situationen im Leben du nicht nach den für dich wichtigsten Werten handelst. Was hindert dich?

6

TRÄUME

Träumer haben die größeren Ziele

Am 9. Oktober 2012 stoppen zwei Talibankämpfer einen Schulbus in Mingora, Pakistan. Sie erkundigen sich nach einer Vierzehnjährigen. Ihr Interesse gilt nicht irgendeiner jungen Frau, sondern derjenigen, die den Schulbus mithilfe eigens aufgebrachter Spendengelder einige Wochen zuvor finanziert hatte.[66] Als die Taliban sie als diejenige welche identifizieren, eröffnen sie das Feuer. Gleich zweimal treffen sie die junge Frau in Kopf und Nacken. Ihr Zustand ist kritisch. Schwerverletzt wird sie erst in ein örtliches Krankenhaus gebracht, von dort mit einem Militärhubschrauber nach Peschawar geflogen, wo man sie in einer Intensivstation besser versorgen kann.[67] Mehrere Wochen ringt die junge Frau mit dem Tod. Doch sie überlebt das Attentat. Ein Jahr später wird ihr der Sacharow-Preis verliehen, eine Auszeichnung für geistige Freiheit, mit dem das Europäische Parlament seit 1988 Persönlichkeiten und Organisationen ehrt, die sich für die Verteidigung der Menschenrechte und der Meinungsfreiheit einsetzen. Die Rede ist von Malala Yousafzai.

Malala treibt ein Traum an. »Ein Kind, ein Lehrer, ein Stift und ein Buch können die Welt verändern«, sagt sie vor den Vertretern der 28 Staaten, die sich anlässlich des 25. Jahrestages der Verleihung des Sacharow-Preises versammelt haben. »Viele Kinder haben nichts zu essen, kein Wasser zu trinken. Aber sie haben auch Hunger nach Bildung.« Mahnende Worte, die Malala ausspricht angesichts der 57 Millionen pakistanischen Kinder, denen Bildung vorenthalten werde.

Malalas Feuer entfacht im Alter von 11 Jahren, als die Taliban alle Mädchenschulen des Landes für geschlossen erklären. Unter ihrem Pseudonym »Gul Makai« bloggt sie anonym für den indischen Fernsehsender BBC Urdu und berichtet von ihrem Leben unter der Talibanherrschaft und den Schwierigkeiten, die im Besonderen Mädchen haben, schulische Bildung in Anspruch zu nehmen. Während sich die pakistanische Armee bemüht, die Situation unter Kontrolle zu bringen, fliehen Malala und ihre Familie aus ihrer besetzten Heimatstadt. Lange bleiben sie jedoch nicht fern. Kaum hat sich die Lage gebessert, kehren Malala und ihr Vater nach Mingora zurück, um, sämtlichen Drohungen der Taliban zum Trotz, ihre Mission fortzusetzen. Daraufhin kommt es zum besagten Schulbuskauf und dem damit verbundenen Mordanschlag. Doch die junge Malala lässt sich nicht von ihrem Traum abbringen. Zu wichtig erscheint ihr die Bildung, und zu groß ist ihr Wunsch, eine Veränderung herbeizuführen.

Im Jahr 2014 wird Malala zur jüngsten Friedensnobelpreisträgerin der Geschichte. Ausgezeichnet wird sie »für ihren Kampf gegen die Unterdrückung von Kindern und jungen Menschen sowie ihren Kampf für das Recht auf Bildung für alle Kinder.« Bis heute engagiert sich Malala für die Bildung junger Menschen. Sie gilt als Symbol für Frauen- und Kinderrechte und hat es zu weltweitem Ansehen gebracht – ein Erfolg, der seinesgleichen sucht.

Ein Traum ist ein Ziel, nur emotionaler

Was Malala verfolgte, war nicht bloß ein Ziel, es war weit mehr als das. Es glich einem Traum, und Träume lösen bedeutend mehr Emotionen aus als Ziele. Man erkennt in ihrer Geschichte den sehnlichsten Wunsch, ein besseres Pakistan, ja eine bessere Welt zu schaffen, in der Bildung zum Grundnahrungsmittel zählt. Insbesondere, weil sie am eigenen Leib erfuhr, wie es sich anfühlt, aufgrund politischer und religiöser Engstirnigkeit von der Bildung ausgeschlossen zu werden, formte sich in ihr dieser klare Traum, der mutmaßlich von den Emotionen Hoffnung und Unmut gespeist wurde. Eine starke Kombination, richtig kanalisiert. Die meisten Menschen in Malalas Situation hätten sich vermutlich mit ihrem Schicksal abgefunden – allein schon, weil sie nicht auf die Hilfe eines aktivistischen Vaters hätten bauen können –, doch Malala nahm sich ihrer Aufgabe an. Darin sah sie einen Sinn, dafür verspürte sie Leidenschaft. Nicht ohne Grund steckt das »Leiden« in der »Leidenschaft«.

Denn wir dürfen davon ausgehen, dass diesem »sich in emotionalem, vom Verstand nur schwer zu steuerndem Verhalten äußernder Gemütszustand«[68] zumindest irgendein Leiden vorausgeht. In Malalas Fall: der Bildungsausschluss wegen ihres Geschlechts sowie der Krieg in Pakistan. Ist sie erst entfacht, macht die Leidenschaft allerdings das Leiden auch erträglicher, weil sie dabei hilft, Widerstände zu überwinden.

Ein Lied vom Leid konnte auch der Bürgerrechtler Martin Luther King Jr. singen. Vor allem lieferte er ein Beispiel für die unglaubliche Kraft, die ein Traum zu entfalten vermag. Gleich mehrmals nutzte er die Worte »I have a dream« in seiner berühmten Rede, die er am 28. August 1963 vor dem Lincoln Memorial in Washington hielt.[69] Damit machte King Gebrauch von einer mächtigen rhetorischen Figur, der Anapher, weil er wusste, wie gut sich Wiederholungen in unser Gedächtnis einprägen. Doch er sagte die vier magischen Wörter nicht einfach so daher, vielmehr knüpfte er sie an eine Beschreibung, die seinen Traum skizzierte:

»Ich habe einen Traum, dass diese Nation eines Tages aufstehen und den wahren Sinn ihres Glaubensbekenntnisses leben wird: ›Wir halten diese Wahrheiten für selbstverständlich, dass alle Menschen gleich geschaffen sind.‹«

»Ich habe einen Traum, dass eines Tages, auf den roten Hügeln von Georgia, die Söhne der einstigen Sklaven und die Söhne der einstigen Sklavenhalter in der Lage sein werden, zusammenzusitzen am Tisch der Brüderlichkeit.«

»Ich habe einen Traum, dass eines Tages selbst der Bundesstaat Mississippi, ein Staat, der von der Hitze der Ungerechtigkeit und der Unterdrückung glüht, in eine Oase der Freiheit und Gerechtigkeit verwandelt wird.«

»Ich habe einen Traum, dass meine vier kleinen Kinder eines Tages in einer Nation leben werden, in der sie nicht nach der Farbe ihrer Haut, sondern nach dem Inhalt ihres Charakters beurteilt werden.«

»Ich habe einen Traum heute!«

King malt ein gestochen scharfes Bild von der Welt, die er sich erträumt. Anschließend ist sein Traum zum Greifen nah für jeden der 250 000 Menschen, die seine Rede mit Gänsehaut verfolgen. Man stelle sich vor, er hätte die Sätze stattdessen mit »Ich habe ein Ziel …« eingeleitet. Ob die Rede dann ebenfalls so ergreifend gewesen wäre? Es ist zu bezweifeln, denn das vergleichsweise sachliche »Ziel« berührt uns emotional weniger als der »Traum«. Im Übrigen mag der letzte »Ich habe einen Traum«-Satz der unscheinbarste von allen sein, jedoch ist dem keineswegs so, da er ein entscheidendes Element enthält: heute. Mit diesem einen Wort holt King seinen Traum aus der Zukunft in die Gegenwart. Damit haucht er ihm Leben ein.

Wie man Träume Realität werden lässt, darin verstand sich ganz bestimmt auch Walt Disney. Er revolutionierte die Filmindustrie mit mehreren Dutzend Trick- und Animationsfilmen, wovon jeder für sich bereits ein zum Leben erweckter Traum ist, wenn wir so wollen. Welten zu schaffen, in die wir eintauchen können, das brachten allerdings schon vor Walt Disney diverse Stummfilmproduzenten und Romanautoren zustande. Ungewöhnlicher war dann schon sein Traum, einen Themenpark zu schaffen, in dem kleine und große Fans aus aller Welt auf ihre Helden Mickey Mouse, Goofy, Pluto, Donald Duck und Dumbo treffen konnten. Dadurch hob sich »Disneyland« – erstmals eröffnet im Jahr 1955 in Anaheim, Kalifornien – deutlich von konventionellen Vergnügungsparks ab, die hauptsächlich Fahrgeschäfte boten. Die bot Disney zwar ebenfalls; was den

Gästen allerdings viel verlockender erschien, war der Zauber, den Disneyland umgab. Als befände man sich an einem Ort, angesiedelt irgendwo auf einer Brücke zwischen Traum und Wirklichkeit.

Der Beweis aber, dass der Traum zur Realität wurde, ist sein Eigenleben. Selbst Jahrzehnte nach Walt Disneys Ableben entstanden noch nach ihm benannte Vergnügungsparks, wurden und werden Animationsfilme produziert und immer neue Figuren erschaffen. Sein Traum lebt weiter, so kraftvoll war er damals. Nach seinem Tod schrieb sein Bruder Roy über ihn: »Walt Disneys Vorbereitung der Zukunft hat ein solides, kreatives Fundament. All die Pläne für die Zukunft, die Walt anfing [...], werden weiter vorangetrieben. So hätte es Walt gewollt.«[70] Seinem Bruder zu Ehren verschob Roy sogar seinen geplanten Ruhestand, um Walts Traum vom »Disney World« in Florida zu verwirklichen. Später soll Roy gesagt haben: »Ich musste es einfach tun. Denn wenn ich Walt wiedertreffe und nicht einmal versucht hätte, dieses Ding zu bauen, würde ich wirklich die Hölle erleben.«[71]

Große Träume, große Resultate?

Träume wie jene von Malala Yousafzai, Martin Luther King Jr. und Walt Disney übersteigen die Vorstellungskraft der meisten Menschen. Und aus diesem Grund träumen sie in der Regel kleiner. Das wirft die Frage auf: Erreichen sie deshalb weniger im Leben, weil sie sich kleinere Ziele setzen? Und fahren sie damit womöglich sogar ganz gut, weil diejenigen, die nach Großem streben, allzu oft scheitern, abgesehen von Ausnahmefällen wie den oben genannten? Dir wird nicht der Tausch der Wörter »Traum« und »Ziel« entgangen sein, den ich soeben vollzogen habe, und das trotz eingangs betonter Beanstandung, dem »Ziel« mangle es an Emotion. Dazu stehe ich weiterhin. Der Tausch hatte vielmehr einen wissenschaftlichen Grund: In Studien bringt man Ziele und Erfolg in Zusammenhang. Ob Träume und Erfolg korrelieren, wurde meiner Recherche nach hingegen – wenn überhaupt – nur indirekt untersucht.

Wer sich damit befasst, wie und ob sich Ziele auf unsere Motivation und unsere Leistung auswirken, wird früher oder später auf die Arbeit von Edwin A. Locke und Gary P. Latham aus dem Jahr 2002 stoßen.[72] Darin fassen die Autoren die wesentlichen Studien zur *Zielsetzungstheorie* zusammen; ihre Veröffentlichung enthielt die Erkenntnisse der vorausgegangenen 35 Jahre. Tatsächlich sahen Locke und Latham einen linearen Zusammenhang zwischen der Schwierigkeit eines Ziels und der Leistungsbereitschaft. Die herausforderndsten Ziele kitzeln nicht nur die höchstmögliche Anstrengung aus uns heraus, sondern sie führen sogar zur besten Leistung. Nur falls die Grenzen der eigenen Fähigkeiten erreicht sind oder falls das schwierige Ziel die Bereitschaft beeinträchtigt, es erreichen zu wollen, sinkt die Leistung wieder.

Darüber hinaus verglichen die Autoren den Effekt eines spezifischen Ziels mit der typischen Aufforderung »Gib dein Bestes!«. Sie fanden heraus, dass ein spezifisches, aber schwieriges Ziel durchweg zu signifikant besseren Resultaten führte als der schwammige Aufruf, wir sollten unser Bestes geben. Dabei verwiesen Locke und Latham zum Beispiel auf Studien, in denen die Produktivität verschiedener Berufsgruppen untersucht wurde. Holzfäller fällten mehr Bäume, sofern man ihnen ein konkretes Ziel vorgab wie etwa »Fälle 15 Bäume pro Tag!«. Lastwagenfahrer reizten das maximal zulässige Ladegewicht ihres Lkw aus, indem sie nach einer klaren Zielvorgabe 30 % mehr Holzblöcke aufluden und der Transportfirma dadurch in neun Monaten 250 000 Dollar einsparten. Und Fachkräfte für Textverarbeitung erhöhten ihre Leistung unabhängig davon, ob das spezifische Ziel von oben diktiert wurde oder ob sie ein Mitspracherecht bei der Zielvorgabe hatten. Ergo: Wenn man uns bittet, unser Bestes zu geben, geben wir nicht unser Bestes. Das liege daran, dass den Gib-dein-Bestes-Zielen ein allgemeiner Bezugspunkt fehlt, sie also nach eigenem Gutdünken festgelegt werden, was je nach Person sehr unterschiedlich ausfällt.

Den Studien nach besteht kein Zweifel: Große, konkrete Ziele machen uns erfolgreicher. Jedoch haben große Ziele auch einen Haken. Wir sind erst zufrieden, nachdem wir sie erreicht haben. Mit weniger als ihrer Erreichung geben wir uns nämlich nicht zufrieden. Wir können uns das wie beim Hochsprung vorstellen: Nehmen wir an, die Latte liegt auf einer Höhe von 1,60 Meter. Überspringen wir sie, sind wir zufrieden, reißen wir die Latte, sind wir unzufrieden. Legen wir uns die Latte nun auf 1,80 Meter, sind wir nicht zwangsläufig zufriedener, sollten wir diese Höhe überspringen, aber garantiert unzufrieden, solange wir nicht triumphierend auf der Hochsprungmatte landen. Letztlich ist es aber genau das, was die, die sich größere Ziele setzen, motiviert, mehr zu leisten, als jene, die sich mit kleineren Zielen abfinden. Das Potenzial einer Springerin liegt vielleicht bei einer Höhe von 1,75 Meter. Natürlich wird sie vergeblich versuchen, 1,80 Meter zu überspringen. Setzt sie sich jedoch bloß das Ziel von 1,60 Meter, ist sie zwar mit dem Ergebnis zufrieden, dennoch hat sie 15 Zentimeter ihres Potenzials verschenkt. Du erkennst, worauf ich hinauswill?

Ich plädiere für größtmögliche Ziele, damit wir das Maximum unseres Potenzials ausschöpfen. Gleichzeitig sollten wir aber nicht unzufrieden sein, falls wir nur »nah rankommen«, im Gegenteil. Wir dürfen trotzdem stolz sein, allein schon für den Mut, uns ein stattliches Ziel zu setzen respektive einen großen Traum zu verfolgen. Und wer weiß: Womöglich wachsen wir auf dem Weg ja über uns selbst hinaus, soll meinen, unser ursprüngliches Potenzial erhöht sich mit den Fähigkeiten, die wir uns aneignen. Die Springerin trainiert so eifrig, bis sie eines Tages eben doch die 1,80 Meter überspringt. Hätte sie sich von vornherein die Latte zu niedrig gelegt, welchen Anreiz hätte sie da gehabt, ihre Leistung zu verbessern? Erst das hohe Ziel hat diese Entwicklung überhaupt möglich gemacht.

Zum Beispiel haben Christian und ich den zugegeben größenwahnsinnig anmutenden Traum, ein ebenso erfolgreiches Buch zu schaffen, wie es einst Napoleon Hill gelang. Seit 1937 wurden über 60 Millionen Exemplare von *Think and Grow Rich* verkauft. Die Chance dafür, dieses Ziel zu erreichen, ist gering, dessen sind wir uns bewusst; trotzdem wollten wir uns kein kleineres setzen. Das hat mindestens zwei Gründe: Erstens spornt uns dieses Ziel zu einer außergewöhnlichen Leistung an. Es ist, als säße bei jeder Zeile, die wir schreiben, Napoleon Hill höchstpersönlich schelmisch grinsend neben uns und spräche: »Na, Jungs … glaubt ihr, das reicht?« Infolgedessen denken wir in jedem Kapitel fünfmal nach, ob wir das Wesentliche bedacht haben und ob wir das Maximum für dich – unsere Leserin, unseren Leser – herausholen konnten. Denn genau darum geht es bei unserem Ziel: Mit unseren Zeilen wollen wir möglichst viele Menschen inspirieren, ihren Erfolgsweg zu beschreiten. Zweitens werden wir voraussichtlich (man weiß ja nie) nicht in Tränen ausbrechen, falls wir statt 60 Millionen Exemplaren nur 100 000 verkaufen. Selbst 50 000 Exemplare wären ein Wahnsinnserfolg. Wir greifen nach den Sternen, freuen uns aber genauso, wenn wir bloß den Mond berühren.

Was uns allen dabei hilft, ein hochgestecktes Ziel zu erreichen, ist ein Blick von außen. Locke und Latham betonen in ihrer Arbeit die Wichtigkeit von Feedback. Denn wenn wir nicht wissen, wie oder ob wir vorankommen, ist es nahezu unmöglich, unsere Strategie und unser Leistungsniveau so anzupassen, dass sie den Anforderungen des Ziels entsprechen. Begeben wir uns erneut in den Wald und beobachten den Holzfäller. Lautet sein Auftrag »30 Bäume am Tag fällen«, so kann er zwischendurch nur feststellen, ob er auf Kurs ist, falls er exakt weiß, wie viele Bäume er bereits in welcher Zeit gefällt hat. Menschen, die erkennen, dass sie dem Ziel hinterherhängen, neigen dazu, sich mehr anzustrengen oder eine alternative Strategie auszuprobieren.

Falls du schon mal eine Abschlussarbeit geschrieben hast, wirst du mit diesem Phänomen vertraut sein. Dir stehen drei Monate zur Verfügung, um 50 Seiten zu verfassen. Nach zwei Monaten stellst du mit Erschrecken fest, dass du dem Zeitplan massiv hinterherhinkst; lächerliche zehn Seiten kannst du bisher vorweisen. Dich überkommt die Panik, vor deinem geistigen Auge siehst du dich der Professorin gegenüber schon in Erklärungsnot. Doch dann geschieht etwas Eigenartiges. Als hättest du Unterstützung von Wichteln entstehen in den kommenden Wochen die restlichen 40 Seiten. Vermutlich hast du dich sowohl mehr angestrengt, das heißt, deine Prioritäten anders gesetzt, als auch deine Schreibroutine optimiert (Strategie geändert).

Lass uns dem *Ziel* nun den Rücken kehren und uns stattdessen wieder mit dem *Träumen* befassen. Wie erschaffen wir uns einen Traum, der uns zu außergewöhnlicher Leistung motiviert? Welche Anforderungen sollte er erfüllen? Und auf welche Techniken können wir zurückgreifen, dass der Traum in Erfüllung geht? Damit wollen wir uns im abschließenden Teil beschäftigen.

Wie die Traumgestaltung gelingt

Traumhaft intensiv hat sich Oliver Brünner mit dem Träumen befasst. Ich habe dir seine Geschichte im Kapitel »Eigenverantwortung – Schuld sind niemals die anderen« erzählt, weil er ein Paradebeispiel dafür ist, dass sich ein Mensch selbst unter widrigen Bedingungen dazu entschließen kann, Verantwortung für sein Leben zu übernehmen. Sein eigentliches Thema aber ist das Träumen. Darüber hat Oliver auch ein Buch verfasst, dessen Titel seinem Lebensmotto entspricht: *If you can dream it, you can do it.*[73] Oliver hält Träume für so machtvoll, weil sie nicht nur unser eigenes Leben positiv beeinflussen, sondern im Idealfall das einer Vielzahl von Menschen. Deswegen sollten wir mit ihnen über unseren Traum sprechen, und auch, damit er sich mit einer höheren Wahrscheinlichkeit erfüllt: »In dem Moment, in dem es dir gelingt, deine Träume über deinen eigenen Horizont hinweg nach außen zu transportieren und deine Umwelt über sie zu informieren, werden deine Träume zu sogenannten Realitätsbeschleunigern.« Doch genau darin liegt gleichzeitig die Schwierigkeit. Im Beschreiben des Traums. Nur sofern du über die Vorstellungskraft verfügst, deinen Traum klar vor dir zu sehen, bist du überhaupt imstande, ihn detailliert in Worte zu fassen. Das ist die Voraussetzung für die erfolgreiche Traumgestaltung: »Denn ein Traum ist nur so stark wie der Geist, der ihn formuliert. Je intensiver du träumen kannst, desto wahrscheinlicher ist es, dass du deine Träume detailgetreu strukturieren kannst. Und je detailgetreuer du deine Träume strukturieren kannst, desto schneller kommt die Realität letztendlich auf dich zu.«

Allerdings langt es nicht, einen Traum beschreiben zu können. Willst du vermeiden, dass er irgendwann in sich zusammenfällt, muss er auch auf einem soliden Fundament gebaut sein: auf Wissen und Können. Wo ist der Unterschied?

Ein Beispiel: Angenommen, ein Junge hat den Traum, Dachdecker zu werden. Wissbegierig, wie er ist, liest er Bücher über das Handwerk und fragt den Dachdeckern in der Nachbarschaft Löcher in den Bauch. Theoretisch ist er schon Dachdecker, dermaßen viel Wissen hat er innerhalb kürzester Zeit angehäuft. Eines Tages nimmt ihn einer der Dachdecker mit auf die Baustelle. Der Junge darf mit anpacken und das Handwerk von einem Meister lernen. Doch schon beim Besteigen der Leiter erkennt der Junge etwas, was er bisher nicht wusste: Er hat Höhenangst. Keine panische, aber er fühlt sich eindeutig unwohl in fünf Metern Höhe. Der Dachdeckermeister weiht ihn in den Aufbau der Unterkonstruktion ein, die dem Jungen längst bekannt ist, immerhin hat er ein halbes Dutzend Bücher über die Dachdeckerei verschlungen. Aber als es in die Praxis geht und der Junge beim Anbringen der Dampfsperre helfen soll, stellt er sich nicht besonders geschickt an. Klar, ihm fehlt die Übung, doch das Problem ist anders gelagert: Er hat zwei linke Hände. In seinem Kopf fügt sich die Dampfsperre tadellos an die Sparren und Dachlatten, aber seine Hände sind völlig außerstande, das auszuführen, was in seiner Vorstellung abläuft. Zwar gibt der Junge nicht gleich auf, jedoch muss er sich nach einigen Baustelleneinsätzen eingestehen, dass Höhenangst, kombiniert mit Ungeschicklichkeit, keine traumhafte Voraussetzung dafür bildet, es zu jenem überdurchschnittlichen Dachdecker zu bringen, der er so gern geworden wäre. Der Traum zerplatzt.

Nur wenn beides gegeben ist, Wissen und Können, hat unser Traum die Chance, sich zu erfüllen. Noch dazu sollte unser Traum das Leben möglichst vieler Menschen bereichern; im Idealfall sind sie bereit, dafür zu bezahlen, dadurch erhöht sich die Chance abermals, dass unser Traum zur Realität wird. Folglich ist es ratsam, von etwas zu träumen, für dessen Erfüllung wir uns mit Vorliebe Wissen aneignen, das eines Tages zu Können führt, das wiederum für viele Menschen einen Wert hat. Dazu sei noch erwähnt: Nur wir selbst und unsere Fähigkeiten sollten uns die Grenzen unseres Traums aufzeigen, niemals die anderen, deren Stimmen in unserem Kopf widerhallen!

Häufig erzählen uns fremde Stimmen in unserem Kopf, wir seien zu etwas nicht imstande oder sollten es aus dem und dem Grund nicht tun. Diese Stimmen stammen von Menschen, die es in der Regel nicht schlecht mit uns meinten. Und doch gaben sie uns unbewusst jene Denkmuster mit, die ihre eigene Welt limitierten. Warum sollten diese Denkmuster auch unsere Welt beschränken? Man stelle sich vor, Malala Yousafzais Vater hätte ihr einst mit auf dem Weg gegeben: »Widerstand ist zwecklos. Bleib unauffällig.« Womöglich hätten sie diese fünf Wörter den Friedensnobelpreis gekostet. Es sei denn, sie wäre zuvor auf den Trichter gekommen, der Gedanke stamme nicht von ihr und Widerstand sowie der Kampf für die Bildung lohnten sich eben doch. Glücklicherweise kam sie erst gar nicht in diese Lage, da ihr Vater sie von vornherein unterstützte.

Oliver empfiehlt, sollten wir uns bei Gedanken ertappen wie *Das geht nicht!*, *Das steht dir nicht zu!*, *Habe ich das überhaupt verdient?*, uns zu fragen: Wer spricht da in meinem Kopf? Nach ein paar Augenblicken wird ein Gesicht erscheinen, in Olivers Gedankenwelt ist es »Tante Olga«. Jetzt nehmen wir Tante Olga aus unserem Kopf heraus, stellen sie in den freien Raum neben uns und sprechen mit ruhiger Stimme zu ihr: »Liebe Tante Olga, ich danke dir für dein Leben, denn du hast meines sehr geprägt! Doch einiges davon gehört nicht zu mir – es gehört zu dir. Deshalb gebe ich es dir hiermit zurück, und zwar für immer. Und jetzt bin ich frei!« Diese Technik eigne sich laut Oliver für jeden limitierenden Glaubenssatz.[71] Wann immer wir das Gefühl haben, unser Denken sei fremdgesteuert, halten wir kurz inne, extrahieren den »fremden« Gedanken, gleichen ihn mit unserem Traum und unseren Fähigkeiten ab, und falls er damit nicht in Einklang steht, befördern wir ihn schleunigst nach draußen. Doch gehen wir noch mal einen Schritt zurück und kommen auf den Traum als solchen zu sprechen: Was hilft uns dabei, ein klares Bild davon zu haben?

Die entscheidende Technik kennen wir alle, sie heißt: Visualisieren. Das Schöne an dieser Technik ist, sie funktioniert ortsungebunden, wir brauchen dafür nämlich nichts weiter als unseren Kopf. Lust auf einen Test? Du betrittst ein Autohaus, und in der Mitte steht ein dunkelroter Ferrari. Du öffnest die Fahrertür und nimmst auf dem schwarzen Ledersitz Platz. Du atmest tief ein, das Leder riecht herrlich. Deine Hände fahren über das Sportlenkrad, auf dem mehr Knöpfe sind als auf einem Playstation-Controller. In der Mitte prangt das schwarze Pferd auf gelbem Hintergrund, Ferraris unverkennbares Markenzeichen. An der linken Unterseite erkennst du einen roten Knopf, auf dem »Engine« steht. Mit deinem linken Daumen drückst du darauf. Der V12-Motor startet. Am ganzen Körper spürst du die Vibration. Selbst im Standgas hat der Wagen eine Wahnsinnsenergie. Als würde ein Tiger leise schnurren, obwohl du weißt, dass er jederzeit fauchen, brüllen und einen

Satz nach vorn machen könnte. Du trittst aufs Gaspedal. Ganz sachte. Erst einmal kurz, dann zweimal hintereinander. Das Aufheulen des Motors lässt dich strahlen wie ein Kind im Disneyland. Da holt dich die Verkäuferin zurück in die Wirklichkeit: »Beeindruckender Sound, was?«

Mit dieser kurzen Sequenz habe ich dir von einem meiner Träume erzählt. Ich habe mir kürzlich einen Ferrari bestellt. Diesen Traum habe ich schon viele Jahre, und ich weiß, er ist materialistisch. Vielleicht empfindest du eine ähnliche Freude wie ich, wenn du einen Sportwagen fährst, vielleicht sind dir Autos auch völlig schnuppe. Das spielt keine Rolle. Träume von etwas, das zu dir passt und das dir unmittelbar einen Energieschub verleiht, sobald du daran denkst. Für mich ist das eben unter anderem ein Ferrari. Dieses Gefühl, ihn zu fahren, die Blicke, die man währenddessen erhascht – das sorgt für einen Endorphinausstoß kolossalen Ausmaßes, der mich im Hier und Jetzt motiviert, ihn erreichen zu wollen. Am Visualisieren gibt es nur einen Haken: Die Vorstellungskraft kennt Grenzen. Für die Traumerfüllung ist es daher hilfreich, wenn du schon Erfahrungen gesammelt hast, auf die du während des Visualisierens zurückgreifen kannst. In meinem Fall: mehrere Probefahrten. Darauf konnte ich zurückgreifen, denn die Erinnerungen haben meinen Traum greifbarer gemacht.

Eine ungewöhnliche, aber äußerst effektive Form der Visualisierung wählte der Schauspieler Jim Carrey. In den frühen 1990er-Jahren stellte er sich selbst einen Scheck über 10 Millionen Dollar für »erbrachte schauspielerische Leistungen« aus. Eine unglaubliche Gage, erst recht für damalige Verhältnisse. Carrey trug diesen Scheck jederzeit in seiner Brieftasche mit sich herum. Immer wieder holte er ihn heraus, sah ihn sich an, faltete ihn, steckte ihn zurück in die Brieftasche, bis der Scheck buchstäblich »mitgenommen« aussah. Drei Jahre nach Ausstellung des Schecks, im Jahr 1994, erhielt er tatsächlich 10 Millionen USD für seine schauspielerische Darbietung im Film *Dumm und Dümmer*.[75] Ein Jahr darauf war er der erste

Schauspieler, der eine Gage von mehr als 20 Millionen USD für nur einen einzigen Film (*Cable Guy*) verbuchen konnte.[76] Jim Carreys Beispiel ist Zeugnis dafür, wie ein visualisierter Traum die Wirklichkeit verändern kann. Wir können es wie folgt betrachten: Der Scheck hat zu Dankbarkeit geführt, dass es diese Option in seinem Leben gibt, ein erfolgreicher Schauspieler zu werden. Diese Dankbarkeit, gepaart mit der Motivation, hat seine Ausstrahlung verändert. Dank dieser Ausstrahlung wirkte er positiver auf seine Mitmenschen, was letztlich dazu führte, dass ihm bessere Rollen angeboten wurden. Die Visualisierung seines Traums hat eine Kette von Ereignissen in Gang gesetzt.

Jim Carreys Methode hatte einen entscheidenden Vorteil gegenüber der rein gedanklichen Visualisierung: Ein Teil seines Traums, der Scheck, war bereits in der Realität angekommen. Er konnte ihn sehen, ihn fühlen, daran riechen, ihn rascheln lassen, ihn eben mit allen Sinnen wahrnehmen. Falls dir etwas derart Originelles nicht einfällt, ist das nicht weiter schlimm, denn ein klassisches Visionboard erfüllt denselben Zweck. Wobei ich vorschlage, wir nennen es lieber *Dreamboard*, denn dem Begriff »Vision« haftet etwas Businessmäßiges an, das dem Traum seinen Zauber nimmt.

Betrachte das Dreamboard als ersten Akt bei der Verwirklichung deines Traums. Nutze nicht nur Worte, sondern ebenfalls Bilder. Willst du im Alter glücklich verheiratet und gesund sein? Dann hänge ein Bild zweier vital aussehender 70-Jähriger auf, die deinem Traum in etwa entsprechen. Werde kreativ bei der Gestaltung, erlaubt ist alles. Auf dein Dreamboard gehören sämtliche deiner Träume, egal ob beruflicher oder privater Natur. Je emotionaler sie sind, desto besser, denn desto gewaltiger werden sie sein.

Hast du es erst fertiggestellt, bleibt noch die wichtigste Frage offen: Wo platzierst du dein Dreamboard, damit es dein Unterbewusstsein am besten gleich mehrmals täglich bearbeitet? Meine Wahl fiel auf die Toilettentür, denn den Ort, der sich dahinter verbirgt, suche ich wohl oder übel ein paar Mal pro Tag auf. Es braucht eine gewisse Zeit, aber das Dreamboard wird seine Wirkung entfalten; je häufiger du es siehst, desto aktiver wird dein Unterbewusstsein an der Realisierung der Träume arbeiten.

Manchmal scheint es, als hätten wir das Träumen verlernt. Jedes Kind versteht sich in dieser Fähigkeit. Es freut sich tagelang auf den Besuch eines Freizeitparks, auf Weihnachten oder den Sommerurlaub auf dem Campingplatz. Seine Vorstellungskraft ist schier grenzenlos, ebenso die Energie, die es daraus gewinnt. Irgendwann verlernt es das Träumen, vielleicht weil es in einer Sache scheitert oder weil seine Mitmenschen die Träume für lächerlich erklären. Das ging wohl vielen von uns so. Deshalb sollten wir Erwachsene die Fähigkeit des Träumens wiedererlangen. Denn Träumer erreichen mehr im Leben. Oder wie der Philosoph Alfred North Whitehead es einst ausdrückte: »Die Träume großer Träumer werden nie einfach erfüllt, sondern immer weit übertroffen.«

Das Kapitel auf einen Blick

- Träume sind wie Ziele, nur emotionaler.
- Große, konkrete Träume machen uns nachweislich erfolgreicher als kleine, unkonkrete.
- Es gibt nur einen Menschen, der deine Träume limitieren darf: Du!
- Unser Traum hat die größte Chance, in Erfüllung zu gehen, sofern Wissen und Können im Einklang stehen.
- Unsere Vorstellungskraft unterstützen wir, indem wir unsere Träume visualisieren – so machen wir sie greifbar, holen sie in die Wirklichkeit.

Handlungsempfehlung

- Wovon träumst du? Fertige ein *Dreamboard* an; je emotionaler das Resultat, desto besser. Positioniere es an einem Ort, an den du dich zwangsläufig täglich begibst.
- Sollte eine Person mietfrei in deinem Kopf wohnen und deine Träume limitieren: Bedanke dich bei ihr und geleite sie dann nach draußen.

7

ROUTINEN

Gewohnheiten sind gut oder schlecht, aber in jedem Fall mächtig

Beim Start und im Steigflug ist ein Flugzeug am durstigsten, das heißt der Kerosinverbrauch pro Minute am höchsten. An sich verharrt das behäbige, zigarrenförmige Objekt lieber auf dem Boden, anstatt sich in die Lüfte heben zu lassen, nur unter maximalem Schub können es die Piloten vom Gegenteil überzeugen. Hat das Flugzeug aber erst seine Reiseflughöhe erreicht und bewegt sich mit konstantem Tempo fort, sinkt sein Durst merklich. Es muss nun nicht mehr so stark gegen die Schwerkraft ankämpfen, zudem ist der Luftwiderstand geringer, was den nötigen Schub ebenfalls reduziert. Ergo: Auf Reiseflughöhe ist das Flugzeug am sparsamsten. Wohin soll uns dieser aeronautische Exkurs führen?

Nicht selten sind wir dieses Flugzeug. Das ist keine Anspielung auf ein Gewichtsproblem, vielmehr ergeht es uns ähnlich wie diesem massigen Flugzeug, wenn wir eine neue Gewohnheit in unser Leben bringen wollen. Anfangs sind wir träge, doch nach einer gewissen Zeit haben wir erfolgreich gegen unsere eigene Trägheit angekämpft, sodass wir nun in Bewegung bleiben, ohne etwas dazu beitragen zu müssen. Wir laufen automatisch. Wir brauchen uns nicht mehr zu motivieren. Wir machen einfach. Zeuge dieses Phänomens wurde ich, als ich vor einigen Jahren meinen Bandscheibenvorfall behandeln ließ.

Mein Rücken schmerzte bei jedem Bücken. Irgendwann ertrug ich es nicht mehr, also begab ich mich in die Hände einer Koryphäe auf dem Gebiet der Orthopädie. Zur Linderung meiner Schmerzen schlug der Orthopäde eine sogenannte CT-gesteuerte Nervenwurzelbehandlung (PRT) vor. Dabei dringt er mit einer Spritze in den Spinalkanal ein, um das Medikament direkt dort zu injizieren, wo der Schmerz entsteht. Wenn du dein Steißbein abtastest, fühlst du ein kleines Loch; das ist die Stelle, wo die ziemlich lange Spritze eindringt. Wo genau der Schmerz entsteht, weiß der Orthopäde jedoch nicht ohne Weiteres, deswegen schiebt er dich in die Röhre, mitsamt der im Spinalkanal steckenden Spritze, und lokalisiert den betroffenen Nerv. Erst jetzt folgt die Injektion, auf diese Weise lindert das Medikament die Schmerzen am effektivsten. Das Ganze wird über einige Wochen hinweg mehrmals wiederholt.

Vor der zweiten Behandlung fragte mich mein Orthopäde: »Und, Herr Bork, hat die Spritze geholfen?« – »Grundsätzlich ja«, erwiderte ich, »ich schätze, ich habe 30 % weniger Schmerzen. Aber heute Morgen beim Kreuzheben sind sie wieder schlimmer geworden.« Die Miene des Orthopäden verdunkelte sich: »Sind Sie eigentlich bescheuert? Können Sie Ihren Scheißsport nicht mal sein lassen, während ich Sie wegen eines akuten Bandscheibenvorfalls behandle?« Das saß. Als er mich zusammenstauchte, musste ich schmunzeln, weil diese Reaktion so typisch war für einen Menschen, dem sein Beruf wirklich etwas bedeutet. Schon oft habe ich erlebt, dass, wenn Menschen sich gefunden haben, wenn sie top sind auf ihrem Gebiet und wenn sie aufgrund ihrer Reputation nicht angewiesen sind auf jeden einzelnen Kunden, sie dann überaus direkt kommunizieren. Dieser Arzt war nicht einfach nur sauer, er war offen und ehrlich sauer, mit dem patientenorientierten Ziel, mich aufzuwecken. Es wäre der Sache sogar hinderlich gewesen, seine Worte in eine Höflichkeitsfloskel zu verpacken, viel wirksamer war sein In-die-Fresse-Ansatz. Genau den habe ich gebraucht, um mit meiner Gewohnheit zu brechen. Eine butterweiche Formulierung hätte da nicht ausgereicht. Am Rande bemerkt: Viele erfolgreiche Menschen kommunizieren offen, ehrlich und direkt.

»Okay, dann pausiere ich mein Training für zwei Monate.« Der Orthopäde behielt recht, meine Schmerzen wurden deutlich besser. Das brachte jedoch ein Problem mit sich: Ich als Flugzeug war nicht mehr auf Reiseflughöhe. Dass ich, obwohl ich mich in Behandlung befunden hatte, noch ins Fitnessstudio gegangen war, hatte an meiner Routine gelegen. Über Monate hinweg hatte ich täglich mein Krafttraining absolviert und es deswegen überhaupt nicht mehr hinterfragt. Als mir der Orthopäde empfahl, mit meiner Routine zu brechen, linderte er zwar meine Schmerzen, zwang mich aber gleichzeitig zur Notlandung im Sport. Und da stand ich nun: wieder auf der Startbahn. Erneut auf Reiseflughöhe zu kommen, verlangte mir einiges an Motivationsenergie ab.

Bevor wir uns damit befassen, wie wir Erfolgsroutinen in unser Leben bringen, müssen wir uns mit Gewohnheiten befassen, also mit regelmäßig durchgeführten, meist automatisch und unbewusst durchgeführten Handlungen. Fakt ist, wir alle haben Gewohnheiten. Woher das kommt? Unser Gehirn liebt Abkürzungen, weil es dadurch Energie spart. Denken kostet Energie. Viel Energie. Rund 20 % unseres gesamten Energiebedarfs nimmt allein unser Denkapparat in Anspruch. Mit den Energiereserven zu haushalten, entschied für unsere steinzeitlichen Vorfahren, denen nicht an jeder Ecke kalorienreiche Kost zur Verfügung stand, über Leben und Tod. Denn je öfter sie handelten, ohne aktiv zu denken, desto sparsamer arbeitete ihr Gehirn und desto mehr Energie blieb ihnen somit, um auf Nahrungssuche zu gehen oder vor einem gefährlichen Tier davonzulaufen. Eine Gewohnheit ist also nichts weiter als ein Programm, das unser Gehirn abruft, um des Überlebens willen weniger denken zu müssen.

Wie hilfreich eine Gewohnheit sein kann, kennen wir vom Autofahren. Zumindest all diejenigen, die noch Kuppeln und Schalten gelernt haben. Anfangs fühlte es sich *ungewohnt* an, die Kupplung zu treten, den Gang einzulegen und dann die Kupplung sanft kommen zu lassen. Besonders beim Anfahren in steilem Gelände säuft einem regelmäßig der Motor ab. Logisch, weil man noch kein »routinierter« Autofahrer ist. Doch mit der Zeit gewöhnt man sich ans Schalten, Kuppeln und Kommenlassen, und der Motor säuft immer seltener ab. Das Gehirn hat sich eine neue Routine zu eigen gemacht, die fortan jedes Mal ausgelöst wird, sobald man ein Auto mit Schaltgetriebe fährt.

Da wir alle tagtäglich Gewohnheiten nachgehen, liegt es nahe, dass sie sich auf unseren Erfolg auswirken – die guten wie die schlechten. Die Kunst ist es, Gewohnheiten aufzubauen, die uns einem Ziel näherbringen, und solche zu meiden, die ihm im Weg stehen.

Die vier Phasen, die eine Gewohnheit entstehen lassen

Laut James Clear, Autor von *Die 1-%-Methode*, liegt jeder Gewohnheit, ob sie nun positiv oder negativ für unser Leben ist, ein *Auslösereiz* zugrunde.[77] Damit ist die erste von vier Phasen gemeint, die wir durchlaufen, wenn wir eine Gewohnheit ausbilden. Der Auslösereiz veranlasst uns zu einem bestimmten Verhalten. »Es handelt sich dabei um eine Information, die eine Belohnung in Aussicht stellt«, erklärt er. Nach dieser Belohnung schmachten wir – ein Verlangen entsteht. Den prähistorischen Menschen genügte es, wenn ihnen Nahrung, Wasser und Sex in Aussicht stand; Clear nennt sie »primäre Belohnungen«. Heute geben wir uns damit längst nicht mehr zufrieden, unsere eigentliche Motivation bilden »sekundäre Belohnungen« wie Status, Geld, Macht, Anerkennung, Liebe, Freundschaft oder Glücklichsein.

Die zweite Phase ist das *Verlangen*, es motiviert uns hin zu einer Gewohnheit. Ohne Motivation sind wir nicht zum Handeln bereit. Dabei verlangen wir allerdings nicht nach der Gewohnheit selbst, sondern nach »der Veränderung des Zustands, die sie bewirkt«. Wir wollen nicht auf das *YouTube*-Video klicken, sondern Unterhaltung geboten bekommen. Aus demselben Grund scrollen wir auch wieder und wieder durch den *Instagram*-Feed, in der Hoffnung, dass wir lachen, etwas lernen oder unsere Neugierde befriedigen, wo Influencer ihren Luxusurlaub verbringen. Ein Brot essen wir ebenfalls nicht des Essens wegen, sondern damit es uns sättigt. Das Verlangen, das wir verspüren, lässt uns handeln.

Die dritte Phase ist die *Reaktion*. Erst an diesem Punkt gibt sich die Gewohnheit zu erkennen, das heißt, wir kommen ins Handeln, weil wir auf das Verlangen reagieren. Allerdings gelingt das nicht immer, denn wir benötigen die entsprechenden Fähigkeiten, um eine Handlung auszuführen. Sagen wir, ein Junge beobachtet ein Mädchen dabei, wie es vor den Augen ihrer Eltern einen Handstand ausführt. Kerzengerade steht sie auf ihren kleinen Händen. Ihre Eltern applaudieren, und der Junge ist hochgradig beeindruckt (Auslösereiz). »Wenn ich das auch schaffe, sind meine Eltern bestimmt stolz auf mich«, denkt er (Verlangen). Er setzt zum Handstand an (Reaktion), kann sich jedoch nicht halten und fällt vornüber. Sein Gleichgewichtssinn hat ihm einen Strich durch die Rechnung gemacht.

Die vierte und letzte Phase auf dem Weg zu einer Gewohnheit ist die *Belohnung*. Tritt sie nicht ein, wiederholt sich das Verhalten in der Regel nicht. Der Junge, dem der Handstand missglückt, wird leider nicht belohnt, sondern im Gegenteil: mit Schreck und Schmerz bestraft. Deswegen ist die Wahrscheinlichkeit hoch, dass er den Handstand kein zweites Mal versuchen wird, denn die Belohnung ist das Ziel einer jeden Gewohnheit. Clear wählt folgende Worte: »Der Auslösereiz weist auf eine mögliche Belohnung hin. Das Verlangen zeigt, dass man die Belohnung will. Mit der Reaktion verschafft man sich die Belohnung.«

Wie können wir uns Auslösereize zunutze machen?

Da jede Gewohnheit mit einem Auslösereiz beginnt, haben wir die Möglichkeit, sie aktiv zu setzen. Wir müssen uns nicht auf unsere Umgebung verlassen, sondern gestalten sie lieber so, dass ein vorteilhaftes Verhalten wahrscheinlicher wird. Ein Beispiel für einen produktiven Auslösereiz war das Laufshirt, das unter dem Business-Outfit darauf wartet, zum Vorschein zu kommen. Vielleicht in Kombination mit Laufsocken? Oder denken wir an einen Auslösereiz, der uns zu einer gesünderen Ernährung verhelfen könnte: Obst und Nüsse, genussfertig verpackt in Tupperdosen, auffällig platziert in der Küche. Das

Obst ist bereits handgerecht geschnitten, die Nüsse liegen lose darin. Jedes Mal, wenn wir in die Küche gehen, um uns ein Glas Wasser zu holen, passieren wir die Äpfel, Nektarinen, Pflaumen, Walnüsse, Cashews und Mandeln. Sie rufen uns quasi zu: »Iss mich! Komm schon, greif zu!« Wir haben uns die gesunde Ernährung derart leicht gemacht, dass es nahezu unmöglich wird, jeden Tag nicht wenigstens eine Handvoll Obst und Nüsse zu vertilgen. Solche kleinen Auslösereize mögen belanglos erscheinen, doch sie erhöhen die Chance, uns etwas anzugewöhnen, erheblich.

Umgekehrt wird eine schlechte Gewohnheit unwahrscheinlicher, indem wir ihren Auslösereiz abstellen. Wir wollen *gar nicht erst in Versuchung geraten*. Stünde in der Küche eine Etagere mit Süßigkeiten statt Tupperdosen, gefüllt mit Obst und Nüssen – nun ja, wir beide wissen wohl, wie die Sache ausgehen würde. Ein anderes Beispiel: Früher hatte Christian die Angewohnheit, direkt nach dem Aufwachen zum Handy zu greifen und seine Social-Media-Profile zu checken. Dadurch blieb er länger im Bett liegen als nötig und verschwendete Zeit. Bis er auf die Idee kam, sein Handy nicht länger auf dem Nachttisch zu laden, sondern drei Meter entfernt auf der Kommode. Nun musste er das Bett verlassen, um seinen Handywecker auszustellen, wodurch er sich angewöhnte, direkt nach dem Aufwachen aufzustehen. Eine neue Gewohnheit entstand.

Nach dem gleichen Prinzip funktionieren Aktiensparpläne. Dadurch, dass automatisch jeden Monat ein bestimmter Betrag von unserem Konto in Aktien investiert wird, ist es nahezu ausgeschlossen, dass wir davon überflüssige Konsumprodukte kaufen. Wir lassen uns keine Wahl. Der Auslösereiz, diesen Betrag auszugeben, wurde mit technischer Hilfe abgestellt.

Aber gehen wir erneut davon aus, wir wollen von einem Auslösereiz profitieren und ihn nicht abstellen. Clear betont, eine Gewohnheit selbst könne gewissermaßen auch einen Auslösereiz darstellen. Eine neue Gewohnheit lasse sich mit einer alten verbinden – »Gewohnheitskopplung« nennt er das.

Der Sinn dahinter: Da wir die alte Gewohnheit ohnehin jeden Tag ausführen, kann sie uns als Startsignal für die neue Gewohnheit dienen. Zum Beispiel könnten wir nach dem Mittagessen zwei Minuten an die frische Luft gehen. Die zwei Minuten erscheinen dir womöglich willkürlich gewählt, doch auch dahinter steckt ein System. Clear ist überzeugt, eine neue Gewohnheit müsse einfach sein, damit wir bereit sind, sie in unser Leben zu integrieren. Deswegen sollte sie anfangs höchstens zwei Minuten in Anspruch nehmen. Einen Spaziergang von 30 Minuten führen wir vielleicht ein- oder zweimal aus; doch früher oder später kommt uns etwas dazwischen, weshalb wir die Gewohnheit abbrechen. Wir denken an das eingangs erwähnte »Flugzeug«, das beim Start äußerst träge ist. Je geringer sein Startgewicht, desto eher hebt es ab! Zwei Minuten stehen uns zum Frische-Luft-Schnappen hingegen an jedem Tag zur Verfügung (wer das Gegenteil behauptet, lügt). Irgendwann werden wir diesen Zeitraum automatisch ausdehnen, spätestens wenn sich die Gewohnheit in unserem Gehirn verankert hat und wir die Belohnung – in Form einer höheren Konzentration, einem Wohlgefühl oder Ähnlichem – zu spüren bekommen.

Krönen lässt sich die neue Gewohnheit mit einem Ritual, das Clear als »Verstärkung« bezeichnet. Die Häufigkeit eines Verhaltens erhöhe sich, indem wir es unmittelbar danach belohnen, allerdings mit etwas, dass dem ursprünglichen Zweck der Gewohnheit nicht im Weg steht. Uns nach dem Sport mit drei Kugeln Schokoladeneis zu belohnen, scheint kontraproduktiv. Anschließend eine Folge unserer Lieblingsserie zu schauen, könnte hingegen durchaus als Verstärkung dienen. Eine bewusst gewählte Gewohnheit, die uns eine Fähigkeit erwerben, also gut in etwas werden lässt, bezeichne ich als Routine. Das heißt aber nicht unbedingt, dass die Routine nützlich ist. Bevor wir uns mit unseren Routinen in die *richtige* Richtung bewegen können, müssen wir unseren Antrieb hinterfragen.

Ohne ein Warum ist die Routine nutzlos

Ein interessantes Podcast-Gespräch hierzu hatte ich mit Sven Flieshardt. Sven bietet Coachings für Selbstständige und Unternehmer an, damit sie digitale Vertriebswege finden, mehr Reichweite erzeugen und letztlich ihren Umsatz steigern. Doch so hat Svens Berufsleben nicht angefangen. Begonnen hat er als klassischer Finanzdienstleister, genauer gesagt versuchte er, Angestellte für die Altersvorsorge zu begeistern. Die Ablehnung sei extrem hoch gewesen, sagt er, was rückblickend vor allem an seiner Einstellung gelegen habe. Denn seine Karriere fußte auf einem Gespräch mit einem Bekannten, der in ebendieser Branche tätig war und der Sven ein Produkt zur Altersvorsorge verkaufen wollte. »Wieso machst du das?«, wollte Sven wissen. Als er ihm dann offenlegte, wie viel er mit Provisionen pro Monat verdiene, war Sven Feuer und Flamme. Allerdings allein des Geldes wegen. Er hatte keine wirkliche Identifikation mit der Branche. Doch um überzeugend verkaufen zu können, da ist sich Sven sicher, müssten wir unser persönliches Warum kennen. »Wir merken es, ob ein Mensch etwas aus vollster Überzeugung tut oder nur deshalb, weil er uns etwas andrehen will.«

Infolge dieser Erkenntnis, zu der er eines Tages gelang, konzentrierte er sich darauf, aus voller Überzeugung zu verkaufen. Wie? Er befasste sich intensiv mit den verschiedenen Aspekten der Altersvorsorge, und je mehr Zeit er darin investierte, desto wichtiger erschien ihm das Thema. Anschließend rief er all die Kontakte, die ihm einen Korb gegeben hatten, erneut an. »Nee, ich habe dir doch schon beim letzten Termin gesagt, dass ich das nicht brauche«, war die typische Reaktion. Daraufhin Sven: »Ja, ich weiß. Aber letztes Mal habe ich es dir falsch erklärt. Du kannst von mir aus danach woanders kaufen, aber ich will's dir wenigstens vernünftig erklären.« Sie kauften nicht woanders, sondern bei Sven, nämlich weil sie ihn plötzlich für überzeugend befanden.

Was hat das mit Routinen zu tun? Dieses Ergebnis erreichte Sven, indem er sich die Routine schaffte, jeden Tag eine bestimmte Anzahl von Kundenterminen wahrzunehmen, eben so viele, wie nötig waren, um sein Umsatzziel zu erreichen. Trotz seiner gestiegenen Überzeugungskraft führte natürlich nicht jeder Termin zu einem Abschluss; immer noch hatte er – allein schon aufgrund diverser zwielichtiger Gestalten, die sich in der Finanzleistungsbranche herumtreiben – mit Ablehnung zu kämpfen, nur halt mit weniger. Sein *Warum* zu kennen und das Ergebnis vor Augen zu haben, hätten es ihm überhaupt erst möglich gemacht, eine Erfolgsroutine aufzubauen und die teils monotonen Arbeiten durchzuführen, die in jedem Job nötig sind.

Gleiches galt für den Sport. Sich täglich 30 Minuten auf das Rudergerät zu setzen und den gerade zu Anfang höllischen Muskelkater zu ertragen, habe ihn nur deshalb nicht demotiviert, weil das Ergebnis für ihn so verlockend war: einen durchtrainierten Körper haben. Für ihn stand fest, würde er das Training aussetzen, weil es ihm zeitlich nicht in den Kram passte, würde er zunächst versuchen, das Defizit bei der nächsten Einheit auszugleichen, indem er 60 statt 30 Minuten trainiert. Wenn er sie überhaupt durchstünde, würde ihn diese heftigere Trainingseinheit körperlich so ermatten, dass er am Tag danach wieder nicht trainieren könnte. Ehe er sich's versieht, würde er das Training um noch einen Tag verschieben. Aus zwei Tagen würde schnell eine Woche, aus der Woche ein Monat, aus dem Monat ein Jahr und aus dem Jahr schließlich eine Wampe. Die stand jedoch seinem Ziel im Weg, körperlich fit zu sein. Mit dieser Aussicht auf eine langfristige Belohnung verzichtete er auf kurzfristige wie *Fast Food* und *auf dem Sofa chillen*.[78]

Im Übrigen handelte Sven damit nach einem fundamentalen Erfolgsprinzip. Clear formuliert es folgendermaßen: »Unsere Vorliebe für sofortige Befriedigung offenbart eine wichtige Wahrheit über Erfolg: Wir sind so programmiert, dass die meisten Menschen den ganzen Tag über immer wieder nach schneller Befriedigung streben. Der Weg der verzögerten Befriedigung wird weitaus seltener eingeschlagen. Wer bereit ist, auf Belohnungen zu warten, hat weniger Konkurrenz und erzielt oft einen größeren Gewinn.«

Sven gelang der Verzicht offenbar, indem er sein *Warum* kannte. Interessanterweise schlug ein anderer Podcast-Gast, Jörg Kintzel, das Gleiche vor: »Du musst dein *Warum* kennen, bevor du dir eine Erfolgsroutine aneignest. Ohne dein *Warum* zu kennen, führt die Routine in die Irre.« Seiner Ansicht nach sind die *richtigen* Routinen die Leitlinie, die dich zum Erfolg führen.[79]

Ein Beispiel: Unterstellen wir, dein Traum ist es, einen Marathon in unter vier Stunden zu laufen. Ein sportliches Ziel, jedoch ein machbares für ambitionierte Hobbyläufer. Du hast durchkalkuliert, dass du dafür fünfmal pro Woche verschiedene Trainingseinheiten absolvieren musst. Was ist dein *Warum* dahinter? Aus welchem Grund oder besser gesagt zu welchem Zweck willst du den Marathon in ausgerechnet unter vier Stunden laufen? Hast du diese Zeit vielleicht am Nachbartisch in der Kantine aufgeschnappt, wo sich ein paar Sportbegeisterte unterhielten? »Einen Marathon in unter vier Stunden laufen, das schaffen nur die wenigsten!«, könnte einer gesagt haben. Oder erhoffst du dir eine höhere körperliche Fitness? Der Weg zum Ziel könnte ja das eigentliche Ziel sein: Gewicht verlieren, Kondition verbessern, sportlicher aussehen, mehr Selbstvertrauen gewinnen. Wenn du dein *Warum* hinterfragst, weißt du, wofür du kämpfst, und einen Marathon in unter vier Stunden zu laufen, wird sicherlich ein Kampf werden.

Als Nächstes integrierst du dein Training in den Alltag. Du trägst alle Einheiten in deinen Kalender ein, am besten in ein gedrucktes Exemplar, auf dem du die absolvierten Trainingseinheiten durchstreichst, um dir deinen Fortschritt vor Augen zu führen. So bleibst du motiviert. Um die Chance zu erhöhen, dass du an einem Trainingstag auch wirklich trainierst, sendest du dir selbst ein Signal, zum Beispiel indem du bereits morgens das Laufshirt anziehst (unter deiner Business-Kleidung), obwohl du erst am Abend trainierst. Du spürst den Funktionsstoff auf der Haut, allein dadurch misst du deinem Training eine höhere Priorität bei. Du committest dich.

Schön und gut, aber es klingt fast schon zu leicht, sich einfach ein paar Termine in den Kalender einzutragen und dann konsequent die Routine durchzuführen. Gehört nicht außerdem eine große Portion Disziplin dazu? Disziplin und Willenskraft sind wichtig, keine Frage – deswegen habe ich diesen Attributen ein eigenes Kapitel gewidmet. Doch Clear sieht es verständnisvoller. Wissenschaftler hätten festgestellt, dass Menschen, die über eine scheinbar hohe Selbstbeherrschung verfügen, sich gar nicht so sehr von solchen unterscheiden würden, denen wir dieses Attribut absprechen. »Den ›Disziplinierten‹ gelingt es lediglich besser, ihr Leben so zu gestalten, dass sie keine heroische Willenskraft und Selbstbeherrschung benötigen«, schreibt er. Soll meinen, sie geraten seltener in Versuchung.

Die richtigen Routinen für dich kennst nur du allein

Vor einiger Zeit hat sich der Geschäftsführer von Deutschlands größter Finanzakademie für *Die wichtigste Stunde* beworben. Ihm war es gelungen, den Umsatz seiner Firma innerhalb von drei Jahren zu verachtfachen. Aber bei diesem Tempo hatte er einen Menschen in seinem Leben vergessen: sich selbst. Das ist die große Gefahr all derjenigen, die für ihren Beruf brennen: Sie investieren Stunde um Stunde in ihr Unternehmen beziehungsweise in ihren Job, vernachlässigen dabei jedoch sich, ihre Partnerschaft und ihre Kinder.

Als der Bewerber dieses Defizit erkannte, war es ihm ein Bedürfnis, eine Routine einzuführen, von der sein Privatleben profitieren würde. Genau aus diesem Grund habe ich *DWS* ins Leben gerufen: Ich möchte für mein Netzwerk eine Atmosphäre schaffen, in der es ein Leichtes ist, täglich etwas für sich selbst zu tun, und die gewährleistet, dass man sich selbst niemals vergisst.

Mein Konzept grenzt sich bewusst von anderen ab, die der Markt zu bieten hat, wie beispielsweise *The 5AM Club* von Robin Sharma oder *Miracle Morning* von Hal Elrod. Weil ihr Ansatz in meinen Augen zu steif ist. Ich bin der festen Überzeugung, dass das Leben sehr verschieden abläuft, abhängig vom Typ Mensch, der wir sind, und unserer aktuellen Lebensphase. Diese Heterogenität ist ja gerade das Schöne in unserer Welt! Jeden Morgen um 5:00 Uhr aufzustehen, nähme dem Leben seinen Facettenreichtum. Angenommen, ich sitze an einem lauen Sommerabend mit Freunden zusammen. Unter sternenklarem Himmel gönnen wir uns eine gute Flasche Wein, während das Holz in der Feuerschale knistert und sein unverkennbares Aroma an die Umgebung abgibt. Wir scherzen und lachen, plaudern über dies und jenes und fühlen uns einfach pudelwohl. Um 22:30 Uhr schaue ich auf meine Uhr und verkünde: »So, Leute, ist spät geworden. Ich gehe jetzt schlafen, denn morgen früh stehe ich wie immer um 5:00 Uhr auf.« Dieser Lebensstil mag für manche funktionieren, aber ich kann, nein, ich will mich damit nicht identifizieren. Ich will das Leben in all seinen Facetten genießen und trotzdem mit meinen Routinen sicherstellen, dass ich mich selbst und meine Weiterentwicklung fördere. Eine Entweder-oder-Betrachtung kann ich nicht ausstehen!

Jemand hat mich mal gefragt: »Führst du auch im Urlaub deine Routinen durch?« Diese Worte klangen für mich wie: »Putzt du dir auch im Urlaub die Zähne?« Die Antwort auf beide Fragen ist dieselbe: Natürlich. Das eine ist die Mundhygiene, das andere die Persönlichkeitshygiene, und auf beides möchte ich nicht zwei Wochen lang verzichten. Dennoch: Wenn ich mit meiner Familie im Urlaub bin und wir zum Beispiel den ganzen Tag einen Ausflug machen, dann stehe ich nicht extra eine Stunde früher auf, um Fitness zu machen, sondern begnüge mich mit einer Kurzversion. Ich nutze vielleicht die Busfahrt für meine Meditation, für meine Affirmation und meine Visualisierung. Meistens beschränke ich mich an solchen Tagen auf zwei bis drei Routinen, damit ich flexibel bleibe. Denn am Ende ist das Wichtigste die Kontinuität. Wenn ich irgendwann zurückblicke und zu mir sagen kann: »Maurice, du hast die letzten zehn Jahre jeden Tag etwas für dich selbst getan!«, dann hat das einen brutalen Effekt auf meinen Erfolg gehabt. Ob da mal Tage dabei waren, an denen ich nur eine Kurzversion meiner Erfolgsroutinen durchgeführt habe – ich glaube, das fällt auf lange Sicht kaum ins Gewicht.

Hal Elrod, der Autor von *Miracle Morning*, ist für einen Satz bekannt, den ich liebe: »Du sollst die erste Stunde des Tages niemand anderem widmen als dir selbst.« Was machen die meisten Menschen? Wenn der Wecker klingelt, stehen sie auf, duschen, frühstücken und fangen daraufhin an, für jemand anderen zu arbeiten. Elrod ist der Meinung, dass unser Motivationstank morgens am vollsten ist, deshalb sollten wir möglichst daraus schöpfen, indem wir etwas tun, das nur für uns gedacht ist. Diese Aussage, dieses ganze Konzept feiere ich.

Dass es aber nicht ganz aufgeht, habe ich erstmals so richtig gespürt, als mein Sohn geboren wurde. Auf einmal – das werden mir die meisten Eltern bestätigen – sind die Nächte kürzer, und das Leben wird plötzlich auf den Kopf gestellt. Nachts hat sich hauptsächlich meine Frau um unseren Sohn gekümmert, sie hat ihn gestillt, ihn beruhigt, ihm mütterliche Nähe gespendet. Dafür habe ich mich die erste Stunde des Tages um meinen Sohn gekümmert. Und jetzt konnte ich ja schlecht zu ihm sagen: »Aaron, du hältst jetzt mal bitte die Fresse. Denn die erste Stunde des Tages gehört allein deinem Vater, dazu hat ihm Hal Elrod geraten.« Meine Routine á la *Miracle Morning* war hinfällig. Diese Situation war insofern gefährlich, als sie mich vor eine Entweder-oder-Wahl stellte: *Entweder gebe ich die Morgenroutine auf oder ich finde eine Lösung, meine Routinen trotz der neuen Umstände durchzuführen.* Daraus ist *DWS* entstanden. Mir geht es nicht um Perfektion. Mir geht es nicht darum, eine Morgenroutine mit allen sechs, sieben oder acht Disziplinen durchzuführen. Mir geht es um Kontinuität. Mir geht es darum, immer wieder neue Lösungen zu finden, mir Zeit für mich zu nehmen. Und in der besagten Phase, als Aaron ein Säugling war, war mein Leben nun einmal recht zerstreut. Deswegen habe ich meine Disziplinen auf den Tag verteilt, sodass ich gleichzeitig an mir arbeiten und Zeit mit meinem Sohn verbringen konnte. Ein Konzept hat nur dann Bestand, wenn es in jeder Lebensphase funktioniert. Diese Einstellung bildet das Fundament von *DWS*.

Und falls es mal so gar nicht klappt, wie wir uns das vorstellen, sollten wir gütig mit uns sein. Mein Lieblingsautor Lars Amend betonte in meinem Podcast, manchmal müssten wir uns zugestehen: »Hey, ich habe heute mal einen Scheißtag. Dann ist das halt so!« Auch ein Dalai Lama habe mal einen schlechten Tag, an dem er nicht zur Erleuchtung gelange. Er ergänzt noch: »Wir sind zum Glück noch keine Roboter.« Von morgendlichen Routinen hält Lars übrigens wenig. Auf meine Frage, wie sich denn ein Lars Armend persönlich weiterentwickle, sagt er: »Ich habe gar keine Routinen, was das angeht. Ich mache das, was mich interessiert. Meine eigene Persönlichkeitsentwicklung ist kein Wettrennen. Wenn ich das Gefühl habe, mir fehlt was, dann fülle ich es auf.« Selbstreflektiert, wie er ist, gesteht er aber, er sei in dieser Sache vielleicht kein gutes Beispiel für andere. Wo sich Lars und ich definitiv einig sind: Ein starkes Warum hilft, langfristig dranzubleiben – was es auch ist. Lars gibt uns noch zwei Fragen mit auf den Weg: *Wer bin ich? Und wer will ich sein?*[80]

Wer ich bin und sein will, liest du aus meinen persönlichen Routinen heraus, die ich zum Abschluss dieses Kapitels mit dir teile. Ich habe sie mir nicht alle auf einmal, sondern nach und nach angeeignet. Meinem Flugzeug verleihen sie Schubkraft, das heißt aber nicht unbedingt, dass diese Routinen auch dich nach vorn bringen müssen. Probiere dich aus und führe

Routinen ein für alles, was sich gut anfühlt und was dir wichtig im Leben ist. Darauf ausgerichtet, fördern Routinen sowohl deinen Erfolg als auch deine Zufriedenheit.

Meditation

Die meisten erfolgreichen Menschen haben eines gemeinsam: Sie meditieren. Es ist wissenschaftlich belegt, dass regelmäßiges Meditieren das Immunsystem stärkt, die psychische Gesundheit fördert und die Konzentration verbessert. Chris Bailey schreibt in *Hyperfocus*, das liege daran, dass Meditieren die Kapazität unseres geistigen Arbeitsspeichers (engl. *working memory capacity*) erhöhe: »Je größer die Kapazität deines Arbeitsspeichers, desto mehr Informationen kannst du zur selben Zeit behalten und umso höher ist deine Fähigkeit, komplexe Aufgaben zu bearbeiten.« Mithilfe des Meditierens reduziere sich auch ein bekanntes Phänomen, unter dem wir alle leiden, wenn wir uns konzentrieren wollen: »Mind-wandering«. Also das Auftreten von Gedanken, die nicht im Zusammenhang mit unserer aktuellen Tätigkeit stehen. Falls unser durch Meditation gestärkter Geist dann aber doch mal wandert, wandert er mit höherer Wahrscheinlichkeit produktiv. Was soll das bedeuten? Bailey argumentiert mit dem sogenannten Aufmerksamkeitsraum (engl. attentional space), der sich durch Meditation vergrößere, wodurch wir »extra Aufmerksamkeit« besäßen, um an die nächste Aufgabe zu denken, während wir die aktuelle bearbeiten.[81]

Die Vorteile des Meditierens liegen auf der Hand. Doch wenn wir ehrlich sind, hat es bei vielen immer noch ein esoterisches Image. Dabei ist Meditieren nichts Abgehobenes, denn was soll schon abgehoben daran sein, den Geist zu beruhigen, sich auf die Atmung zu konzentrieren und sich seiner Gefühle und Gedanken bewusst zu werden? Wir brauchen nichts weiter zu tun, als uns auf den Moment zu fokussieren. Das fällt uns anfangs schwer, aber mit etwas Übung und mit der Zeit nehmen wir den »geistigen

Fortschritt« wahr. Wie hat es der Autor Harald-Alexander Korp so treffend formuliert: »Dem ruhigen Geist ist alles möglich.«[82]

Affirmation

Die Affirmation zählt zu einer der effektivsten und gleichzeitig einfachsten Methoden, um schneller ans Ziel zu gelangen. Du trittst dabei in einen Dialog mit dir selbst, in dem du dich bekräftigst, was du tun und wie du sein möchtest.

Du hast sicherlich schon bemerkt, dass du täglich mit dir selbst kommunizierst, freiwillig oder unfreiwillig. Erfolgreiche Menschen sprechen wertschätzend mit und über sich. Anstatt eines »Das schaffe ich nie!« sagen sie »Das packe ich!«. Und auch wenn sie es mal nicht packen, vermeiden sie innerliche Ansprachen wie »Wusste ich's doch, dass du versagst, du Lusche!«, sondern sie finden ermutigende Worte wie »War nicht dein Tag. Beim nächsten Mal klappt's!«. Mir helfen Affirmationen schon lange dabei, meine Ziele zu erreichen. Muhammad Ali soll einst gesagt haben: »Die ständige Wiederholung von Affirmationen führt zum Glauben. Ist aus dem Glauben eine tiefe Überzeugung geworden, geschehen Dinge.«[83]

Visualisierung

Schweißnasse Hände und ein rasendes Herz, das spürbar bis in den Hals pocht – jeder kennt sie, diese Situationen, in denen wir heftig aufgeregt und unsicher sind. Mithilfe der Visualisierung erschaffen wir uns positive Handlungen und Momente vor unserem geistigen Auge und spielen sie immer wieder ab.

Bekannte Gesichter wie Bill Gates, Will Smith und Arnold Schwarzenegger schwören auf diese Technik. Bevor er zum Mister Universe gekürt wurde, stellte sich Schwarzenegger immer wieder vor, wie ihm die Menge »Arnold, Arnold, Arnold!« zujubelt, erzählt er in seiner Netflix-Dokumentation.[84] Unser Gehirn kann nur schwer zwischen Realität und Fiktion unterscheiden, deswegen ist die Technik so wirkungsvoll. Wie formulierte es Schwarzenegger: »Wenn ich es mir vorstellen kann, dann kann ich es auch erreichen.«

Dankbarkeit

Ich weiß. Hinter jeder zweiten Ecke lauert heute ein Prediger, der an unsere »Dankbarkeit« appelliert. Aber wie aufrichtig ist dieses Gefühl tatsächlich? Dankbar zu sein, das sagt sich leicht daher, aber verbirgt sich hinter diesem schnell hinausposaunten Modewort in Wahrheit nicht oft der Wunsch, das zu bekommen, was uns im Leben noch fehlt? Wenn wir lernen, tatsächlich Dankbarkeit zu empfinden, ändert sich diese Perspektive. Wir können uns glücklich schätzen, in Frieden, Freiheit und vergleichsweise hohem Wohlstand zu leben. Es sind die selbstverständlichen Dinge, für die wir dankbar sein können: keinen Hunger zu leiden, ein Dach über dem Kopf zu haben oder in einem demokratischen und nicht in einem totalitären Staat zu leben. Wir haben das Privileg, selbstbestimmt zu leben, dennoch halten viele diese Vorteile für selbstverständlich, regen sich über Kleinigkeiten auf und nehmen überall Mängel wahr.

Diese negative Sichtweise schlägt uns aufs Gemüt und hindert uns am Glücklichsein. Wenn wir unseren Fokus stattdessen auf die Dinge lenken, für die wir dankbar sind, schütten wir mehr Glückshormone als diese Miesepeter aus. Seit ich diese kraftvolle Übung als Erfolgsroutine in mein Leben gebracht habe, fühle ich mich wesentlich erfüllter, weil sie mich mit positiver Energie versorgt. Oprah Winfrey stimmt mir zu: »Sei dankbar für das, was du hast; du wirst am Ende mehr haben. Wenn du dich auf das konzentrierst, was du nicht hast, wirst du nie genug haben.«[85]

Körperliche Betätigung

Viele schreckt der Gedanke an ein hartes morgendliches Training ab, weshalb sie erst gar nicht anfangen. Doch es muss ja nicht gleich so wild sein. Ich habe meine Routine bewusst »Körperliche Betätigung« genannt, weil diese Formulierung Interpretationsspielraum lässt«. Eine halbe Stunde Krafttraining, eine Runde joggen oder ein Spaziergang mit meinem Sohn – auch leichte Aktivitäten helfen mir dabei, körperlich in Form zu bleiben. Außerdem verschafft es mir geistige Klarheit und hält mein Energielevel für den ganzen Tag auf einem höheren Niveau. Wie du auch darüber denken magst, diese Routine ist alternativlos. Sebastian Kneipp hatte dazu eine klare Meinung: »Wer keine Zeit für seine Gesundheit hat, wird später viel Zeit für seine Krankheiten brauchen.«[86]

Kälte

Ich war mein ganzes Leben lang ein Warmduscher. Aber seitdem ich *Nie wieder krank* vom Kältekönig höchstpersönlich gelesen habe, setze ich mich jeden Morgen eiskaltem Wasser aus. Wim Hof hat mich auf die zahlreichen Vorteile der Kälte aufmerksam gemacht. Allem voran ist es ein Booster fürs Immunsystem, hilft bei der Stressbewältigung, regt die Fettverbrennung an und fördert die Regeneration. Außerdem macht es mich auf einen Schlag wacher als jeder Kaffee auf dieser Welt.

Wenn das für dich unvorstellbar klingt, lies das Buch *Die Wim-Hof-Methode*, es wird dir die Augen öffnen. Ich verspreche dir, wenn du erst damit angefangen hast, wirst du süchtig nach diesem täglichen Kältekick, weil du dich danach unglaublich lebendig fühlst. Mehr zu meiner täglichen Kälteroutine liest du im Kapitel über Resilienz.

Lesen

Mehr als 30 Millionen Deutsche lesen entweder gar nicht oder seltener als einmal pro Monat, das ergab eine Umfrage der Allensbacher Markt- und Werbeträgeranalyse.[87] Erstaunlich. Ein gutes Drittel der Deutschen meidet eine Erfolgsroutine, zu deren Durchführung mit Ausnahme der 6,2 Millionen Analphabeten jeder imstande ist! Durch regelmäßiges Lesen erweitern wir nicht nur unseren Wortschatz und verbessern unsere Konzentration, sondern wir bauen auch Stress ab, und zwar um bis 68 %. Diese Erkenntnis gewann der Neuropsychologe David Lewis in einer Studie an der University of Sussex, bei der sich Lesen als das wirksamstes Mittel herausstellte, um Stress abzubauen. Wirksamer als Tee trinken, Musik hören oder spazieren gehen. Welchem Buch wir uns widmen, spiele keine Rolle, betont Lewis, die Hauptsache sei, wir versinken darin.[88]

Ich bevorzuge Sach- und Fachbücher, weil sie mir noch einen weiteren Vorteil bieten: Sie bieten mir hilfreiches Wissen für die verschiedensten Lebensbereiche. Überhaupt sind gute Bücher für das, was sie uns bringen, wenn wir das Wissen auch anwenden, unwahrscheinlich günstig. Denn wir profitieren von den Erfahrungen der Autoren, vermeiden ihre Misserfolge oder ahmen bewährte Praktiken nach. Deswegen lese ich täglich. Hauptsächlich Sach- und Fachbücher, etwa 750 müssten es mittlerweile sein, die ich in meine Gedanken gelassen habe. Bücher sind wie eine Entdeckungsreise für mich.

Daydate mit meiner Frau

Mit einem Kind wird es unter Umständen (die Umstände sind das Kind) zur Routine, weniger Zeit nur als Paar zu verbringen. Irgendwann leidet darunter womöglich die Beziehung. Um diese negative Routine gar nicht erst entstehen zu lassen, haben meine Frau und ich sie mit einer positiven Routine gebrochen. Einmal pro Woche haben wir ein »Daydate«. An diesem Tag ist unser Sohn bei der Tagesmutter, und wir nutzen diese Zeit für Zweisamkeit. Was wir unternehmen, ist ganz unterschiedlich, am meisten genießen wir ein entspanntes Essen zu zweit. Wer Kinder hat, wird das nachvollziehen können.

Das Kapitel auf einen Blick

- Eine Gewohnheit hat energetische Vorteile: Wir handeln unbewusst, das spart Denkenergie.
- Nach Clear besteht eine Gewohnheit aus vier Phasen: Auslösereiz, Verlangen, Reaktion, Belohnung.
- Schlechte Gewohnheiten legen wir ab, indem wir ihren Auslösereiz abstellen.
- Umgekehrt eignen wir uns nützliche Gewohnheiten an, indem wir aktiv Auslösereize setzen und neue Gewohnheiten an bestehende »koppeln«.
- Eine bewusst gewählte Gewohnheit, die uns eine Fähigkeit erwerben, also gut in etwas werden lässt, bezeichne ich als Routine.
- Bevor wir eine Routine in unser Leben bringen, hinterfragen wir unser Warum. So gewährleisten wir, dass uns die Routine in die *richtige* Richtung führt, außerdem halten wir dann eher an ihr fest.
- Routinen müssen sich flexibel in den Alltag integrieren lassen und zu unserer Lebenssituation passen. Deswegen halte ich starre Konzepte wie »jeden Tag um 5:00 Uhr aufstehen« für fragwürdig.

Handlungsempfehlung

- Mache eine Bestandsaufnahme deiner Gewohnheiten. Welche sind nützlich und welche würdest du gern ablegen?
- Kreiere Routinen für jeden Lebensbereich, der dir wichtig ist. Beziehung, Gesundheit, Finanzen, Persönlichkeit etc.

8

ENTSCHEIDUNGSKRAFT

Der Kopf legt vor, der Bauch entscheidet

Boris Grundl beschlich ein ungutes Gefühl, als er zögerlich an der Klippe stand. An sich war es eine vertraute Situation für den Klippenspringer, doch an diesem Tag riet ihm seine innere Stimme: »Spring nicht!« Diese Stimme habe er ignoriert, sagt Boris, weil er sie mit dem üblichen Respekt, den man eben vor einem Sprung aus 20 Metern Höhe hat, verwechselte. In Wahrheit sprach da seine Intuition. Wer weiß, was sie in diesem Moment analysierte: den Wind, die Wasseroberfläche, den Winkel der Sonneneinstrahlung, die Meeresströmung, seine physische Verfassung oder, oder, oder. Offenbar zog seine Intuition den Schluss, dass die Bedingungen für einen Sprung nicht ideal seien, ohne einen für das Bewusstsein begreiflichen Grund zu liefern. Boris sprang trotzdem – und schlug unglücklich auf.

Es war der letzte Klippensprung seines Lebens. Seitdem ist er querschnittsgelähmt. Wir alle tragen etwas in uns, das rational schwer zu fassen ist, etwas, auf das wir stets vertrauen sollten. Dessen ist sich Boris heute absolut sicher.[89]

Aus wissenschaftlicher Sicht spricht einiges dafür, auf unsere Intuition zu hören. Ausgerechnet, wenn wir eine komplexe Entscheidung zu treffen haben, gelangen wir mit ihr eher zu einem objektiven Ergebnis. Zu diesem Ergebnis kam man an der DePaul University in Chicago. Der Psychologieprofessor Joseph Mikels und sein Team untersuchten in mehreren Experimenten den Nutzen von Gefühlen bei komplexen Entscheidungen. Es gebe zahlreiche Studien darüber, dass Gefühle immer wieder zu Fehlurteilen führen, indes sei kaum erforscht, wie sie bei kniffligen Urteilen im Vergleich zum Verstand abschneiden.[90]

In unserem Gehirn arbeiten zwei Systeme. Das eine denkt schnell, das andere langsam, wie uns die Nobelpreisträger Kahnemann und Tversky lehrten. Das schnelle System 1 (Intuition) lässt sich von Emotionen und subjektiven Erfahrungen leiten; die höhere Geschwindigkeit wird also deshalb erreicht, weil es weitestgehend automatisch arbeitet. Das langsame System 2 (Verstand) steht im starken Kontrast dazu. Es baut auf Logik und Rationalität, wägt Informationen ab und zieht stets die Vernunft vor.

Den Begriff »Verstand« wissen wir gut einzuordnen, weniger greifbar ist hingegen die »Intuition«. Was genau soll das sein? Mikels und sein Team erklären die Intuition mit der sogenannten *Affektheuristik*, »einem übergreifenden, schnell verfügbaren gefühlsmäßigen Eindruck«. Die Entscheidung wird nicht rational aufgrund von Wahrscheinlichkeiten oder Statistiken getroffen, vielmehr basiert sie auf Zu- oder Abneigung. Ist unser Gefühl »gut«, tendieren wir zum Ja, ist es »schlecht«, folgt ein Nein. Insbesondere wenn wir eine gewisse Expertise auf einem Gebiet vorweisen können, profitieren wir laut den Psychologen von dieser Methode, da unsere Erfahrungen zu einem guten respektive schlechten Gefühl führen.

Doch wie förderten sie den Mehrwert der Intuition zutage? Dafür sollten Probanden am Computer eine Kaufentscheidung für oder gegen ein Auto treffen. Als Entscheidungsgrundlage stellte man sowohl positive als auch negative Fahrzeugdaten bereit: Kraftstoffverbrauch, Leistung, Unfallstatistik, Verschleiß, Reichweite und Ähnliches. Der Clou: Der Umfang der bereitgestellten Fahrzeugdaten unterschied sich deutlich. Mal wurden den Probanden viele Eigenschaften genannt (komplexe Entscheidung), mal wenige (simple Entscheidung). Die aus objektiver Sicht beste Wahl war das Auto, dessen positive Eigenschaften 75 % ausmachten.

Mit diesem und weiteren Experimenten konnten die Psychologen nachweisen, dass bei komplexen Entscheidungen 68 % der Probanden zum objektiv besten Ergebnis gelangten, sofern sie auf ihre Intuition vertrauten. Durch rationales Abwägen trafen indessen lediglich 26 % die bestmögliche Wahl. Das Erstaunliche: Diejenigen, die auf ihre Intuition hörten, gaben im Vergleich zu den Kopfentscheidern obendrein deutlich häufiger an, mit ihrer Entscheidung zufrieden zu sein. Im wahrsten Sinne »bedenklich« wurde es erst, als sie ihre Intuition nachträglich infrage stellten. Denn als man die Probanden im Anschluss bat, ihre Entscheidung nochmals für drei Minuten gründlich zu hinterfragen, litt die Entscheidungsqualität erheblich – sie sank um mehr als die Hälfte.

In ihrer Arbeit erwähnten die Autoren unter anderem den niederländischen Psychologen Ap Dijksterhuis. Dieser hatte bereits einige Jahre zuvor die landläufige Meinung infrage gestellt, dass gründliches Überlegen für eine Entscheidung unerlässlich sei. Bei einfachen Entscheidungen – wie beispielsweise eine Wahl zwischen verschiedenen Handtüchern zu treffen – liefert bewusstes Nachdenken tatsächlich das bessere Ergebnis. Anders sieht es jedoch bei einer komplexen Entscheidung aus, wo uns eine Vielzahl von Informationen vorliegt, etwa bei einem Haus- oder Autokauf. Dijksterhuis teilte seine Probanden in zwei Gruppen und ließ die eine Hälfte ungestört über die Informationen nachdenken; anschließend bat er sie um eine Entscheidung. Die zweite Gruppe hatte es auf den ersten Blick nicht so leicht. Sie erhielt zwar dieselben Informationen, wurde daraufhin allerdings mithilfe von Rätselaufgaben abgelenkt. Ihnen blieb keine bewusste Bedenkzeit, sie mussten die Entscheidung spontan treffen. Die Überraschung: Die abgelenkten Probanden erwiesen sich als die besseren Entscheider. Je komplexer die Angelegenheit, desto eher sollten wir sie dem unbewussten Denken, sprich: der Intuition, überlassen.[91]

Lässt sich daraus etwa ableiten, dass es stets unsinnig ist, über komplexe Entscheidungen nachzudenken? Nicht zwangsläufig. Zumindest, um eine Sache zu beurteilen, benötigen wir unser Bewusstsein; wenngleich diese Beurteilung vor der eigentlichen Entscheidung stehen sollte.

Die Tragweite einer Entscheidung erkennen

Nicht jede Entscheidung lässt sich rückgängig machen. Nachdem er entgegen dem Rat seiner Intuition gesprungen war, hätte Boris der Gedanke *Hätte ich mal auf meine Intuition gehört!* rein gar nichts gebracht. Es war zu spät und die Konsequenz der Entscheidung bereits eingetreten. Das Gleiche gilt für eine Frau, die ihrem Ehemann die Nachricht überbringt, sie verlange die Scheidung. Sie sagt es nicht so daher, sondern meint es in vollem Ernst. Der Mann fällt aus allen Wolken, erkennt jedoch, dass es unnötig wäre, dagegen zu argumentieren, denn der Entschluss seiner Frau steht fest. Einige Monate später beschleicht die Frau das Gefühl, sie habe einen schweren Fehler begangen. Sie will ihren Mann zurück. Der hat sich jedoch nach anfänglichem Schmerz mit der Scheidung abgefunden; zur Linderung beigetragen hat sicherlich eine neue Liebe. Ergo: Die Entscheidung ist unumkehrbar.

Ob sich eine Entscheidung umkehren lässt, hängt maßgeblich von ihrer Tragweite ab. Im englischen Sprachraum kursiert dazu eine anschauliche Metapher. Du stehst in einem Raum. Wie der Raum aussieht, spielt keine Rolle, entscheidend ist vielmehr, dass aus ihm nur ein Weg hinausführt. Und zwar durch eine Tür, Fenster hat der Raum nicht. Du öffnest die Tür und betrittst den nächsten Raum. Leider musst du feststellen, dass sich deine Situation dadurch verschlechtert hat; der alte Raum war viel behaglicher, noch dazu roch es darin angenehmer. Gerade als du dem neuen Raum den Rücken kehren und zurück in den alten gehen willst, wirst du Zeuge von etwas Rätselhaftem: Die Tür ist verriegelt. Mysteriös. Du rüttelst daran, doch es ist aussichtslos, es gibt kein Zurück. Offensichtlich musst du in der neuen »Welt« klarkommen, denn du hast eine *One-way-door-Entscheidung* getroffen.

Nun stelle dir den ersten Raum noch einmal vor. Du bist wieder neugierig, betrittst den nächsten Raum, er enttäuscht dich, und du willst zurück in den alten. Eine nahezu identische Situation, lediglich ein Parameter hat sich geändert: Die Tür lässt sich öffnen, und du gelangst zurück. Dieses Mal hast du eine *Two-way-door-Entscheidung* getroffen, das heißt, du kannst dich nach Belieben umentscheiden und zwischen den Räumen wechseln.

Eine *One-way-door-Entscheidung* par excellence hatte *Amazon* im Jahr 2005 zu treffen, als das Unternehmen die *Prime*-Mitgliedschaft einführte. Gegen eine jährliche Gebühr kamen die Mitglieder in den Genuss einer kostenlosen Lieferung. Dieses Angebot hätte *Amazon* nicht einfach so zurücknehmen können, zumindest nicht, ohne seinen Ruf zu schädigen. Von ähnlicher Tragweite ist die Entscheidung einer Unternehmerin, eine neue Produktionshalle zu bauen. Natürlich kann sie sich nach dem Bau entschließen, das neue Gebäude wider Erwarten doch nicht zu nutzen, allerdings hätte sie damit eine teure Ruine geschaffen.

Glücklicherweise haben wir im Alltag wenige solcher strategischer Entscheidungen zu treffen. Und obwohl wir im Grunde ein gutes Gespür für die Tragweite haben müssten, fällt es uns mitunter schwer, die wichtigen von den unwichtigen Entscheidungen zu trennen. Zum Beispiel bei der Kleiderwahl. Einige von uns überlegen jeden Tag aufs Neue, wie sie ihr Outfit wählen sollten, damit sie sich und anderen gefallen. Bitte verstehe mich nicht falsch: Es ist vernünftig, ein gepflegtes Äußeres an den Tag zu legen. Um es mit den Worten von Bernd Stromberg zu sagen: »Wein reift doch auch im Fass und nicht in der Mülltonne.«[92] Dennoch kann man es übertreiben. Es ist ja nicht nur die Zeit, etwas Passendes aus dem auszuwählen, was unser Kleiderschrank zu bieten hat, sondern auch jene Zeit, die für die Beschaffung neuer Outfits draufgeht. Stunde um Stunde verschwenden wir beim Shopping, egal ob online oder im stationären Handel, wobei wir uns ernsthaft die Frage stellen sollten: Ist das Ergebnis wirklich den Aufwand wert? Von Mark Zuckerberg wissen wir, dass er meist ein graues T-Shirt mit einer Jeans kombiniert. An Geld mangelt es ihm nicht, also warum ist seine Kleidervielfalt derart eingeschränkt? »Ich streiche Unwichtiges aus meinem Leben, damit ich mich auf alle nötigen Entscheidungen konzentrieren kann, die dem sozialen Netzwerk dienen«, verriet der Milliardär.[93]

Die Kunst besteht demnach darin, Wichtiges von Unwichtigem zu unterscheiden, was gar nicht mal so leicht ist, weil Unwichtiges einen ideellen Wert für uns haben könnte. Ein Mark Zuckerberg mag Kleidung als unwichtig bezeichnen, ein Karl Lagerfeld hätte hingegen garantiert protestiert. Beiden gemein ist jedoch ihr Markenzeichen, zu dem ihre Kleidung einen entscheidenden Beitrag geleistet hat. Ob Zuckerbergs spärlicher Kleiderschrank nun Kalkül war oder nicht, in jedem Fall scheint mir seine Methode sinnvoll, um den Entscheidungsmuskel zu schonen.

Die besten Entscheidungen treffen wir vormittags, da nach einer erholsamen Nacht unser Entscheidungsmuskel noch kräftig ist. Im Laufe des Tages verlieren wir an Entscheidungskraft. Der israelische Psychologe Shai Danziger wies unter anderem nach, Richter würden Bewährungsstrafen eher am Vormittag verhängen. Seiner Interpretation nach erfordere ein solches Urteil mehr geistige und körperliche Anstrengung, denn zum einen dauere die mündliche Begründung länger, zum anderen sei die schriftliche umfangreicher. Die Energie für ein solches, vergleichsweise kräftezehrendes Urteil brächten die Richter eher morgens auf.[94]

Zu dem gleichen Schluss gelangte auch die argentinische Neurobiologin Maria Juliana Leone, die Daten des *Free Internet Chess Server* analysierte. Mehr als 400 000 Spielende registriert der Anbieter. Schach eignet sich hervorragend zur Analyse von Entscheidungen, weil die Spielenden nicht nur ihre Spielzüge festhalten, sondern auch Dauer, Tageszeit und Qualität dokumentieren. In ihrer Studie konzentrierte sich die Neurobiologin auf die Vielspielenden, auf solche, die mindestens 2000 Partien bestritten hatten. Zudem hatte sie von 100 Freiwilligen Auskunft darüber, ob sie sich als Morgenmensch oder Nachteule einschätzen würden. Diese Information erfragte die Psychologin, weil der Umstand das Ergebnis hätte beeinflussen können. Leone fand heraus, dass die Probanden zu schnelleren und unpräziseren Entscheidungen neigten, je weiter der Tag vorangeschritten war. Und zwar selbst diejenigen, für die Morgenstund definitiv kein Gold im Mund hat.[95]

Unser Entscheidungsmuskel erschlafft mit der Tageszeit, damit müssen wir uns wohl abfinden. Um die Wahrscheinlichkeit dafür zu erhöhen, über den Tag verteilt gute Entscheidungen zu treffen, scheinen zwei Ansätze vernünftig: Wir sollten unseren Entscheidungsmuskel sowohl trainieren als auch schonen, wo es nur geht. Auf das Training kommen wir noch zu sprechen, zuvor noch ein paar Gedanken zur Schonung.

Schonung dank »Nudges«

Den »Nudge« (zu Deutsch etwa »Stupser«) haben der Wirtschaftswissenschaftler Richard Thaler und der Rechtswissenschaftler Cass Sunstein geprägt in ihrem Buch *Nudge: Wie man kluge Entscheidungen anstößt*. Darunter verstehen die Autoren eine Methode, auf das Verhalten von Menschen einzuwirken, bei der weder Verbote oder Gebote erteilt noch sonst irgendwie ökonomische Anreize verändert werden.[96] Entgegen der Theorie des »Homo oeconomicus«, der die Annahme zugrunde liegt, wir Menschen träfen weitestgehend rationale, nutzenmaximierende Entscheidungen, postulieren Thaler und Sunstein ein realistischeres Menschenbild. Ihrer Ansicht nach sei der Mensch nicht immer fähig, die optimale Entscheidung zu treffen, weil er von Normen, Gewohnheiten und seiner Umgebung beeinflusst werde. Eine Lösung für dieses Problem seien Nudges, die wir uns wie Stupser in die gewünschte Richtung vorstellen können.

Beispiele finden wir nahezu überall. Abschreckende Bilder auf Zigarettenschachteln, die zum Nichtrauchen animieren sollen. Auffällig positioniertes Obst in der Firmenkantine, um Mitarbeitende für gesunde Ernährung zu begeistern. Fliegen oder Fußballtore inmitten eines Urinals, die die Männer zielsicherer machen sollen. Oder der Nutri-Score, den wir mittlerweile auf vielen Verpackungen finden und der uns visuell zu verstehen gibt, wie hoch der Nährwert eines Lebensmittels ist. James Clear würde Hinweise wie diese wahrscheinlich Auslösereize nennen, Thaler und Sunstein bezeichnen sie als Nudges.

Wobei Nudges wohl eher kollektiv zu betrachten sind, wie das Beispiel zeigt, das die Autoren wählen. Die beiden Herren erklären, wie sich die Wahl einer »Default-Option«, also einer Standardoption, auf die Altersvorsorge auswirken kann. In den USA ist die Standardoption für die Altersvorsorge oftmals die Nicht-Teilnahme, das heißt, die Arbeitnehmer müssen sich aktiv dazu entscheiden, in einen Vorsorgetopf einzuzahlen. Viele Menschen verzichten darauf, was in etlichen Fällen zu Altersarmut führt. Durch eine einfache Systemänderung lässt sich dieses Problem beheben: Die Arbeitnehmer zahlen standardmäßig in die Altersvorsorge ein, nämlich indem ein Teil ihres Gehalts zurückbehalten wird. Natürlich haben die Arbeitnehmer weiterhin das Recht, diese Standardoption zu verweigern, dafür müssten sie sich bloß aktiv gegen die Altersvorsorge entscheiden, was jedoch selten vorkommt, da der Nachteil dieser Entscheidung auf der Hand liegt. Folglich bringt der Stupser »Lege Geld für später beiseite!« einen finanziellen Vorteil mit sich, gleichzeitig behalten die Gestupsten ihre Freiheit.

Die Standardoption ist eine Methode, zu stupsen, eine weitere ist Transparenz. Mithilfe von klaren, verständlichen Informationen neigen wir zu besseren Entscheidungen, als wenn sie ein diffuser Schleier umgibt oder schlimmer noch: wenn Informationen fehlen. Die Bundesanstalt für Finanzaufsicht (BaFin) verlangt von Unternehmen, die Geldanlagen anbieten, ihren Kunden eine Broschüre bereitzustellen, aus der hervorgeht, wie das Geld erwirtschaftet wird und welche Risiken mit der Geldanlage verbunden sind. Das sorgt für Transparenz und schützt die Verbraucher. Ein anderes Beispiel sind Kalorienangaben auf Lebensmittelverpackungen oder der bereits erwähnte Nutri-Score.

Können wir uns auch eigenmächtig in die richtige Richtung stupsen? Ja. Das sollten wir sogar, schließlich wollen wir unseren Entscheidungsmuskel schonen. Jede automatisierte Entscheidung ist uns von Nutzen; Marc Zuckerberg hat uns mit seiner beschränkten Kleiderauswahl ein gutes Beispiel geliefert, wie er sich mit einer Standardoption selbst stupst. In einigen Fällen nutzen wir auch Standardoptionen, ohne es zu merken. In einem italienischen Restaurant bestellen wir womöglich immer die gleiche Pizza. Sicher, manche Leute mögen uns deswegen als Langweiler bezeichnen, doch sind es oftmals genau diejenigen, die ewig brauchen, um sich für ein Gericht zu entscheiden. Immer wieder blättern sie die Karte durch: Vorspeise oder keine Vorspeise? Pizza oder Pasta? Oder doch einen Salat? Der Witz an der Sache: Nicht selten gelangen sie nach einigen zähen Minuten zu der Erkenntnis, dass sie am besten bedient sind, wenn sie das Gleiche wie beim letzten Mal bestellen. Wir sitzen lächelnd gegenüber und denken: *Tja, meine Wahl stand von vornherein fest. Während du dich geplagt hast, habe ich dich studiert und gedanklich ein Kapitel über Entscheidungen strukturiert.* Vor allem hat die Standardoption unsere Entscheidungskräfte geschont. Und die brauchen wir, wenn der Kellner später mit der Dessertkarte kommt, denn was die Süßspeisen betrifft, sind wir weniger entscheidungsfreudig. Eis oder Tiramisu? Oder doch Mascarpone?

Kopf oder Intuition? Beides.

Standardoptionen helfen uns, Zeit zu sparen, wann immer wir eine belanglose Entscheidung zu treffen haben. Alternativ können wir die Zeit auch begrenzen. Wir müssen ja nicht immer das Gleiche bestellen, aber wir könnten uns wenigstens ein zeitliches Limit setzen. Wir stellen den Timer unseres Smartphones auf 30 Sekunden, und sobald der Alarm ertönt, treffen wir eine Wahl. Ohne Wenn und Aber! Und natürlich bleiben wir dabei, selbst wenn man uns später auf ein Gericht hinweist, das der Chefkoch empfiehlt und das wir in den 30 Sekunden übersehen haben. Bei aller anfänglichen Schwierigkeit, diese neue Gewohnheit in unser Leben zu bringen, werden wir feststellen, dass sie sich auszahlt. Denn die Minuten, die wir sparen, bleiben uns nun für die wirklich wichtigen Entscheidungen im Leben. Die, die im Zusammenhang mit unserem Lebenssinn stehen.

Schon im vorherigen Kapitel sind wir zu der Erkenntnis gelangt, dass uns ein starkes Warum dabei hilft, die »richtigen« Routinen in unser Leben zu bringen. Auch Entscheidungen fallen uns dadurch leichter, weil wir wissen, wofür wir sie treffen. Unsere Belohnung ist Klarheit. Die Autoren Laurence Alison und Neil Shortland empfehlen in ihrem Buch *Decision Time* eine Reihe von Fragen, die wir uns stellen sollten, falls wir uns mit der Entscheidung schwertun: *Was sind meine Ziele? Was will ich eigentlich erreichen? Falls es mehrere Ziele gibt, welches ist das wichtigste? Welche Maßnahmen muss ich ergreifen, um dieses Ziel zu erreichen? Wozu muss ich mich verpflichten, um aktiv zu werden?*[97] Die letzte Frage halte ich für besonders wichtig, denn allzu oft mangelt es uns an ebendieser Verpflichtung, weshalb wir die Entscheidung hinauszögern.

Laut der Autorin Monika Gruhl neigen wir besonders zum Aufschieben einer Entscheidung, wenn entweder unsere linke oder rechte Gehirnhälfte deutlich dominanter ist als die jeweils andere. »Menschen, die Selbstkontrolle übertreiben (linksdominant), neigen zu ständigem Grübeln und Hinterfragen. Sie haben Schwierigkeiten, sich zu entscheiden, aus Angst, das Falsche zu tun. Sie flüchten sich in Vermeidungsverhalten, erstellen minutiöse Pläne oder beschränken sich auf vorhersagbare strikte Abläufe.« Umgekehrt würden *rechtsdominante* Menschen, also jene, die es mit der Leidenschaftlichkeit und Spontanität übertreiben, dazu neigen, »plötzlichen Impulsen und sich aufdrängenden Bedürfnissen nachzugeben. Sie haben Schwierigkeiten sich zu entscheiden, aus Angst, sich festzulegen.« Egal, in welche Richtung wir ausschlagen, wir sollten uns vor Augen führen: Entscheidungen bedürfen beider Gehirnhälften.[98]

Eine gute Entscheidung baut auf das Zusammenspiel von Gefühlen und Faktenanalyse. Zuerst holen wir die Informationen ein, danach horchen wir in uns hinein. Entscheidend ist, den richtigen Zeitpunkt zum Umswitchen zu erkennen. Bei jedem Faktencheck gelangen wir früher oder später an einen Punkt, an dem uns eine zusätzliche Information kaum noch Mehrwert bietet, es sei denn, sie ist von fundamentaler Wichtigkeit. Nach dieser einen Information suchen wir, weil sie uns die Entscheidung dermaßen erleichtern würde, dass ein klares Ja oder Nein die logische Konsequenz wäre. Diese Information zu finden, ist jedoch unwahrscheinlich, denn wir haben ja bereits gründlich recherchiert. Wieso also schieben wir die Entscheidung immer wieder auf? Das liegt zum Teil darin begründet, dass wir unserer Intuition misstrauen oder besser gesagt: sie mit unbegründeter Angst verwechseln. Hierzu fällt mir das Erlebnis einer Freundin ein, nennen wir sie Julia.

Julia liegt ein Jobangebot vor. Schon seit Längerem will sie den Arbeitgeber wechseln, daraufhin bewirbt sie sich auf verschiedene Stellen, bis schließlich ein Unternehmen sehr an ihr interessiert ist. Doch zur einer finalen Entscheidung kann sie sich einfach nicht durchringen. Julia zögert wie Boris Grundl, als er an der Klippe stand. Warum sie zögert? Nun, zum einen liegt das daran, dass sie mehrere Eisen im Feuer hat. Was, wenn Julia nächste Woche zu einem weiteren Vorstellungsgespräch eingeladen wird? Ein Ja zu Arbeitgeber A bedeutet gleichzeitig zwei Neins zu den Arbeitgebern B und C, die eventuell besser zu ihr passen würden, deren Antworten aber auf sich warten lassen. Allerdings ist das nicht das schlagende Argument, behaupte ich. Wäre Julia vollends überzeugt von Arbeitgeber A, fiele ihr die Entscheidung nicht so schwer. Ja, das Stellenprofil liest sich hervorragend, geradezu perfekt auf sie zugeschnitten. Dennoch gibt es Faktoren, die Unbehagen in ihr auslösen.

Zum Beispiel beklagt sich Julia, ihre potenzielle neue Chefin habe sich in der Verhandlung nicht gerade lösungsorientiert präsentiert. Es gab eine Diskrepanz zwischen dem gewünschtem und dem gebotenem Gehalt, nicht ungewöhnlich, aber die neue Chefin bewegte sich nicht einen Euro. Julia fragte nach einer Verkürzung der Probezeit. Abgelehnt. Dann brachte sie ihre geplante Neuseeland-Reise zur Sprache, die sich mit der Richtlinie »maximal drei Wochen Urlaub am Stück« biss. Ob ausnahmsweise vier Wochen Urlaub am Stück möglich wären, schließlich sei die Reise ein Traum von ihr. Wieder abgelehnt. Selbst ein festgefahrenes Schiff im Suez-Kanal hätte sich mehr bewegt. Die Neins als solche mögen ihre Berechtigung haben, vielmehr missfiel Julia diese ablehnende Grundhaltung, die sie verständlicherweise ins Grübeln brachte: »Wird meine neue Chefin auch bei Kleinigkeiten in meinem Arbeitsumfeld so unflexibel sein?« Julias Zögern kommt nicht deshalb zustande, weil ihr zu wenig Daten und Fakten vorliegen würden, nein, ihre Intuition meldet sich zu Wort: »Lass es bleiben. Dort wirst du nicht glücklich.« Doch bestehen diese Worte nicht aus klar verständlichen Buchstaben, stattdessen gleichen sie einem gefühlsmäßigen Code, den Julia dechiffrieren muss.

Einen inspirierenden Austausch über die Intuition hatte ich mit Marco Mattes, ehemaliger Pokerprofi und heutiger Immobilieninvestor mit einem Portfolio im Wert von rund 150 Millionen Euro. Im Jahr 2009 belegte Marco Platz 23 im prestigeträchtigsten Pokerturnier der Welt: dem Main Event der *World Series of Poker (WSOP)*, das jährlich ausgetragen wird. Das war seinerzeit ein Rekord, kein Deutscher war bis dato so weit gekommen. Viele mögen Poker als reines Glücksspiel abstempeln, wer sich jedoch eingehend mit dem Spiel beschäftigt, wird feststellen, dass die guten Spielenden zum einen die Wahrscheinlichkeitsrechnung beherrschen, zum anderen ein gutes Gespür für Situationen und ihre Gegner haben. Manchmal ignorieren sie sogar die Wahrscheinlichkeit wegen ihres Gespürs.

Marco erzählte von einer Hand, die er einmal an einem Cashgame-Tisch erlebte. Dort ging es um hohe Einsätze. Mit

»Ass hoch«, einer vergleichsweise leicht zu schlagenden Hand, sei er bis zum Ende mitgegangen, obwohl das rein mathematisch keinen Sinn ergeben hatte. Zu schlecht war seine Hand und zu hoch die Wahrscheinlichkeit, sein Gegner könne etwas Besseres haben; ein Paar Zweien hätte gereicht, um ihn zu schlagen. Der Grund sei ein Gefühl gewesen, sagt Marco, ein Gefühl, der Gegner habe weniger auf der Hand als er. Manche mögen ihn dafür Zocker schimpfen, denn erklären konnte er seine Entscheidung nicht. Trotzdem war sich Marco sicher, »Ass hoch« genüge, um die Hand zu gewinnen. Er sollte richtigliegen.

Das gleiche Gefühl überkam Marco Jahre später bei der Besichtigung einer Lagerhalle. Laut Makler standen er und sein Geschäftspartner in einem abrissreifen Objekt. Entsprechend fair war der Preis, der Makler veranschlagte nur den Grundstückswert. Marcos Gedanke: *Ja, die Lagerhalle sieht schäbig aus. Aber warum sollte sie deswegen gleich wertlos sein?* Was der Makler erzählte, passte nicht zu Marcos Gespür. Mehr als das war es nicht, da Marco zu dem Zeitpunkt keine Idee hatte, ob und mit welchem Aufwand sich die Lagerhalle aufhübschen und vermieten lasse. Was ihn allerdings nicht davon abhielt, seinem Geschäftspartner ein »Lass uns das Ding kaufen!« zu signalisieren. Zehn Jahre später steht die Lagerhalle glänzend da, sie erwirtschaftet eine solide Miete – an einen Abriss ist nicht im Entferntesten zu denken.

Manche würden sagen, Marco habe einen guten »Instinkt« bewiesen, doch da würde der Bad Kreuznacher Immobilieninvestor garantiert widersprechen. In seinem Buch *Erfolg durch Intuition* erklärt er die drei Ebenen des Seins: Instinkt, Ratio und Intuition.[99]

Instinkt ist die primitive, animalische Ebene, die sich bei Grundbedürfnissen wie Hunger, Durst, Schlafen, Sex et cetera bemerkbar macht. Es handelt sich um »tief verwurzelte, oft automatische Reaktionen, die vor allem durch genetische Veranlagung angetrieben sind.« Diese Triebe seien überlebenswichtig, die Entscheidung für oder gegen einen Deal sollten sie aber definitiv nicht beeinflussen. Ratio ist die kognitive Ebene. Vernunft und Logik sind ihr Antrieb, dadurch ermöglicht sie uns, komplexe Zusammenhänge zu verstehen und das Für und Wider einer Entscheidung sorgfältig abzuwägen. In der heutigen westlichen Welt bewerten die Menschen diese Ebene über, so sein Gedanke. »Unser Bildungssystem lehrt uns, Dinge auswendig zu lernen, Formeln zu lösen und Zusammenhänge zu verstehen. Es lehrt uns, rational zu denken und zu agieren.« Aber Marco habe die Erfahrung gemacht, dass viele erfolgreiche Menschen eben nicht rational, sondern eher intuitiv handeln würden.

Die Intuition beschreibt er als eine »Form der Klarheit, die über instinktive Impulse und rationale Gedanken hinausreicht. Sie ist ein unmittelbares und schwer erklärbares Gefühl, von dem niemand so recht weiß, woher es kommt.« Marcos Ansicht nach wird man nicht immer richtigliegen, wenn man auf seine Intuition hört; sicher ist er allerdings, dass man immer falschliegt, wenn man sich über seine Intuition hinwegsetzt, obwohl sie ihr Veto eingelegt hat. Auch spüren wir, ob es sich dabei eigentlich nur um unbegründete Angst handelt. Das Gefühl sei einfach anders, sagt er.

Dass unser Gefühl manchmal auf mysteriöse Weise anders ist, wird auch der Bielefelder Immobilieninvestor Markus Beforth verbriefen. Alle Zahlen sprachen für ein Objekt in Düsseldorf, ein Mehrfamilienhaus mit drei Wohneinheiten und einem italienischen Café. 320 Quadratmeter vermietbare Fläche, eine Ist-Miete von 24 000 Euro, ein deutliches Mietsteigerungspotenzial, das Ganze zu einem Kaufpreis von 595 000 Euro – für Düsseldorfer Verhältnisse im Jahr 2018 sicherlich ein attraktiver Deal, wenngleich es bessere »Mikrolagen« gab. Das entscheidende Kopfargument für den Kauf: In der Nähe sollten über 300 Neubauwohnungen entstehen, inklusive Spielplätzen, Kindergärten und so weiter. *Wo Neubau ist, ändert sich in der nächsten Zeit auch die Umgebung*, war Markus' Gedanke.

In den ersten Wochen nach Übergabe lief alles super, Markus konnte mit allen Mietern sprechen, das Objekt mit kleineren Reparaturen aufwerten. Und dann ging's los.

Ein Mieter zahlte plötzlich nicht mehr, erreichbar war er auch nicht länger, weder telefonisch noch persönlich. Es schien, als hätte er die Flucht ins Ausland ergriffen. Markus blieb nichts anderes übrig, als eine Räumungsklage zu erwirken, ein langwieriger Prozess. Ein paar Monate später teilte ihm ein anderer Mieter mit, er habe einen akuten Mäusebefall und eine ernste Verstopfung in seinem Badezimmer. Deswegen kürze er ab sofort die Miete auf null Euro. Hineingelassen hat er Markus auch nicht. Auch hier musste Markus den rechtlichen Weg bestreiten. Als er dann doch die Wohnung betreten konnte, erwartete ihn das Grauen. Zusammen mit dem Mieter lebten dort einige Katzen und nicht weniger als 30 Vögel; keine kleinen Kanarienvögel, sondern Raben, Papageien und ein Beo. Letzterer begrüßte ihn herzlich mit »Hallo, du Ar...h!«. Es folgten weitere Zwischenfälle, unter anderem Mieter, die ihm Schläge androhten, und ein Buttersäureanschlag.[100]

Ich kürze die Sache ab: In einem Gespräch erklärte mir Markus, es war, als sei das Haus verhext gewesen, so komisch das auch klinge. Tatsächlich hatte ihn seine Frau vor dem Haus gewarnt. Aus rationaler Sicht sprachen die Zahlen für den Deal, aber seine bessere Hälfte hatte ein ungutes Gefühl bei dem Objekt. »Nicht kaufen!«, lautete ihr Rat. Wie will man dieses Gespür erklären, ohne die Intuition zu erwähnen? Was Boris Grundl verspürte, war ebenfalls nicht rational zu erklären. Unbegründete Angst, soll meinen: Respekt vor der Situation, konnte es nicht gewesen sein, immerhin hatte der erfahrene Springer zuvor schon viele Male am Klippenrand gestanden. Diese Situation war bedrohlich ungewohnt. Etwas daran wich von allen bisherigen Sprüngen ab. Bedeutend. Es ist, als ob in den Tiefen unseres Unbewussten eine Quelle ruht, die wir bei Bedarf anzapfen können und die uns Kraft für unsere Entscheidungen verleiht. Auf diese Quelle sollten wir vertrauen.

Das Kapitel auf einen Blick

- Jede Entscheidung hat eine Tragweite, die wir kennen sollten.
- *Two-way-door*-Entscheidungen lassen sich ohne große Mühe rückgängig machen.
- *One-way-door*-Entscheidungen sind hingegen entweder gar nicht oder nur unter hohem Aufwand umkehrbar.
- *Nudges* (Stupser) erleichtern uns Entscheidungen und schonen dadurch unseren Entscheidungsmuskel.
- Eine gute Entscheidung basiert auf beidem: der Faktenanalyse und der Intuition.
- Je diffuser die Datenlage und je komplexer die Entscheidung, desto eher sollten wir auf unsere Intuition vertrauen.
- Rät uns unsere Intuition von etwas ab, liegt sie fast immer richtig.

Handlungsempfehlung

- Übe dich darin, deiner Intuition zu vertrauen.
- Falls du vor einer Entscheidung stehst, bei der du ein ungutes Gefühl hast, obwohl rational vieles für ein Ja spricht: Sage klar Nein!
- Schone deinen Entscheidungsmuskel, indem du belanglose Entscheidungen innerhalb von 30 Sekunden triffst.

9

FOKUS

Fokus schlägt Multitasking, und Multitasking hilft beim Fokussieren

17. April 2018. Southwest-Airlines-Flug 1380. Die zweistrahlige Boeing 737 befindet sich in 9800 Metern Höhe, als es mit einem Mal laut knallt. Eine halbe Stunde zuvor war die Maschine mit ihren 149 Passagieren vom New Yorker Flughafen »LaGuardia« in Richtung »Dallas Love Field« gestartet.

Der Flug läuft routinemäßig ab, bis Schaufel Nummer 13 im linken Triebwerk ihren Dienst quittiert. Als Ursache sollten die Techniker später einen Ermüdungsriss diagnostizieren. Infolgedessen bricht die Triebwerksschaufel ab und trifft ihr Gehäuse an einer kritischen Stelle. Die Stabilität gibt nach. Ganze Teile des Triebwerks lösen sich, eines davon schlägt im Rumpf in der Nähe eines Kabinenfensters ein. Es tritt das ein, worauf uns die Crew vor jedem Start pantomimisch vorbereiten will, während wir ihr wenig bis keine Beachtung schenken: ein Druckabfall in der Kabine.[101]

Ein Alarm ertönt. Er signalisiert allen, die Sauerstoffmasken aufzusetzen, da die Luft dort oben zu dünn ist. Das gilt auch für die 56-jährige Flugkapitänin Tammie Jo Shults und ihren Ersten Offizier, der zu ihrer Rechten sitzt. Gemeinsam sehen sie, wie die Triebwerksinstrumente erst blinken und sich dann abschalten; unterdessen quillt Rauch ins Cockpit. Die beiden Piloten versuchen, das Flugzeug zu stabilisieren, was nicht einfach ist angesichts der plötzlichen Linksneigung von gut 40 Grad, des einseitigen Antriebs und eines »Zitterns«, das sie daran hindert, ihre Augen auf etwas zu richten, wie Shults später in einem Interview verrät. Zudem ist das Dröhnen an Bord dermaßen laut, dass sie und ihr Co-Pilot sich nur noch per Handzeichen verständigen können.[102]

Es gibt Verletzte. In der Kabine riecht es nach Blut und verbranntem Gummi. Bei Einschlag des Triebwerkteils hatte sich ein Kabinenfenster gelöst, und die Frau auf dem Platz daneben war fast hinausgesogen worden in die eisige Kälte. Andere Insassen hatten sie zwar wieder zurück in die Kabine ziehen können, doch die Verletzungen wiegen zu schwer. Die Wiederbelebung schlägt fehl. Trotz des Chaos an Bord bewahrt die ausgebildete Kampfpilotin die Ruhe. Sie und ihr Co-Pilot konzentrieren sich vorrangig auf eines: das nunmehr einmotorige Flugzeug sicher notzulanden.

Sie halten sich an die bewährte Luftfahrtregel »Aviate, Navigate, Communicate«. Das heißt, die Kontrolle des Flugzeugs hat oberste Priorität, die Navigation hat etwas mehr Zeit, noch länger kann die Kommunikation warten. Und doch muss in einem solchen Notfall alles drei mehr oder weniger parallel geschehen, um ein Desaster abzuwenden. Zunächst bringt der Erste Offizier – er sitzt im Moment des Triebwerkausfalls am Steuer – das Flugzeug in eine stabile Lage. Nach etwa einer Minute meldet sich der am New Yorker Flughafen zuständige Fluglotse. Keine Reaktion aus dem Cockpit, er hört lediglich ein Rauschen. Es vergehen weitere 30 Sekunden, da klärt Shults den Fluglotsen über den Triebwerksausfall auf. Sie erbittet eine alternative Route zum Philadelphia International Airport, den sie in Anbetracht der Umstände als jenen in der Nähe befindlichen Flughafen ausmacht, der am besten für ihren Notfall gerüstet ist. Der Fluglotse erteilt die Freigabe, die geplante Route zu verlassen.

Nach zweieinhalb Minuten fliegt das Flugzeug einigermaßen stabil. Die Navigation steht. Nun gilt es noch, die Passagiere und das Bordpersonal zu informieren, besser gesagt zu beruhigen, was jedoch wegen der Geräuschkulisse nur eingeschränkt möglich ist. Shults berichtet von dem technischen Problem und der außerplanmäßigen Kursänderung. Währenddessen leitet Shults (sie hat mittlerweile das Steuer übernommen, damit ihr Co-Pilot die Notfallcheckliste durchgehen kann) einen sogenannten Notsinkflug ein, und zwar auf etwa 3000 Meter Höhe, wo die Lunge wegen des höheren Luftdrucks deutlich mehr Sauerstoff aufnehmen kann. Dabei behält sie die Geschwindigkeit, den Höhenmesser, den künstlichen Horizont, das Variometer und ein Dutzend weiterer Instrumente im Blick. Parallel dazu hält sie Funkkontakt mit dem Tower. Gerade einmal 17 Minuten später landet sie die beschädigte Boeing sicher in »Philly«. Von den 149 Insassen erleiden acht leichte Verletzungen, für die besagte Frau am Fenster geht der Flug tödlich aus. Die restlichen 140 kommen unbeschadet davon, zumindest physisch. Alles in allem dürfen wir diese Notlandung als Glanzleistung bezeichnen, denn der Flug hätte auch in einer Katastrophe enden können.

Wieso startet ein Kapitel über Fokus ausgerechnet mit einem Luftfahrtbericht? Mir scheint, Shults (und ihr Co-Pilot natürlich ebenso) rief unter maximal belastenden Bedingungen eine verblüffend hohe Leistung ab. Sie behielt einen kühlen Kopf, bewies psychische Widerstandskraft. Doch da ist noch etwas: Offenbar wohnt ihr ein Talent fürs Multitasking inne. Mehr oder weniger gleichzeitig bewältigt sie eine Vielzahl von Aufgaben, ohne dass die Qualität jeder einzelnen Aufgabe nennenswert darunter leidet. Unter Zeitdruck traf sie schwerwiegende Entscheidungen, die über Leben und Tod entschieden. Nun möge man einschieben: »Die Dame wurde doch entsprechend ausgebildet!« Das ist durchaus richtig, nur bleibt da die Frage: Ist es überhaupt möglich, jemanden im Multitasking auszubilden? Und falls ja, ist es das wert, so im Allgemeinen gefragt? Sollten wir uns eine Scheibe von Shults abschneiden und uns im Multitasking schulen, um der zunehmend chaotischen Welt gerecht zu werden, oder bündeln wir unsere Konzentration doch besser, wenn wir ein Maximum an Produktivität erreichen wollen?

Supertasker sind besonders geschickte Multitasker – obwohl sie eigentlich gar nicht multitasken

Lass uns diesen Abschnitt mit einem Test beginnen. Wir wollen herausfinden, wie gut du im Multitasking bist. Dafür benötigst du ein weißes Blatt Papier, das du im Querformat in vier Spalten unterteilst. Diese Spalten stehen für vier unterschiedliche Aufgaben, die du gleich bewältigen wirst. In die erste Spalte schreibst du alle ungeraden Zahlen von 1 bis 21, in die zweite das Alphabet von A bis Z, in die dritte Spalte alle geraden Zahlen von 2 bis 22 und in die vierte Spalte schließlich das Wort »Multitasking«, Buchstabe für Buchstabe. Du beginnst also mit der 1 (erste Spalte), schreibst dann ein A (zweite Spalte), anschließend die 2 (dritte Spalte), daraufhin ein M (vierte Spalte), bevor du wieder in die erste Spalte zurückspringst, um die 3 unter der 1 zu notieren. Auf diese Weise arbeitest du dich von oben links nach unten rechts durch. Zuvor stellst du noch den Timer deines Smartphones auf 60 Sekunden ein. Ertönt der Alarm, legst du den Stift beiseite. Auf geht's.

Nun folgt der zweite Durchgang. Die Aufgaben bleiben identisch, nur dieses Mal änderst du deine Arbeitsmethode. Wie schon eben beginnst du mit der ersten Spalte, gehst nun aber erst zur zweiten über, nachdem du mit der ersten komplett fertig bist, das heißt die 22 notiert hast. So schließt du Spalte für Spalte ab, ganz ohne Multitasking. Bevor du beginnst, drehe das Blatt um und unterteile es erneut in vier Spalten, denn andernfalls könntest du die Zahlen und Buchstaben der vorherigen Runde ablesen, was das Ergebnis der zweiten Runde verfälschen könnte. Wieder steht dein Timer auf 60 Sekunden. Viel Erfolg!

Vergleiche nun die beiden Runden miteinander, sowohl inhaltlich als auch im Hinblick auf dein Gefühl. Wie hat es sich angefühlt, zwischen den Spalten zu wechseln? Lief der Wechsel reibungslos ab oder hat er dich Zeit gekostet? Während weder Christian noch ich die Aufgaben im ersten Durchgang zeitlich bewältigen konnten, blieb uns im zweiten Durchgang sogar noch Zeit übrig. Mit Fokus erreichten wir mehr in weniger Zeit. Daraus lässt sich schließen, dass wir effizienter arbeiten, sofern wir uns einer Aufgabe voll und ganz hingeben. Erging es dir ebenso? Falls ja: Willkommen im Club!

Der Zeitverlust, den der Aufgabenwechsel nach sich zog, ist kein Grund zur Beunruhigung, sondern normal. Die meisten Menschen sind nicht fürs Multitasking geschaffen, das sollte der Test illustrieren. Außergewöhnlich wäre es hingegen, falls du in beiden Durchgängen ungefähr gleich schnell warst oder beim Multitasking sogar schneller. War es so? In diesem Fall hast du entweder geschummelt, oder du gehörst womöglich zu einer Minderheit, die die Neurowissenschaftler Jason Watson und David Strayer als *Supertasker* bezeichnen.

Im Jahr 2010 stellten die beiden Professoren der Universität Utah die Multitasking-Fähigkeiten ihrer Probanden auf die Probe.[103] Viele von uns sind der Ansicht, sie könnten während des Autofahrens telefonieren, einem Hörbuch lauschen oder über das Display eine Einstellung vornehmen, ohne dass darunter ihr Fahrstil bedrohlich leiden würde. Was also wäre zu Testzwecken besser geeignet gewesen als eine Fahrsimulation, kombiniert mit einer Reihe von kognitiven Aufgaben?

Dafür machten Watson und Strayer ihre Teilnehmenden zunächst mit dem Fahrsimulator vertraut: Auf der rechten Fahrspur eines Highways folgten die Teilnehmenden einem Tempofahrzeug (Pace Car), das in unregelmäßigen Abständen bremste. Um eine Kollision abzuwenden, mussten die Teilnehmenden das Bremspedal durchtreten, was dem vorauseilenden Fahrzeug das Signal gab, wieder auf die Normalgeschwindigkeit zu beschleunigen. Mit dieser Fahrweise wurde der übliche Stop-and-Go-Verkehr simuliert. Entscheidend für den Test war die Bremsreaktionszeit. Watson und Strayer wollten wissen, wie sie sich verändern würde, sobald das Arbeitsgedächtnis der Teilnehmenden an seine Grenze geriete.

Während ihrer Fahraufgabe sollten sich die Probanden eine Reihe von zwei bis fünf Wörtern merken, die mit mathematischen Überprüfungsaufgaben durchsetzt waren. Ein Beispiel: Ergibt 3/1 - 1 = 2? - »Katze« - Ist 2 x 2 + 1= 4? - »Box«. Die Matheaufgaben hatten die Teilnehmenden unmittelbar zu beantworten, in diesem Beispiel mit »wahr« und »falsch«. Erst am Ende wurden sie gebeten, die genannten Wörter in der richtigen Reihenfolge zu wiederholen: »Katze«, »Box«. Nach eigenen Angaben hatte es dieser Test wirklich in sich, besonders wenn es nicht nur zwei, sondern fünf Wörter waren, die sich die Probanden merken sollten. Watson und Strayer ahnten, was die Ablenkung für das Fahrverhalten bedeuten würde. Im Gruppenschnitt stieg die Reaktionszeit von 1,2 auf 1,4 Sekunden pro Bremsvorgang an, während die Gedächtnis- und Mathematikleistungen sanken. Fast alle Teilnehmenden verrechneten sich häufiger und gaben die Wörter falsch wieder. Eine Person aber überraschte die Wissenschaftler.

Sowohl ihr Fahrverhalten als auch ihre kognitiven Leistungen blieben auf demselben Niveau wie unter Normalbelastung. Hatte die Person geschummelt? Nein, das Ergebnis stimmte. Wie Watson und Strayer in weiteren Untersuchungen herausfanden, zählte diese Person zu den etwa 2,5 % der Gesellschaft, die über herausragende Multitasking-Fähigkeiten verfügt. Das Arbeitsgedächtnis dieser Menschen ist erstaunlich aufnahmefähig. Mithilfe von Hirnscans erhielten die Wissenschaftler Einblick, wie die Gehirne dieser Supertasker funktionieren. Die wesentliche Erkenntnis: Sie arbeiten ungewöhnlich effizient. Ihr *medialer präfrontaler Kortex* – ein Hirnbereich, der für die Aufmerksamkeit zuständig ist – wies bei Belastung eine geringere Aktivität als bei der Kontrollgruppe auf. Der »Flaschenhals« ihres Arbeitsgedächtnisses ist weniger eng als bei den meisten Menschen, könnte man sagen, außerdem lassen sie sich nicht so schnell ablenken.[104]

Ablenkungen ignorieren und Störungen ausblenden, das klingt zu schön, um wahr zu sein. Und doch gelingt es Supertaskern besonders gut. Dem pflichtet auch der Neurologe und Neurowissenschaftler Adam Gazzaley bei. Seiner Ansicht nach haben Supertasker eine hohe »kognitive Kontrolle«. Damit meint er die Fähigkeit, mit der Welt auf zielgerichtete Weise zu interagieren. Die vielen Reize um uns herum, die unsere Aufmerksamkeit auf sich ziehen, strömen nicht einfach in unser Gehirn hinein. Wir können unsere Aufmerksamkeit regulieren und dadurch selbst entscheiden, ob und wie wir sie auf uns wirken lassen. Anders formuliert gehören Supertasker zur »Elite der kognitiven Kontrolle«. Dabei handelt es sich um Personen, die sehr bewusst und genau auswählen, welche Informationen in ihr Bewusstsein eindringen dürfen und welche herausgefiltert werden sollen. Je besser wir Ablenkungen widerstehen, desto fähiger sind wir, mehrere Informationskanäle parallel zu bewältigen, so Gazzaleys Meinung.[105]

Ist das nicht paradox? Einerseits hilft uns Konzentration, mehrere Aufgaben parallel zu bewältigen, andererseits sind gerade letztere es, die uns Konzentration kosten, das heißt, unsere Aufmerksamkeit ablenken. Es sollte keine Überraschung sein, aber junge Menschen sind in der Regel besser darin, sich zu konzentrieren und Ablenkungen auszublenden. Dies teste Gazzaley in seinem Labor, wo sich junge wie ältere Menschen zwei Gesichter zu merken hatten, während sie Bilder von Landschaften sahen, die sie wiederum ignorieren sollten. Daraufhin zeigte Gazzaley seinen Probanden ein weiteres Gesicht, das entweder zum Original passte oder eben nicht. Die jungen Teilnehmenden hatten eine höhere Trefferquote, und zwar weil ihr Gehirn die für den Test irrelevanten Landschaften leichter ignorieren konnte. Die älteren Teilnehmenden taten sich damit schwerer. Sie ließen die Landschaftsbilder passieren, und diese zusätzlichen Daten störten ihre Aufmerksamkeit und trübten somit ihre Erinnerung an die Gesichter.

Sind wir demnach ein hoffnungsloser Fall, sobald wir erst ein gewisses Alter erreicht haben? Ein weiterer Test gibt Grund zur Hoffnung. Mithilfe eines eigens für das Multitasking entwickelten Videospiels namens »NeuroRacer« testeten Gazzaley und sein Team 46 Personen im Alter von 60 bis 85 Jahren.[106] Dabei galt es, einen käferähnlichen Wagen über eine kurvige Strecke zu manövrieren, gleichzeitig erschienen alle zwei bis drei Sekunden nach dem Zufallsprinzip geometrische Zeichen – zum Beispiel ein grüner Kreis, ein rotes Trapez oder ein gelbes Quadrat. Viel Zeit blieb nicht, sich diese Zeichen einzuprägen, nach gerade einmal 400 Millisekunden verschwanden sie wieder. Nur auf bestimmte Zeichen sollten die Probanden per Knopfdruck reagieren, andere hatten sie zu ignorieren. Vier

Wochen hintereinander übten sie am Laptop dreimal wöchentlich eine Stunde. Dieses Training sollte Wirkung zeigen.

In der Kontrollgruppe, wo die Probanden die Aufgaben *Fahren* und *Zeichen erkennen* im Singletasking, also losgelöst, absolvierten, nahm die gemessene Leistung mit dem Alter linear ab (das Alter lag hier zwischen 20 und 79 Jahren). Nicht so bei den Multitasking-Probanden. Im Vergleich zur Kontrollgruppe sanken ihre »Multitasking-Kosten« deutlich. Konkret hieß das, ihr Ergebnis überstieg selbst das von untrainierten 20-Jährigen. Noch dazu hielt diese Verbesserung sechs Monate lang an. Die Probanden glichen ihr altersbedingtes Defizit aus, ihre kognitive Kontrolle besserte sich. Den Leistungsanstieg im präfrontalen kognitiven Kontrollsystem maßen die Wissenschaftler mithilfe von Elektroenzephalografie; erklären lässt er sich mit der *Plastizität* unseres Gehirns. Außerdem bemerkenswert ist, wie sich die Daueraufmerksamkeit, also die Konzentration, und das Arbeitsgedächtnis verbesserten. Mit seinem Experiment zeigte Gazzaley, dass ein maßgeschneidertes Videospiel als Instrument zur kognitiven Leistungssteigerung dienen kann. Doch anscheinend bedarf es nicht unbedingt eines extra für solche Zwecke programmierten Videospiels, um unser Gehirn auf Trab zu bringen – kommerzielle Actionspiele besitzen ähnliches Potenzial.

Ist von Ego-Shootern wie *Call of Duty* die Rede, dann meistens deshalb, weil sie angeblich die Gewaltbereitschaft ihrer Spielenden steigern würden. In einem anderen Licht betrachtete sie Daphne Bavelier, Neurowissenschaftlerin an der Universität Genf. Ihr Forschungsteam erbrachte den Nachweis, dass regelmäßiges Spielen solcher Shooter die Aufmerksamkeitsspanne verbessert. Um Profiteure dieses Effekts zu werden, müssten wir nicht stundenlang spielen. Bereits 30 bis 60 Minuten alle zwei Tage über einen Zeitraum von zwei bis drei Monaten verbessern die Aufmerksamkeit erheblich. Und nicht nur das: Im Vergleich zu Nicht-Gamern gelang es Gamern besser, sich auf visuelle Details zu fokussieren; zudem war ihre Kontrastempfindlichkeit erhöht, was beispielsweise zum Vorteil auf nebligen Straßen werden kann. Letztlich erwiesen sich Gamer als fähiger, zwischen verschiedenen Aufgaben hin- und herzuwechseln und auf plötzliche Ereignisse zu reagieren (schließlich könnte jede Sekunde ein Gegner auf sie feuern oder ein Fahrzeug angerast kommen).

Damit Videospiele solche Vorteile ermöglichen, müssen sie mindestens drei Kriterien erfüllen. 1) Spielende befinden sich unter Zeitdruck, das heißt, ihnen darf nicht viel Zeit zum Handeln bleiben. 2) Ihre Aufmerksamkeit ist über den ganzen Bildschirm verteilt. 3) Sie sind ständig gefordert, ihre Aufmerksamkeit zu bündeln, und das bei verschiedenen, kurz hintereinander folgenden Aufgaben. Demnach kommen nicht nur Ego-Shooter infrage, sondern auch Strategiespiele wie *Starcraft*, die ihren Spielenden ebenfalls in kurzer Zeit viele Entscheidungen abverlangen. Anders formuliert: Regelmäßiges Spielen trainiert die Fähigkeit, multiple Informationsströme zu verarbeiten und die Aufmerksamkeit zu kontrollieren. Das haben wir der Plastizität unseres Gehirns zu verdanken.[107]

Im Übrigen ist das, was Gamer unter Zeitdruck ausführen, gar kein Multitasking. Vielmehr arbeiten sie die Aufgaben nacheinander ab, wobei sie sich auf jede einzelne konzentrieren, ihre Aufmerksamkeit somit immer wieder aufs Neue bündeln, wenn sie einen Aufgabenwechsel vollziehen, der gerade vonnöten ist. Das gilt auch für die eingangs erwähnte Pilotin Tammie Jo Shults. Unter strenger Priorisierung hangelte sie sich bei ihrer Notlandung von Aufgabe zu Aufgabe. Und wir dürfen davon ausgehen, dass sie sich auf die meisten voll konzentrierte. Weil ihr dies aber in so kurzer Zeit mit Bravour gelang, kommen wir womöglich zu dem voreiligen Schluss, sie habe Multitasking betrieben. Echtes Multitasking funktioniert jedoch nur, wenn sich die »Kanäle« nicht überschneiden, also zum Beispiel Sehen, Sprechen und Bewegen. Wir können gleichzeitig ein Flugzeug am Himmel beobachten, mit dem Finger darauf zeigen und laut aussprechen, dass wir urlaubsreif sind. Müssten wir stattdessen aber die Urlaubskosten abschätzen, würde unsere Hand absinken und wir das Flugzeug aus den Augen verlieren, und zwar weil die Komplexität der Aufgabe gestiegen wäre, die nun unsere volle Aufmerksamkeit verlangte.

Psychologen sprechen von *parallelem Multitasking*, falls »die Stimuli für beide Aufgaben zeitgleich oder nur mit einem zeitlichen Versatz von wenigen hundert Millisekunden dargeboten« werden. Entscheidend sei außerdem, »dass die Reaktion für eine Aufgabe noch nicht erfolgt ist, bevor der Stimulus der zweiten Aufgabe erscheint.«[108] Andernfalls handelt es sich um *sequentielles Multitasking* beziehungsweise *Task-Switching*. Während sie mit dem Tower sprach, flog Shults vielleicht eine leichte Rechtskurve oder gab etwas Schub. Ihre Hände und Augen folgten einem Automatismus (das spart Aufmerksamkeit), somit blieb ihr noch auditive Aufmerksamkeit übrig, um mit dem Fluglotsen zu sprechen. Zeuge des gleichen Phänomens werden wir, wenn wir uns während eines Spaziergangs mit einem Freund unterhalten. Das funktioniert parallel, wenngleich es auch hier Grenzen gibt. Vor allem kann ein einst erlernter Automatismus wieder verloren gehen, was sich daran festmachen lässt, dass ältere Menschen dazu neigen, ihr Gehtempo zu verlangsamen oder sogar zu stoppen, während sie in ein Gespräch verwickelt sind. Gleiches ist bei jüngeren Menschen eher nicht zu beobachten. Diese Auffälligkeiten sind abermals Beweis für die Plastizität unseres kognitiven Systems.

Zeit für ein Zwischenfazit. Es gibt Menschen, die sich besonders gut darin anstellen, einen Wust von Aufgaben gleichzeitig zu bewältigen. Diese Supertasker können ihre Aufmerksamkeit auf bemerkenswerte Weise kontrollieren. Sie lassen sich kaum ablenken. Außerdem besteht die Möglichkeit, dass ihre Fähigkeit nicht angeboren, sondern ein Trainingseffekt ist. Das Multitasking mit (den richtigen) Videospielen zu trainieren, stärkt unser kognitives Kontrollsystem, fördert unsere Aufmerksamkeit und unser Arbeitsgedächtnis. Insbesondere lohnt sich das Training für diejenigen, die von Natur aus keine Supertasker sind, deren Job ihnen aber häufige Aufgabenwechsel abverlangt. Schnell kommen wir jedoch zu dem Urteil, Multitasking sei der alles entscheidende Wettbewerbsvorteil der Zukunft, eben weil die Welt immer komplexer wird und uns deswegen Single-Tasking rückschrittig erscheint. Ich bin mir jedoch sicher, dass dem nicht so ist. Womöglich hat noch nie so viel für konzentriertes, ablenkungsfreies und auf eine Aufgabe gerichtetes Arbeiten gesprochen wie im aktuellen Jahrzehnt.

Unsere Aufmerksamkeit und ihre Ablenkungen

Eines wollen wir gleich vorab klarstellen: Multitasking in einer »kontrollierten Atmosphäre«, wie ich es im vorherigen Abschnitt beschrieben habe, kann unsere Aufmerksamkeit verbessern, ja. Was darunter jedoch keineswegs fällt, sind die unzähligen ungeplanten Ablenkungen, denen wir nur zu gern nachgeben. Allen voran der Social-Media-Feed, aufpoppende Kurznachrichten oder E-Mails, spontane Anrufe oder Kollegen, die unsere Konzentration stören. Doch bevor wir uns mit Ablenkungen im Detail befassen und wie wir uns vor ihnen schützen, sollten wir ein einheitliches Verständnis von der Aufmerksamkeit haben. Denn schließlich ist sie es, die in Mitleidenschaft gezogen wird.

Im Jahr 1973 veröffentlichte Daniel Kahneman sein *Kapazitätsmodell.*[109] Grundsätzlich sind wir Menschen schon in der Lage, mehreren Tätigkeiten gleichzeitig nachzugehen. Diese Fähigkeit wird allerdings begrenzt durch die Verarbeitungskapazität, sozusagen der »Aufmerksamkeitsmenge«, die uns zur Verfügung steht. Ein wesentlicher Faktor, der diese Menge beeinflusst, ist etwas, das man in der Neuropsychologie als *Arousal* kennt. Wir könnten es mit »Erregung« übersetzen, müssen dabei aber vorsichtig sein, denn es ist unbedingt von der sexuellen Erregung abzugrenzen. Gemeint ist vielmehr der Grad der Aktivierung unseres zentralen Nervensystems. Je höher dieser Grad, desto wacher, reaktionsbereiter und, ja, auch aufmerksamer sind wir. Ein besonders niedriges Arousal-Level haben wir im Schlaf, ein ausgesprochen hohes zum Beispiel unter Schmerzen. Aber auch Emotionen wie Wut, Angst oder sexuelle Gelüste steigern unsere Arousal.

Kahneman ging davon aus, sowohl ein zu niedriges als auch zu hohes Maß an Erregung könne uns bei der Aufgabenbewältigung schaden. Logisch, wer kann schon schlaftrunken eine Differenzialgleichung lösen? Oder wutentbrannt einen Vortrag vor Fachpublikum halten? Das ideale Arousal-Level liegt also irgendwo dazwischen. Anders ausgedrückt: Sind wir »moderat erregt«, liefern wir die beste Leistung ab. Diese Erkenntnis war nicht neu: Bereits im Jahr 1908 postulierten die Psychologen Robert Yerkes und John D. Dodson den Leistungsverlauf in ihrem *Yerkes-Dodson-Gesetz*, dargestellt als umgekehrte U-Kurve.[110]

Zusätzlich zur Erregung beeinflusst laut Kahneman ein zweiter Faktor unsere Aufmerksamkeit: die Verteilungspolitik. Vereinfacht gesagt, steuern wir basierend auf der *Verteilungspolitik*, wie viel Aufmerksamkeit wir einer jeden Aufgabe zuweisen. Diese Verteilung hängt von der jeweiligen Schwierigkeit ab, von unseren Zielen, von Anweisungen Dritter und von unwillentlich wahrgenommenen Reizen, mit anderen Worten: Ablenkungen. Sitzen wir auf einer Parkbank und führen ein Gespräch mit unserem Sitznachbarn, so wird sich unsere Aufmerksamkeit garantiert verselbstständigen, falls vor unseren Augen ein Jogger über einen Ast stolpert oder sich zwei Hunde ankläffen. Diesen starken visuellen und auditiven Reizen können wir nicht widerstehen. Doch selbst bei voller Konzentration, frei von jeglichen Ablenkungen, erreicht unsere Verarbeitungskapazität irgendwann ihr Maximum.

Christian kennt das vom Autofahren. Das Risiko, eine Autobahnabfahrt zu verpassen, steigt rapide mit dem Anspruch oder mit der Unterhaltsamkeit des Gesprächsthemas. Umgekehrt kann er dem Gespräch nicht mehr folgen, sobald die Verkehrsbedingungen »anstrengender« werden. Plötzlich ist

Christian geistig überladen, ihm bleibt nichts anderes übrig, als seine Aufmerksamkeit von der einen Aufgabe abzuziehen und der anderen zuzuwenden. Ein Symptom, dass wir geistig überladen sind, zeigt sich übrigens auch, wenn wir uns vom Wohnzimmer in die Küche begeben, unterwegs aber vergessen haben, was wir dort eigentlich tun wollten. Diagnose: Verarbeitungskapazität überschritten! Wir haben uns gedanklich mit zu viel parallel beschäftigt. Offenbar rangierte der Gang in die Küche aus verteilungspolitischer Sicht doch weiter unten als zunächst angenommen.

Der Autor Alexander Fink berichtet in seinem Buch *Refocus: Mach, was wirklich zählt!* von einem Vorfall, bei dem er einmal seinen Hund vor dem Supermarkt sitzen gelassen hat. Dies geschah nicht aus böser Absicht, sondern weil er während des Einkaufens mit einem Arbeitskollegen telefonierte. Na ja, und in der Sekunde, als er den Laden verließ, blieb für den Hund leider keine Aufmerksamkeit mehr übrig. Glücklicherweise fiel einer Bekannten der herrenlose Hund auf, woraufhin sie ihn zur örtlichen Tierärztin brachte, die mithilfe der Hundemarke den Halter ausfindig machte. Kurz darauf durfte Alexander seinen Gefährten mit reumütiger Miene abholen.[111] Dieses Beispiel veranschaulicht, dass wir unsere Aufmerksamkeit nicht immer freiwillig verteilen. Kahneman kam zu dem Schluss: Entweder scheitern wir an einer Aufgabe, wenn unsere Verarbeitungskapazität überschritten oder unsere Verteilungspolitik fehlgeschlagen ist – bei Alexander dürfte beides der Fall gewesen sein.

Dass unsere Aufmerksamkeit limitiert ist, dafür lieferte der Experimentalpsychologe Daniel Simons einen eindrucksvollen Beweis. Während wir in seinem Video damit beschäftigt sind, zu zählen, wie oft sich ein Basketballteam den Ball zuspielt, werden wir Opfer unserer *Unaufmerksamkeitsblindheit*. Es ist zwar unwahrscheinlich, dass du das Video nicht kennst, dennoch verzichte ich hier auf einen Spoiler zum Testergebnis. Suche im Internet nach »The Monkey Business Illusion«.[112]

Auch der Psychologe Harold Pashler geht von einem *zentralen Flaschenhals (central bottleneck)* in unserem Gehirn aus, in dem bei Überlappung zweier Aufgaben Interferenzen auftreten, was wiederum zu Leistungseinbußen führt.[113] Wenn an einer Presse gleichzeitig eine Lampe aufleuchtet (visuell) und ein Alarm ertönt (akustisch), auf die der Maschinenbediener zu reagieren hat, so kommt er zwangsläufig ins Zögern. Noch größer fällt diese Verzögerung aus, falls es sich um zwei visuelle beziehungsweise akustische Reize handelt. Unser Gehirn kann sie nicht gleichzeitig verarbeiten. Man stelle sich vor, zwei Menschen reden auf uns ein (das soll ja vorkommen), und wir sollen nun das Wesentliche aus beiden Gesprächen mitschneiden. Ein Ding der Unmöglichkeit, in diesem Fall können wir die Interferenz geradezu spüren. Pashler argumentiert, dass wir Aufgaben umso schlechter parallel bewältigen, je ähnlicher sie sich sind.

»Wunderbar!«, magst du denken. »In meinem Büroalltag warten die unterschiedlichsten Aufgaben auf mich. Die sollte ich im Task-Switching bewältigen können, oder?« Das ist ein Trugschluss, denn selbst bei unähnlichen kognitiven Aufgaben – wie Telefonieren, an einem Meeting teilnehmen, einen Beitrag in den sozialen Medien erstellen, eine Kurznachricht verfassen und so weiter – zahlen wir für jeden Aufgabenwechsel einen Preis, genannt Switching-Kosten (switching costs). Belegt haben sie unter anderem die Psychologen Joshua Rubinstein und David Meyer.

Im Jahr 2001 führten sie Experimente mit jungen Erwachsenen durch, die abwechselnd Matheaufgaben lösen und geometrische Objekte klassifizieren sollten. Das Ergebnis war eindeutig: Bei jedem Wechsel verloren die Probanden Zeit. Noch bemerkenswerter aber ist, dass der Zeitverlust umso größer war, je komplexer die Aufgaben wurden. Es schien, als ob sich die Probanden einerseits schwerer von der alten Aufgabe lösen konnten, andererseits mehr Zeit benötigten, um sich in die neue hineinzudenken. Der gleiche Effekt trat auf, falls die

Probanden zu einer ihnen fremden Aufgabe wechseln sollten. Schneller auf Touren kamen sie, wenn sie zu Aufgaben wechselten, mit denen sie vertraut waren.

Zwei Zeitfresser sind dafür ursächlich: Erstens verlangt der Wechsel von uns, dass wir unsere »Steuerungseinstellungen« für eine andere Aufgabe neu konfigurieren. Zweitens müssen wir uns, nachdem wir zu der alten Aufgabe zurückgekehrt sind, erinnern, wo wir stehen geblieben sind. Und falls wir sogar mehr als zwei Aufgaben zu jonglieren versuchen, verlieren wir auch noch Zeit bei der Entscheidung, zu welcher wir wechseln wollen. Es mögen nur Sekunden sein, die wir bei einem Wechsel verlieren; das ist auch der Grund, warum uns Task-Switching auf einen flüchtigen Blick produktiv erscheint, eben weil wir das Gefühl haben, viel parallel bewältigt zu bekommen. Doch die Psychologen gehen davon aus, dass uns selbst kurze mentale Blockaden in Summe rund 40 % unserer täglichen Produktivität kosten können.[114]

Unerledigte oder unterbrochene Aufgaben stören unsere Aufmerksamkeit. Der Grund: Sie sind wesentlich präsenter in unserer Erinnerung als erledigte Aufgaben. Dieses Phänomen ist weithin als Zeigarnik-Effekt bekannt.[115] Die Management-Professorin Sophie Leroy hat diesen »Aufmerksamkeitsrückstau«, der sich wegen einer unterbrochenen Aufgabe bildet, in ihren Experimenten näher untersucht.[116] Die Qualität der neuen Aufgabe leidet unter der unterbrochenen alten, das belegte Leroy. Es ist also nicht nur der Zeitverlust, der gegen das Task-Switching spricht.

Doch wenigstens vollzogen die Teilnehmenden dieser Studien die Aufgabenwechsel bewusst. Weit schlimmer für unsere Produktivität sind ungeplante Ablenkungen. Vielleicht kommt dir folgendes Phänomen bekannt vor: Du loggst dich bei einem Social-Media-Dienst ein, auf der Suche nach einer bestimmten Information. Sie befindet sich in einem Beitrag, den du kürzlich gelesen hast, in einem Profiltext oder in einer Direktnachricht. Einige Zeit später schließt du die App wieder und stellst mit

Erschrecken fest: »Moment mal, bin ich die letzten zehn Minuten willenlos auf dem Feed hängen geblieben? Anstatt nach der Information zu suchen?« Binnen Sekunden hatte dich der Algorithmus in seinen Bann gezogen, dir einen Beitrag nach dem anderen präsentiert, wovon die meisten teuflischerweise auch noch mit deinen Interessen harmonierten und so deine Aufmerksamkeit in Beschlag nahmen. Der größte Witz an der Sache: Die gesuchte Information hast du immer noch nicht, aber zehn Minuten deiner kostbaren Zeit verplempert.

Einem 2024 veröffentlichten Lernreport der *IU Internationalen Hochschule* nach sind vor allem junge Menschen gefährdet, sich von ihrem Smartphone ablenken zu lassen. Zwei Drittel der Befragten zwischen 16 und 25 Jahren nannten es als den größten Störfaktor beim Lernen. Um die Lernenden zwischen 26 und 40 Jahren steht es nicht besser, auch sie gaben dem Smartphone die größte Schuld für die Ablenkung. Nur für die Altersgruppe darüber sei Müdigkeit für Konzentrationseinbußen entscheidender. Was bedeutet das für die produktive Gesamtzeit? Knapp die Hälfte aller Befragten gab an, am Tag ein bis zwei Stunden konzentriert lernen zu können. Alarmierender war indes die Konzentration von 17,2 % der Befragten – sie sei schon nach etwa einer halben Stunde erschöpft. Besonders betroffen sei die Generation Z.[117]

Konzentration erfordert anhaltende Aufmerksamkeit. Und gerade Letztere sinkt im weltweiten Kollektiv, so das Ergebnis einer Studie eines internationalen Forscherteams, an dem unter anderem die TU Berlin und das Max-Planck-Institut für Bildungsforschung mitgewirkt haben. Als verantwortlich sehen die Forscher nicht unbedingt das Smartphone, sondern die allgemeine Informationsflut, die uns überschwemmt. Sich auf dem Laufenden zu halten, werde zunehmend schwieriger, weil im Vergleich zu früher mehr Themen und Inhalte um unsere Aufmerksamkeit buhlen würden. Zudem sei das gesellschaftliche Interesse sprunghafter, was sie zum Beispiel an der Beliebtheit von Filmen und Hashtags bei *Twitter* (heute *X*) festmachten: »Während 2013 ein Hashtag durchschnittlich 17,5 Stunden in der Top-50-Liste war, blieb er dort 2016 nur noch durchschnittlich 11,9 Stunden.«[118] Dennoch besteht Hoffnung: Trotz gesunkener Aufmerksamkeitsspanne hat die Konzentrationsfähigkeit als solche nicht gelitten. Zumindest nicht die von Erwachsenen.

Zu diesem Ergebnis kam die Psychologin Denise Andrzejewski an der Universität Wien, als sie und ihre Kollegen den *Flynn-Effekt* der Aufmerksamkeit untersuchten.[119] Schon mal vom Flynn-Effekt gehört? Er geht zurück auf den Politologen James R. Flynn und beschreibt den Trend, dass die kognitive Intelligenz (gemessen mit IQ-Tests) bis in die 1990er-Jahre stetig zunahm. Ob der Flynn-Effekt seitdem stagniert oder sich gar umgekehrt, das heißt wir wieder dümmer werden, ist umstritten. Außerdem ist unsere sogenannte Intelligenz von einer ganzen Reihe von Umweltbedingungen abhängig, die die Ergebnisse beeinflussen, schlimmstenfalls verfälschen. Das tut hier aber nichts zur Sache, denn Andrzejewskis Interesse galt in ihrer Metastudie nur dem Flynn-Effekt, bezogen auf die Aufmerksamkeit, also einen kognitiven Teilbereich.

Für den Zeitraum 1990 bis 2021 wertete sie 179 Studien mit mehr als 21 000 Probanden aus. Dabei griff sie auf die d2-Testergebnisse zu; dahinter verbirgt sich ein Konzentrationstest, bei dem Teilnehmende unter Zeitdruck jedes mit einem Doppelstrich versehene »d« durchstreichen sollen. Für das ähnlich aussehende »p« gilt das jedoch nicht, diesen Buchstaben sollen die Teilnehmenden verschonen. Wie wir uns denken können, passieren bei diesem Test zwangsläufig Flüchtigkeitsfehler. Deswegen eignet er sich so gut, um die anhaltende Aufmerksamkeit, sprich: die Konzentration, zu messen. Und tatsächlich zeigte sich ein Anstieg der Konzentrationsfähigkeit für die erwachsenen Probanden, jene der Kinder blieb über die drei Jahrzehnte hingegen auf etwa gleichem Niveau. Hinzuzufügen ist, dass heutige Kinder schneller arbeiten, gleichzeitig aber auch mehr Fehler machen. Wie hängt das zusammen?

Andrzejewski sieht darin ein impulsiveres, oberflächlicheres Handeln der Kinder, womöglich begründet in der gesellschaftlich gestiegenen Fehlertoleranz. Dennoch zog sie als Gesamtfazit, der Flynn-Effekt gelte auch für die Konzentrationsfähigkeit, was im Kontrast zu der weit verbreiteten Annahme steht, wir könnten uns seit Einführung des Smartphones nicht mehr konzentrieren. Obwohl die Aufmerksamkeitsspanne gesunken ist, kommen wir zu dem erfreulichen Schluss: Wir können uns konzentrieren, wir müssen nur wollen. Wo ein Wille ist, ist auch die Aufmerksamkeit, könnte man sagen. Und was steht unserem Willen besonders im Weg? Ablenkungen jeglicher Art, sowohl äußerliche als auch hausgemachte. Da unsere Willenskraft nicht gerade zu jenen Attributen zählt, die wir nach Belieben beeinflussen können, bietet sich ein indirekter Weg an, unsere Aufmerksamkeit zu schonen – wir reduzieren Ablenkungen, und zwar rigoros. Wie das gelingt, schauen wir uns im letzten Abschnitt dieses Kapitels an.

Störe mich bitte nicht, ich bin im Flow!

Kommen wir erneut auf den Glauben zu sprechen, Ablenkungen seien nun einmal Teil der heutigen Welt, uns bliebe also gar nichts anderes übrig, als ihnen nachzugeben, wenn wir nicht abgehängt werden wollen. Eigentlich müssten wir der Informationsflut danken, denn ohne sie hätten wir keine Chance auf Fortbestand, oder? Laut Cal Newport, Autor des Buchs *Konzentriert arbeiten: Regeln für eine Welt voller Ablenkungen*, werden drei Gruppen von Menschen zu den wirtschaftlichen Gewinnern der Zukunft gehören: »diejenigen, die gut und kreativ mit intelligenten Maschinen arbeiten können, diejenigen, die in ihrer Tätigkeit die Besten sind, und diejenigen mit Kapitalbesitz«.[120]

Viele ignorieren die technologischen Fortschritte der künstlichen Intelligenz, anstatt ihr mit partnerschaftlicher Neugier zu begegnen. Eine Autorin, die Blogbeiträge für Unternehmen schreibt, wird schneller und besser arbeiten, sofern sie KI-Tools wie *ChatGPT* oder *Perplexity* zur Recherche nutzt oder sich die Beiträge grob vorschreiben lässt. Ohne KI hätten Christian und ich wesentlich länger gebraucht, um alle Studien zu finden, die wir in dieses Buch haben einfließen lassen. Wir haben KI genutzt, um themenbezogen nach Studien und Fachbeiträgen zu suchen; auf diese Weise konnten wir uns in relativ kurzer Zeit einen Überblick verschaffen. KI ersetzt natürlich nicht die Feinarbeit, da sie (zumindest aktuell) nicht alles richtig herausfiltert und teilweise falsch zusammenfasst. Dennoch wären wir ohne KI langsamer bei unserer Arbeit gewesen, und vermutlich hätten wir dir nicht dieselbe Fülle an Informationen bieten können.

Ebenfalls leuchtet ein, dass die jeweils Besten auf ihrem Gebiet schwerlich von einer KI ersetzt werden. Das gilt für ein Topmodel ebenso wie für eine Lektorin. Dafür braucht es zum einen Kompetenz, zum anderen Persönlichkeit – denn zum/zur Besten wird nur, wer auch als Mensch hinter der Kompetenz überzeugt. Hier mag es Ausnahmen geben. Der beste Feuerwehrmann darf menschlich schwierig sein, Hauptsache, er rettet uns aus dem brennenden Haus. Und dass Menschen mit Kapitalbesitz, seien es nun Immobilien, Aktien oder Unternehmensanteile, eine rosige Zukunft bevorsteht, das liegt auf der Hand. Was juckt eine Familie mit 30 Mehrfamilienhäusern der Aufstieg der künstlichen Intelligenz? Vermögen ist ein starker Schutzschild. Spontane Enteignungen durch die Regierung klammern wir an dieser Stelle aus.

Zusätzlich zu den drei Gewinnergruppen sieht Newport zwei Kernfähigkeiten, die uns mit hoher Wahrscheinlichkeit zum Erfolg verhelfen werden: »Die Fähigkeit, rasch schwierige Herausforderungen zu bewältigen. [Und die] Fähigkeit, Leistungen auf hohem Niveau zu erbringen, sowohl in Hinsicht auf die Qualität als auch auf die Geschwindigkeit.« Warum es immer wichtiger wird, schnell schwierige Herausforderungen zu überwinden, habe ich im Kapitel über die Veränderungsbereitschaft beleuchtet. Interessanter für dieses Kapitel ist die zweite Fähigkeit.

Um Leistungen auf hohem Niveau zu erbringen, empfiehlt Newport, möglichst wenig »Shallow Work« durchzuführen. Darunter versteht er seichte, anspruchslose Aufgaben, die wir oftmals unter Ablenkung durchführen würden. Solche Tätigkeiten würden wenig neuen Wert schaffen und seien leicht zu kopieren. Als Beispiel fällt mir das Schreiben von Rechnungen ein. Es gehört zu meinem Business, und ich freue mich über jede Rechnung, die ich schreiben darf; etwas Neues schaffe ich dadurch jedoch nicht. Demgegenüber stehe »Deep Work«, also hochkonzentriertes, vertieftes Arbeiten »in einem Zustand ablenkungsfreier Konzentration«, das unsere »geistigen Kapazitäten an ihre Grenzen« bringe. Wieder fällt mir ein Beispiel ein: dieses Buch hier. Ohne stundenlanges, konzentriertes Arbeiten hätten Christian und ich es mit Sicherheit nicht fertiggestellt. Wer schreibt, weiß: Ablenkungen sind ein Graus, weil sie uns aus einem Zustand herausreißen, in dem wir imstande sind, außergewöhnliche Leistung zu erbringen. Du ahnst es sicher schon, die Rede ist vom *Flow*.

Wenn sich die Worte eines Schriftstellers mit schier magischer Leichtigkeit fügen, befindet er sich garantiert im Flow. Wenn ein Fliesenleger alles um sich herum vergisst, sich nur auf sein Handwerk fokussiert, ist er im Flow. Und wenn eine Verkaufsleiterin ihren Mitarbeitenden inbrünstig erklärt, warum ihr Produkt das beste auf dem Markt ist, hat auch sie diesen Zustand erreicht. Im Flow ist unsere Aufmerksamkeit so stark auf die Aufgabe gerichtet, dass wir das Zeitgefühl verlieren. Das Wann spielt keine Rolle, was allein zählt, ist die Aufgabe. Die Flow-Theorie geht zurück auf den vielfach zitierten ungarischen Psychologen Mihály Csíkszentmihályi.[121]

In seiner Arbeit schrieb er, dass wir in den Flow kommen, falls wir eine Aufgabe bearbeiten, die weder zu einfach noch zu schwierig ist. Ferner sind klare Ziele und eine sinnstiftende Tätigkeit die Voraussetzung. Wir erinnern uns an die Selbstbestimmungstheorie nach Deci und Ryan samt ihren psychologischen Grundbedürfnissen *Kompetenz*, *Autonomie* und *soziale Eingebundenheit*. Diese scheinen wir im Flow optimal zu befriedigen, was wiederum zu Wohlgefühl führt. Ob im Sport, in der Kunst oder am Schreibtisch: Im Flow erbringen wir nicht nur Höchstleistungen, wir haben auch das Gefühl, dass dem so ist, und dabei empfinden wir Glück. Csíkszentmihályis Erkenntnisse waren einflussreich, übermalten sie doch das Bild, das größte Glück empfänden wir, wenn wir nichts tun und uns entspannen, etwa auf der Strandliege mit einem Erfrischungsgetränk in der Hand. Als ich letztes Jahr mit meiner Familie eine zwölftägige Kreuzfahrt unternahm, untergebracht in einer wunderschönen Suite, erwischte ich mich in der zweiten Woche bei dem Gedanken: »So langsam reicht's auch.« Dafür könnte der monotone Tagesablauf verantwortlich gewesen sein, vielleicht sehnte ich mich aber auch nach dem Flow.

Wollen wir Überdurchschnittliches leisten, tun wir gut daran, uns in den Flow-Zustand zu begeben, so oft es nur geht. Den ganzen Tag ist das kaum möglich, denn in diesem hochkonzentrierten Zustand kann unser Gehirn nicht ewig verweilen, dafür ist der Energieverbrauch zu hoch. Mit ein bisschen Training und unter Berücksichtigung einiger Punkte ist es uns aber durchaus möglich, drei bis vier Stunden pro Tag abzutauchen. Mit jedem der im Folgenden ausgeführten Punkte ließe sich ein eigenes Buch füllen, bitte verzeihe deshalb, dass wir uns ihnen nur grob widmen. Im Vordergrund stehen der praktische Nutzen und die Fragen: Was können wir tun, damit wir leichter in den Flow kommen? Und wie stellen wir Ablenkungen ab, die uns dabei stören?

1. Das große Ganze sehen

Bisher meinten wir mit »Fokus« eher die Konzentration, das heißt die selektive, anhaltende Aufmerksamkeit, die wir auf eine Aufgabe richten. Doch woher wissen wir, ob uns diese Aufgabe im Leben weiterbringt? Die Gewissheit haben wir erst, nachdem wir sie mit unseren Träumen und Zielen abgeglichen haben, denn auf sie sollten wir mit Erledigung der Aufgabe hinarbeiten. Der große Fokus richtet sich auf unser langfristiges Ziel, der kleine auf die Umsetzung im Alltag. Der Vorteil: Sofern wir uns ein sinnstiftendes Ziel gesetzt haben, das wir obendrein mit Leidenschaft verfolgen, erhöht sich die Wahrscheinlichkeit, dass wir unseren kleinen Fokus nicht so schnell verlieren, soll meinen, wir lassen uns weniger schnell ablenken. Weil wir wissen, wofür wir uns konzentrieren. Weil wir den Glauben haben, die konzentrierte Arbeit lohne sich!

Der Autor Gerry Keller ist der Meinung: »Egal, hinter welche außerordentliche Erfolgsgeschichte Sie blicken, immer werden Sie feststellen, dass dahinter EINE Sache steht. Sie manifestiert sich in jedem erfolgreichen Unternehmen und im Berufsleben eines jeden erfolgreichen Menschen.«[122] Als Beispiel nennt er unter anderem Bill Gates, der sein Leben mehr oder weniger *Microsoft* gewidmet hat. Ich sehe es nicht ganz so krass wie Keller, also dass es wirklich nur die eine Sache in unserem Erfolgsleben geben sollte, weil das unser Leben doch einschränken könnte. Dennoch stimme ich ihm zu, dass wir *einer* Betätigung die meiste Aufmerksamkeit (vielleicht 80 %) schenken sollten. Bei mir ist das der Aufbau meines Netzwerks *DWS*, bei Christian die Schriftstellerei. Hier sind wir mit Leidenschaft bei der Sache, sehen einen Sinn in unserem Tun, was folglich die Chance erhöht, in der Fertigkeit voll aufzugehen und Außergewöhnliches zu leisten. Wie du deine Leidenschaft(en) entdeckst, hast du bereits im zweiten Kapitel gelesen. Haben wir unsere Leidenschaft gefunden und mit einem anspruchsvollen Ziel versehen, können wir unseren Tagesablauf daran ausrichten. Chris Bailey, Autor von *Hyperfocus: How to Work Less and Achieve More*, hält Aufmerksamkeit für die »meist limitierte und beschränkte Ressource«.[123] Je mehr wir sie mit Absicht managten, sagt er, desto fokussierter, produktiver und kreativer würden wir werden. In diesem Zusammenhang definiert er vier Aufgabentypen, die uns täglich beschäftigen:

1. produktive/unattraktive Aufgaben
   = notwendige Arbeit
2. produktive/attraktive Aufgaben
   = zielorientierte Arbeit
3. unproduktive/unattraktive Aufgaben
   = unnötige Arbeit
4. unproduktive/attraktive Aufgaben
   = ablenkende Arbeit

Bailey rät, uns mit kritischer Neugier zu beobachten: Mit welchen Aufgaben verbringen wir den lieben langen Tag? Wirklich produktive Menschen konzentrieren sich auf die Aufgabentypen 1) und 2), aber die Realität sieht anders aus. Wir könnten annehmen, kein Mensch beschäftige sich freiwillig mit unproduktiven, unattraktiven Aufgaben, doch da würden wir uns irren. Sie sind nämlich ein Symptom der Prokrastination. Manchmal beschäftigen wir uns lieber mit unsinnigen Aufgaben, anstatt einer Tätigkeit nachzugehen, die uns unserem Ziel näherbringt. Vielleicht geben wir zu einer E-Mail unseren Senf dazu, obwohl wir nur in CC standen, sie also lediglich als Information für uns diente. Oder wir antworten auf die Ankündigung eines Newsletters. Schnell verschwenden wir eine halbe Stunde, nur um unsere wichtige Arbeit aufzuschieben. Kommt dir das bekannt vor? Noch gefährlicher sind allerdings die unproduktiven, aber attraktiven Aufgaben. Die »Recherche« auf einer Social-Media-Plattform ist hierfür ein Beispiel oder das Konsumieren oberflächlicher Nachrichtenmeldungen. In diesen Bereich fällt alles, was uns stimuliert, unserem Vorankommen aber definitiv im Weg steht.

Nicht immer merken wir, dass wir uns mit einer unproduktiven Aufgabe befassen, denn manchmal stufen wir sie vorschnell als produktiv ein – das ist die Tücke. Insbesondere fällt mir dieses Phänomen bei Selbstständigen und Unternehmern auf. Sie setzen ihre Prioritäten falsch, fokussieren sich lieber auf die Perfektionierung ihrer Dienstleistung statt auf den

Vertrieb. Laut einer Statistik des *Instituts für Mittelstandsforschung Bonn* aus dem Jahr 2020 betrug die Wahrscheinlichkeit dafür, dass ein Unternehmen fünf Jahre nach seiner Gründung noch besteht, gerade einmal 37,1 %.[124] Den anderen zwei Dritteln mangelt es häufig an liquiden Mitteln. Warum? Weil sie sich nicht auf »geldproduzierende Maßnahmen« konzentrieren, wie ich sie gern nenne. Stattdessen befassen sie sich mit der Erstellung des Logos, dem Bau der perfekten Website oder der Story, warum sie Unternehmer geworden sind.

Haben wir erst das große Ganze im Blick und definiert, was wir erreichen wollen, enttarnen wir unnötige und ablenkende Arbeiten viel schneller. Dadurch fällt es uns leichter, in den Flow zu kommen. Nur das allein wird aber wohl nicht reichen, uns vor Ablenkungen zu schützen.

2. Zeitinseln reservieren

Markus Beforth wurde öfter gefragt, wie lange es gedauert habe, sein 200-seitiges Sachbuch zu verfassen. »Drei Monate.« Große Augen bei seinen Gegenübern und die offensichtliche Frage auf der Stirn: »Wo hat dieser umtriebige Immobilieninvestor die Zeit dafür hergenommen?« Markus verriet, er habe sich dreimal wöchentlich für je drei Stunden auf seine »Zeitinsel« begeben. Eine Zeitinsel, was soll das sein? Darunter versteht Markus einen festen Zeitblock in seinem Kalender, der nur für eine Aufgabe reserviert ist. In diesem Fall: sein Buch zu schreiben. Es ist ein fixer Termin, den er mit sich selbst hat und der es ihm ermöglicht, mehrere Stunden in produktiven Gedanken zu versinken. Seiner Ansicht nach gelingt es den meisten Menschen, eine Stunde lang hochkonzentriert zu arbeiten, ehe sie eine fünf- bis zehnminütige Pause benötigen, um sich geistig zu erholen. Dreimal je eine Stunde inklusive kurzer Pausen, mit diesem Zeitplan kam Markus seinem großen Ziel, Spiegel-Bestseller-Autor zu werden, schrittweise näher. Damit er möglichst schnell in den Flow kam, war jeder Zeitblock vorbereitet, die Recherche hatte also vorab stattgefunden. In seinen Zeitblöcken konzentrierte er sich wirklich nur aufs Schreiben.[125]

Markus' Vorgehensweise deckt sich mit der Meinung vieler, die sich intensiv mit der Produktivität von uns Menschen beschäftigt haben. Auch der bereits erwähnte Autor Alexander Fink rät, unseren Tag nach Zeitblöcken auszurichten. Aber nicht nur für die Zeiten, in denen wir in den Flow kommen wollen, sondern für den gesamten Tag, von früh morgens bis spät abends. Der erste Eintrag von 7:00 bis 8:30 Uhr könnte »Morgenroutine, Dusche, Frühstück und Fahrt zur Arbeit« lauten, der letzte von 19:00 bis 22:00 Uhr »Familie und Freizeit«. Mit dieser Methode steige die Wahrscheinlichkeit, dass wir unsere Aufgaben erledigen, außerdem hätten wir seltener das Gefühl, »unserer Zeit ständig hinterherzulaufen«.[126]

In seinem Buch *Die Kunst, sich nicht ablenken zu lassen* bezeichnet Nir Eyal diese Methode als »eine Technik, um Zeit für den Antrieb in jedem Ihrer Lebensbereiche zu gewinnen«. Drei Lebensbereiche schlägt er vor: Selbst, Beziehung, Arbeit.[127] Das ergibt Sinn, denn sofern wir einem dieser Bereiche zu viel Aufmerksamkeit schenken, leidet ein anderer. Insbesondere eine Person vernachlässigen wir häufig, wenn wir in Arbeit versinken: uns selbst.

3. Ablenkungen und Not-to-dos notieren

Was, wenn wir uns doch mal ablenken lassen? Dann sollten wir unbedingt notieren, was uns ablenkt. Jedes Mal, wenn uns etwas aus unserem Flow reißt oder daran hindert, überhaupt hineinzukommen, machen wir einen Eintrag in unsere *Ablenkungsliste*. Das bringt gleich zwei Vorteile mit sich: Erstens entlasten wir dadurch unseren geistigen Arbeitsspeicher, zweitens gerät die Ablenkung nicht in Vergessenheit. Manches, was uns ablenkt, hat ja durchaus seine Berechtigung. Vielleicht verspüren wir das Bedürfnis, uns bei einer Freundin zu melden, mit der wir schon zu lange nicht mehr gesprochen haben. Und das schlechte Gewissen plagt uns nun ausgerechnet in der

Sekunde, in der wir unsere Aufmerksamkeit für eine Aufgabe benötigen. Die Ablenkung aufzuschreiben, gibt uns das Gefühl, dass wir unsere Freundin nicht vergessen werden.

Doch wenn wir ehrlich sind, haben nur die wenigsten Ablenkungen einen sinnvollen Kern. Oftmals flackert vor unserem geistigen Auge eine sinnlose Ablenkung auf, die schlimmstenfalls zu einer ebenso sinnlosen Tätigkeit führt. Stichwort: unproduktiv, attraktiv. Solche Aufgaben landen schleunigst auf einer *Not-to-do-Liste*, da sie keinen Beitrag zur Erreichung unserer Ziele leisten. Das beste Beispiel für eine sinnlose Tätigkeit ist, du ahnst es sicher schon, unser Smartphone. »Das Smartphone in die Hand nehmen« steht daher auf der Not-to-do-Liste ganz oben. Am besten liegt es weit weg in einem anderen Raum. Denn bereits die bloße Anwesenheit eines ausgeschalteten (!) Smartphones in der Nähe verringert unsere Aufmerksamkeit signifikant. Das haben Konzentrationstests gezeigt.[128]

Den Drang, ständig unsere Kurznachrichten zu checken oder *Instagram*-Stories aufzurufen, nennt Nir Eyal übrigens einen »internen Trigger«. Zum »externen Trigger« wird er erst, wenn wir uns von unserem Smartphone akustisch oder visuell benachrichtigen lassen. Es ist dringend anzuraten, dem Smartphone diese Macht zu entziehen (Einstellungen anpassen), weil das Ping-Geräusch nicht nur nervt, vor allem hält es uns davon ab, im Flow zu bleiben. Natürlich gibt es auch externe Trigger, die wir nur bedingt oder gar nicht beeinflussen können, wie redselige Kollegen, die bei uns an die Tür klopfen (aber auch hiergegen gibt es Mittel, dazu gleich mehr unter 4). Zu den externen Triggern kann auch ein unaufgeräumter Schreibtisch werden. Nicht ohne Grund wird in vielen Büros eine Clean-Desk-Policy verfolgt. Alles, was uns von der eigentlichen Aufgabe ablenken kann, gehört außerhalb unserer Sichtweite – ein aufgeräumter Schreibtisch führt somit zu aufgeräumten Gedanken.

Gegen interne Trigger können wir leider weniger effektiv vorgehen, da es unser Gehirn höchstpersönlich ist, das uns ablenkt. Sollten wir davon stark betroffen sein, könnte das ein Zeichen sein, dass wir Unannehmlichkeiten entkommen oder uns sogar selbst sabotieren wollen. Eyal schreibt dazu: »Wenn Sie sich nicht mit der eigentlichen, zur Flucht antreibenden Ursache befassen, werden Sie weiterhin zu der einen oder anderen Ablenkung greifen.« Zu dieser Ursache gelangen wir, indem wir uns mit unserem Selbstwert und unseren Werten befassen. Mehr dazu liest du in den entsprechenden Kapiteln dieses Buches.

Eyal hat noch einen Tipp auf Lager, den er »Identitätspakt« nennt. Was ist damit gemeint? Seiner Ansicht nach sinkt die Wahrscheinlichkeit, uns ablenken zu lassen, mit der Überzeugung, unablenkbar zu sein. Wir sollten uns in festem Glauben sagen: »Ich bin unablenkbar!« Das ist natürlich Quatsch, denn niemand ist unablenkbar. Dennoch verändern wir damit unser Selbstbild, also unsere Identität. Er schreibt: »Indem wir unser Verhalten an unserer Identität ausrichten, treffen wir Entscheidungen basierend auf der Person, die wir glauben zu sein.«

4. Rituale und Umfeld

Sobald Christian konzentriert arbeiten möchte, stöpselt er sich seine AirPods ein und aktiviert die Geräuschunterdrückung. Und zwar völlig unabhängig davon, ob er gerade in einer lauten oder mucksmäuschenstillen Umgebung schreibt. Es ist vielmehr ein Ritual, das seinem Gehirn das Signal zum Abtauchen geben soll. Als würde sich ein Portal öffnen und ihm direkten Zugang zum Flow gewähren. Es funktioniert verdammt gut! Natürlich kommen nicht nur geräuschunterdrückende Kopfhörer infrage, um uns in einen hochkonzentrierten Zustand zu versetzen, die Vorlieben sind hier ganz verschieden. Der eine brüht sich einen Tee auf, die andere schnappt kurz vorher frische Luft, wieder jemand anders betrachtet ein pittoreskes

Landschaftsbild oder lauscht klassischer Musik. Welches Ritual dir persönlich hilft, findest nur du allein heraus.

Allerdings ist nicht jeder damit gesegnet, sich in eine flowförderliche Umgebung zurückziehen zu können. Was, wenn uns unsere Mitmenschen daran hindern? Im Büro sind es die Kollegen oder die Chefin, die uns ablenken könnten, zu Hause in erster Linie der Lebenspartner oder die Kinder. Egal, wer es ist, irgendwie müssen wir den Personen ein Signal senden. Christian wählt einen simplen Weg, er teilt seiner Frau vorher mit, dass er eine Zeit lang nicht gestört werden will. Für jemanden im Büro funktioniert vielleicht ein »Bitte nicht stören!«-Schild, platziert auf dem Rücken, an der Tür oder auf dem Schreibtisch. Möglicherweise kommt dir dieser Eingriff in das Verhalten deiner Mitmenschen anmaßend oder albern vor, aber du solltest es weniger kritisch sehen. Anfangs denkt dein Umfeld vielleicht: *Was stimmt mit ihr/ihm nicht?* Nach einer Weile werden sie das Verhalten jedoch tolerieren, da vermeintlich Dringendes in den meisten Fällen mindestens ein paar Stunden Zeit hat (wenn nicht gar länger), bevor wir darauf reagieren müssen. Wir alle haben ein Recht auf ablenkungsfreie Zeit, das sollten wir uns klarmachen. In der Wissensarbeit, die heutzutage ja die meisten von uns betreiben, ist sie nun einmal eine Notwendigkeit, wenn wir dem seichten Arbeitsmodus entfliehen und etwas Besonderes schaffen wollen.

Markus Beforth hat es auf die Spitze getrieben, als er sich entschloss, Telefonate aus seinem Leben zu verbannen. Na gut, nicht ganz. Mit seinen engsten Familienmitgliedern telefoniert er schon noch, dazu zählen seine Eltern, seine Frau und seine Kinder. Alle anderen Telefonate boykottiert er hingegen, weil sie aus seiner Sicht Zeitverschwendung sind. Wesentlich effizienter erscheinen ihm aufs Nötige reduzierte Text- und Sprachnachrichten. Sollten sie zur Abstimmung nicht genügen, lässt sich Markus auf Video-Calls ein. Gegenüber Telefonaten hätten sie einen entscheidenden Vorteil: Die Gefahr, abgelenkt zu sein, ist geringer als in einem Telefonat, weil Sichtkontakt besteht. Während des Telefonierens sieht uns unser Gegenüber nicht, daher kann es passieren, dass wir nebenbei etwas anderes machen und dem Gesprächspartner nicht die gebührende Aufmerksamkeit schenken.[129] Außerdem kennen wir doch alle das Phänomen, dass sich ein Telefonat inhaltsleer in die Länge ziehen kann, wenn es sich dem Ende nähert. Ich telefoniere zwar mit mehr Menschen als Markus, bin aber dafür bekannt, relativ abrupt aufzulegen, sobald alles Wichtige besprochen wurde. Das wirkt auf manche eigenartig, dabei ist es keineswegs unfreundlich gemeint. Wer regelmäßig mit mir telefoniert, weiß das.

Funfact: Einmal schrieb mir Markus eine Nachricht, ob er nicht mit zu einer weiteren Mastermind-Reise kommen könne, die ich regelmäßig veranstalte. Was er dafür tun müsse, um erneut dabei zu sein, fragte er. Ich war begeistert, denn ich schätze Markus als Menschen sehr. Außerdem wäre sein Expertenwissen zu Immobilien und Prozessen sicher eine Bereicherung. Euphorisch wählte ich seine Nummer, um die Einzelheiten der Reise mit ihm zu besprechen. Wie du dir nach diesem Abschnitt denken kannst, ging er nicht ran. Stattdessen schrieb er mir eine Nachricht: »Hey, Maurice, wahrscheinlich war es dir nicht klar, aber ich telefoniere nicht. Hier ist der Link zu einem Video, in dem ich den Hintergrund erkläre.« Meine Antwort: »Oh, Markus, dann haben wir wohl ein Problem. Denn ich schaue mir keine *YouTube*-Videos an.« Trotzdem fand die gemeinsame Mastermind-Reise statt. Wer zueinander finden will, findet zueinander.

5. Schlafhygiene und Meditation

Zu wenig oder schlechter Schlaf beeinträchtigt unsere Konzentrationsfähigkeit, das wurde hinreichend bewiesen. Entscheidender soll hier sein, wie wir unsere Schlafhygiene fördern. Kennst du die 10-3-2-1-0-Formel? Sie geht zurück auf den Autor und Fitnesscoach Craig Ballantyne und müsste von viel mehr Menschen beherzigt werden.[130]

10 – Wann trinkst du deinen letzten Kaffee des Tages? Um 15:00 Uhr? Das ist okay, solange du erst um 1:00 Uhr zu Bett gehst. Gehst du aber früher schlafen, so wird dein Körper das Koffein noch nicht vollständig abgebaut haben. Dieser Prozess dauert nämlich bis zu zehn Stunden. Nicht abgebautes Koffein kann dich am Einschlafen hindern oder deine Schlafqualität mindern. Ebenso gilt das für Tein (es ist chemisch betrachtet nichts anderes als Koffein), das zum Beispiel in Schwarztee oder grünem Tee vorkommt.

3 – Die letzte Mahlzeit solltest du drei Stunden vor dem Schlafengehen zu dir nehmen. Und auch wenn manche meinen, sieben Bier würden eine Mahlzeit ersetzen, gilt das Gleiche für Alkohol.

2 – Schnell noch eine E-Mail beantworten und dann ins Bett? Tue das nicht! Gönne dir zwei Stunden vor dem Zubettgehen geistige Erholung, sofern dir etwas an gutem Schlaf liegt. Kleine Ergänzung von mir: Sollte dir ein fixer Gedanke kommen, der dich wachhält, schreibe ihn auf. Ja, im Bett, auf einen Zettel oder in ein kleines Büchlein. Dadurch entlastest du dein Gehirn, weil du ja weißt, dass du ihn am Morgen darauf nicht vergessen haben wirst. Dieselbe Technik wendest du an, falls du während des konzentrierten Arbeitens von einer anderen Aufgabe abgelenkt wirst, die du später erledigen willst. Durch das Aufschreiben entlastest du deinen Arbeitsspeicher.

1 – Dieser Teil der Formel fällt uns wohl am schwersten, auch mir. Ballantyne empfiehlt, eine Stunde vor dem Schlafengehen alle digitalen Geräte auszuschalten. Das blaue Licht, das sie absondern, lässt uns das Stresshormon Cortisol ausschütten. Besser, wir »lesen uns müde« mit einem guten Buch.

0 – Wenn wir wach sind, sind wir wach. In 10-Minuten-Intervallen die Schlummertaste zu betätigen, ist – Hand aufs Herz – pure Faulheit. Wir sind danach nicht erholter, und Zeit verschwenden wir obendrein. Die Null steht dafür, direkt aufzustehen, wenn der Wecker klingelt. Am besten musst du aufstehen, um ihn auszuschalten, dann erübrigt sich das Problem.

Halten wir uns an die 10-3-2-1-0-Formel, erhöhen wir unsere Chance auf erholsamen Schlaf merklich. Das i-Tüpfelchen könnte ein mittäglicher Powernap sein. Ich persönlich habe auf dem Gebiet wenig Erfahrung, aber Christian schwört auf den Mittagsschlaf, da er anschließend viel schneller in den Flow kommt und sich länger konzentrieren kann. Und damit ist er nicht allein. Die Weltraumbehörde NASA belegte, dass Piloten, die einen Kurzschlaf machen, der im Schnitt 26 Minuten dauert, anschließend eine um 33 % höhere Reaktionsfähigkeit haben und sich ihre Aufmerksamkeit sogar verdoppelt. Diese erhöhte Leistung hielt für zwei bis drei Stunden an.[131]

Bleibt noch ein letzter Punkt. Gleich mehrmals erwähne ich sie in diesem Buch, auch wenn mir klar ist, dass allerorten zu dieser Technik geraten wird. Gerade weil die Meditation so wirksam ist und wir sie überall und ohne Equipment durchführen können, hat sie so an Prominenz gewonnen. Durch regelmäßiges Meditieren fällt es uns leichter, uns zu konzentrieren, vor allem können wir unsere Aufmerksamkeit wieder schneller bündeln, nachdem wir abgelenkt wurden. Unter anderem fand das der Forscher Guiseppe Pagnoni von der Universität Atlanta heraus. Sowohl erfahrene Meditierer als auch Meditationsneulinge ließ er sich auf ihren Atem konzentrieren. Immer wieder störte er seine Probanden, indem er ihnen Wörter zurief, die sie entweder als echtes Wort erkennen oder Nonsens entlarven sollten. Wie sich zeigte, erreichten die Gehirne mit Meditationserfahrung schneller den Zustand der Kontemplation, was sich anhand von Hirn-Scans zeigen ließ. Denn die Aktivität im *Gyrus angularis* sank nach der Ablenkung schneller wieder auf das (ruhige) Normalniveau zurück.[132]

Mit den aufgeführten Ansätzen erhebe ich keinesfalls Anspruch auf Vollständigkeit. Um unsere Konzentration zu verbessern, bietet sich Weiteres an, unter anderem gesunde Ernährung und regelmäßiger Sport. Allerdings dürften wir unsere Konzentrationsfähigkeit mit den zuvor genannten Ansätzen – so wir sie denn auch umsetzen – bereits deutlich erhöhen. Unser Lohn ist Produktivität. Eine Messgröße, die wir maximieren, indem wir uns voll und ganz auf eine Aufgabe konzentrieren. Und das gilt streng genommen selbst für Supertasker. Denn auch eine Tammie Jo Shults, die dabei war, ein außerplanmäßig einmotoriges Flugzeug zu landen, profitierte von ihrer Resistenz gegen Ablenkungen. Von ihrem scharfen Fokus, den sie bemerkenswerterweise blitzschnell wechseln, neu ausrichten und dabei auch noch die Ruhe bewahren konnte.

Das Kapitel auf einen Blick

- 2,5 % der Menschen sind *Supertasker*. Sie stellen sich sehr geschickt an, mehrere Aufgaben »parallel« zu bearbeiten.
- Echtes *Multitasking* setzt voraus, dass wir mehrere Dinge zeitgleich tun, zum Beispiel Gehen und Sprechen.
- Unsere Aufmerksamkeit lässt sich schwerlich »aufteilen«; es kommt zu Verzögerungen. Schuld ist unsere begrenzte Verarbeitungskapazität, die uns zum Wechsel zwischen Aufgaben zwingt. Wir betreiben *Task-Switching*.
- Durch Task-Switching in einer kontrollierten Atmosphäre – beispielsweise maßgeschneiderte Videospiele – kann sich unsere Daueraufmerksamkeit (Konzentration) verbessern.
- Ansonsten ist Task-Switching zu meiden. Psychologen gehen davon aus, dass Aufgabenwechsel oder Ablenkungen uns rund 40 % unserer täglichen Produktivität berauben.
- Am produktivsten sind wir im *Flow*. In diesem ablenkungsfreien, vertieften Zustand rufen wir Höchstleistung ab. Mit etwas Training schaffen wir es, täglich drei bis vier Stunden in diesem Zustand zu verweilen.
- Des Flows schlimmster Feind sind Ablenkungen jeglicher Art. Ihnen können wir begegnen mit: Zeitinseln, Ritualen, Ablenkungslisten, Meditation, Schlafhygiene, Apps usw.

Handlungsempfehlung

- Reduziere Ablenkungen rigoros, insbesondere digitale. Installiere dir eine App wie *One Sec*, die dir hilft, unterbewussten Impulsen zu widerstehen, zum Beispiel bei *Instagram* zu »suchten«.
- Reserviere dir Zeitinseln, um hochkonzentriert an Aufgaben zu arbeiten, die dich langfristig vorwärtsbringen.
- Finde ein für dich geeignetes Ritual, um in den Flow zu kommen, zum Beispiel AirPods einstöpseln.

10

RESILIENZ

Was uns Schwämme und Lehm über unsere Psyche lehren

Wenn du dich in ein Material verwandeln könntest, was wärst du lieber: ein Schwamm oder ein Klumpen Lehm? Die Optik lässt du bei deiner Wahl bitte außen vor, konzentriere dich allein auf die physikalischen Eigenschaften. Vielleicht hilft es dir, wenn ich dir eine weitere Information gebe: Nachdem du dich verwandelt hast, darf dir Mike Tyson höchstpersönlich eine verpassen. Also, wie lautet deine Entscheidung?

Falls du dich für Lehm entschieden hast, wird dein Gesicht anschließend ziemlich deformiert aussehen. Lehm gibt Mikes Schlag unmittelbar nach, selbst nach geringer Belastung würde dieses Material anders aussehen als zuvor. Mit anderen Worten: Lehm hat so gut wie keine »Resilienz«. Tatsächlich ist damit »die Eigenschaft eines Werkstoffs gemeint, nach einer Verformung durch Druck und Belastung von außen wieder in die ursprüngliche Form zurückzufinden«.[133] Belasten. Entlasten. Erscheinungsbild wie vorher. Dieses Prinzip beschreibt die physikalische Resilienz. Ein Schwamm leistet zwar nicht wirklich mehr Widerstand als Lehm, aber er nimmt nach dem Schlag sofort wieder seine alte Form an. Er springt zurück. Und genau diese Eigenschaft macht ihn *belastbarer*. Doch nicht nur das. Ist er obendrein mit Wasser vollgesogen, entleert sich dasselbe in Mikes Gesicht. Es ist unschwer zu erkennen, wieso der Schwamm der eindeutige Resilienz-Sieger ist.

Die Psychologie scheint von der physikalischen Resilienz inspiriert, weil sie so schön die Fähigkeit illustriert, widrigen Umständen zu trotzen. Sich von ihnen nicht unterkriegen zu lassen, ja formstabil zu bleiben. Manche Menschen beweisen eine erstaunliche Formstabilität. Hört man ihre Geschichten, fragt man sich: Wie haben sie es bloß geschafft, nicht aufzugeben? Zwei dieser Geschichten sind es wert, mit dir geteilt zu werden. Als Inspiration, was möglich ist, wenn unser Wille nur stark genug ist. Anschließend befassen wir uns mit dem wissenschaftlichen Hintergrund der Resilienz und damit, wie wir sie uns aneignen.

Nr. 1: Vom Fast-Sonderschüler zum Immobilienmillionär

Die erste Geschichte handelt von meinem Freund Tobias Claessens, bei *Instagram* besser bekannt als »Immogame«. Tobias hatte den ersten bedeutsamen Rückschlag in der Grundschule. In Deutsch stand er konstant auf einer glatten Sechs, und als er mal wieder ein Diktat verpatzte, empfahl der Schulleiter seiner Mutter, ihn auf die Sonderschule zu schicken. »Aus dem Jungen wird nichts!«, lauteten seine ermutigenden Worte. Seine Mutter sah das anders und wehrte sich dagegen. Mit Erfolg. Sie überredete den Schulleiter, Tobias stattdessen die dritte Klasse wiederholen zu lassen; diese Entscheidung stellte die erste Weiche für seinen Erfolgskurs.

Er bekam eine neue Klassenlehrerin. Die gute Frau W. schien überzeugt davon, mehr in Tobias zu sehen als einen Jungen, aus dem nichts werde. Sie sollte sich nicht irren. Auf ihre motivierende Art transformierte sie den vermeintlichen Sonder- in einen Einserschüler, wodurch Tobias nach der Grundschule auf das Gymnasium wechseln konnte. Dort stellte er sich deutlich weniger blöde an, als der Schulleiter und seine anderen Lehrkräfte es prophezeit hatten, sodass er bereits während der Schule mit seinem Studium der Wirtschaftswissenschaften begann und zum Zeitpunkt seines Abiturs schon ein Vordiplom in der Tasche hatte.

Gut, solche Storys gibt es doch zuhauf, magst du denken. *Das soll zu seiner heutigen Resilienz beigetragen haben?* Wart's ab, da kommt noch was. Etwa zur selben Zeit, als Tobias sitzen blieb, erkrankte sein Vater schwer. Weil die unheilbare Krankheit sein Urteilsvermögen beeinträchtigte, häuften sich die Fehlentscheidungen, wodurch der bis dahin erfolgreiche Unternehmer, der seiner Familie ein luxuriöses Leben hatte bieten können, nach und nach Haus und Hof verlor. Die Familie war pleite. Tobias erinnert sich noch gut an eine Szene im Supermarkt, als er einen Kaugummi für 50 Pfennig auf das Band legte, seine Mutter ihn daraufhin traurig ansah und ihm kopfschüttelnd zu verstehen gab, dass sie sparen müssten. Auf diese Weise lernte Tobias, wie es sich anfühlte, plötzlich nichts mehr zu besitzen. Das sei eine wertvolle Lektion gewesen, meint der heutige Immobilienunternehmer, denn wenn das Firmenkonto zeitweise mal 4 Millionen Euro im Minus stehe, mache ihn das nicht nervös, während das Controlling und die Bank Schnappatmung bekämen.

Doch lass uns einen Zeitsprung zurück machen. Mit 19 Jahren schmiedeten Tobias und sein Schulkumpel den Plan, einen Nachtclub in Stuttgart zu eröffnen. Nach eigenen Angaben erstellten sie einen »schlechten Businessplan« und präsentierten ihn einer örtlichen Bank. Die gewährte den beiden tatsächlich ein Darlehen in Höhe von 200 000 Euro. *Häh, sind die dumm? Wieso geben die uns so viel Geld?*, dachten Tobias und sein Kumpel, weil sie es kaum glauben konnten. Das Darlehen reichte unwahrscheinlich lange: Zwei Monate nach der Eröffnung waren die 200 000 Euro aufgezehrt. Gelinde gesagt hatten die beiden die Fixkosten unterschätzt; sie benötigten also unternehmerische Hilfe, am besten jemanden mit Nachtcluberfahrung.

Mehr durch Zufall wurden sie auf der Fashion Week in Berlin fündig. Sie lernten jemanden kennen, den sie zum Geschäftspartner machten. Er hatte wirklich Ahnung und brachte den Club zum Laufen. Die Sache hatte nur einen Haken: Er hatte lange Finger. Ziemlich lange sogar, wie sich herausstellte. In einem Zeitraum von sechs Monaten entwendete er sage und schreibe 250 000 Euro. Dieser Diebstahl war in einem Nachtclub, der haufenweise Bargeld hortete, nicht mal sonderlich schwierig. Auf die Schliche gekommen war Tobi dem Langfinger, indem er die Nullen bei den 50-Euro-Scheinen mit einem Kugelschreiber ausmalte. Der Verdächtige lud Tobi zum Italiener ein, wo er mit einem der markierten Scheine bezahlte. Ups! Danach trennten sich die Wege.

Es ist nicht wirklich überraschend, dass die beiden jungen Nachtclubbesitzer erneut finanzielle Unterstützung benötigten. Weil der Club inzwischen einen guten Umsatz machte, fand sich prompt ein neuer Geldgeber: eine Brauerei. Sie gewährte ihnen ein Darlehen unter der Prämisse, dass exklusiv ihr Bier ausgeschenkt würde. In der Gastronomie ist eine solche Übereinkunft auch als »Brauereidarlehen« bekannt. Insgesamt benötigten sie 2 Millionen Euro, was für lediglich eine Brauerei ein zu tiefer Griff ins Portemonnaie war, deswegen nahmen sie gleich sechs »exklusive« Brauereidarlehen in Anspruch. Unbemerkt blieb das nicht lange, das dürfte auf der Hand liegen. Als die Sache aufflog, wollten alle Brauereien ihr geliehenes Geld zurück. Umgehend. Zum Glück erwies sich eine der Brauereien als verständnisvoll und stimmte unter der Voraussetzung einer diesmal echten Exklusivität einem neuen Darlehen zu. Es dauerte von 2009 bis 2017, den Club in die Erfolgsphase zu führen, und erst im Jahr 2024 waren sämtliche Schulden beglichen. Dafür zählt der Club mittlerweile zu den angesagtesten in Stuttgart.

Heute konzentrieren sich Tobias' Probleme auf seine Immobilienfirma, die ihm jedoch im Vergleich zu allem, was davor geschah, »absolut beherrschbar« erschienen, wie er selbst sagt. Seine Einstellung lautet: »Es werden immer wieder Probleme auftreten. Manche sind größer, manche kleiner, aber sie werden uns ereilen. Wenn wir uns darauf einstellen, wird das Problemlösen zur Gewohnheit. Ein Problem ist also nichts weiter als ein Test vom Universum, der klären soll, ob wir bereit sind, auf das nächste Kompetenzlevel aufzusteigen.« [134,135]

Nr. 2: Einmal bankrottgehen ist was für Anfänger

Die zweite Person, deren Resilienz mich schwer beeindruckt, ist Jürgen Höller. In Deutschland wird »scheitern« oft als Gegenteil von Erfolg definiert. Doch das ist Quatsch, denn Erfolgskurse verlaufen selten geradlinig, wie Jürgens Geschichte zeigt. Jürgen gründete sein erstes Unternehmen mit 19, im Oktober 1983. Zusammen mit einem Geschäftspartner kaufte er ein Fitnessstudio, das sofort gute Umsätze verbuchte. Doch sein

Umfeld hatte Zweifel an dem Geschäftsmodell. Im Jahr 1983 rangierten Inhaber von Fitnessstudios auf der Seriositätsskala kaum höher als Bordellbesitzer. Aufgrund des Gegenwinds, der von Familie und Freunden her wehte, packte ihn die Sorge. »Was, wenn das Ding wirklich irgendwann nicht mehr läuft?«

Er beschloss, sich breiter aufzustellen, und habe damit, wie er rückblickend sagt, gegen ein immerwährendes Grundgesetz des Erfolgs verstoßen: Konzentration. Indem er zusätzlich zu dem gut laufenden Fitnessstudio ein Sonnenstudio, eine Diskothek und einen Sportartikelgroßhandel übernahm, zerstreute er seinen Fokus. Etwa zwei Jahre später zwang ihn die Bank, drei der vier Firmen zu verkaufen, nur leider reichte der Erlös nicht, um die Darlehen zu tilgen. Mit 21 Jahren hatte Jürgen 960 000 DM Schulden, wohlgemerkt zu einem Zinssatz von 9 %. Das entsprach gut 7000 DM pro Monat. Eines Tages stand der Gerichtsvollzieher bei seinen Eltern vor der Tür, Jürgen wohnte damals noch zu Hause. »Ich habe dir doch gleich gesagt, dass das schiefgeht!«, merkte sein Vater an. Dennoch war diese niederschmetternde Situation der Startschuss für Jürgens Erfolg.

Er borgte sich von seiner Mutter 100 DM und gönnte seinem glücklicherweise nicht gepfändeten Wagen eine Tankfüllung. 50 DM kostete sie. Mit den verbliebenen 50 DM in der Tasche fuhr er nach Schweinfurt und spazierte durch die Innenstadt. Er kam an einem Buchladen vorbei und entdeckte im Schaufenster den von mir geschätzten Titel Sorge dich nicht – lebe! von Dale Carnegie. *Ich habe eine Million Schulden, die jeden Tag mehr werden, aber ich soll mich nicht sorgen. Is' klar!*, dachte Jürgen. Sein Blick wanderte nach rechts, wo ihn das Buch – wie könnte es auch anders sein – *Denke nach und werde reich* von Napoleon Hill begrüßte. Jürgens gedankliche Reaktion darauf: *Das Leben hat eindeutig Humor. Klar, ein Blödmann wie ich denkt ja nicht nach. Nur den ganzen Tag darüber, wie er seine verdammten Schulden loswird!* Mit einem »Ihr Arschlöcher!« verabschiedete er sich bei den beiden Autoren und ging weiter durch die Stadt. Etwa eine halbe Stunde später kehrte er um. Bei aller ursprünglichen Ablehnung hatte er die Buchtitel nicht aus seinem Kopf bekommen können. Also kaufte er sich *Sorge dich nicht – lebe*! für 29,80 DM.

Mit dem Buch in der Hand setzte er sich in ein italienisches Café und begann, bei einem Cappuccino zu lesen. Er verschlang die ersten 30 Seiten. Als ihn der Besitzer fragte, ob er noch einen Cappuccino wünsche, wollte er erst dankend ablehnen, willigte dann jedoch ein: »Ach, was soll's! 2 Mark mehr Schulden machen den Kohl nicht fett.« Der Titel versprach nicht zu viel, denn die 30 gelesenen Seiten hatten bereits ihre Wirkung entfaltet. Innerhalb von 24 Stunden las Jürgen das Buch zu Ende, belohnt wurde er mit einem Mindset-Wechsel. Mit einem Mal hörte er auf, die Mitarbeitenden, die Kunden, die Branche, eben die äußeren Umstände, für seine Misere verantwortlich zu machen. Stattdessen dachte er: *Wenn ich es geschafft habe, mich in diese Scheiße hineinzuführen, kann ich auch wieder hinausfinden.*

Fortan las er ein Buch nach dem anderen. Überhaupt investierte er mehr Geld in praktisches Wissen; unter anderem nahm er an einem Verkaufsseminar für 149 DM teil, das ihm bis heute im Gedächtnis geblieben ist, weil sich kurz darauf die Mitgliederzahlen seines Fitnessstudios vervierfachten. Das habe die Schulden zwar nicht gleich aufgehoben, aber ihn wieder mit Energie versorgt, ist sich Jürgen sicher. Zum richtigen Zeitpunkt auf diese Buchhandlung zu treffen, veränderte alles. Jürgen wurde süchtig danach, zu lernen. Natürlich kaufte er sich auch noch das Werk des anderen »Arschlochs«, das ihn durch die Fensterscheibe des Buchladens blöd angemacht hatte: *Denke nach und werde reich*. Diesem Buch schreibt er rückwirkend die »wichtigsten Gesetze des Lebens« zu, vor allem, weil es ihn davon überzeugte, dass die metaphysische Welt existiert. Unser Mindset ist die Summe aller Glaubenssätze. Hakt es hier, können wir nicht erfolgreich werden. Ein Beispiel: Die meisten Menschen fallen dem Glaubenssatz zum

Opfer, dass man, um erfolgreicher zu werden, nur mehr arbeiten müsste. Doch das stimme so nicht, sagt Jürgen. Jeder Mensch habe 24 Stunden zur Verfügung. Es gehe nicht um die Zeit per se, sondern um den Umgang damit. Er begriff den bedeutenden Unterschied, statt *im* Unternehmen *am* Unternehmen zu arbeiten. »Nur so werden wir besser«, betont er.

Im Jahr 1995 gründete Jürgen die *Inline AG*, eine Motivations- und Weiterbildungsfirma, die schon kurze Zeit nach der Gründung 25 Millionen DM Umsatz erwirtschaftete. Ein paar Jahre später wurden Banken wie *J. P. Morgan* auf die Aktiengesellschaft aufmerksam. Dieses Mal nicht wegen ausstehender Zinszahlungen, sondern weil sie die Firma an die Börse führen wollten. Als Börsenwert veranschlagten sie 550 Millionen DM; Jürgen sah sich schon als »halben Milliardär«. Aufgrund der Dotcom-Blase missglückte jedoch der Börsengang, sodass Jürgen nicht als halber Milliardär, sondern als multipler negativer Millionär dastand. 6,4 Millionen DM war der Schuldenberg hoch. Suizid sei wegen seiner Frau und seiner beiden Kinder ausgeschieden, meint Jürgen, also blieb ihm nur noch Plan B: sich erneut aus der Scheiße zu kämpfen. Immerhin war ihm noch das »Kellerloch« eines Freundes geblieben, das als Kommandozentrale für sein neues Unternehmen diente. Die beiden kauften ein paar gebrauchte Computer, zwei Telefone, und dann ging's los. Den Rest kürze ich ab: Nach dreieinhalb Jahren war er wieder schuldenfrei. Nach sieben Jahren besaß er seine zweite erste Million (dieses Mal in Euro). Und nach zehn Jahren stand er besser da als am vorherigen Höhepunkt kurz vor dem missglückten Börsengang.

Wie war dieses Comeback möglich? Oder besser gefragt: Worin lag der Unterschied zur ersten Krise? In seiner Widerstandsfähigkeit. Zu wissen, dass und wie man sich aus einer Krise befreien kann, habe ihm ungemein geholfen. Und das, obwohl man kübelweise Häme über ihm ausschüttete. Selbst die Medien berichteten über ihn, die Schlagzeile eines öffentlichrechtlichen Senders lautete: »Der Motivationscoach Jürgen Höller ist pleite!« Doch das störte Jürgen nicht. Viel stärker war die Wirkung des persönlichen Briefs, den ihm seine Frau schrieb, als er sich am Tiefpunkt befand: »Komm schon, du stehst wieder auf. Du packst das noch ein zweites Mal!« Das habe einen Schalter umgelegt. Ja, er verfügte eindeutig über das Wissen, diese Krise zu bewältigen! Noch dazu habe Jürgen motiviert, dass es wohl kaum ein besseres Marketing für einen Motivationscoach geben könne, wenn dieser es fertigbringt, nach einer Börsenpleite und mit 6,4 Millionen DM Schulden an der Backe wiederaufzustehen.[136]

Wie Resilienz entsteht und wie wir sie fördern

Nach ihren Rückschlägen kehrten Tobias und Jürgen zu ihrer alten Form zurück, mehr noch, sie wuchsen sogar daran. Wie Schwämme, die jedes Mal, nachdem sie kritisch getroffen wurden, an Volumen zunehmen, sodass sie künftige Schläge noch besser abfedern können. Da bekommt die Bezeichnung »schwammig« doch gleich eine ganz neue Bedeutung. Es besteht kein Zweifel: Wollen wir wirtschaftlichen Erfolg verbuchen, haben wir mit Resilienz deutlich bessere Chancen. Und auch im Sport ist diese Fähigkeit unerlässlich.

Die Tennislegende Serena Williams gewann 23 Grand-Slam-Titel im Einzel und 14 im Doppel, noch dazu führte sie 329 Wochen die Weltrangliste an. Wie gelang ihr das? Entscheidend dazu beigetragen habe das ausgesprochen harte Training, dem sie und ihre Schwester sich von Kindestagen an unterzogen, weil ihr Vater darauf bestand. Nun schlagen manche bestimmt die Hände über dem Kopf zusammen, wieso Eltern ihren Kindern so etwas zumuten; doch Williams ist überzeugt, dadurch würden sie ein starkes Fundament aufbauen, das die Grundlage für den Erfolg in ihrem späteren Leben bilde. Ebenso hätten Niederlagen und Fehler eine große Rolle in ihrer Karriere gespielt. Nach jeder Niederlage habe sie sich selbst »bestraft«, indem sie sich ein Video des verlorenen Spiels ansah. »Es war, als würde ich den Verlust noch einmal durchleben. Aber in gewisser Weise war es immer so, als würde ich lernen, was ich falsch gemacht habe«, verrät Williams. Die eigens verordnete Maßregelung habe sie dazu motiviert, im nächsten Match umso besser zu spielen, weil sie das Gefühl des Verlierens kein zweites Mal erleben wollte.[137]

Ist Resilienz demnach eine frühkindliche Prägung? Darauf deutet zumindest die Kauai-Studie hin, eine Langzeitstudie, die ihren Namen jener hawaiianischen Insel verdankt, auf der sie durchgeführt wurde. Die Psychologin Emmy Werner begleitete den gesamten Geburtsjahrgang 1955 ganze 40 Jahre lang. Die zentrale Frage: Wie entwickelt sich ihre Resilienz? 30 % der knapp 700 begleiteten Kinder wuchsen unter schwierigen Umständen auf. Sie kamen entweder aus ärmlichen Verhältnissen oder lebten unter einem Dach mit psychisch kranken Eltern beziehungsweise mit solchen, die oft stritten. »Risikokinder« nannte Werner sie. Doch rund ein Drittel dieser Risikokinder entwickelte eine erstaunliche Resilienz, womit die Psychologin die Annahme widerlegte, Kinder aus Risikofamilien würden automatisch zu Problemkindern. Werner entdeckte bei ihnen »Schutzfaktoren«. Ausschlaggebend sei eine stabile emotionale Beziehung zu einer Vertrauensperson außerhalb der dysfunktionalen Familie gewesen. Sie war ihr soziales Vorbild. Die resilienten Kinder hatten aber nicht nur Halt, sondern wurden auch früh in die Verantwortung gezogen und gefordert. Von Vorteil war ihr eher ruhiges, positives Temperament, verbunden mit ihrer offenen Haltung gegenüber anderen Menschen.[138]

Das Ergebnis der Kauai-Studie könnte den Eindruck vermitteln, Resilienz sei eine Stärke, die wir nur im Kindesalter ausbilden könnten. Zweifelsohne ist das der ideale Zeitpunkt, da ein kindliches Gehirn wesentlich beeinflussbarer ist als ein erwachsenes. Doch Erwachsene, die nicht in den Genuss einer solchen Erziehung kamen, dürfen aufatmen, denn resilientes

Verhalten ist erlernbar. In ihrem Buch *Resilienz: Die Strategie der Stehauf-Menschen* nennt die Trainerin Monika Gruhl drei Grundhaltungen, die wir zur Stärkung unserer Resilienz einnehmen sollten: Optimismus, Akzeptanz und Lösungsorientiertheit.[139]

Optimismus bedeutet in erster Linie, negatives Grübeln zu vermeiden. Gruhls Ansicht nach sähen sich resiliente Menschen als »grundsätzlich in der Lage, mit den Wechselfällen des Lebens fertig zu werden«. Möglich sei dies vor allem dank ihres positiven Selbstbildes. Sie wissen um ihre positiven Seiten, demnach machen sie ihr Selbstwertgefühl kaum von anderen abhängig. »Natürlich prägt die Resonanz anderer Menschen auch unser Selbstbild, aber resiliente Menschen sind nicht angewiesen auf die Zustimmung anderer, um sich wertvoll zu fühlen.« Wir könnten auch sagen: Resiliente Menschen haben mehr Selbstachtung als weniger resiliente. Selbstachtung ist wiederum die Basis dafür, auch unsere Mitmenschen zu achten. Das ist nur logisch, denn falls wir ständig denken Das *Universum hasst mich!*, echauffieren wir uns über alles und jeden und handeln auch entsprechend. Wir pöbeln vielleicht eine Person aus unserem Umfeld an, weil wir sie für die Rückschläge in unserem Leben verantwortlich machen. Denken wir hingegen *Das Universum fordert mich manchmal heraus!*, rechnen wir mit Widerständen, sind uns jedoch gleichzeitig im Klaren darüber, dass wieder bessere Zeiten kommen oder uns sogar eine Belohnung in Aussicht steht, nachdem wir sie überwunden haben.

Allerdings betont Gruhl, resiliente Menschen würden den feinen Unterschied zwischen *naivem* und *fundiertem Optimismus* kennen. Die naiven Optimisten starteten voller Elan mit ihren Vorsätzen, knickten aber schnell ein, sobald sie auf unerwartete Schwierigkeiten stießen. Sie zögen die Sache nicht durch. Resiliente Menschen aber suchten dann »praktikable Lösungswege und angemessene Erfolgsstrategien. Sie ignorieren gravierende Risiken und Hindernisse nicht, sondern bereiten sich darauf vor. Und sie sind bereit, sich anzustrengen, um sie zu überwinden.« Das Resultat ist nichts anderes als Selbstwirksamkeit, die, wie wir wissen, gemeinsam mit der Selbstachtung zu unserem Selbstwertgefühl führt. So wie ich das sehe, wirkt sich das, was unser Selbstwertgefühl stärkt, mit hoher Wahrscheinlichkeit auch positiv auf unsere Resilienz aus. Die Wechselwirkung zwischen diesen beiden Erfolgsfaktoren scheint äußerst stark zu sein.

Akzeptanz ist der zweite Baustein der Resilienz. Akzeptanz bedeute nicht, »sich fatalistisch in alles zu fügen«, es heiße vielmehr, »sich Schritt für Schritt der Wirklichkeit zu öffnen, um sie zu begreifen und anzunehmen«, schreibt Gruhl. Offensichtlich bedienen sich resiliente Menschen dem stoischen Prinzip, sich in erster Linie auf das zu konzentrieren, was in ihrer Macht liegt: ihre Gedanken und Gefühle. Sie haben ein feines Gespür, wo die Grenze ihres Machtbereiches verläuft, deswegen fragen sie sich in einer Krise nicht zuerst *Was kann ich tun?*, sondern *Was kann und muss ich lassen und loslassen?*. Das ist insofern erwähnenswert, als diese Herangehensweise jener der meisten Menschen zuwiderläuft.

Das sehen wir immer wieder an der Börse, wo der Erfolg maßgeblich davon abhängt, ob wir bereit sind, die Umstände zu akzeptieren. Wer langfristig Aktien hält, wird früher oder später mit einem Kurseinbruch konfrontiert. Im Jahr 2018, als ich gerade im Thailandurlaub entspannen wollte, ging mein Depot erstmals nennenswert zurück. Ich hatte einen Buchwertverlust von 25 000 Euro zu verschmerzen. Eine Stimme in meinem Kopf warnte mich vor dem Totalverlust und riet mir, die Aktien schnellstmöglich abzustoßen. Zum Glück war da noch eine zweite Stimme, nämlich die von André Kostolany: »In der Spekulation gemachtes Geld ist Schmerzensgeld. Erst kommen die Schmerzen, dann das Geld.« Wobei »Spekulation« es für meine Begriffe nicht ganz trifft, da ich mich schon damals als Langzeitinvestor sah. Wohl eher passt ein Zitat, das angeblich auf die Frankfurter Börsianer zurückgeht: »Das Geld macht man an der Börse nicht mit dem Kopf, sondern mit dem Sitzfleisch.« Ein Buchwertverlust ist kein richtiger Verlust. Erst wenn wir verkaufen, verlieren wir Geld. Doch dies zu begreifen, genügt nicht, denn es bedarf zudem der Fähigkeit, der panischen Stimme zu widerstehen, die uns das Investment ruinieren will. Kostolany erzählte in seinem Buch *Die Kunst, über Geld nachzudenken* noch eine Geschichte über seinen Freund Eugène Weinreb, einen Börsenfuchs durch und durch. Eines Tages sei sein Sekretär aufgeregt zu ihm gekommen: »Die Papiere gehen dramatisch zurück, was sollen wir tun?« Weinreb sah es gelassen: »Soll ich mich aufregen? Ich war drei Jahre in Auschwitz ...«[140]

Lösungsorientiertheit ist neben Optimismus und Akzeptanz der dritte Baustein der Resilienz. Sich auf das Problem zu versteifen, ist etwas, was resiliente Menschen unbedingt vermeiden. Sofern für die Lösung relevant, versuchen sie natürlich, nachzuvollziehen, wie das Problem entstanden ist, doch »nutzen sie diese Denkrichtung als Ergänzung, nicht aber als Hauptfokus ihrer Aufmerksamkeit«, merkt Gruhl an. Sie appelliert an unseren Pragmatismus, dabei erwähnt sie auch den Psychotherapeuten Steve de Shazer, für den Probleme lediglich Symptome seien, dass etwas nicht funktioniere. Diese Betrachtungsweise würde unsere Aufmerksamkeit automatisch darauf lenken, »es (wieder) zum Funktionieren zu bringen«. Dabei geht es nicht um Recht und Unrecht oder um Richtig oder Falsch, sondern um das *Wie?*, dessen Beantwortung die Lösung herbeiführen könnte. Gruhl nennt das *optionales Denken*. Vor allem seien resiliente Menschen eher in der Lage, sich vom Perfektionismus zu trennen und vorläufige Lösungen zu akzeptieren. Das wohl deutlichste Signal für mangelnde Lösungsorientiertheit sei es, »wenn Menschen immer wieder das Gleiche denken und tun, auch wenn es nicht zum Ziel führt«.

Ich möchte ergänzen: Schlimmstenfalls beschweren sich diese Menschen dann auch noch über ihre Lebensumstände. Fehlende Lösungsorientiertheit, gepaart mit Nörgelei und Gejammer, diese Kombination ist für mich das allerdeutlichste Zeichen für Misserfolg. Wer sich hier angesprochen fühlt, dem sei zuallererst geraten, ein Dankbarkeitstagebuch zu führen. Es hilft uns dabei, die kleinen Dinge im Leben mehr schätzen zu lernen. Sich täglich nur ein paar positive Ereignisse zu notieren, genügt schon. Und dafür kommen selbst profane Erlebnisse infrage, zum Beispiel wenn uns die Paketbotin ein Lächeln geschenkt oder uns ein Hund schwanzwedelnd begrüßt hat. An jedem grottigen Tag wird es irgendetwas Positives geben, für das wir dankbar sein können. Üben wir uns darin, es zu erkennen, heben wir automatisch unsere Grundstimmung und somit auch unsere Resilienz. Zugleich setzen wir die täglichen »Widerstände« in den richtigen Rahmen. Wir erkennen, dass mittelfristig die schlechten Ereignisse im Vergleich zu den vielen schönen Dingen im Leben, für die wir dankbar sein dürfen, in der Unterzahl liegen.

Eine weitere bewährte Methode, um resilienter zu werden, ist die, auf unser Sozialkonto einzuzahlen. Altruisten sind nicht nur mit höherer Wahrscheinlichkeit erfolgreicher, wie wir im nächsten Kapitel sehen werden, sie werden außerdem mit psychischer Widerstandskraft belohnt. Fällt das Wort Altruismus, denken wir sofort an hohe Spendensummen, an Essensausgaben für Obdachlose oder an die Pflege bedürftiger Mitmenschen. Unser Engagement für dergleichen ist ehrenhaft, doch hat Geben auch im Kleinen einen Effekt, das wird dabei oft vergessen. Christian hat kürzlich einem älteren Maler, der es im Kreuz hatte, fünf schwere Eimer Farbe hinauf in den zweiten Stock geschleppt. Eine Tat, die ihn nur wenige Minuten und etwas Kraft kostete, ihn dafür aber mit positiver Energie für den ganzen Tag belohnte. Genauso gut könnten wir einer Person, deren Dienstleistung wir in Anspruch nehmen, einfach mal ein Kompliment machen. Einer Kellnerin für ihr Lächeln. Dem Verkäufer in der Tankstelle für seine Schnelligkeit. Der Zahnärztin für ihre sanfte Behandlungsmethode. Wem und wofür auch immer.

Warum wir mit sozialen Gesten unsere Resilienz fördern? Weil sie von Mitgefühl zeugen, und Mitgefühl wirkt ebenso nach innen wie nach außen. Soll heißen, wenn wir imstande sind, jemandes Gefühle und Bedürfnisse nachzuempfinden, hören wir auch eher uns selbst zu. Wir registrieren besser, was in uns los ist, und wir zeigen eher Verständnis für die eigenen Unzulänglichkeiten oder Fehlentscheidungen. Auf den Punkt gebracht: Empathie führt zu Selbstachtung. Und Selbstachtung ist unerlässlich für die Resilienz.

Meine persönliche Resilienz schreibe ich zu großen Teilen meinem Drang zu, meine Komfortzone zu verlassen. Und zwar immer und immer wieder. Ich lebe nach dem Prinzip: Warte nicht darauf, dass dich das Leben zu etwas zwingt – zwinge Widerstände selbst herbei. Je öfter du das tust, desto resilienter wirst du und desto lösungsorientierter reagierst du auf Probleme. Deshalb habe ich es mir zur Gewohnheit gemacht, morgens ein Eisbad zu nehmen. Manche denken, ich liebe es, in kaltes Wasser zu steigen. Nee, bestimmt nicht! An einem Wintermorgen in Badehose nach draußen zu gehen, mit einem Pickel die Eisschicht aufzubrechen, bis zum Hals hineinzusteigen und dann das stechend kalte Wasser zu ertragen: Na ja, es gibt Gemütlicheres. Aber immer wenn ich sie durchziehe, gibt mir diese Routine eine krasse Energie, einen unglaublichen Start in den Tag. Alles, was danach kommt, muss erst mal die Härte des Eisbades toppen. Wir verstehen uns?

Der Autor Bas Kast nennt eine solche Radikalkur einen »Stressor«. In seinem Buch *Kompass für die Seele* schreibt er: »Nicht umsonst hielt schon der griechische Arzt Hippokrates Wassertherapie für ein Mittel gegen Lethargie, also einen Zustand körperlicher und psychischer Trägheit.« Ebenso wie eine Joggingrunde oder ein Work-out könne Kälte unsere Stressreaktion trainieren und somit unsere Resilienz fördern. Das bedeute, »dass uns der nächste Schock, sei er nun körperlicher oder vielleicht auch psychischer Natur, nicht mehr ganz so stark aus der Bahn werfen wird«. Einen ähnlichen Effekt hätten laut Kast regelmäßiges Fasten und Saunieren; auch diese Stressoren vermögen unsere Resilienz zu steigern.[141]

Mir fällt noch ein weiterer Stressor ein: die Kaltakquise. Wer sich daran schon einmal im B2B-Bereich versucht hat, wird mit hoher Wahrscheinlichkeit bestätigen, dass die Ablehnung enorm hoch und die Erfolgsquote erbärmlich niedrig ist. Von 100 angewählten Personen erreichte ich gerade einmal fünf. Wie das möglich war? Manche ignorierten konsequent fremde Nummern. Andere legten sofort auf beim leisesten Verdacht, dass ich ihnen etwas verkaufen wollte. Doch der Großteil war schlichtweg nicht am Platz und rief eine fremde Nummer selten zurück. In 95 % der Fälle erreichte ich meinen Ansprechpartner nicht, und die fünf Personen, die ich erreichte, musste ich überzeugen. Anfangs gelang mir das bei einer Person, später dann, als ich erfahrener war und die Vertriebsliteratur verinnerlicht hatte, bei zwei von 100 Personen. Auf diese 2 % musste ich mich konzentrieren. Das war leichter gesagt als getan, da wir Menschen für Ablehnung nicht geschaffen sind. Es ist unserer Natur zuwider, wir wollen eben dazugehören. Haben wir allerdings erst gelernt, mit einem Nein umzugehen, so schockt uns vieles im menschlichen Umgang nicht mehr. Irgendwann motivierte mich die Ablehnung sogar zum Weitermachen, nicht weil ich masochistisch veranlagt bin, sondern weil mich jedes Nein rein mathematisch betrachtet dem nächsten Ja näherbrachte.

Manchmal kann uns auch ein einziges Erlebnis zu einer höheren Resilienz verhelfen. Bei mir geschah das durch einen Fallschirmsprung. Dazu sei gesagt, dass ich nicht gerade ein Adrenalinjunkie bin, sondern ganz im Gegenteil: Mich plagt die Höhenangst. Während einer Mastermind geriet ich sogar einmal in eine peinliche Situation. Auf dem Tagesplan stand »Canyoning«. Darunter versteht man das Begehen einer Schlucht, genauer gesagt versucht man, von oben nach unten zu gelangen, indem man Bäche, Flüsse und Felsen überwindet. Eine Stelle verlangte uns einen Sprung aus drei Metern Höhe ins Wasser ab. Nichts Wildes, will man meinen, aber für mich war es das. Alle sprangen, ich zögerte. »Los, Maurice, spring! Du Schisser!«, ermutigten mich die anderen. »Du erfolgreicher Typ wirst doch wohl kein Problem mit diesem Hopser haben.« Eine Stimme in mir wehrte sich. Sie befahl mir, nicht zu springen, also gehorchte ich ihr. Mich dann vor den Augen der ganzen Truppe abseilen zu müssen, das war ungemein demütigend.

Doch zurück zu dem besagten prägenden Ereignis, bei dem ich meiner Höhenangst eine Kampfansage machte: ein Fallschirmsprung in Dubai. Als das Flugzeug die gewünschten 3000 Meter erreicht hatte und sich die Seitentür öffnete, ging mir gehörig der Stift. Dazu beigetragen hat sicherlich, dass ich zu diesem Zeitpunkt nicht angeschnallt war, weder an den Sitz noch an meinen Sprungbegleiter. Das holte mein Sprungbegleiter nun nach. Mit einem Gurt schnallte er sich an mich; danach hing ich ihm sozusagen im Schritt. Wenn ich es selbst in der Hand gehabt hätte, zu entscheiden, wann und ob ich springe, wäre ich garantiert nicht gesprungen. Zum Glück nahm mir mein Sprungbegleiter diese Entscheidung ab.

Bis heute ist dieses Erlebnis ein enormer Anker für meine Widerstandsfähigkeit. »Im Vergleich zu dem Fallschirmsprung ist es nicht so schlimm!«, denke ich oft. Außerdem hat es mich gelehrt, dass ich an Widerständen wachse. Wenn wir das einmal begriffen haben, beginnen wir, Widerstände zu lieben. In unserem Kopf legt sich ein Schalter um. Von da an denken wir: *Ja, der Widerstand ist ein Ärgernis. Ihn zu überwinden, kostet Mut und vielleicht Geduld. Doch dafür verhilft er mir zu einer besseren Version meiner selbst!* Ob es ein entscheidendes Erlebnis ist, das uns prägt, oder mehrere von geringerer Bedeutung, die sich aufsummieren, führt am Ende zum gleichen Ergebnis: zu mehr Resilienz. Allein die Resilienz zeugt schon von persönlichem Erfolg. Vermutlich deshalb pflegte der amerikanische Pädagoge Booker T. Washington zu sagen: »Der Erfolg ist nicht danach zu beurteilen, was ein Mensch im Leben erreicht, sondern nach den Hindernissen, die er auf dem Weg zum Erfolg überwunden hat.«[142]

Das Kapitel auf einen Blick

- Resilienz ist die Fähigkeit, widrigen Umständen zu trotzen und »formstabil« zu bleiben.
- Resiliente Kinder entwickeln Schutzfaktoren. Nötig dafür ist eine stabile emotionale Beziehung zu einer Vertrauensperson, ein soziales Vorbild.
- Frühe Verantwortung und Forderung sowie eine offene Haltung gegenüber Mitmenschen stärken ebenfalls die Resilienz.
- Doch auch als Erwachsene können wir unsere Resilienz noch fördern. Allen voran sollten wir uns die drei Grundhaltungen *Optimismus*, *Akzeptanz* und *Lösungsorientiertheit* zu eigen machen.
- Was ebenfalls hilft, sind Stressoren wie beispielsweise Kälte.
- Gleiches gilt für alles, wovor wir Angst haben oder was außerhalb unserer Komfortzone liegt. Auf Widerstände bereiten wir uns am besten vor, indem wir uns ihnen probehalber stellen.
- Was unsere Resilienz fördert, fördert mit hoher Wahrscheinlichkeit auch unser Selbstwertgefühl.

Handlungsempfehlung

- Nimm die drei Grundhaltungen *Optimismus*, *Akzeptanz* und *Lösungsorientiertheit* an.
- Mach es dir zum Hobby, dich regelmäßig Stressoren auszusetzen und dich deinen Ängsten zu stellen. Zum Beispiel: Kälte, Hitze, Telefonakquise.

11

ALTRUISMUS

Wer gibt, dem wird gegeben

Mit 14 Jahren starb James Harrison beinahe auf dem OP-Tisch. Der junge Australier wurde an der offenen Brust operiert und benötigte während des mehrstündigen Eingriffs 13 Liter Blut aus Konserven. 13 Liter, das entspricht in etwa jener Menge, die durch die Adern zweier erwachsener Männer strömt. Das Blut seiner Mitmenschen rettete Harrison das Leben. Und als ihm das klar wurde, schwor er sich, mit Vollendung seines 18. Lebensjahres selbst zum Blutspender zu werden. Harrison hielt sein Wort, heute wird er als Lokalheld gefeiert.[143]

Sicher, Blut spenden ist eine feine Sache. Aber wird man dadurch gleich zum Helden? Wenn man sich zeit seines Lebens 1173-mal anzapfen lässt, schon. 56 Jahre lang spendete Harrison alle zwei Wochen Blut und gilt damit als australischer Rekordhalter. Die eigentliche Heldentat aber ist, dass er mit seinem Blut schätzungsweise 2,2 Millionen ungeborenen Babys das Leben rettete. Harrison ist Rhesus-negativ, was an sich schon seltener vorkommt als Rhesus-positiv, zusätzlich aber enthält sein Blut das äußerst seltene *Anti-D-Immunglobin* – obendrein in einer hohen Konzentration. Sein Körper produziert quasi ein Medikament. Es konnte Rhesus-negativen Müttern verabreicht werden, die aufgrund ihres Partners ein Rhesus-positives Baby austragen, um die Bildung von Antikörpern gegen das Blut des Kindes zu verhindern. Mit anderen Worten: Das Anti-D-Immunglobin verhindert die Abstoßung des eigenen Kindes. In Australien betrifft das rund 17 % aller werdenden Mütter.*

Joy Barnes ist eine dieser Mütter. Vor der Behandlung hatte sie zwei Fehlgeburten, im vierten und fünften Monat, doch dank Harrisons Blutspende war sie imstande, endlich ein gesundes Kind auszutragen. »Ohne ihn hätte ich niemals ein gesundes Baby gehabt«, sagt Barnes.[144] Sogar seinem eigenen

* Auch in Deutschland gibt es dieses Problem. Als meine Frau einen Auszug dieses Kapitels bei *Instagram* teilte, verriet ihr eine Followerin, ihre Mutter sei ebenfalls Rhesus-negativ und habe das Baby vor ihr im siebten Monat verloren.

Enkelkind schenkte Harrison gewissermaßen das Leben, da seine Tochter vor demselben Problem stand wie Barnes. Wäre ihr nicht das »Anti-D« ihres Vaters verabreicht worden, hätte sie denselben womöglich nie zum Großvater machen können. Im Jahr 2018 spendete Harrison altersbedingt zum letzten Mal und ging als »Mann mit dem goldenen Arm« in die Geschichte ein. Harrison nahm ein Leben mit Einschränkungen in Kauf, um das Leben möglichst vieler Ungeborener zu retten. Eine edle, selbstlose Tat, oder? Edel ist sie, das wird niemand bestreiten. Aber welches Verhalten ist schon zu 100 % selbstlos?

Wie selbstlos Selbstlosigkeit wirklich ist

Im Jahr 2006 untersuchten der Neurowissenschaftler Jorge Moll und sein Team die neurologischen Grundlagen für altruistisches Verhalten. Im Kern ging es um die Frage, wie das menschliche Gehirn auf altruistische Handlungen reagiere. Dafür mussten die Probanden anonym entscheiden, ob sie einen Teil ihres Geldes für wohltätige Zwecke spenden möchten; währenddessen wurde ihr Gehirn mithilfe von funktioneller Magnetresonanztomografie (fMRT) untersucht. Die Forscher konnten feststellen, dass im Gehirn derjenigen, die sich für die Spende entschieden, dieselben Areale aktiviert waren, die auch für die Verarbeitung von Belohnungen zuständig sind. Beides spielt sich im *ventralen Striatum* sowie dem *medialen präfrontalen Cortex* ab, in zwei Arealen, die mit positiven Gefühlen verbunden werden. Das heißt, wenn wir ein Geldgeschenk erhalten, wird unser Belohnungssystem ebenso aktiviert wie bei einer Geldspende.

Allerdings sind neben diesen Hirnregionen auch solche aktiv, die wir für die moralische Entscheidungsfindung benötigen, was darauf hindeutet, dass Altruismus nicht allein durch die Aussicht auf eine Belohnung, sondern auch durch moralische Überlegungen motiviert ist. Wenngleich das egoistische Motiv, belohnt zu werden, eine Rolle für altruistische Handlungen spielt, lassen wir uns gleichzeitig von moralischen Werten leiten. Tief in unserem Inneren wissen wir, dass uns sowohl individuelle als auch soziale Vorteile winken, wenn wir anderen auf eigene Kosten helfen.

Eine evolutionäre Sicht auf den Altruismus lieferte der Biologe William D. Hamilton im Jahr 1964.[145] Gemäß seiner *Hamilton-Regel* kommt Altruismus vor allem Verwandten zugute, weil er dann vorteilhaft für die Verbreitung der eigenen Gene ist. Hamilton nannte das *Verwandtenselektion*. Hilft ein Individuum, sei es nun ein Mensch oder ein Tier, seinen Verwandten zu überleben, so sorgt es indirekt für sein eigenes genetisches Fortbestehen. Allerdings muss die Motivation, Verwandten auf eigene Kosten zu helfen, ausreichend groß sein. Das ist sie, sofern die Kosten für den Altruisten kleiner sind als der Nutzen für den Verwandten, wobei auch der Verwandtschaftsgrad eine Rolle spielt. Die Hamilton-Regel lautet: $r \times b > c$.[*]

Nehmen wir an, eine Elster bekommt mit, wie das Nest ihrer Schwester abzustürzen droht. Vier hungrige Küken – ihre Neffen und Nichten – befinden sich darin und warten auf die Rückkehr der Schwester, die gerade auf Nahrungssuche ist. Heldenhaft nimmt sich die Elster des Problems an und stabilisiert das Schwesternnest mit Reisig. Da sie fliegen kann, ist der Rettungseinsatz vergleichsweise ungefährlich (Risiko), und sie hat auch gerade nichts Besseres zu tun (Zeit), als dünne Zweige zu suchen und Statikerarbeit zu verrichten. Die Kosten der Altruistin sind niedriger als der Nutzen für die begünstigten Verwandten. Nun stellen wir uns alternativ vor, das Nest droht nicht abzustürzen, sondern wird von einem Baummarder attackiert. Wollte die Elster nun die Heldin spielen, würde sie damit zwar die Chance erhöhen, dass sich ihre Gene verbrei-

[*] Definition der Variablen: r = Verwandtschaftsgrad (z. B. »0,5« für Geschwister), b = Nutzen für den Verwandten (z. B. »überleben«), c = Kosten für den Altruisten (z. B. »Zeit« oder »Risiko«).

ten, so sie den Marder denn in die Flucht schlüge, allerdings könnte sie bei diesem Rettungseinsatz auch ihr Leben lassen. Die Kosten für ihre Hilfe sind gestiegen. Wie wird sich die Elster entscheiden?

Mit der Hamilton-Regel lassen sich viele Beispiele von altruistischem Verhalten in der Natur erklären, etwa warum Bienenarbeiterinnen, die selbst keine Nachkommen haben, ihrer Königin dienen, oder warum Vögel ihren Geschwistern bei der Aufzucht der Jungen helfen. Wir Menschen sind zwar keine Bienen oder Vögel, aber auch wir treten besonders stark für das Wohl unserer Familie ein, damit unsere Gene eine Zukunft haben. Harrison hat mit seinen Blutspenden zwar hauptsächlich fremden Müttern geholfen, aber ich gehe jede Wette ein, dass an jenem Tag, als sein Anti-D-Immunglobin seiner eigenen Tochter verabreicht wurde, sein Herz einen besonderen Satz gemacht hat. Möglicherweise war er deswegen sogar high.

Die Glücksforscherin Sonja Lyubomirsky und ihre Kollegen untersuchten im Jahr 2005 den Zusammenhang zwischen altruistischem Verhalten und Glück.[146] Sie drängte die Frage, ob Menschen, die regelmäßig anderen auf eigene Kosten helfen, tendenziell glücklicher und zufriedener mit ihrem Leben seien. Die wesentliche Erkenntnis der Studie: Ja, Altruismus und Glück korrelieren miteinander. Menschen, die zum Wohle anderer ihre Zeit und ihre Ressourcen spenden, berichten von einem höheren Maß an Glück und Wohlbefinden. Nachdem sie jemandem geholfen haben, beschreiben die Altruisten das sogenannte »Helper's High«, einen beinahe rauschähnlichen Zustand, in dem positive Emotionen ausgelöst werden. Um diesen Zustand langfristig zu verspüren, sei Regelmäßigkeit wichtig. Die Studie zeigte: Je häufiger die Testpersonen altruistisch handelten, indem sie zum Beispiel Freiwilligenarbeit leisteten, desto stärker waren die Auswirkungen auf ihr Wohlbefinden.

Bestätigt hat dies unter anderem der Wissenschaftler Stephen G. Post, der in seiner Arbeit verschiedene empirische

Studien über Altruismus zusammenfasste. Post konnte zeigen, dass altruistisches Handeln nicht nur zu mehr Wohlbefinden führt, sondern auch mit einer besseren Gesundheit und einer höheren Lebenserwartung einhergeht.[147] Obendrein erhöhen altruistische Menschen ihren Selbstwert mit jeder guten Tat, die sie vollbracht und damit etwas bewegt haben. Sie verspüren dann ein wohlig warmes Gefühl in der Bauchregion (»warm glow«); dieser Ansicht ist die Psychologieprofessorin Dr. Anne Böckler-Raettig von der Leibniz Universität Hannover.[148]

Wir können festhalten, dass Altruismus keineswegs nur dem Empfänger zugutekommt, sondern mit hoher Wahrscheinlichkeit auch dem Sender. Doch obwohl das auf eine innere Motivation schließen lässt, der Altruist würde nur helfen, um im Gegenzug etwas zurückbekommen, scheint es auch »echten Altruismus« zu geben. Denn anders ließe sich eine Geschichte wie die folgende kaum erklären.

Im Jahr 2007 setzte ein junger Mann in den USA eine Kettenreaktion in Gang, als er sich entschied, eine Niere zu spenden. Einfach so, ohne dafür eine Gegenleistung zu verlangen, ließ er sich als Organspender registrieren und machte damit eine unbekannte Frau glücklich, deren Mann als Spender leider nicht infrage kam. Dieser war von der selbstlosen Tat des Nierenspenders dermaßen beeindruckt, dass er sich kurzerhand ebenfalls entschloss, eine seiner Nieren einer unbekannten dritten Person zu schenken. Wieder war die Glückliche eine junge Frau. Gerührt von der Geste, tat ihre Mutter dem unbekannten Spender gleich und spendete wiederum ihre Niere. Ein Stein kam ins Rollen; innerhalb kurzer Zeit konnten die Krankenhäuser weitere freiwillige Nierenspenden verzeichnen, die zu insgesamt zehn erfolgreichen Transplantationen führten. Solche Kettenreaktionen sind keine Einzelphänomene, sie sind seitdem mehrfach vorgekommen.[149]

Heißt das, Altruismus ist ansteckend? Mehrere Studien deuten darauf hin. Sieht zum Beispiel ein Autofahrer, dass jemandem am Straßenrand bei einer Panne geholfen wird, so verdoppelt sich nahezu die Wahrscheinlichkeit, dass dieser kurze Zeit später ebenfalls anhält, sollte jemand bei einem Reifenwechsel oder Ähnlichem Hilfe benötigen. Und falls wir die Spendenbereitschaft unserer Mitmenschen unmittelbar erfahren, steigt unsere Bereitschaft zur Großzügigkeit sogar um das Zweieinhalbfache. Selbst eine Geschichte über eine selbstlose Tat vermag unsere Bereitschaft zum Altruismus zu entfachen, das heißt, man könnte uns eine glaubwürdige Lüge auftischen, und doch wären wir anschließend geneigter, Geld zu spenden oder unseren Mitmenschen zu helfen.[150]

Dieses Verhalten passt zum *Empathie-Altruismus-Modell*, das Daniel Batson im Jahr 1991 beschrieb.[151] Der Sozialpsychologe stellte die Hypothese auf, Menschen würden anderen Menschen auf eigene Kosten eher selbstlos dienen, falls sie Empathie für die bedürftige Person empfänden. Sich in die andere Person hineinzufühlen, könne genügen, um ihr zu helfen, ohne einen persönlichen Vorteil darin zu sehen. Die Empathie motiviere sie demnach, die Bedürfnisse ihrer Mitmenschen zu befriedigen. Bevor er zu diesem Schluss gelangte, führte Batson mehr als 35 Experimente durch, bei denen er die Empathie der Probanden »manipulierte«, indem er sie entweder dazu ermutigte, sich in die Perspektive der bedürftigen Person hineinzuversetzen, oder ihnen riet, distanziert zu bleiben. Jene Probanden, die sich einfühlen sollten, handelten signifikant häufiger altruistisch als jene, denen er von der Empathie abriet. Könnten womöglich das Vermeiden von Schuldgefühlen oder der soziale Druck das Ergebnis verfälscht haben? Auch das untersuchte Batson, und seine Ergebnisse legten nahe, dass die »empathische Motivation« unabhängig von egoistischen Motiven besteht und dass allein die Empathie zu Altruismus führen kann.

Zeit für ein Resümee. Echte Selbstlosigkeit scheint es tatsächlich zu geben. Natürlich wissen wir nicht endgültig, was einen jungen Mann im Innersten bewegt, eine seiner Nieren zu spenden. Wurde er vielleicht von einer altruistischen Handlung in seinem Umfeld inspiriert? Erfuhr er von einem ähnlichen Organspendefall und fühlte so etwas wie »allgemeine Empathie« für seine Mitmenschen? Oder sehnte sich der junge Mann nach dem unbeschreiblichen Gefühl, das eine selbstlose Tat dieser Größenordnung verspricht und von dem er mutmaßlich sein ganzes Leben lang zehren würde? Irgendeine Motivation verbarg sich dahinter, doch welche es auch war, sie machte die Nierenspende nicht weniger selbstlos. Gleiches gilt für den Blutspende-Rekordhalter James Harrison. Vielleicht spendete er sein Blut zu einem gewissen Grad auch der Anerkennung wegen. Womöglich motivierte ihn das »Helper's High« bei jeder Blutspende aufs Neue. Und eventuell wusste er instinktiv um die gesundheitlichen Vorteile, die altruistische Handlungen mit sich bringen. Na, und wenn schon! Viel wichtiger ist doch, was er mit der Spende seines Anti-D-Immunglobins bewirkt hat. Wenn Harrison und der junge Nierenspender also am Ende selbst zu Profiteuren ihrer Selbstlosigkeit wurden, dann sei ihnen das allemal gegönnt.

Altruismus führt zu Glücksgefühlen, ist ansteckend und fördert die Gesundheit. Bereits diese Vorteile sollten genügen, damit wir uns in ein altruistisches Wesen verwandeln. Und obwohl ich mir der Ironie bewusst bin, Selbstlosigkeit als persönlichen Erfolgsfaktor anzupreisen, kann ich mir die Frage nicht verkneifen: Wie wirkt sich Altruismus auf Erfolg aus? Lohnt es sich aus beruflicher Sicht, mehr zu geben als zu nehmen?

Geben lohnt sich mehr als Nehmen oder Tauschen

Während Hamilton eine Erklärung dafür lieferte, warum sich Verwandte untereinander helfen, konzentrierte sich Robert Trivers in seiner Theorie zum »reziproken Altruismus« auf nichtverwandte Individuen.[152] Genau wie Hamilton stellte Trivers eine Kosten-Nutzen-Rechnung auf, die der Entscheidung zugrunde liegt, ob sich Altruismus lohnt oder nicht. Blutsverwandten genügt als Anreiz zur Hilfe, dass ihre Gene eine Chance haben, verbreitet zu werden – aber was gilt für Nicht-Verwandte? Aus evolutionärer Sicht helfen sie einander, wenn die Kosten der Hilfeleistung niedriger ausfallen als der Nutzen für den Empfänger und wenn eine hohe Wahrscheinlichkeit besteht, dass sich der Empfänger in der Zukunft revanchiert. Dieser steht nämlich, nachdem ihm geholfen wurde, sozusagen in der »Dankesschuld« des Helfers. Revanchiert er sich, herrscht Wechselseitigkeit (Reziprozität), das heißt, beide Parteien ziehen langfristig einen Nutzen aus der Kooperation.

Trivers Theorie liefert zum Beispiel eine Antwort darauf, warum sich Vampirfledermäuse gegenseitig Blut spenden. Gingen ihre Freunde bei der Jagd leer aus, ist eine weibliche Vampirfledermaus bereit, einen Teil ihrer Blutmahlzeit wieder herauszuwürgen, um sie zu teilen. Diese unappetitliche, aber nette Geste basiert auf der Annahme, dass ihre befreundeten Artgenossen ebenso verfahren würden, sollte sie mal kein Glück beim Blutsaugen haben.[153]

Auch der Großteil der Menschheit baut auf reziproken Altruismus. Falls wir Freunden beim Umzug helfen, scheinen wir uns instinktiv zu wünschen, beim nächsten Umzug ebenfalls auf helfende Hände bauen zu können. Ebenso würden wir etwas Vergleichbares begrüßen, das uns im Gegenzug zugutekommt, Hauptsache, es kommt etwas zurück. Das wäre nur fair, oder?

Wie wichtig den meisten von uns Fairness ist, zeigt das *Ultimatumspiel*, erstmals experimentell umgesetzt im Jahr 1982 von den drei Herren Werner Güth, Rolf Schmittberger und Bernd Schwarze.[154] Es läuft wie folgt ab: Eine fremde Person hat 100 Euro geschenkt bekommen und soll das Geld nun zwischen sich und dir aufteilen. Die Person darf einen Vorschlag machen, den du entweder akzeptierst oder ablehnst. Akzeptierst du, wird das Geld gemäß Vorschlag verteilt, lehnst du ab, wird es wieder eingezogen, und ihr erhaltet beide gar nichts. Deswegen ist es ein Ultimatum, weil ihr keine Chance habt, miteinander zu verhandeln. Also, mit welchem Anteil wärst du einverstanden?

Aus ökonomischer Sicht müsstest du ungeachtet der Summe annehmen, was dir die Person anbietet, da ja selbst 1 Euro besser ist als gar nichts. Doch vermutlich würdest du das nicht tun. Und zwar, weil dir ein solches Angebot unfair erschiene. Lieber würdest du auf den lausigen Euro verzichten, nur um dein Gegenüber für seine Dreistigkeit zu bestrafen, dir ein 99:1-Verhältnis anzubieten. Tatsächlich waren in Untersuchungen 80 % die magische Grenze, bei der die große Mehrheit das Angebot ablehnte, weil es ihnen deutlich zu unausgewogen schien. Allerdings sind solche dreisten Angebote eher die Seltenheit, mehr als drei Viertel der Teilenden schlug eine Aufteilung im Verhältnis 50:50 vor.

Menschen, die besonderen Wert auf Fairness legen, bezeichnet Adam Grant in seinem Buch *Geben und Nehmen: Warum Egoisten nicht immer gewinnen und hilfsbereite Menschen weiterkommen als Tauscher*. Tauschen sei die häufigste »Reziprozitätsform«, also ein Verhalten, das wir »den meisten Menschen gegenüber die meiste Zeit an den Tag legen«.[155] Der von Triver beschriebene reziproke Altruismus wohnt uns inne, entsprechend geben wir nur, wenn wir im Gegenzug auch nehmen dürfen. Zeuge dieses Verhaltens werde ich immer wieder, wenn ich bei *DWS* neue Mitglieder begrüßen darf. Manche vertreten die Meinung: »Ich habe bezahlt, um Teil dieses Netzwerks zu werden. Was wird mir dafür geboten? Wie kann ich das Wissen der Teilnehmenden anzapfen und daraus den größtmöglichen Profit schlagen?« Das ist jedoch der völlig falsche Ansatz.

Netzwerken bedeutet, neue Kontakte zu knüpfen und diese zu pflegen. Meiner Beobachtung nach stellen sich sowohl beim Aufbau als auch bei der Pflege von Kontakten diejenigen am geschicktesten an, die sich fragen: *Wie kann ich dir helfen? Was kann ich dir Gutes tun? Wo hast du gerade ein Problem, bei dem ich dich unterstützen kann?* Wer sich von diesen Fragen leiten lässt, wird viel eher Erfolg haben als jemand, der dem Netzwerk nur beitritt, um ein Produkt zu pitchen oder die anderen Teilnehmenden geistig auszuplündern versucht, indem er sie bereits fünf Minuten nach dem Kennenlernen zu deren Geschäftspraktiken befragt.

Das ist kein Netzwerken, sondern ein »Netzwerfen«, und das führt selten zu langfristigem Erfolg. Wobei ich der Fairness halber sagen muss, dass ich soeben eher Nehmer als Tauscher beschrieben habe, also Menschen, die ihr Umfeld anzapfen wie Vampirfledermäuse, nur ohne die liebenswürdige Geste, das erbeutete Blut mit anderen zu teilen. Nehmer nehmen stets mehr, als sie geben, und bilden damit den starken Kontrast zu Gebern, die mehr geben, als sie nehmen. Tauscher befinden sich in der Mitte, sie geben und nehmen in einem ausgewogenen Verhältnis. Und doch sind Geber langfristig in aller Regel die erfolgreichsten, unter anderem deshalb, weil sie sich ein starkes Umfeld aufbauen. Grant schreibt: »Tauscher bauen meist kleinere Netzwerke auf als Geber, die aktiv danach streben, einem größeren Spektrum von Leuten zu helfen, oder Nehmer, die ihre Netzwerke oftmals erweitern, um bei früheren Transaktionen abgebrochene Brücken zu ersetzen.«

Trotzdem sind Geber die gesellschaftliche Ausnahme. Wie gesagt zieht die Mehrheit in der Gesellschaft den Tausch vor, wobei die Nehmer auf dem Vormarsch zu sein scheinen – oder zumindest die Individualisten. Darauf deutet die soziale Veränderung in den USA hin, die der Politikwissenschaftler Robert Putnam in seinem Buch *Bowling Alone: The Collapse and Revival of American Community* bemängelt.[156] Putnam weist auf den Verlust des »sozialen Kapitals« hin, das wesentlich für soziale Netzwerke, Vertrauen und Gegenseitigkeit in der Gesellschaft sei. Immer seltener seien Amerikaner bürgerlich engagiert; sie träten kaum noch Vereinen, religiösen Gemeinschaften, Gewerkschaften oder zivilgesellschaftlichen Organisationen bei; außerdem hätte die Wahlbeteiligung, überhaupt das politische Engagement abgenommen.

Als Hauptschuldigen macht Putnam den gestiegenen Fernsehkonsum aus, da er Menschen isoliert und Zeit für soziale Aktivitäten reduziert. Eine weitere Ursache sei der Generationenwechsel, denn die jüngere Generation engagiere sich weniger als die »Long Civic Generation«, die zwischen 1910 und 1940 das Licht der Welt erblickte. Ebenfalls eine Auswirkung auf den Verlust des sozialen Kapitals hätten die Suburbanisierung und die längeren Pendelzeiten, eindeutig ein Trend, der bis heute fortschreitet, da Wohnraum in der Stadt immer kostspieliger wird. Und ebenso bekämen der zeitliche und wirtschaftliche Druck eine Teilschuld. Für die Gesellschaft ist der Verlust des sozialen Kapitals jedenfalls ein Desaster. Putnam argumentiert, dass dieser zu einer Schwächung der Demokratie führen und den gesellschaftlichen Zusammenhalt beeinträchtigen würde, was sich wiederum negativ auf Gesundheit, Bildung und Wirtschaft auswirke.

Nun ist Putnams Werk wohlgemerkt aus dem Jahr 2000, noch dazu fokussiert auf die amerikanische Gesellschaft. Wenn wir nach Deutschland schwenken und den hiesigen Fernsehkonsum betrachten, so stellen wir fest, dass dieser zwischen 1997 und 2011 zwar von 183 auf 225 tägliche Minuten gestiegen ist, seitdem jedoch kontinuierlich sinkt und im Jahr 2024 mit 176 Minuten auf einem neuen Tiefpunkt lag. Folglich können wir behaupten: Heutzutage sieht man in Deutschland etwa so viel fern wie im Jahr 1997.[157] Die Ursache für den Rückgang ist leicht ausgemacht: das Internet. Und dank des Internets sind viele Menschen miteinander vernetzt, demnach müsste das soziale Kapital seit der Jahrtausendwende doch wieder gestiegen sein, oder?

Wie sich das soziale Kapital seit dem Internetboom entwickelt hat, ist gar nicht so einfach zu durchschauen. Einerseits organisieren und engagieren sich junge Menschen mehr und mehr außerhalb von Vereinsstrukturen. Eine qualitative Befragung, die die Deutsche Kinder und Jugendstiftung (DKJS) im Jahr 2020 durchgeführt hat, ließ beispielsweise den Trend zu »selbstorganisiertem Engagement« erkennen. Während sich immerhin noch 51,5 % der befragten Jugendlichen und jungen Erwachsenen klassisch in Vereinen engagierten, würden 47,4 % andere Formate vorziehen wie Projektgruppen oder Ähnliches. Zum Beispiel unterstütze eine Jugendgruppe aus dem Ort Eibenstock ältere Menschen beim Einkaufen und organisiere sich dabei selbstständig über eine Online-Gruppe. Und auch für den Umweltschutz würden junge Menschen brennen. Insgesamt scheint der Geberwille trotz – oder gerade wegen? – des Internets vorhanden zu sein, denn 65,8 % der Befragten gaben an, »Freiwilligendiensten« nachzugehen.[158] Gleichzeitig hat das Internet offensichtlich auch zu einem Klassenkampf unter Individualisten geführt.

Wenngleich laut *Social-Media-Atlas 2024* die Nutzung sozialer Netzwerke wie *Instagram*, *WhatsApp*, *Facebook*, *YouTube*, *TikTok* etc. erstmals seit Beginn der Coronapandemie wieder zurückgegangen ist, so verbringen wir Deutsche im Schnitt immerhin noch 18,7 Stunden pro Woche auf solchen Plattformen. Nun werden soziale Netzwerke entgegen ihrer Wortbedeutung allerdings nicht nur der Kontaktpflege wegen, sondern vor allem zu Informations- und Unterhaltungszwecken genutzt. Anders formuliert: Das Gros der Nutzer nimmt, nur eine Minderheit gibt. Diese These bedarf keines Beweises, allein die Beobachtung sollte ausreichen, um sie zu untermauern.

Ähnlich meiner Erfahrung mit einigen *DWS*-Teilnehmenden betreten die meisten Social-Media-Nutzer die Netzwerke mit dem Gedanken: »Was habe ich davon, hier Mitglied zu sein?« oder »Wie kann ich hier bestmöglich unterhalten werden?« Ob in Form von Finanztipps, amüsanten Kurzvideos oder Kontakten, denen sie Wissen entlocken wollen – Nehmen scheint die präferierte Reziprozitätsform. Doch mit dieser Einstellung schöpfen wir nicht das Potenzial aus, das uns Netzwerke bieten könnten. Vielmehr sollten wir sie »als ein Vehikel der Wertschöpfung für die Allgemeinheit betrachten und nicht nur auf unseren eigenen Vorteil bedacht sein«. Diese Meinung stammt von Adam Rifkin, einem amerikanischen Drehbuchautor und Filmregisseur, dem Adam Grant in seinem Buch ein eigenes Kapitel widmete, weil ihn dessen Gebereinstellung beeindruckte.[159] Und ich möchte die Behauptung wagen: Wenn wir seine Einstellung übernehmen, winkt auch mit höherer Wahrscheinlichkeit der persönliche Erfolg, nach dem sich die meisten Mitglieder sozialer Plattformen doch insgeheim sehnen.

Hierzu möchte ich ein eigenes Beispiel teilen. Es geht um zwei verschiedene Ansätze, Social Media zu nutzen, konkret um meine Erfahrungen mit *LinkedIn* und *Instagram*. Denn mein Erfolg auf diesen beiden Plattformen könnte unterschiedlicher kaum sein.

Wer gibt, dem wird gegeben: ein universelles Erfolgsgesetz

Im Jahr 2017 arbeitete ich als Verkäufer in einer SEO-Agentur. Eines Tages kam mein Chef mit einem Anliegen auf mich zu: »Du, Maurice, wir nutzen ja *XING* für unsere Kundenakquise. *LinkedIn* ist auf dem aufsteigenden Ast. Wie könnten wir die Plattform nutzen, um mehr Geschäfte zu machen? Was könnte uns *LinkedIn* bieten? Wie könnten wir dabei gewinnen?« Ich wusste es nicht. Mein Chef auch nicht. Aussichtsreich schien uns die Strategie, mit einem Bot möglichst viele Menschen zu adden und sie mit automatisierten Nachrichten zu bombardieren. *Falls einer zuckt, springen wir drauf!*, lautete die Devise. Gelegentlich zuckte jemand, doch als wir draufsprangen, wanden sich die meisten und entkamen. Umsatz generierten wir kaum mit dieser Strategie. Kein Wunder, denn es war ein Massenapproach ohne Menschlichkeit, ohne den Gedanken des Gebens. Und auch in meinem heutigen Business spielt *LinkedIn* kaum eine Rolle. Ich bin zwar mit über 10 000 Kontakten vernetzt, doch wegen der einstigen Herangehensweise fehlt mir die persönliche Bindung zu ihnen. Die Kontakte sind zu heterogen, und weil sie eher nicht meiner Zielgruppe entsprechen, ist die Engagement-Rate bei meinen Beiträgen lausig. Folglich liegt mein Jahresumsatz via *LinkedIn* nur im vierstelligen Bereich.

Etwa zur selben Zeit, als ich Kontakte bei *LinkedIn* besprang, setzte ich meinen Fuß zum ersten Mal auf „instagramischen" Boden. Anfangs wusste ich nicht, worum es auf dieser Plattform überhaupt ging. Leute im Urlaub zu begleiten? Ihnen beim Wandern zuzuschauen? Oder zu erfahren, welche kulinarischen Vorlieben sie haben? Ich verstand nicht, was der Sinn dieser Plattform war, stellte mir aber relativ schnell die Frage: *Welchen Mehrwert kann ich anderen Menschen hier bieten?* Im Hochladen von Fotos sah ich keinen Mehrwert. Es gab genügend andere Nutzer, die besser fotografieren konnten als ich. Außergewöhnlich war jedoch mein Buchkonsum, der damals bei ein bis zwei Büchern pro Woche lag. »Warum gebe ich den Leuten nicht einen Einblick, was ich gerade lese, indem ich Fotos von markierten Passagen hochlade?«, dachte ich. Auf diese Weise bot ich meinen Mitmenschen, die zu selten zum Lesen kamen, die Möglichkeit, Bücher wenigstens passagenartig zu lesen. Dadurch erhielten sie Zugriff auf die Quintessenz vieler Erfolgsbücher, was sich letztlich positiv auf ihr Leben auswirken würde. Wem die Passagen von der inhaltlichen Tiefe nicht ausreichen würden, der wäre vielleicht inspiriert, sich das Buch zu kaufen; andere wiederum, die das Buch schon kennten, würden sich an einer Wiederholung erfreuen. Es schien mir ein Mehrwert zu sein, also verfolgte ich diesen Ansatz. Heute folgen mir gut 30 000 Leute bei *Instagram*, und der Jahresumsatz, den ich über diese Plattform mache, ist siebenstellig. Und das, obwohl ich anfangs nicht die Absicht hatte, Geld mit *Instagram* zu verdienen.

Rückblickend war es ein interessanter A/B-Test, der zu der Erkenntnis führte: Was du gibst, kommt irgendwann zurück, und zwar mit einem Multiplikator. Wenn du dich auf einer Social-Media-Plattform bewegst mit der Absicht, dort Erfolg zu haben, stelle dir die Frage: Was kann ich anderen auf welche Art geben? Die Antwort darauf führt dich zum Erfolg. Eine Garantie dafür gibt es natürlich nicht. Vielmehr ist es meine persönliche Erfahrung, dass Geben vom Universum belohnt wird, indem es uns für das, was wir gegeben haben, mit dem Vielfachen belohnt. Das Bemerkenswerte daran: Häufig erhalten wir die »Belohnung« nicht von jener Person, der wir geholfen haben, eher kommt sie aus einer völlig anderen Richtung. Eine weitere persönliche Geschichte soll das verdeutlichen.

Seit einiger Zeit engagiere ich mich für Kinder in Uganda. Stella, die Gründerin der *22stars Foundation*, setzt sich mit einem solchen Ehrgeiz für die dortige Schulbildung ein, dass sie mich damit sofort angesteckt hat. In Uganda wird ein Kind, das nicht zur Schule geht, oftmals zur Arbeit im Steinbruch genötigt, wodurch es zum einen körperlichen Strapazen und Gefahren ausgesetzt ist und zum anderen fürs ganze Leben geprägt wird. Besucht ein Kind aber die Schule, verläuft sein Leben in aller Regel komplett anders. Der Schulplatz ist eine entscheidende Weiche, und mit nur 25 Euro im Monat kann man sie für das Kind stellen. Wie viel Einfluss so wenig Geld haben kann, fand ich beachtlich, immerhin kostet ein einzelner Cocktail in mancher Bar schon 25 Euro. Daraufhin habe ich mehrere Patenschaften übernommen, außerdem in meinem Netzwerk dafür geworben, es mir gleichzutun. Mittlerweile, im Jahr 2024, sind dadurch schon 152 Patenschaften für Kinder zustande gekommen, die sich jetzt über einen dauerhaften Schulplatz freuen dürfen. Wenn ich die Menschen hinzuzähle, die ich in jüngster Zeit bei ihrer Buchveröffentlichung unterstützt oder deren Geschäft ich mit meiner Reichweite beworben habe, kann ich ruhigen Gewissens sagen: Nie habe ich mehr gegeben als 2024.

Merkwürdigerweise durfte ich ausgerechnet in diesem Jahr einen Rekordgewinn verbuchen; es war das erfolgreichste Geschäftsjahr meiner bisherigen Karriere. Kann das Zufall sein? Sicher, ebenso zahlt sich jetzt die Energie aus, die ich in den vergangenen Jahren in mein Geschäft habe fließen lassen. Dennoch bin ich der festen Überzeugung, dass ich diesen Erfolg insbesondere meiner Geberlaune zu verdanken habe. Wer mehr Geld haben will, verhält sich oft geizig. Doch andersherum wird ein Schuh draus: Wenn ich mehr haben will – was es auch ist –, muss ich erst einmal mehr geben. Wobei diese Aussage streng genommen einer Tauschermentalität entspricht. Besser wir geben einfach, ohne den Gedanken daran zu verlieren, etwas zurückzubekommen, und vertrauen auf das Universum, das uns schon irgendwann irgendwo irgendwie entlohnen wird.

Diese Weltsicht hilft meistens, nicht immer. Eventuell fragst du dich, wie du es verhindern kannst, von Nehmern ausgebeutet zu werden. Zunächst rufen wir uns noch einmal ins Gedächtnis: Die Mehrheit in der Gesellschaft sind Tauscher. Tun wir ihnen Gutes, besteht eine große Chance, dass sie sich zur Wechselseitigkeit (Reziprozität) verpflichtet sehen.* Das Risiko, an einen Nehmer zu geraten, ist demnach vergleichsweise gering. Und ich rate davon ab, aus Angst, ausgenutzt zu werden, keine Gebermentalität anzustreben. Der Fehler beginnt im Denken. Mit zu viel Misstrauen arbeiten wir gegen das universelle Gesetz. Und möglicherweise sind sogar die Nehmer nur deshalb Nehmer, weil ihnen in der Vergangenheit etwas weggenommen wurde oder sie im Mangel aufgewachsen sind, sodass sie sich heute nehmen wollen, »was ihnen zusteht«. Anders ausgedrückt: Nehmer könnten im Herzen Tauscher sein, die einen früheren Verlust auszugleichen versuchen. Allerdings wird uns diese Erkenntnis schwerlich Trost spenden, sollten wir tatsächlich Opfer eines Nehmers werden. Was können wir also tun, um uns davor zu schützen?

Grant unterscheidet zwei Arten von Gebern: die *selbstlosen*

---

* Eine Ausnahme mögen Social-Media-Plattformen darstellen, wo sich der Großteil der Nutzer wie Nehmer verhält, ähnlich den Fernsehkonsumenten. Allerdings produzierst du deine Inhalte ja nicht für eine einzige Person, sondern für die breite Masse, und dafür wirst du, so deine Inhalte wertvoll sind, mit Reichweite belohnt. Da kann es dir im Grunde egal sein, ob man von dir nur »nimmt«.

und die *fremdbezogenen*. Selbstloses Geben sei »eine Form von pathologischem Altruismus, der von der Forscherin Barbara Oakley als eine ›ungesunde Konzentration auf andere zum Schaden der eigenen Bedürfnisse‹ definiert« werde. Mit anderen Worten schenken selbstlose Geber ihren eigenen Bedürfnissen und Zielen zu wenig Aufmerksamkeit, was zulasten ihres Erfolgs und ihrer Zufriedenheit geht. Erfolgreiche Geber handeln indessen fremdbezogen. Grants Definition nach bedeutet das, »mehr zu geben, als man empfängt, und dennoch die eigenen Interessen im Auge zu behalten, sie als Richtschnur zu nutzen, um zu entscheiden, wann, wo, wie und wem man etwas geben will«. Fremdbezogene Geber lassen sich also von einer gesunden Portion Egoismus leiten, und wie sich herausgestellt hat, steht ihr Ehrgeiz dem von Nehmern und Gebern in nichts nach.

Damit wirkt Grant dem allgemeinen Bild entgegen, Geber wären zu nachgiebig, zu harmonisch, zu weich, zu lasch. Sie arbeiten sich vielleicht nicht unter grobem Einsatz ihrer Ellenbögen in den Vorstand hoch, aber nur die Tatsache, dass ihnen etwas am Erfolg und am Wohlgefühl ihrer Mitmenschen liegt, bedeutet noch lange nicht, dass Geber nicht auch ehrgeizig hinter ihren eigenen Interessen stehen können. Ihre Vorgehensweise ist schlichtweg anders. Wertschätzender. Besonnener. Umgänglicher. Wir könnten auch behaupten, sie seien sozial und emotional intelligenter als ihre nehmenden und tauschenden Mitmenschen. Vermutlich geben sie ihnen deswegen auch eher einen Vertrauensvorschuss.

Um sich vor der Ausnutzung zu schützen, verstünden sich erfolgreiche Geber in der »Aufrichtigkeitskontrolle«, meint Grant. Tückisch seien insbesondere Begegnungen mit verträglichen Nehmern, das heißt mit Menschen, die sich als Geber tarnen, in Wahrheit aber allein auf ihren eigenen Vorteil bedacht sind. Ihnen würden erfolgreiche Geber zwar einen Vertrauensvorschuss geben, aber sobald sie sie als getarnte Nehmer entlarvt hätten, würden sie ihre Strategie anpassen und von einem Geber- zu einem Tauscher- oder Nehmerverhalten wechseln. Auge um Auge, Zahn um Zahn, sozusagen. Dabei hielten sie sich an die Regel: »Vergiss nie einen guten Zug, aber verzeih gelegentlich einen schlechten«, so Grant.

Lass uns in ein sogenanntes *Gefangenendilemma* eintauchen, um zu verstehen, was Grant damit meinte. Nehmen wir an, die *Deutsche Bahn* hätte vor einiger Zeit beschlossen, ihr Fernverkehr-Streckennetz von zwei privaten Unternehmen bedienen zu lassen. Sie hat sich aus dem Geschäft zurückgezogen, weil sie es leid war, sich mit Personalengpässen, Schienenwartungen und klagenden Fahrgästen herumzuschlagen. Der Fernverkehr in Deutschland ist somit vollständig privatisiert. Zwei Zuggesellschaften – die *Lokomotive Nord* und die *D-Zug Süd* – teilen sich den deutschen Markt ziemlich genau. Theoretisch dürften beide Gesellschaften Fahrten in ganz Deutschland anbieten, allerdings wäre das vom Staat nicht gern gesehen, da sich dieser eine »gesunde« Aufteilung wünscht, um eine Monopolstellung zu vermeiden. Ironisch, nicht wahr? Trotz Privatisierung buhlen die Zuggesellschaften um die Gunst des Staates, zum Beispiel, um Fördergelder zur Wartung maroder Streckenabschnitte bewilligt zu bekommen.

In großen Teilen Deutschlands herrscht demnach keine Konkurrenz. Und doch gibt es einige hochfrequentierte Strecken, zum Beispiel Köln–Frankfurt und Leipzig–Erfurt, um die beide Zuggesellschaften kämpfen, weil sie dadurch ihren Marktanteil erhöhen könnten. Da der Komfort der Züge und die Pünktlichkeit beider Gesellschaften ähnlich sind, entscheidet letztlich der Preis darüber, ob und wo die Fahrgäste einsteigen. Das Verkehrsministerium sieht vor, dass die Ticketpreise wöchentlich neu festgelegt werden dürfen. Ferner hat man sich darauf verständigt, lediglich zwischen zwei Preisen wählen zu dürfen: 30 und 50 Euro. Je nachdem, wer welchen Preis wählt, führt das zu folgenden Wochenprofiten:

Preise in €		Profite in €	
Lokomotive Nord	D-Zug Süd	Lokomotive Nord	D-Zug Süd
30	30	200.000	200.000
30	50	700.000	100.000
50	30	100.000	700.000
50	50	500.000	500.000

Nun kommst du ins Spiel. Du bist CEO der *Lokomotive Nord*, und dir wurde die Aufgabe zuteil, den Profit zu maximieren. Zehn Wochen hintereinander (zehn Runden) darfst du den Ticketpreis festlegen. Die Sache hat nur einen Haken: Das Verkehrsministerium hat Preisabsprachen, ja selbst Gespräche mit der anderen Zuggesellschaft strengstens untersagt. Demnach bist du »Gefangener«, denn du weißt nicht, welchen Preis die *D-Zug Süd* festlegen wird. Von der dortigen Geschäftsführerin hast du zwar schon gehört, jedoch keine Ahnung, welche Preispolitik sie fährt.

Offensichtlich ist aber, dass auch sie den Profit maximieren möchte und ihr beide auf demselben Kenntnisstand seid; sie kennt die obige Tabelle ebenso. Bevor du dich entscheidest, noch eine wichtige Information: Unsere liebe Lektorin Isabelle Romann, die nebenbei bemerkt einen großartigen Job gemacht hat, ist bald verzweifelt bei dem Versuch, rechnerisch nachzuvollziehen, wie die Profite in der Tabelle zustande kommen. Entscheidend ist hier nicht die Kalkulation, sondern das Verhältnis, in dem die Zahlen stehen. Welcher Preis führt zu welchem Profit? Und ist es realistisch, dass ich mit meiner Preispolitik durchkomme?

Sich diese Fragen zu beantworten, genügt. Es handelt sich um ein rundenbasiertes Verhandlungsspiel, richte dein Augenmerk also auf die Spielzüge, die dich zum größtmöglichen

Profit führen. Nachdem wir das geklärt haben: Mit welchem Preis startest du in die erste Woche?*

Den größtmöglichen Profit würdest du erzielen, sofern du jedes Mal 30 Euro festlegst und die *D-Zug Süd* 50 Euro. Nach zehn Wochen betrüge dein Profit 7 Millionen Euro, jener der *D-Zug Süd* hingegen nur 1 Million Euro. Dass es so kommt, ist allerdings unwahrscheinlich. Denn die konkurrierende Geschäftsführerin wird dein Vorhaben durchschauen und ab einem gewissen Punkt ebenfalls einen Preis von 30 Euro aufrufen, um ihren Schaden zu minimieren. Wir erinnern uns: Absprachen und Verhandlungen sind nicht möglich. Die naheliegendste Lösung dieses Gefangenendilemmas ist demnach, ihr einigt euch stillschweigend auf den höheren Preis, sodass ihr nach zehn Wochen beide einen Profit von 5 Millionen Euro eingestrichen habt.

Du hast das »Spiel« begriffen und startest in der ersten Woche mit 50 Euro in der Hoffnung, deine Konkurrentin wäre ähnlich clever. Ihre Vorgehensweise ist jedoch kurzsichtiger. Als du die Website der *D-Zug Süd* besuchst und dich nach den Ticketpreisen erkundigst, stellst du fest, dass sie dich preislich unterboten hat. »30 Euro« steht da für die Strecke Frankfurt–Köln. Offenbar will die Geschäftsführerin Profite auf deine Kosten einfahren. Eine Frechheit! Mit welchem Preis gehst du in die zweite Woche?

Ich könnte es dir nicht verübeln, wenn du jetzt im Preis runtergingest. Allem Anschein nach wird deine Konkurrentin erneut 30 Euro aufrufen; noch einmal mit 50 Euro ins Rennen zu gehen, kannst du dir somit nicht leisten. Oder doch? Hm. Falls ihr in den kommenden neun Wochen beide den niedrigen Preis wählt, pendelt ihr euch bei einem Wochenprofit von 200 000 Euro ein und lasst jede Woche 300 000 Euro liegen, die ihr nur erwirtschaften könntet, sofern ihr euch in Gedanken auf

* Ein Dank gilt außerdem dem Zürcher Verhandlungstrainer Michael Bullinger. Er hat Christian mit seinem »Airline-Spiel« zu diesem Beispiel inspiriert.

den höheren Preis von 50 Euro verständigt. Das muss deiner Konkurrentin doch klar sein? Außerdem glaubst du an das Gute im Menschen. Na gut, du rufst noch mal 50 Euro auf.

Wieder wagst du einen Blick auf die Website, und als dir erneut ein Ticket für 30 Euro angeboten wird, steigt Unmut in dir auf. *Diese dreiste … will die mich fertigmachen?*, denkst du. Schon die zweite Woche erzielst du lediglich 100 000 Euro Profit, obwohl das Fünffache drin gewesen wäre. Ein letzter Hoffnungsschimmer bleibt: Hat sie das Spiel vielleicht nicht verstanden? Und selbst wenn sie genau weiß, was sie tut, und perfide spielt, muss die gute Frau doch ahnen, dass dein Wohlwollen Grenzen kennt. In der dritten Woche rufst du ein letztes Mal 50 Euro auf und siehe da: Deine Konkurrentin zieht gleich. Offensichtlich hat dein Win-win-Ansatz auf sie abgefärbt. Nach zehn Wochen hat sie mit der *D-Zug Süd* zwar mehr Profit gemacht als du mit der *Lokomotive Nord* (da sie einen stärkeren Start hatte), aber dein Profit fällt auf diesem eingeschlagenen Weg immerhin deutlich höher aus, als wenn du bereits in der zweiten Woche im Preis runtergegangen wärst. Ganz genau weißt du das natürlich nicht. Denn deine Konkurrentin hätte ja in der fünften Woche auch den Einfall haben können, dir mit einem höheren Preis ein »Signal« zur Kooperation zu senden. Damit wäre sie vom Nehmer- in den Gebermodus geswitcht.

Dein Verhalten war das, was Grant ein »großzügiges Tit for Tat« bezeichnet. Du hast die Interessen der Konkurrentin berücksichtigt und hattest deine eigenen im Blick. Dein Vertrauensvorschuss war insofern großzügig, als dass du ihn für ganze drei Wochen gegeben hast. Spätestens ab der vierten Woche hättest du dir aber nahezu sicher sein können, dass deine Konkurrentin dich ausnutzen will. Aus Selbstschutz wärst du dann im Preis heruntergegangen, wohlwissend, dass diese Strategie nur zu einer Schadensbegrenzung geführt hätte, denn eine Kooperation wäre wesentlich sinnvoller gewesen.

Das Gefangenendilemma steht sinnbildlich für die Unwissenheit, ob wir einem Fremden vertrauen können oder nicht.

Meiner Ansicht nach ist es sinnvoller, ihm einen Vertrauensvorschuss zu geben, als voller Misstrauen durch die Welt zu gehen. *Was ich gebe, kommt vielfach zu mir zurück* – an dieses universelle Gesetz glaube ich. Wir geben, gleichzeitig treten wir für unsere Ziele ein. Auf diese Weise laufen wir selten Gefahr, ausgenutzt zu werden. Zudem sind wir im echten Leben ja nur selten »vollständig Gefangene«. Meistens haben wir die Chance, mit unserem Gegenüber zu sprechen, ihm Fragen zu stellen und mit ihm zu verhandeln. Dadurch schaffen wir es, die Person samt ihren Motiven zu verstehen, und ich bin überzeugt, sie wird nur äußerst selten aus reiner Selbstsucht oder gar Bösartigkeit handeln. Und für die Fälle, in denen wir doch mal an selbstsüchtige Nehmer geraten, behalten wir uns eine Variation der Reziprozitätsform vor.

James Harrison hatte es während seiner aktiven Blutspenderzeit mit reichlich (Ab-)Nehmern zu tun. Gestört zu haben scheint ihn das nicht. Abgesehen von den Glücksgefühlen, die er dabei wieder und wieder erfahren durfte, wurde sein Engagement sogar finanziell gewürdigt. »Sie versicherten mich mit einer Million Dollar, daher wusste ich, dass meine Frau Barbara gut versorgt sein würde«, sagte er in einem Interview. Aha, so kam Harrison also zu seinem Ruf als der »Mann mit dem goldenen Arm«.

Das Kapitel auf einen Blick

- Der Lohn dafür, Gutes zu tun, sind Glücksgefühle.
- Wenn wir Hilfe erhalten, haben wir normalerweise das Bedürfnis, uns zu revanchieren. Wir handeln nach dem Prinzip der Wechselseitigkeit (Tauscherverhalten).
- Die Mehrheit in unserer Gesellschaft sind *Tauscher*. Was sie geben und nehmen, hält sich in etwa die Waage.
- *Nehmer* nehmen mehr, als sie geben, und *Geber* geben mehr, als sie nehmen. Beide gehören zu einer Minderheit.
- Geber sind langfristig erfolgreich, unter anderem weil sie stärkere, größere Netzwerke aufbauen als Nehmer und Tauscher.
- Wenn wir viel geben, erhalten wir eines Tages ein Vielfaches zurück – an dieses universelle Erfolgsgesetz glaube ich.
- Nicht zu geben aus Angst, »ausgenommen« zu werden, halte ich für eine traurige Weltsicht.
- Allerdings sollten wir den Unterschied zwischen *selbstlosem* und *fremdbezogenem* Geben kennen.
- Fremdbezogene Geber stehen ebenso für ihre eigenen Interessen ein und schützen sich im Zweifel, indem sie ihre Reziprozitätsform anpassen.

Handlungsempfehlung

- Sei ehrlich mit dir: Bist du Geber, Nehmer oder Tauscher? Wie begründest du das?
- Werde zum konstanten, bedingungslosen Geber. Befreie dich von dem Gedanken, etwas zurückhaben zu wollen.

12

DISZIPLIN UND WILLENSKRAFT

Warum wir uns besser über Umwege bändigen

Eine mexikanische Straßenhündin wich ihm 130 Kilometer nicht von der Seite. Jonas Deichmann bewegte sich in der sengenden Hitze nicht etwa per Auto, Roller oder E-Bike fort. Nein, in Laufschuhen. Es war bloß ein winziger Abschnitt seines Vorhabens, die Erde im bislang längsten Triathlon zu umrunden, und doch misst der Ultra-Ausdauersportler diesen 130 Kilometern eine große Bedeutung bei. Denn seine mexikanische Begleitung mit der kalten Schnauze, ein hellbrauner Retriever-Mischling, verhalf ihm zu einem Bekanntheitsschub. Erst dank »La Coqueta« wurden die nationalen Medien auf Jonas aufmerksam und tauften ihn »den deutschen Forrest Gump«. Plötzlich war er auf jeder mexikanischen Titelseite zu finden.[160]

Sein Vorhaben glückte. Nach 429 Tagen endete am 29. November 2021 seine Erdumrundung genau dort, wo sie begonnen hatte: am Münchner Odeonsplatz. Zunächst überquerte Jonas mit dem Fahrrad die Alpen, fuhr weiter bis nach Karlobag an der kroatischen Küste. Er schwamm 450 Kilometer von der Adriaküste bis Dubrovnik und stellte nebenbei den Rekord für die längste Schwimmstrecke ohne Begleitboot auf. In Dubrovnik stieg er wieder aufs Fahrrad und fuhr Richtung Russland. Nach nur 17 000 Kilometern erreichte er Wladiwostok, die russische Hafenstadt unweit der nordkoreanischen Grenze. Jonas sprang in den Pazifik und überquerte ihn kraulend. Okay, das war gelogen. Die Pazifiküberquerung geschah mit dem Flugzeug, seine nächste Etappe startete in Tijuana. Laufend durchquerte er Mexiko bis nach Cancún – das entsprach etwa 120 Marathons oder, wie Jonas es ausdrücken würde, 120 »Läufchen«. Erneut ließ er sich im Flugzeug befördern, dieses Mal über den Atlantik bis nach Lissabon. Von dort radelte er die letzten 4000 Kilometer zurück nach München. Die Gesamtbilanz: 450 Kilometer Schwimmen, 21 000 Kilometer Radfahren, 5060 Kilometer Laufen.[161]

Dass seine Laufetappe ausgerechnet auf Mexiko fiel, war mehr oder weniger Zufall gewesen, denn ursprünglich hatte er die weniger gefährlichen und klimatisch milderen USA durchqueren wollen. Doch wegen COVID-19 hatte er umdisponieren müssen. Die USA-Durchquerung von New York bis Los Angeles holte er jedoch im Jahr 2023 nach, radelte 5500 Kilometer und überwand rund 45 000 Höhenmeter. Zurück nach New York ist Jonas dann gelaufen – kein Witz.[162]

Wer meint, Jonas habe nach diesen Extremabenteuern die Nase voll gehabt vom Ausdauersport, der irrt. Für das Jahr 2024 nahm er sich die »Challenge Roth« vor, einen berühmten Wettkampf im mittelfränkischen Roth, angelehnt an den hawaiianischen Ironman. Die Triathlon-Langdistanz nur einmal zu absolvieren, hätte in Jonas' Welt einem Sprint geglichen, also multiplizierte er sie mit 120. Der bisherige Rekord hatte bei 105 Triathlon-Langdistanzen an 105 Tagen gelegen, aufgestellt von dem Briten Sean Conway. Den wollte Jonas brechen, und zwar deutlich. Jeden Morgen stieg er dafür in den Rothsee, schwamm 3,86 Kilometer, wechselte die Kleidung und schwang sich aufs Rad. 180,2 Kilometer fuhr er auf der Originalstrecke, bis er in die zweite Wechselzone kam, wo er sich erneut umzog für sein Läufchen. 42,195 Kilometer, aufgeteilt auf zwei Runden. Vom 9. Mai bis zum 5. September 2024 wiederholte sich dieser Tagesablauf 120-mal. Weltrekord! Nach eigenen Angaben noch dazu die härteste Challenge, der sich Jonas bisher gestellt hatte.[163]

Diese Leistung kratzt an der Grenze des Menschenmöglichen. Sogleich fragt man sich: Ist diese immense Belastung bedenklich für die Gesundheit? Wie hat Jonas seine Motivation aufrechterhalten? Welches System hatte er? Und wie diszipliniert muss man bitte sein, um ein gigantisches Ziel wie dieses zu erreichen? Wie wir noch feststellen werden: weniger als gemeinhin erwartet – vorausgesetzt, wir erfüllen ein paar Kriterien.

In diesem Kapitel befassen wir uns mit Disziplin, Selbstkontrolle, Willensstärke und Durchhaltevermögen. Genauer gesagt wollen wir wissen, welche Auswirkung diese Eigenschaften auf unseren Erfolg haben und wie wir sie uns aneignen. Dazu werden wir später noch einmal auf Jonas zu sprechen kommen, hinzu gesellt sich ein anderer erfolgreicher Triathlet, von dem wir ebenfalls einiges über Disziplin lernen können. Doch zunächst widmen wir uns einer fundamentalen Frage.

Was ist wichtiger für den Erfolg: Intelligenz oder Disziplin?

Diese Frage mag etwas aus dem Kontext gerissen wirken, jedoch habe ich sie vorangestellt, weil ich den Eindruck habe, diese beiden Eigenschaften stehen im Wettbewerb zueinander. Oder besser gesagt: ihre Vertreter. Manche Vertreter unserer Spezies betrachten die Intelligenz als Ressource, von der man sich glücklich schätzen kann, dass man über sie verfügt, oder eben Pech hat, wenn es einem daran mangelt. Indessen sind sich einige Disziplinierte sicher, Willenskraft und Selbstkontrolle seien wesentlich wichtiger, um herausragende Leistungen zu erbringen. Und dann gibt es noch Stimmen, die behaupten, intelligente Menschen seien per se disziplinierter, könnten sich also eher beherrschen und eine Belohnung hinauszögern, um sich der aktuellen Aufgabe zu widmen. Was davon stimmt denn nun?

Einen Belohnungsaufschub zu akzeptieren, zählt allgemein nicht zu den menschlichen Stärken. Wir wollen *jetzt* eine Pizza essen, *jetzt* der Liebe des Lebens begegnen, *jetzt* die Gehaltserhöhung bekommen, *jetzt* die neue Staffel von »Yellowstone« sehen, *jetzt* finanziell frei sein, *jetzt* die Weltreise unternehmen, *jetzt* ein neues Auto fahren, *jetzt* einer sinnstiftenden Tätigkeit nachgehen – und wir pochen jetzt darauf, dass die Autoren endlich zum Punkt kommen. Warten ist doof, oder? Schon, aber Willensstärke lohnt sich.

Diese Lektion erteilte Walter Mischel einigen Vierjährigen in seinem berühmten *Marshmallow-Experiment*. Im deutschsprachigen Raum ist es uns sogar aus der Werbung bekannt, wo Ferrero mit seinem »Neugier-Test« Kinder in Versuchung führte: »Dieses Überraschungsei ist für dich. Und wenn du es nicht öffnest, bis ich wieder da bin, bekommst du sogar ein zweites«.[164] In Mischels ursprünglichem Experiment war die Aufgabe ähnlich. Die jungen Probanden mussten 15 Minuten verharren, ehe sie sich über zwei Marshmallows freuen durften. Läuteten sie aber vorher eine Glocke, weil sie die Rückkehr des Versuchsleiters nicht abwarten konnten, speiste sie dieser mit lediglich einem Marshmallow ab. Ihre Ungeduld würde sie 50 % des potenziellen Ertrags kosten. Die Geduldigen hatten das begriffen und bewiesen Willensstärke. Und ebendiese Kinder, die in Laborsituationen die Belohnung länger hinauszögern konnten, entwickelten sich zu kognitiv und sozial kompetenteren Menschen; sie erbrachten bessere schulische Leistungen und wiesen eine höhere Frustrations- und Stresstoleranz auf. Diese Erkenntnisse waren bahnbrechend, sollten aber mittlerweile ein alter Hut sein.[165]

Interessanter, weil seltener erwähnt, finde ich das Verhalten, das die geduldigeren Kinder an den Tag legten: gezielte Ablenkung. Sie schauten weg, bedeckten ihre Augen, sangen oder redeten mit sich selbst. Sie bemühten sich, ihre Aufmerksamkeit in eine andere Richtung zu lenken. Als besonders wirksame Ablenkung erwies sich der Gedanke an »lustige Dinge«, wohingegen »traurige Gedanken« das Durchhaltevermögen schwächten. Offensichtlich hatten die optimistischen Kinder einen Vorteil gegenüber den pessimistischen (überhaupt scheint Optimismus der Disziplin zuträglich zu sein, wie wir weiter unten noch sehen werden). Jedenfalls erleichterte alles, was die Kinder von der Belohnung ablenkte, den freiwilligen Aufschub erheblich; was die Aufmerksamkeit hingegen auf die Belohnung lenkte und damit deren Bedeutung erhöhte, hatte den gegenteiligen Effekt.[166]

Sich bewusst abzulenken, lässt auf Kreativität und Gewitztheit schließen. Waren die geduldigeren Kinder womöglich von Natur aus cleverer? Dafür spricht, was Noah Shamosh und seine Kollegen in einer Studie im Jahr 2008 herausfanden; allerdings durchgeführt an Erwachsenen. Ihre Analyse zeigte einen moderaten positiven Zusammenhang zwischen kognitiver Intelligenz und der Fähigkeit zum Belohnungsaufschub. Intelligente Personen seien eher in der Lage, auf kurzfristige Belohnungen zu verzichten, um langfristige Vorteile zu erzielen. Doch obwohl die Wissenschaftler mithilfe von Hirn-Scans eine Verbindung zwischen Intelligenz und Selbstkontrolle herstellen konnten, sei die Grundlage für diese Verbindung ungewiss.[167] Vielleicht sind andere Faktoren entscheidender. Die Kultur oder die Erziehung?

Im Jahr 2022 verglich ein Psychologenteam aus Japan und den USA das Verhalten von japanischen und amerikanischen Kindern. Sie drängte die Frage, ob kulturelle Unterschiede den Belohnungsaufschub beeinflussen könnten. Wie sich zeigte, fiel es japanischen Kindern wesentlich leichter, auf den zweiten Marshmallow zu warten, als ihren amerikanischen Altersgenossen. Wie konnte das sein? Die Psychologen erklärten ihr Ergebnis mit der Kultur. Japanische Kinder seien es gewohnt, erst mit dem Essen zu beginnen, wenn alle Mitesser am Tisch Platz genommen hätten. Anstandshalber zu warten, hat zwar grundsätzlich etwas mit guten Manieren zu tun, doch offenbar sehen das amerikanische Eltern weniger streng. Allerdings hätten japanische Kinder eine andere Schwäche. Beim Empfang von Geschenken schnitten sie mit ihrer Geduld schlechter ab, weil es in Japan üblich sei, dass Kinder ein Geschenk sofort auspacken dürften, sobald sie es erhalten hätten. Im Gegensatz dazu seien amerikanische Kinder es gewohnt, mit dem Auspacken zu warten, bis alle ihre Geschenke in den Händen hielten.[168]

Sind die Disziplinierten somit doch nicht mit mehr Intelligenz gesegnet als die weniger Disziplinierten? Zumindest deutet eine Studie von Angela Duckworth und Martin Seligman aus dem Jahr 2006 darauf hin, dass »Selbstdisziplin« im Vergleich zu Intelligenz einen größeren Ausschlag für schulische Leistung gibt.[169] Dazu führten Duckworth und Seligman zwei Untersuchungen mit insgesamt 304 Schülern der achten Klasse durch. Um deren Selbstdisziplin zu messen, ließen sie die Probanden sich selbst einschätzen, baten Eltern wie Lehrkräfte um ihre Meinung und überprüften auch den Belohnungsaufschub. Natürlich maßen sie ebenfalls die Intelligenz der Schüler, und zwar mithilfe eines 40-minütigen Tests, der sprachliche, rechnerische und figurale Aufgaben umfasste. Das Ergebnis: Selbstdisziplin erwies sich als stärkerer Prädikator für schulische Leistung. Die Studie bekam viel Aufmerksamkeit, weil Duckworth und Seligman die bis dahin vorherrschende Meinung Infrage stellten, Intelligenz sei der mit Abstand wichtigste Faktor für schulischen Erfolg. Und doch scheint die Intelligenz ihre Vorherrschaft gegenüber der Selbstdisziplin nicht so leicht aufgeben zu wollen.

Rückendeckung erhielt die Intelligenz von drei tschechischen Forschern, die in ihrer 2021 veröffentlichten Studie *Does Self-control Outdo IQ in Predicting Academic Performance?* die Ergebnisse von Duckworth und Seligman torpedierten.[170] Über einen Zeitraum von zwei Jahren beobachteten sie 589 Jugendliche des sechsten und siebten Schuljahrs aus insgesamt neun tschechischen Schulen. Die Datenbasis war ähnlich: Selbsteinschätzung der Jugendlichen, Lehrerbewertungen, Schulverwaltungsdaten und ein Intelligenztest, um die kognitiven Fähigkeiten zu beurteilen. Das Ergebnis der Tschechen stand in starkem Kontrast zu dem der Amerikaner. Denn obwohl zwar beides – Intelligenz wie Selbstkontrolle – stark mit der schulischen Leistung korrelierte, so war der Effekt der Intelligenz doch deutlich größer. Wie ist das zu erklären?

Eine Ursache könne die unterschiedliche Messung der akademischen Leistung gewesen sein, denken die tschechischen Wissenschaftler, außerdem stützten sich ihre Ergebnisse auf die »Selbstkontrolle« anstatt auf den weiter auslegbaren Begriff »Selbstdisziplin«, den die Amerikaner gewählt hatten. Eine weitere Begründung: Je nach Kultur wirke sich die Intelligenz unterschiedlich stark auf die Ergebnisse aus. Fraglich bleibt indes, warum sich intelligente Tschechen schulisch besser anstellen sollten als intelligente Amerikaner. Ihre Heimatstaaten liegen kulturell ja nicht so weit auseinander, weswegen ich mir erlaube, ein Fragezeichen hinter die letzte Begründung zu stellen.

Ja, wer hat denn nun die Vorherrschaft – die Intelligenz oder die Disziplin? Die verschiedenen Studien haben gezeigt, dass sich diese Aussage nicht uneingeschränkt treffen lässt. Was wir außerdem beachten sollten: Nur weil die tschechischen Forscher die Intelligenz höher gewichteten als die Selbstkontrolle, bedeutet das noch lange nicht, dass Letztgenannte für den Erfolg keine Rolle spielen würden. Vielmehr zeigen die Ergebnisse, wie komplex das Leistungsvermögen samt seiner Beurteilung ist. Von der Intelligenz wissen wir, dass sie zum Großteil auf unseren Genen und unserer frühkindlichen Prägung beruht. Demnach ist unser Einfluss auf sie in späteren Jahren begrenzt. Aber unseren Willen zu trainieren, das muss doch jederzeit möglich sein, oder?

Willenskraft – ungemein wichtig, aber leider nicht verlässlich

Im Jahr 1972 wurde das neuseeländische Dunedin, die zweitgrößte Stadt der Südinsel, zur Geburtsstätte einer bedeutenden Langzeitstudie. Unter der Leitung des Psychologen Phil Silva beschloss die medizinische Fakultät, sämtliche zwischen April 1972 und März 1973 dort geborenen Kinder langfristig zu studieren.[171] Die Abbruchquote war bemerkenswert niedrig, rund 97 % der ursprünglichen Kohorte nahmen 2015 noch immer an der Studie teil. Die Psychologen untersuchten die gut 1000 Teilnehmenden multidisziplinär, das heißt, ihr Interesse galt verschiedensten Aspekten wie der Herzkreislauf- und Atemwegsgesundheit, der Mundhygiene, der sexuellen Gesundheit, der Psyche, dem Sozialverhalten und sogar der

Straffälligkeit. Dazu führten die Psychologen persönliche Interviews mit den Teilnehmenden, was eine Besonderheit war, da Studiendaten dieser Größenordnung üblicherweise mit Fragebögen erhoben werden. Wie anzunehmen war, entwickelten die Teilnehmenden deutliche Verhaltensunterschiede.

Die Kriminologin Terrie E. Moffitt und ihre Kollegen schauten sich die Daten der neuseeländischen Teilnehmenden mit Blick auf eine Eigenschaft genauer an: Selbstkontrolle.[172] Dabei trieb sie die Frage an, ob die Selbstkontrolle für die Gesundheit, den Wohlstand und die öffentliche Sicherheit der Bevölkerung wichtig sei. Und ob! Anhand der kindlichen Selbstkontrolle ließen sich erschreckend genaue Vorhersagen treffen, in welcher Lebenssituation und in welchem Zustand sich die Erwachsenen im Alter von 32 Jahren befänden.* Körperliche Gesundheit, Drogenabhängigkeit, persönliche Finanzen – ja sogar für die Straffälligkeit sei die frühkindliche Selbstkontrolle ein Prädikator. Nun möge man einwenden, dass ja andere Faktoren wie zum Beispiel ein schlechtes Umfeld oder ein Mangel an kognitiven Fähigkeiten das Ergebnis verfälscht haben könnten. Doch das berücksichtigten Moffitt und Kollegen in ihrer Studie, indem sie die Selbstkontrolle abkoppelten von der Intelligenz, der sozialen Schicht und selbst von den Fehlern, welche die Teilnehmenden im Jugendalter gemacht hatten. In der Konsequenz appellierte Moffitt an die Regierung, in die Förderung der Selbstkontrolle zu investieren, weil dadurch gesellschaftliche Kosten reduziert und der Wohlstand gefördert werden könnte. Und an alle Eltern lautet der Appell: Helft euren Kindern so früh wie möglich, sich in Selbstkontrolle zu üben.

Zahlreiche weitere Studien ergaben, dass mangelnde Selbstkontrolle mit unterschiedlichen Problemen einhergeht, unter anderem mit Überschuldung, einem auffälligen Sozialverhal-

*Vermutlich reicht die Vorhersage sogar weiter in die Zukunft. In der Studie wurde jedoch nur der Zeitraum von der Geburt bis zum 32. Lebensjahr geprüft.

ten, psychischen Krankheiten und beruflichem Misserfolg. Und es besteht kein Zweifel: Je früher die Selbstkontrolle ausgeprägt ist, desto besser die Aussichten. Falls du nun im Alter von, bleiben wir bei dem Beispiel, 32 Jahren diese Zeilen liest und denkst: *Prima, meine Selbstkontrolle ist stabil, seit ich denken kann*, befindest du dich in einer komfortablen Lage. Was aber, wenn du ein Defizit erkannt hast? Dann gibt es trotz deines Alters Hoffnung auf Besserung. Oder gerade deswegen?

In der Persönlichkeitspsychologie genießen die »Big Five« – im deutschsprachigen Raum auch bekannt als »Fünf-Faktoren-Modell« – eine breitere Anerkennung als das wohl populärere »DISG-Modell«, wo die Befragten in vier Typen (vier Farben) eingeteilt werden. Die Big Five setzen sich zusammen aus den Persönlichkeitsmerkmalen *Offenheit*, *Gewissenhaftigkeit*, *Extraversion*, *Verträglichkeit* und *Neurotizismus*. Einen umfassenden Einblick in das Modell zu geben, würde hier zu weit führen, wir picken lediglich das für dieses Kapitel relevante Persönlichkeitsmerkmal heraus: Gewissenhaftigkeit. Die Gewissenhaftigkeit steht für die Selbstkontrolle, ebenso für die Genauigkeit und Zielstrebigkeit einer Person. Die Big Five beruhen auf einem lexikalischen Ansatz. Dahinter verbirgt sich die Annahme, bestimmte Wörter stünden mit bestimmten Persönlichkeitsmerkmalen in Verbindung. Menschen, deren Gewissenhaftigkeit stark ausgeprägt ist, werden von Psychologen als zuverlässig, verantwortungsbewusst, organisiert, ordentlich, sorgfältig, planend und effektiv beschrieben. Im Gegensatz dazu seien weniger gewissenhafte Menschen tendenziell ungenau, unsorgfältig, unachtsam.[173]

Der Psychologe Brant Roberts und seine Kollegin Kate Walton fanden im Jahr 2006 heraus, dass die Big Five keineswegs starre Persönlichkeitsmerkmale sind.[174] Sie verändern sich im Laufe unseres Lebens. Für die Gewissenhaftigkeit bedeutete das konkret, sie maßen eine moderate Zunahme zwischen dem 20. und 40. Lebensjahr, also im jungen und mittleren Erwachsenenalter. Gleichzeitig nimmt in dieser Zeitspanne die emotionale Stabilität zu. Erklären lassen sich diese Veränderungen mit der persönlichen Reife und dem wachsenden Erfahrungsschatz. Auch wenn nennenswerte Veränderungen eher auf das junge und mittlere Erwachsenenalter fielen, könnten sich unsere Persönlichkeitsmerkmale grundsätzlich über die gesamte Lebensspanne verändern, merkten die Wissenschaftler an. Es ist demnach nie zu spät, an unserer Gewissenhaftigkeit (und natürlich auch an den anderen Merkmalen) zu arbeiten.

Der Sozialpsychologe Roy Baumeister prägte den Begriff »Ego-Depletion«, zu Deutsch etwa »Ich-Erschöpfung«.[175] Seiner Hypothese nach sei die Selbstkontrolle eine begrenzte Ressource, die durch Gebrauch erschöpft wird. Zu diesem Schluss kamen Baumeister und seine Mitautoren nach einem fast schon gemeinen Experiment im Jahr 1998.[176] Jeder Proband hatte nüchtern zu erscheinen und wurde in einen Raum geführt, in dem auf einem Tisch zweierlei angerichtet war: ein Teller mit Schokoladenkeksen und eine Schale mit Radieschen. Nun erhielt der Proband die Information, er sei der »Radieschen-Gruppe« zugeteilt, dürfe die Schokoladenkekse also keinesfalls anrühren, aber sehr wohl von den Radieschen kosten.* Wir können uns die Begeisterung in seinen Augen vorstellen. Daraufhin ließ der Versuchsleiter den Probanden einige Minuten allein. Als er den Raum wieder betrat, teilte er ihm mit, das Experiment verzögere sich und werde frühestens in 15 Minuten fortgeführt. Ob sich der Proband die Wartezeit mit einem Test vertreiben wolle, fragte der Versuchsleiter.

Damit läutete er den zweiten Teil des Experiments ein. Der Proband versuchte sich an einer Variante des Zeichenspiels »Das Haus vom Nikolaus«. Was er nicht wusste: Es gab keine Lösung. Und obwohl das eigentlich schon fies genug war, wollte der Versuchsleiter auch noch wissen, wann denn der Proband

* In der Studie musste nur die eine Hälfte der Probanden auf die Schokoladenkekse verzichten, die andere Hälfte (die »Schokoladenkeks-Gruppe«) durfte vor dem Zeichenspiel davon kosten.

aufzugeben gedenke. Uns dämmert, wohin das Experiment führen sollte. Baumeister hatte den begründeten Verdacht, die Radieschen-Gruppe werde früher aufgeben – und damit lag er richtig. Jene Probanden, die vor dem unlösbaren Test von den Schokoladenkeksen naschen durften, hielten durchschnittlich 19 Minuten durch, während die Radieschen-Gruppe schon nach acht Minuten die Flinte ins Korn warf. Die Erklärung: Ihre Willenskraft wurde gleich doppelt strapaziert. Erst mussten sie den Schokoladenkeksen widerstehen und sich dann auch noch einer unlösbaren Aufgabe widmen. Ihr »Willenskraftspeicher« war schon erschöpft, ihre verbliebene Willenskraft geringer.

In den folgenden Jahren führte Baumeister mit seinen Fachkollegen weitere Untersuchungen zu seiner Erschöpfungstheorie durch. Man ging davon aus, die Selbstkontrolle funktioniere wie ein Muskel, der ermüden könne, zusätzlich zur geistigen und körperlichen Ermüdung. Und wenn die Selbstkontrolle gleichsam ein Muskel sei, lasse sie sich auch trainieren, so die Annahme. Mit einem Work-out für die Willenskraft sozusagen. Zum Beispiel führte eine Gruppe von 69 College-Studierenden zwei Wochen lang eine von drei Selbstkontrollübungen durch. 1) Überwachung und Verbesserung der Körperhaltung, 2) Regulierung der Stimmung oder 3) Essen notieren. Baumeisters Angaben nach verbesserten die Teilnehmenden dadurch ihre Fähigkeit zur Selbstregulierung deutlich.[177]

Eine weitere Trainingsmethode, die sich zur Stärkung der Willenskraft bewährt habe: das bewusste Nutzen der »schwachen« Hand. Indem Rechtshänder immer wieder ihre linke statt ihrer »starken« rechten Hand einsetzen würden, beziehungsweise Linkshänder ihre rechte, hätte dies einen positiven Effekt auf ihre Selbstkontrolle.[178] Den endgültigen Durchbruch schien Baumeister im Jahr 2007 zu haben, als bei seinen Probanden der Blutzuckerspiegel sank, während sie Selbstkontrolle ausübten. Damit konnte er seine Theorie erstmals auf eine biologische Begründung stützen. War der Blutzuckerspiegel niedrig, trat das Phänomen der »Ich-Erschöpfung« häufiger in Erscheinung; gleichzeitig kehrte die Fähigkeit zur Selbstkontrolle mit steigendem Blutzuckerspiegel wieder zurück.[179]

So sehr mir der Gedanke an eine Selbstkontrolle, die sich mit Glucose stimulieren lässt, oder an einen Willenskraftmuskel, den wir trainieren können, auch gefällt, darf nicht unerwähnt bleiben, wie umstritten Baumeisters Erschöpfungstheorie ist. In einem großanlegten Experiment im Jahr 2014 mit mehr als 2000 Probanden versuchten weltweit 24 Labore, die Ich-Erschöpfung nachzuweisen. Das gelang jedoch nur zwei Laboren. 21 Labore konnten den Effekt nicht nachweisen, ein Labor kam sogar zum gegenteiligen Ergebnis: Die Willenskraft erschöpfte nicht, sondern stieg an. Michael Inzlicht, Professor für Psychologie an der Universität Toronto, bekundete: »This is Year One.« Es gebe einen Punkt, an dem wir von vorn anfangen müssten, sagte er weiter. Damit übte er nicht nur Kritik an der Ego-Depletion-Forschung, sondern an der Sozialpsychologie im Allgemeinen. Und ausgerechnet Inzlicht war es, der später mit seinem »Prozessmodell« eine Alternative zu Baumeisters Theorie des Willenskraftmuskels liefern sollte.[180]

Im Gegensatz zum ursprünglichen Modell der Ich-Erschöpfung nehmen Michael Inzlicht und Brandon J. Schmeichel in ihrem Prozessmodell an, dass die Willenskraft keine begrenzte innere Ressource ist.[181] Sie gleiche eher einer Emotion, und Emotionen sind keine endlichen Ressourcen. Sie treten plötzlich auf, flachen wieder ab, kurz gesagt: Sie schwanken, anstatt zu »erschöpfen«.[182] Wenn wir wegen etwas wütend werden, sagen wir uns ja nicht: »Ich war heute schon oft genug wütend, deswegen bleibe ich jetzt mal cool.« Wenn die Emotion da ist, ist sie halt da. Vermutlich kennen wir alle den Satz: »Heute kann ich mich einfach nicht motivieren!« Das klingt tatsächlich so, als wollten wir uns nicht motivieren, weil wir uns dazu nicht in der Lage *fühlten*. Wir geben einem Gefühl nach, und darauf könnten wir ebenso Einfluss nehmen wie auf andere unliebsame Gefühle, etwa Wut oder Angst.

Diese Betrachtung warf ein neues Licht auf die Willenskraft, wenngleich weitere Forschung nötig ist, um sie endgültig zu bestätigen. Einigkeit scheint indessen darüber zu herrschen, dass auf unsere Willenskraft wenig Verlass ist. Anstatt sie zu trainieren, sollten wir lieber Versuchungen meiden, wo wir nur können. Die besten »Selbstregulierer« würden bemerkenswert selten ihre Willenskraft einsetzen, eben weil sie seltener in Versuchung gerieten, schreibt Inzlicht.[183] Seine Meinung deckt sich mit jener von James Clear, nach der es den Disziplinierten besser gelinge, ihr Leben so zu gestalten, dass sie keine heroische Willenskraft benötigen würden (siehe Kapitel 7 dieses Buches).

Ich weiß nicht, wie es dir geht, aber mir ist das bislang zu vage. Zwar wissen wir jetzt, welche Bedeutung die frühkindliche Willenskraft für unser Leben hat. Dass sie für den Erfolg nicht minder wichtig ist als die Intelligenz. Und dass sie wohl keinem Muskel, sondern eher einer schwankenden Emotion gleicht. Dennoch stellt mich der praktische Nutzen dieses Wissens noch nicht zufrieden. Es wird Zeit, zurück in den Sport zu schwenken und die Stimmen zweier Triathleten einzufangen. Was wissen sie über Disziplin und Willenskraft?

Der indirekte Weg zu Disziplin ist der vielversprechendste

Mit 37 Jahren war Jonas nicht mehr der Jüngste. Aber er habe einmal wissen wollen, was wirklich geht, verriet er im Podcast. Der Ironman ist die Königsdisziplin unter den Langdistanzen, doch um zu gewinnen, dafür langte es physiologisch nicht. Also überlegte sich Jonas: »Gut, dann mache ich halt die meisten Langdistanzen am Stück.« 106, absolviert an 106 Tagen, hätten gereicht, um den damaligen Rekordhalter Sean Conway zu entthronen, jedoch wäre Jonas dieser Sieg zu knapp gewesen. 120 sollten es werden, und damit setzte er sich ein klares, für viele Menschen unvorstellbares Ziel. »War es schwierig?«, wird er öfter gefragt. Seine Meinung: »Wenn es nicht schwierig wird, war das Ziel nicht ambitioniert genug«. Nun könnten wir annehmen, Jonas habe zwischendurch mit dem Gedanken gespielt, aufzugeben. Hat er aber nicht. Und zwar, weil er gewusst habe, dass es irgendwie weitergehen werde: »Der Körper passt sich an, und die Grenzen verschieben sich.« Er müsse den Leuten nicht erklären, dass 120 Langdistanzen stellenweise wehtun, das wüssten sie eh schon. Lieber erzähle er ihnen, er mache 120 Langdistanzen und habe trotzdem Spaß dabei. Die Kombination aus Abenteuer und Leistung motiviert Jonas, daraus bezieht er Energie.

Vor jedem großen Unterfangen stellt sich Jonas drei Fragen. Allen voran: *Steht das Ziel im Einklang mit meiner Leidenschaft?* Nur falls er sie bejaht, kann er sich überhaupt für das Ziel erwärmen. Die zweite Frage: *Ist es machbar?* Hier geht es nicht darum, ob Unvorhersehbarkeiten auftreten oder ob der Weg hart wird. Gemeint ist mehr die grundsätzliche Machbarkeit. Zum Beispiel habe er überlegt, die Beringstraße zu überqueren. Da sie aber nicht gleichmäßig zugefroren ist, wäre es ein »Hüpfen von Eisscholle zu Eisscholle« geworden, nur um danach in russischem Sperrgebiet anzukommen. Seiner Einschätzung nach lag die Machbarkeit irgendwo bei 1 %, das war schlichtweg zu unrealistisch. Die dritte Frage: *Ist das Ziel einzigartig?* Was schon tausendfach gemacht wurde, reizt Jonas nicht. Ferner will er sicherstellen, dass sein Unterfangen für mediale Aufmerksamkeit sorgt, schließlich lebt er gewissermaßen von dem Medientrubel, indem er zum Beispiel Sponsoren gewinnt.

Was wir aus Jonas' Erzählung herauslesen: Ein großes, machbares Ziel, gepaart mit Leidenschaft, verhilft uns zu Disziplin. Am besten haben wir einen Traum, denn der enthält bereits die Leidenschaft und somit auch die Leidensbereitschaft. Jan Frodeno – einer der besten Triathleten aller Zeiten, der übrigens den Weltrekord auf der Roth-Distanz hält, die sich Jonas 120-mal vornahm – schreibt in seiner Biografie über ein Erlebnis in einem Sporthilfeforum. Die 20 Teilnehmenden sollten ein kurzes Referat über ihre Ausbildung und ihr Studium halten, was sie so täten und welche Karriere ihnen vorschwebte. Als Frodeno als Letzter an die Reihe kam, ließ er verlauten: »Meine Damen und Herren, es ist mir jetzt ein bisschen unangenehm, das hier so zu sagen. Ich möchte Triathlon-Olympiasieger werden. Aber ich habe keinen Plan B – also muss Plan A funktionieren.« Schallendes Gelächter im Raum, aber auch Anerkennung für den Mut, seinen Traum laut auszusprechen. 2008 holte Frodeno in Peking dann tatsächlich deutsches Gold. Offenbar können ein großes Ziel und die Überzeugung, es erreichen zu können, eine massive Willenskraft freisetzen. Hinzu kam bei Frodeno die Passion: »Er ist meine ganz große Leidenschaft und erfüllt mein Leben. Dafür bin ich dankbar. Nichts würde ich lieber machen als Triathlon«, schreibt er.[184]

Sowohl Jan Frodeno als auch Jonas Deichmann hatten sich etwas in den Kopf gesetzt, was der Lehrer Kennon Sheldon und der Psychologieprofessor Andrew J. Elliot als *selbstkonkordantes Ziel* bezeichnen.[185] Selbstkonkordant sind die Ziele, die mit unseren Interessen und Grundwerten übereinstimmen. In ihrem gleichnamigen Modell erklären Sheldon und Elliot, die Selbstkonkordanz habe gleich zwei Vorteile. Zum einen bemühen wir uns nachhaltiger um die Verwirklichung eines Ziels, wodurch sich eine höhere Wahrscheinlichkeit ergibt, es auch zu erreichen. Zum anderen führt die Erreichung eines selbstkonkordanten Ziels zu einem noch höheren Wohlbefinden, als wenn das Ziel im Widerspruch zu unseren eigenen Interessen und Grundwerten stünde, weil es uns von außen diktiert wurde.

Der Einfluss auf das Wohlbefinden erklärt sich wie folgt: Während wir nach dem Ziel streben, sammeln wir immer wieder Erfahrungen hinsichtlich Autonomie, Kompetenz und Verbundenheit – drei psychologische Grundbedürfnisse nach Deci und Ryan.* Und diese Erfahrungen speisen das Wohlbefinden, das wir verspüren, sobald wir das Ziel erreicht haben.

Leidenschaft und ein großes, selbstgewähltes Ziel, mit dem wir uns zu 100 % identifizieren – bringen wir dadurch schon ausreichend Disziplin auf? Möglicherweise, jedoch, empfehlen die Triathleten noch eine weitere Eigenschaft: Optimismus. Jonas sagt über sich, er sei ein »bedingungsloser Optimist«. In seinem Umfeld akzeptiere er nur Menschen, die positiv denken. Falls du damit liebäugelst, Teil seines Teams zu werden, ist Optimismus das wichtigste Einstellungskriterium. Insbesondere achte Jonas dabei auf die Wortwahl: »Sprache ist auch Optimismus. Und das wichtigste Gespräch ist das, das wir mit uns selbst führen.« Wie sehr Jonas an optimistische Sprache glaubt, beweist allein schon seine Formulierung »Läufchen«, mit der er einen Marathon beschreibt. Erkennst du die Ironie? Viele Menschen neigen zur Übertreibung, erkennbar zum Beispiel daran, dass sie ein zähes, aber vergleichsweise kurzes Meeting als Marathon bezeichnen. Jonas hingegen untertreibt, damit ihm die rund 42 Kilometer, die wirklich zäh sind, kürzer erscheinen. Besonders sympathisch ist mir übrigens seine Ablehnung von *hätte*, *könnte* und *würde*: »Bei persönlichen Projekten hat der Konjunktiv absolut nichts verloren.«

Doch was denkt Jonas, falls er trotzdem mal in ein Tief gerät? Wenn seine Glieder schmerzen, als gäbe – sorry, Jonas! – es kein Morgen? Und wenn deswegen Zweifel an seinem Vorhaben aufkommen? Dann konzentriert er sich auf den Moment, auf den heutigen Tag. Zu denken *Jetzt hast du 107 Langdistanzen geschafft, 13 Tage kommen noch*, sei nicht gerade motivierend, meint Jonas. Stattdessen denkt er: *Jetzt bringen wir erst mal den heutigen Tag zu Ende. Und morgen wird's wieder besser.* Wenn's uns heute schlecht gehe, heiße

* Das Modell von Deci und Ryan ist ausführlich im Kapitel »Eigenverantwortung – Schuld sind niemals die anderen« erklärt. Übrigens: Zwischen den Zeilen verbarg sich ein weiterer Erfolgsfaktor, der uns dabei hilft, diszipliniert zu sein: Eigenverantwortung.

das nicht, dass es morgen auch so sei. Dasselbe gilt für kürzere Zeitabschnitte. Jonas ist überzeugt, wenn es ihm bei Kilometer 30 mies gehe, dann sei es trotzdem gut möglich, dass sich sein Zustand innerhalb der nächsten fünf oder zehn Kilometer wieder bessern könne. Diese Denkweise ist doch allemal klüger als: *Boah, ist das noch weit! Das wird echt hart.*

Jan Frodeno sieht das genauso. Auch er mobilisierte die Kraft der positiven Gedanken, wenn er mal einen mentalen Hänger hatte. »Positive Erinnerungen. An Momente im Training, an frühere Rennen. Das ist eine meiner absoluten Stärken: Ich kann mir mental nur die Sahnestücke heraussuchen und erinnere mich ganz bewusst an sie«, gab er in seinem Buch preis. Er habe sich viel mit Memory-Training befasst und das »mentale Bebildern von Ereignissen erlernt«. Frodeno beschreibt auch den harten Weg zu seinem ersten Ironman-Sieg im Jahr 2015. Während des Marathons musste er durch das »Energy Lab« laufen, bekannt als höllisch heißer Abschnitt, der zu allem Übel auch noch über ein gutes Stück bergauf verläuft. Jedes Jahr knicken hier etliche Teilnehmende ein. Und als Frodenos Körper zu rebellieren begann, habe er sich ins Gedächtnis gerufen, dass er ausgerechnet »dort ein Jahr zuvor fünf oder sechs Plätze gutgemacht hatte«. Umgehend sei es ihm besser gegangen. Er geht sogar noch einen Schritt weiter. Die Kunst bestehe seiner Ansicht nach darin, sich die Schmerzen schönzureden, was mithilfe eines mentalen Tricks gelinge. Du teilst den zähen Marathon auf in kleine, kurzfristig zu erreichende Ziele wie *Ich halte bis zum nächsten Baum durch!* oder *Bis zur nächsten Verpflegungsstation schaffe ich es!* und redest dir ein, »dass der Schmerz an dem Punkt, den du gleich passieren wirst, geringer sein wird«. Das helfe, betont Frodeno.

Unsere Gedanken sind jederzeit Teil von uns. Wohin wir auch gehen, sie gehen mit uns. Das wusste schon James Allen, als er feststellte: »Ein Mensch ist buchstäblich, was er denkt, und sein Charakter ist die Summe all seiner Gedanken.«[186] Und wenn wir doch ohnehin permanent denken, warum nicht gleich positiv? Ich habe zwar bisher keinen Triathlon gemeistert, dennoch kann ich die Macht des positiven Denkens bestätigen. Gelegentlich werde ich gefragt, wie ich es fertigbringe, jede Woche zwei Podcast-Folgen zu veröffentlichen. Ob es manchmal hart sei und Disziplin erfordere. Allerdings! Zumal der Podcast nicht immer so erfolgreich gewesen ist wie heute. Wenn du dir die monatlichen Wiedergaben ansiehst, erkennst du, dass der Durchbruch erst nach zwei Jahren kam. Zwei Jahre lang habe ich darauf gewartet, dass der »Hockey-Stick-Effekt« einsetzt. Stellenweise war das schon ernüchternd. Irgendwann erreichte mich ein Mut machender Gedanke.

Damals gab es weltweit rund zwei Millionen Podcasts. Und von diesen zwei Millionen hatten es nur 10 % geschafft, mehr als drei Folgen zu veröffentlichen.[187] 1,8 Millionen Podcaster gaben demnach nach drei Folgen auf. Das allein ist schon denkwürdig, doch es wird noch besser. Von den verbliebenen 10 % kamen 90 % nicht über die 20. Folge hinaus. Spitzer formuliert: Wer zum damaligen Zeitpunkt mindestens 21 Podcast-Folgen veröffentlicht hatte, gehörte weltweit zu den 1 % mit dem stärksten Durchhaltevermögen. Ungeachtet des Inhalts oder der Soundqualität, sondern einfach nur, weil die Person weitermacht, sticht sie 99 % aller anderen Podcaster aus und zählt zum obersten 1 %. Ist das nicht krass?

Dieser Gedanke motivierte mich. In Zeiten, in denen ich gerade keine Lust hatte, Leute zu interviewen, setzte er Kräfte frei: *Du hältst länger durch als 99 % aller Podcaster, aber jetzt schwächelst du? Was ist los bei dir?* Und als ich eines Tages erfuhr, *Erfolg ist kein Zufall* zähle zu den Top 1 % der auf Social Media am meisten geteilten Podcasts, war meine Motivation endgültig auf einem Höhenflug. Die Erinnerung an solche Erfolgserlebnisse hilft mir durch schwere Zeiten. Sie geben mir das Gefühl von »Selbstwirksamkeit«, wie uns Albert Bandura gelehrt hat. Heute hinterfrage ich das Podcasten nur noch sehr selten, nämlich weil meine Disziplin obendrein Unterstützung von einem anderen Erfolgsfaktor erhält: der Routine.

Über 300 Podcast-Folgen habe ich aufgenommen. Genug, damit mir der Prozess in Fleisch und Blut übergangen ist. Gerry Keller schreibt hierzu: »In jeder Diskussion über Erfolg kreuzen sich irgendwann die Worte ›Disziplin‹ und ›Gewohnheit‹. Zwar haben sie eine unterschiedliche Bedeutung, aber gemeinsam bilden sie die Grundlage für Leistung, nämlich, indem man regelmäßig an einer Sache arbeitet, bis sie einem zur Gewohnheit wird.«[188]

Die Herausforderung besteht darin, die richtige Sache auszuwählen, jene, die mich zum Erfolg führt und mit der ich nicht meine Zeit verschwende. Bei meinem Podcast spürte ich, er werde mir zu mehr Bekanntheit verhelfen, meine *Instagram*-Reichweite unterstützen und somit letztlich meinen Marktwert erhöhen. Das Prinzip, »die richtigen Gewohnheiten auszuwählen und genau so viel Disziplin aufzubringen, wie zu ihrer Verinnerlichung nötig ist«, nennt Keller übrigens *selektive Disziplin*. Und die durchschnittliche Zeitspanne, die wir durchhalten müssen, bis wir die Gewohnheit nicht mehr hinterfragen, also quasi willenlos ausführen, beziffert er mit 66 Tagen. Wobei wir diese Angabe mit Vorsicht genießen sollten. Denn es kann verschiedene Gründe geben, derentwegen wir trotzdem Gefahr laufen, mit einer festen Routine zu brechen. Ein krankheitsbedingter Ausfall zum Beispiel.

Glücklicherweise wurde Jonas Deichmann bei seiner »Challenge 120«, abgesehen von kleineren Infekten, nicht krank. Wobei es seinen Unterstützern gegenüber unfair wäre, es allein dem Glück zuzuschreiben. Damit er sich ganz auf seine sportliche Leistung würde konzentrieren können, hatte er sich ein heterogenes Team aufgebaut. Unter anderem bestand es aus einem Arzt und einem Physiotherapeuten, die seinen Zustand täglich überwachten und die beide das Recht hatten, jederzeit das Projekt zu stoppen; zudem aus verschiedenen Helfern, die ihm beispielsweise seine Mittagsmahlzeit während des Radfahrens übergaben. Er brauchte das Gefäß nur noch in seinen Lenker einzurasten und konnte dadurch während der Fahrt essen. Sein Team sparte ihm Zeit, außerdem schonte diese Unterstützung logischerweise Jonas' Willenskraft, da er sich über Nebensächlichkeiten wenig Gedanken machen musste. Und das, obwohl die Nahrungsaufnahme alles andere als nebensächlich war – wegen seines immensen Kalorienbedarfs aß er alle 20 Minuten.

Mit seiner Challenge inspirierte er etliche Menschen, die gemeinsam mit ihm in den See sprangen, Rad fuhren oder sich seinem Läufchen anschlossen. Ein Mann begleitete Jonas ganze 18 Tage lang! Es bedarf keines Beweises, dass sich diese Leidensgenossenschaft positiv auf seine Disziplin auswirkte. Wie wichtig das Umfeld ist, betont Jan Frodeno ebenso. Über seinen Olympiasieg in Peking sagt er, es sei »das leichteste Ziel« gewesen, das er sich je gesetzt habe. Diese Aussage beziehe sich nicht auf die sportliche, sondern die mentale Sicht: »Du bekommst ein konkretes Datum, Jahre im Voraus, du hast einen ganzen Stab an Trainern, Wissenschaftlern und Offiziellen, die immer wieder deinen Leistungsstand prüfen und dich auf das Ziel einschwören.« Damit wollte Frodeno nicht etwa sagen, wir bräuchten uns nur das richtige Team zu suchen und würden automatisch zum Olympiasieger gekürt. Nein, sportlich betätigen musste er sich schließlich noch selbst. Ausdrücken wollte er: »Ohne Menschen, die dich unterstützen und fördern, die überzeugt sind, dass du es schaffen wirst, erreichst du dein Ziel nicht.«

Für wie wichtig ich das Umfeld erachte, habe ich schon öfter in diesem Buch angesprochen. Ziel, Leidenschaft, Sinn, Fokus, Routine, Selbstwirksamkeit, Umfeld, Optimismus – all das fördert unsere Disziplin, wie wir gesehen haben. Einen Förderer möchte ich noch ergänzen, ich nenne ihn Erfolgsverständnis. Ich habe den Eindruck, sobald es um das Erfolgsverständnis geht, erweisen sich viele Menschen als begriffsstutzig. Sie neigen dazu, anderen nachzueifern, die ihnen schnellen Erfolg versprechen. Das geht mir auf den Keks! Dieser Glaube, man bestelle sich ein paar Fatburner-Tabletten und bekomme dadurch ein Sixpack. Dass man denkt, Nahrungsergänzungsmittel würden zu einem gesunden Lebensstil führen. Dieses fehlende Erfolgsverständnis erstreckt sich über sämtliche Bereiche, man denke nur an die unzähligen So-wirst-du-in-4-Wochenreich-Programme, die uns Leute anbieten, die ebenfalls vom Angebot einer vermeintlichen Abkürzung geblendet wurden. Es ist absurd, zu denken, Erfolg könne sich ohne Leistung, ohne Arbeit, ohne Durchhaltevermögen einstellen. Abkürzungen gibt es nicht. Haben wir das erst begriffen, fällt es uns viel leichter, die nötige Disziplin aufzubringen. Wir stellen den anstrengenden Weg hin zum Ziel seltener infrage, eben weil wir anerkennen, dass Anstrengungen dazugehören. Die Ironie dabei ist: Sprichst du mit erfolgreichen Menschen über ihren stellenweise holprigen Weg, dann bewerten sie rückblickend gerade die Stolpersteine als am wertvollsten. Genieße diesen Weg. Gehe durch den Schmerz. Gehe durch die Phasen, die dich prägen, die dich letztlich zu der erfolgreichen Person machen, die du sein willst.

Bei *Instagram* kann man virtuelle Pokale gewinnen. »Auszeichnung« nennt sich diese Kategorie; Content Creator haben die Möglichkeit, sie in ihrem Profil einzusehen. Kürzlich wurde mir angezeigt, ich hätte 37 000 Stories seit meiner Profilerstellung gepostet. Das war vor sieben Jahren und bedeutet, dass ich seitdem im Schnitt etwa 14 Stories pro Tag veröffentlicht habe. Diese Zahl habe ich zum Anlass genommen, für das nächste *DWS*-Event Armbänder mit der Aufschrift »No shortcuts« erstellen zu lassen. Sowie Untersetzer, auf denen »It's NOT about perfection, it's about consistency« steht. Beharrlichkeit, Durchhaltevermögen, Konstanz, Kontinuität und Disziplin sind Begriffe, die zum Selbstverständnis werden sollten – zum Erfolgsselbstverständnis. Nun will ich hoffen, diese Worte führen nicht zu Gedanken wie: *Dieses Disziplinlevel erreiche ich doch nie!* Falls dem doch so sein sollte, kann ich dir Mut machen: Um überdurchschnittlich erfolgreich zu werden, reichen womöglich 20 % weniger Disziplin.

Mit 80 % Disziplin kommen wir ziemlich weit nach oben

Jochen Schweizer saß mir digital gegenüber und bewunderte mein Schwarz-Weiß-Poster im Hintergrund. Darauf abgebildet: Arnold Schwarzenegger im Querformat, ganz offensichtlich in seiner physiologischen Blüte als Mister Universum. Arnold hat seine Gewinnerpose eingenommen, seine Arme sind ausgebreitet, sein Gesicht im Profil abgelichtet. Der Hintergrund ist unscharf, trotzdem erkennt man die Menschenmenge, die den Blick auf ihn gerichtet hat. Quer über das Poster steht »D I S C I P L I N E« geschrieben. Jochen kommentierte es: »Dein Poster feiere ich. Disziplin ist so wichtig!« Ich nickte. Er ergänzte: »Aber man muss sich wahrscheinlich von dem Glauben verabschieden, 100 % diszipliniert zu sein.«[189] Wie bitte? Diese Worte aus dem Mund eines Jochen Schweizer? Bei allem, was er sich aufgebaut hat? Daraufhin gesteht er, nur zu 80 % diszipliniert zu sein. Dennoch hätte dieser Grad an Diszipliniertheit ausgereicht, um weit nach oben zu kommen. *Wow, was für eine Sichtweise, dachte ich, wo doch die meisten Trainer und Mentoren eiserne Disziplin beschwören, weil ohne sie Erfolg schier unmöglich sei.* Jochen glaubt, 80 % würden genügen, um in unserer Gesellschaft in nahezu jedem Bereich weit vorne mitzuspielen. Und daran glaube ich heute auch.

Für viele Menschen ist 100-prozentige Disziplin ungefähr so, als wollten sie sich von einem Klapprad in eine Hayabusa transformieren. Sie denken in denselben Farben, in denen mein Arnold-Poster gedruckt ist: in Schwarz-Weiß. Letzte Woche noch jeden Abend eine Tüte Chips vertilgt und komaglotzend eingeschlafen, diese Woche stehen ausschließlich gesunde Ernährung und Sachbücher auf dem Plan. Letzte Woche fünf Minuten spazieren gewesen, diese Woche sind jeden Tag zehn Kilometer joggen angesagt. Letzte Woche keinen einzigen *LinkedIn*-Beitrag veröffentlicht, doch diese Woche sollen es gleich fünf werden. Wie sollen wir Menschen, die zwar zu langfristiger Veränderung imstande sind, auf einen solchen Schock klarkommen? Aus dem Nichts 100 % Diszipliniertheit anzustreben, hat mindestens zwei Nachteile: Erstens, wir geben auf, sobald wir merken, dass wir dem neuen Maßstab nicht gerecht werden. Zweitens, sie schüchtert uns ein, sodass wir erst gar nicht loslegen. Wäre es da nicht klüger, von vornherein mit nur 80 % Diszipliniertheit zu kalkulieren?

Die Betonung liegt auf »kalkulieren«, denn von spontanen Ausflüchten halte ich wenig. Die würden uns um unsere Routine bringen. Rechnen wir aber von Beginn an mit 80 %, so wird der »Cheat Day« Teil der Routine. Ich stelle mir die Disziplin wie eine Leine vor, an die wir uns selbst legen. Ständig versuchen wir, den maximalen Leinenradius auszunutzen, das würde ein im Hof angeleinter Hund nicht anders tun. 80 % bedeuten, wir lockern die Leine etwas, erlauben uns somit einen größeren Bewegungsradius. Das macht das Leben doch lebenswerter, oder? Außerdem birgt eine zu enge Leine eine nicht zu unterschätzende Gefahr: Die Kräfte, die darauf wirken, steigen mit sinkendem Bewegungsradius. Die Leine könnte reißen!

Um ein Jonas Deichmann oder ein Jan Frodeno zu werden, reichen 80 % vermutlich nicht aus. Aber vielleicht ist es ja dein Traum, überhaupt mal einen Ironman durchzuhalten. Dieses Ziel wirst du auch mit 80 % Diszipliniertheit erreichen. In 80 % der Vorbereitungstage gibst du Vollgas, in 20 % nimmst du etwas Gas raus. In 80 % ernährst du dich gesund, in 20 % semigesund. Jetzt könnten wir über große Ziele diskutieren, darüber, wie wichtig sie sind und dass sie eher zu groß gewählt sein sollten als zu klein. Mit 80 % Disziplin im Blut durchs Leben zu gehen, schließt die Verwirklichung großer Ziele und Träume nicht aus. Obwohl ich zugeben muss, dass Hochleistungssport dafür wohl nicht das beste Beispiel ist. Dennoch werden wir mit 80 % viel mehr erreichen als der Durchschnitt, denn die Diszipliniertheit der meisten Menschen liegt wohl kaum oberhalb von 50 %.

Sofern wir nicht die Perfektion anstreben, sondern 20 % Imperfektion einpreisen, kommen wir sehr weit und führen ein vergleichsweise entspanntes Leben. Und selbst wenn für einen Lebensbereich nur 100 % Diszipliniertheit infrage kommen, heißt das ja nicht, dies müsse für sämtliche Lebensbereiche gelten. Das trifft selbst auf Hochleistungssportler zu. David Beckham sagte in seiner Netflix-Dokumentation: »Wenn du die Disziplin verlierst und nur noch 70 oder 90 % gibst, dann bist du ganz schnell weg vom Fenster.« Für den Fußball mag das gegolten haben, aber wie war das zum Beispiel mit seinem Konsumverhalten? Wer ihn kannte, wusste um seine Schwäche für »schöne Sachen«, als da wären Sportwagen, Uhren und Kleidung. Ein Teamkollege verriet ihn: »David bekam Freitag sein Gehalt, gab es am Samstag aus und wartete dann fünf Tage auf das nächste, um sich die passenden Jeans dazu zu kaufen.«[190] Fairerweise sei angemerkt, dass David damals in den Zwanzigern war und erst lernen musste, mit dem vielen Geld umzugehen, das er auf einen Schlag besaß. Entscheidender ist hier vielmehr: Selbst die Disziplin eines Weltklassefußballers kann in manchen Bereichen weit von 100 % entfernt sein.

Jonas Deichmann lässt das Jahr 2025 auch vergleichsweise ruhig angehen. Dank seines letzten Spiegel-Bestsellers *Weil ich es kann*, in dem er über seine 120 Ironman-Distanzen schreibt, darf er viele Motivationsvorträge halten. Komplett auf den Sport verzichtet er aber nicht. Man könnte behaupten, Jonas habe sich vorgenommen, die sportliche Disziplin seiner Mitmenschen zu fördern. In seinem neuen Projekt Langdistanz mit Freunden wird er jeden Monat einen Ironman an wechselnden Orten in Europa absolvieren. Wer Lust hat, ist herzlich eingeladen, sich ihm anzuschließen, so die Idee hinter dem Projekt. Außerdem fordern sich Jonas und der Extremsportler Marc Bernreuther jeden Monat mit einer Challenge heraus.[191] Naheliegend, schließlich wollen wir nicht, dass Jonas' Disziplinlevel auf ein bedenkliches Niveau absinkt!

Das Kapitel auf einen Blick

- Selbstdisziplin/Willenskraft ist ungemein wichtig für den Erfolg. Allerdings ist sie keine verlässliche Größe.
- Früher nahmen Psychologen an, Willenskraft gleiche einem Muskel, der »erschöpfen« könne und der sich trainieren lasse.
- Neuere Erkenntnisse deuten aber darauf hin, dass sich die Willenskraft eher wie eine Emotion verhalte, also je nach Situation und Tagesform schwanke.
- Anstatt sie direkt anzusteuern, sollten wir unsere Willenskraft besser indirekt trainieren.
- Optimismus, Leidenschaft, ein selbstkonkordantes Ziel, ein stützendes Umfeld und ein klares Erfolgsverständnis stärken unsere Willenskraft und lassen uns länger durchhalten.
- Um überdurchschnittlich erfolgreich zu werden, genügt vermutlich ein Disziplinlevel von 80 %.

Handlungsempfehlung

- Setze dir ein Ziel, das deine Leidenschaft verkörpert und das im Einklang mit deinen Werten steht.
- Wie sprichst du mit dir selbst? Nutze die Kraft der optimistischen Sprache und streiche negative Formulierungen und Konjunktive aus deinem Wortschatz.

13

UMFELD

Alles ist Umfeld und Umfeld ist alles

Im Dezember 2023 rief jemand aus meinem Netzwerk zu einer Zuckerfrei-Challenge auf. Einen Monat lang keinen Zucker konsumieren, so das Vorhaben. Grundsätzlich eine coole Idee, fand ich, aber warum ausgerechnet im Dezember? Mitten in der zuckerweißen Vorweihnachtszeit, die mir mit Glühwein, Spekulatius und Christstollen an die Bauchspeicheldrüse will, schien mir der Zeitpunkt mehr als ungünstig gewählt. Das weiße Zeug gehört doch irgendwie zu Weihnachten dazu, oder nicht? Böse Zungen könnten auch behaupten, ich hätte mich vor der Challenge gedrückt.

Der Ideengeber ließ sich davon nicht beirren und fand 20 Mitstreitende, die ihn bei seinem Vorhaben begleiten wollten. Er eröffnete eine Kurznachrichten-Gruppe, lud sie allesamt ein, und ich dachte: *Komm, ich gehe mit rein in die Gruppe und begleite das Geschehen als stiller Beobachter.* Auch wenn ich mich nicht zur Teilnahme aufraffen konnte, war ich doch neugierig, was die Teilnehmenden schreiben, wie sie einander motivieren und natürlich, ob sie durchhalten würden.

Die Zuckerboykotteure tauschten täglich Rezepte aus und luden Einkaufslisten hoch. Um zu inspirieren, aber ebenso, um zu bezeugen, dass ihre Einkäufe auch wirklich zuckerfrei waren. Das Ganze begann, richtig wissenschaftlich zu werden. Enthusiastisch wiesen sie sich gegenseitig darauf hin, welche Produkte wie viel Gramm (versteckten) Zucker enthielten, wie vielen Kalorien das entspreche und welche Alternativen sich anböten. Ich beobachtete die Nachrichten mehr beiläufig, in diesem automatischen Scroll-Modus, in den wir verfallen, wenn wir auf dem Sofa liegen und der Langeweile zu entkommen versuchen.

Nach zwei Wochen dann geschah etwas Bemerkenswertes. Als ich mir gerade ein Lebkuchenherz einverleibte, fühlte ich mich plötzlich ertappt: *Moment, was ziehe ich mir hier eigentlich gerade rein? Ist da nicht jede Menge Zucker drin?* Wie krass! Obwohl ich nicht aktiv an der Challenge teilnahm, hatte die Gruppe eine Wirkung auf mein Essverhalten. Ohne dass es mir oder den 20 Leuten aufgefallen war, hatten sie mein

Unterbewusstsein bearbeitet und mir ein schlechtes Gewissen eingeredet. Ich ließ den Rest des Lebkuchenherzens liegen, und auch in den Wochen danach konsumierte ich deutlich weniger Zucker als üblicherweise. Das war eine tiefgreifende Erkenntnis, denn sie zeigte, wie stark uns unser Umfeld prägt. Wenn schon eine digitale Gruppe, die du beiläufig beobachtest, eine solche Auswirkung auf dein Leben hat, wie stark beeinflussen dich da erst jene Menschen, mit denen du täglich zu tun hast? Lebenspartner. Eltern. Großeltern. Onkel. Tanten. Freunde. Arbeitskollegen. Sie könnten zu den »5 Menschen« zählen, mit denen du am meisten Zeit verbringst und von denen du nach Ansicht des amerikanischen Unternehmers Jim Rohn der Durchschnitt bist.

Doch was soll das überhaupt heißen: der Durchschnitt von fünf Menschen zu sein? Allzu wörtlich dürfen wir diese Aussage nicht nehmen; schließlich werden unsere Gesichtszüge wohl kaum dem Durchschnitt dieser fünf Menschen entsprechen, allein schon des Altersunterschiedes und der Genetik wegen. Aber was ist mit der Kleidung? Wir kennen das Phänomen, dass Paare, je länger sie zusammen sind und je mehr Zeit sie miteinander verbringen, sich umso ähnlicher kleiden. Das fällt bei der Farbauswahl auf, ebenso daran, ob sie eher schick, leger oder wie die Hempels auftreten. Ohne einen Beweis dafür zu erbringen, wage ich folgende These: Paare, Freunde, ja allgemein Menschen, die viel gemeinsame Zeit verbringen, stimmen ihre Erscheinung unbewusst aufeinander ab.

Nun mag Kleidung das geringste unserer Probleme sein, doch die besagten fünf Menschen beeinflussen zig weitere Bereiche wie unser Einkommen, unser Vermögen, unser Denken, unser Handeln und damit am Ende auch unser Lebensgefühl. Wenn wir das erst geschluckt und verdaut haben, denken wir vielleicht: *Ist doch super, besser hätte ich es kaum treffen können!* Oder aber wir denken: *Hm, so pralle ist dieser Durchschnitt nicht.* Nun, was dann? Dann ist es Zeit, zu handeln, indem wir uns ein soziales Umfeld suchen, das besser zu uns und unseren Träumen passt. Ein Umfeld, das die beste Version unseres Selbst zutage fördert.

Der Fokus in diesem Kapitel richtet sich auf unser *soziales Umfeld*, und zwar, weil wir es am ehesten beeinflussen können. Ganz bestimmt wirken sich noch andere Umfelder auf unser persönliches Gedeihen aus. Die Kultur. Die politischen, wirtschaftlichen und rechtlichen Verhältnisse im Land. Die Technologien, die uns zur Verfügung stehen. Der Zugang zu Bildung und zu einem funktionierenden Gesundheitssystem. Und außerdem das psychische und physische Umfeld, wie unser Elternhaus. All diese Umfelder hinterlassen einen Eindruck bei uns – man denke an die Kriegs- und Wirtschaftsflüchtlinge, deren Antriebskraft der Wunsch nach einem neuen, besseren Umfeld ist –, jedoch haben wir darauf nur bedingt Einfluss. Aus ebendiesem Grund beschränkt sich unsere Betrachtung auf das soziale Umfeld. Doch bevor wir in die Vollen gehen und nach Möglichkeiten suchen, wie wir unser Umfeld optimieren können, sei eine Frage erlaubt: Gibt es überhaupt Belege dafür, dass das richtige Umfeld unseren Erfolg begünstigt und das falsche ihm im Weg steht? Eine lebkuchenherzhafte Geschichte kann schließlich jeder zum Besten geben.

Starke schwache Bindungen und das soziale Kapital

In den 1970er-Jahren machte der amerikanische Soziologe Mark Granovetter von sich reden, als er die Stärke schwacher Bindungen betonte.[192] Nach Granovetter besteht das Netzwerk eines Menschen im Groben aus starken und schwachen Bindungen. Die Bindungsstärke hängt von vier Faktoren ab:

1. der Menge an gemeinsam verbrachter Zeit,
2. dem Grad der emotionalen Intensität,
3. der Intimität, soll heißen, dem gegenseitigen Vertrauen,
4. den wechselseitigen Hilfeleistungen.

Anhand dieser Faktoren können wir intuitiv einschätzen, ob unsere Beziehung zu jemandem stark, schwach oder nicht vorhanden ist. Starke Beziehungen pflegen wir in der Regel zu Familienmitgliedern, Freunden und engen Arbeitskollegen, in jedem Fall zu denjenigen Menschen, denen wir unsere meiste Zeit schenken (»die 5 Personen« nach Jim Rohn). Schwache Beziehungen hingegen haben wir zu flüchtigen Bekannten und entfernten Kontakten, also zu Menschen, die wir nicht besonders nah an uns heranlassen, warum auch immer. Sie sind zwar Teil unseres Lebens, spielen aber Nebenrollen, was im Grunde auf jeden zutreffen könnte. Den Chef eines Freundes. Die Studienkollegin einer Freundin. Einen alten Geschäftskontakt. Den Hausmeister. Die Nachbarin. Den Immobilienmakler. Granovetter hinterfragte die Bedeutung von starken und schwachen Bindungen für die Gesellschaft. Welche versprachen mehr Erfolg?

Dafür analysierte er, wie Menschen über ihre sozialen Verbindungen hinweg Informationen verbreiten und wie diese Verbindungen ihre beruflichen Chancen beeinflussen. Ein wesentlicher Teil seiner Studie beschäftigte sich mit der Jobsuche. Unter anderem wollte Granovetter wissen, wie Menschen neue Jobs fanden und welche Rolle ihre sozialen Verbindungen dabei spielten. Verhalfen ihnen enge Freunde oder die Familie zu ihrer neuen Stelle? Denken wir an die gängige Vitamin-B-Theorie, müsste die Antwort Ja lauten, oder? Irrtum, und zwar weil uns dieses »Vitamin Beziehung« in den wenigsten Fällen von unseren engsten Angehörigen verabreicht wird. Falls du angestellt bist, überlege doch mal: Wem hast du deinen Job zu verdanken? Deinen Eltern? Deinem besten Freund? Dir selbst? Bei einem Freund von mir war es der Betreuer seiner Masterarbeit, der ihm die Tür zu seinem ersten Arbeitgeber öffnete. Die beiden verstanden sich gut, Freunde waren sie nicht, vielmehr berufsbedingte Bekannte. Um es soziologischer auszudrücken: Die beiden hatten eine *schwache Bindung*.

Wie Granovetter herausfand, sind schwache Bindungen oft effektiver, da sie soziale Kreise miteinander verbinden und somit Zugang zu neuen Informationen und Chancen ermöglichen. Menschen im selben sozialen Kreis, wie Familienmitglieder und Freunde, teilen oftmals dieselben Informationen und Perspektiven. Falls wir eine Metapher für dieses Phänomen suchen, könnten wir sagen, sie schmoren im eigenen Saft oder sind betriebsblind. Es ist offensichtlich, dass, sobald sich mehrere soziale Kreise verbinden, dies den Horizont der Beteiligten erweitert und Chancen mit sich bringt. Schwache Bindungen dienen dabei als Brücke zwischen den Kreisen. Noch dazu charakterisiert sie im Vergleich zu den starken Bindungen eine geringe emotionale Intensität, was den sachlichen Austausch fördert.

Granovetters Arbeit belegt die Stärke, die in schwachen Bindungen steckt. In flüchtigen Bekanntschaften, die Teil unseres Netzwerks sind, schlummert ein enormes Potenzial, das wir heben sollten, wenn wir auf beruflichen Erfolg aus sind. Trotz – oder gerade wegen – ihrer geringeren Emotionalität sind sie für die Vermittlung von Informationen und Ressourcen wichtiger als starke Bindungen. Diese Erkenntnis hat das Verständnis von sozialen Netzwerken tiefgreifend verändert.

Etwa drei Jahrzehnte später stellte ein weiterer Soziologe namens Nan Lin eine Theorie über menschliche Netzwerke auf, veröffentlicht in seinem Buch *Social Capital: A Theory of Social Structure and Action.*[193] Was für Lin im Vordergrund stand, war das soziale Kapital, also die Ressourcen, die Menschen dank sozialer Beziehungen und Netzwerke mobilisieren können.

Die Ergebnisse sind nicht allein theoretischer Natur, es flossen auch empirische Daten ein. Für seine Umfragen entwickelte Lin den sogenannten »Positionsgenerator«, ein Messinstrument für das soziale Kapital. Bei dieser Methode wird den Befragten eine Liste mit Berufen vorgelegt; daraufhin sollen sie angeben, ob ein Familienmitglied, ein Freund oder eine Bekannte eine solche Position innehat. Mithilfe des Positionsgenerators ließ sich der Zugang zu Ressourcen über soziale Kontakte erfassen. Lin identifizierte vier Richtungen, in die das soziale Kapital wirkt:

1. Informationsvorteil
2. Einflussnahme
3. Zugehörigkeit
4. Anerkennung

Lass uns Beispiele finden, um den Wert dieser vier Richtungen zu veranschaulichen.

1. Informationsvorteil:
Einer Headhunterin liegt ein Stellenprofil vor. Bevor sie es online stellt, ruft sie eine Handvoll Leute aus ihrem Netzwerk an, die bei ihr einen positiven Eindruck hinterlassen haben und die ihrer Erfahrung nach für die Position infrage kommen. Du gehörst zu den Glücklichen.

2. Einflussnahme:
Lisa ist eine erfolgreiche Autorin. Ein Freund von ihr ist kurz davor, ein Buch fertigzustellen, und beabsichtigt eine Veröffentlichung über einen renommierten Verlag. Sie weiß, dass seine Chance für eine Zusage nicht besonders hoch liegen, da er Erstautor ist. Wie der Zufall es will, hat sie über denselben Verlag bereits zwei Bücher herausgebracht. Mithilfe ihres Einflusses macht sie ihrem Freund dort ein »Intro«, wodurch er sein Manuskript direkt an den Chefredakteur senden darf. Obendrein lobt sie seinen Schreibstil. Bei der Vielzahl an Manuskripten, die den Verlag täglich erreichen, dürfte der Wettbewerbsvorteil auf der Hand liegen. Ohne Lisas Einflussnahme hätten seine Chancen schlechter gestanden.

3. Zugehörigkeit:
Sven ist neu im Unternehmen und wird von seinen Kollegen freundlich begrüßt. Sie laden ihn zum Mittagessen ein und beziehen ihn in Gespräche ein. Nach Feierabend gehen sie gemeinsam etwas trinken. Sven empfängt das Signal, dass er in der »Gruppe« willkommen ist. Er hat das Gefühl, dazuzugehören.

4. Anerkennung:
Sonja ist eine erfolgreiche Architektin. Aufgrund ihrer Branchenkenntnis erhält sie das Angebot, Mitglied eines exklusiven Netzwerks zu werden. Durch ihren Beitritt gewinnt sie auf zweierlei Weise: Zum einen wird sie mit Anerkennung und Status belohnt, das Netzwerk hat somit einen emotionalen Wert für sie. Zum anderen erhält Sonja Zugriff auf exklusive Informationen und Kontakte.

Das soziale Kapital einer Gesellschaft stützt sich auf beides: auf die Qualität und die Quantität der Beziehungen. Die Ressourcen sind gewissermaßen in den sozialen Netzwerken »eingebettet« und lassen sich wie ein Schatz heben. Menschen, die über ein breites und reichhaltiges Netzwerk verfügen, haben nicht nur Zugang zu mehr Informationen, sondern sie profitieren auch eher vom Einfluss ihrer sozialen Kontakte als solche Menschen, deren Netzwerk spärlich ausgeprägt ist. Lin betont, wenn wir unser soziales Kapital erhöhen wollen, kommen wir nicht umhin, Energie in den Aufbau und die Pflege unseres Netzwerks zu investieren. Entscheidend für den Erfolg im Leben sei sowohl, »wen wir kennen«, als auch, »was wir wissen«.

Mit den Erkenntnissen von Granovetter und Lin ist uns nun klar, dass schwache Bindungen unterschätzt werden und wir in vielerlei Hinsicht von sozialem Kapital profitieren. Ungeklärt bleibt bisher der individuelle Weg, also wie jeder Einzelne von uns zu einem »besseren« Umfeld gelangt. Dafür sollten wir uns erneut vor Augen führen, dass unsere fünf engsten Mitmenschen den größten Einfluss auf unsere Person haben. Und damit leider auch besonderes Potenzial, uns das Leben zu vermiesen! Ich wage zu behaupten, dass wir auf jegliche Art von Negativität empfindsam reagieren. Bewusst oder unbewusst. Was uns zu der unausweichlichen Frage führt: Sollten wir den Kontakt zu negativen Menschen generell abbrechen, weil sie unser Wohlgefühl und unseren Erfolg gefährden?

Der Umgang mit Negativität

Der Speaker Tobias Beck hat bei einem Auftritt mal eine witzige Anekdote preisgegeben, die auf ähnliche Art sicher schon den meisten widerfahren ist und die ich etwas abgewandelt habe. Du bist auf einer Party umgeben von vier Personen. Sie unterhalten sich über ihre körperlichen Leiden. Die erste jammert: »Mir tut seit letzter Woche der Fuß weh. Ich war deswegen schon beim Arzt, aber mehr als Schonung hilft da wohl nicht.« Daraufhin die zweite Person: »Ach, interessant. Das erinnert mich daran, als ich letztes Jahr gestürzt bin und mir die Hand gebrochen habe. Ich konnte wochenlang nicht arbeiten.« Nun schaltet sich die dritte Person ein: »Ach, alles halb so wild. Ich hatte letzten Monat einen Bandscheibenvorfall. Glaubt mir, seitdem ist mein Leben nicht mehr dasselbe.« Die vierte Person holt Luft für das Finale und spricht: »Auweia, das sind üble Geschichten. Davon kann ich ein Lied singen, denn mich plagen seit Jahren chronische Kopfschmerzen. Ich bin schon bei einem halben Dutzend Neurologen gewesen, doch niemand konnte mir bislang helfen, lediglich Schmerzmittel verschrieben haben sie mir. Es ist ein Jammer!« Die vier Personen drehen sich zu dir um, schauen dich erwartungsvoll an, und eine von ihnen fragt: »Und woran leidest du?« Du schaust sie nacheinander an und antwortest: »Sorry, für dieses Gespräch stehe ich nicht zur Verfügung.«

Das ist eine wunderbar klare Ansage. Sie mag im ersten Moment herzlos erscheinen, aber wenn wir ehrlich sind, geht es in einer solchen Unterhaltung ja weniger darum, ehrliches Interesse am Leid des Gegenübers zu zeigen. Vielmehr wirkt die Situation, als wollten die Leidensgenossen einander mit ihren Krankheiten übertrumpfen. Sie nehmen an einem grotesken Wettbewerb teil, dessen Teilnahme man durchaus ablehnen darf. Denn wozu soll diese Unterhaltung gut sein? Ich reagiere allergisch auf dieses Opfergeschwätz und meide es, wo es nur geht.

Negativ denkende Menschen erkennst du daran, dass sie immer Opfer der Umstände oder ihres Umfelds sind. Schon mal darauf geachtet? Schuld sind der Arbeitgeber, die Wirtschaft, die Politik, der Ehemann, die Ehefrau, die Eltern, die Freunde, die Kinder, der Nachbar, das Wetter. Wer oder was auch immer. In jedem Fall sind sie nicht selbst schuld an ihrer Misere, denn dieses Eingeständnis würde bedeuten, dass sie, um ein besseres Leben führen zu können, etwas ändern müssten. Der Schlüssel zum Erfolg nennt sich 100-prozentige Eigenverantwortung. Und zur Eigenverantwortung zählt auch die Entscheidung, wem wir wie viel unserer Zeit schenken.

Ich bin über die Jahre rigoros geworden, was mein Umfeld anbelangt, soll heißen, ich sortiere regelmäßig Menschen aus, die mir mit ihrer Denkweise nicht guttun. »Aber das ist doch mein alter Schulfreund! Zu dem kann ich nicht einfach die Verbindung kappen«, magst du einwenden. Warum nicht? Es wirkt eher komisch auf mich, wenn sich ein soziales Umfeld mit der Zeit nicht verändert, weil es gewissermaßen bedeutet, dass sich mehrere Menschen in demselben Tempo in dieselbe Richtung entwickelt haben, was unwahrscheinlich ist. Das muss eine Freundschaft zwar nicht ausschließen, aber leider wird die Differenz zwischen den Personen oftmals so groß, dass es nicht mehr matcht. Man muss sich ja nicht im Bösen trennen. Wenn ich gelegentlich mit Menschen aus alten Zeiten zusammenkomme, dann ist da kein Hass, dennoch haben wir beide begriffen, dass es nicht mehr so passt wie früher. Es fühlt sich nicht mehr richtig an.

Mir gefällt das Bild vom Lebenszug. Stelle dir vor, dein ganzes Leben gleicht einer Zugstrecke. Mit deiner Geburt kommt der Lebenszug ins Rollen, mit deinem Tod endgültig zum Stehen. Unterwegs passierst du immer wieder Stationen, wo Menschen aus- und einsteigen. Dein alter Schulfreund ist relativ am Anfang der Strecke zugestiegen, an der Station *Schule*. Ihr habt einen prägenden Reiseabschnitt zusammen verbracht, der auch der Grund dafür ist, dass ihr seitdem zwanghaft versucht, Kontakt zu halten. Was du jedoch erst später bemerkst: Eigentlich hätte er an der Station *Schulabschluss* aus deinem Lebenszug aussteigen sollen. Sicher, ihr habt euch früher gut verstanden, jedoch lagen eure Interessen damals in Dingen, die aus heutiger Sicht kaum noch von Bedeutung sind. In der neunten Klasse saßt ihr nebeneinander, habt zusammen die Pausen verbracht, euch nachmittags getroffen, um abzuhängen und Blödsinn zu veranstalten, und ihr wart gemeinsam auf der ersten Party. Nach dem Schulabschluss sind eure beiden Leben ziemlich unterschiedlich verlaufen, Gemeinsamkeiten gibt es nahezu keine, auch eure Weltvorstellung ist grundverschieden. Bei strenger Betrachtung ist euer einziger Bezugspunkt eure Schulzeit, worauf sich auch größtenteils eure Gespräche beschränken. Irgendwann stellst du dir die Frage: Wohin führt das? Umso berechtigter ist sie, wenn der Schulfreund deinen Lebenszug mit negativer Energie belädt und ihn dadurch am Vorankommen hindert.

Wenn wir das Bild des Lebenszuges in uns tragen, erscheint es uns absolut normal, dass Menschen aus- und einsteigen. Außerdem muss ein Verlassen des Zugs ja nicht für immer sein; es bedeutet lediglich, dass die Reiseziele in verschiedenen Richtungen liegen, im extremsten Fall in entgegengesetzten. Vielleicht gleichen sie sich eines Tages wieder an, soll meinen, der Schulfreund steigt fünf oder zehn Stationen später wieder zu.

Besondere Vorsicht ist bei der Station *Partnerwahl* geboten, und zwar, weil dein Partner nicht einfach nur Fahrgast in deinem Lebenszug ist, nein, Co-Lokführer trifft es eher. Dein Partner ist dein stärkstes Umfeld und zählt sicherlich zu den fünf Menschen, mit denen du am meisten Zeit verbringst. Falls dein Co-Lokführer oder deine Co-Lokführerin nun zu einem Negativmonstrum mutiert (oder schon als eines zugestiegen ist), verheißt das weder etwas Gutes für deine Gedanken noch für den Streckenverlauf deines Lebenszugs. In diesem Fall ist es das Klügste, die Fahrt nicht gemeinsam fortzusetzen. Das klingt hart, ich weiß. Aber ich rede hier nicht von grauen Tälern, die jedes Paar gemeinsam überwinden muss, ich rede davon, dass es einfach nicht passt, weil die Ansichten, die Interessen, das Weltbild so verschieden sind. Einer Sache bin ich mir sicher: Du kannst Menschen nicht verändern, nur inspirieren. James Allen schrieb: »Ein starker Mensch kann einem schwächeren nicht helfen, solange der Schwächere nicht bereit ist, sich helfen zu lassen, und selbst dann muss der schwache Mensch stark werden; er muss durch eigene Anstrengung die Stärke entwickeln, die er in anderen bewundert.«[194] Menschen müssen selbst zu der Erkenntnis gelangen, dass eine Veränderung in ihrem Sinn ist, und diesen entscheidenden Schritt kannst du deinem Partner beziehungsweise deiner Partnerin nicht abnehmen. Wenn er oder sie sich nicht verändern will, es aber aus deiner Sicht müsste, weil sonst die Harmonie in der Beziehung gefährdet ist, bleibt dir keine andere Wahl, als den Schlussstrich zu ziehen.

Ich kann mich glücklich schätzen, eine reflektierte Frau an meiner Seite zu wissen, für die die Arbeit an der eigenen Person eine Selbstverständlichkeit ist. Diese Haltung eint uns. Wenn das nicht so wäre, hätte ich Schwierigkeiten, meinen Lebenszug auf Kurs zu halten. Irgendwann hieße es vielleicht »Wir haben uns auseinandergelebt«, was zu übersetzen ist mit »Ich möchte in eine völlig andere Richtung reisen«. Damit es nicht so weit kommt, entwickeln wir unsere Persönlichkeiten gemeinsam; wir besuchen Seminare, nehmen an Schulungen teil, machen Mastermind-Reisen. Auch bei Büchern haben wir eine große Schnittmenge, was zu einem aktiven Austausch über gemeinsame Interessen führt. Ich könnte mir keine bessere Co-Lokführerin vorstellen.

Freunde und den Lebenspartner können wir uns aussuchen; was jedoch außerhalb unseres Einflussbereichs liegt, ist unsere Familie. Wie verfahren wir, falls innerhalb der Familie eine Quelle der Negativität sprudelt? Nun, wir können uns unsere Familie zwar nicht aussuchen, aber wir können immerhin entscheiden, wie viel Zeit wir mit ihr verbringen. Manche Erfolgstrainer raten dazu, den Kontakt zu negativen Menschen vollständig abzubrechen – egal, um wen es sich dabei handelt –, doch für Familienmitglieder erscheint mir das allzu hart. Was, wenn sie in eine Notlage geraten und auf unsere Hilfe angewiesen sind? Dann sollten wir für sie da sein. Deswegen lautet mein Rat: Falls dich ein Familienmitglied runterzieht, triff es seltener. Das kann ja zunächst als Experiment starten. Wie fühlt es sich an, die Person statt einmal pro Woche nur noch einmal pro Monat zu sehen? Hat dein Wohlgefühl von der Distanz profitiert? Dann scheint es der richtige Weg zu sein. Ich stelle mir das wie den Besuch eines radioaktiven Gebiets vor. Dein Organismus kommt mit der Strahlung zurecht, solange du das Gebiet nur ab und zu betrittst. Begibst du dich aber zu häufig dorthin oder verbringst zu viel Zeit dort, wird die Strahlendosis zu hoch, sodass sie Schaden an dir anrichtet.

Intensiver Strahlung sind wir auch ausgesetzt, wenn wir regelmäßig News konsumieren. Laut Rolf Dobelli nehmen wir pro Tag rund 60 News-Meldungen wahr. Er vergleicht sie mit Zuckerbonbons und warnt vor ihrem Konsum, da sich keine Sättigung einstelle, anders als bei Büchern oder solide recherchierten Artikeln, die uns in der Tiefe über ein Thema informieren. Eine »gesunde geistige Ernährung« sei wichtig, meint Dobelli, denn zu viele Zuckerbonbons würden uns zu »News-Junkies« machen, die für die kurzen Kicks nach und nach mit ihrer Konzentrationsfähigkeit bezahlen. Bis sie eines Tages nicht mehr imstande sind, zehn Seiten eines Buchs zu lesen, ohne sich dauernd ablenken zu lassen.[195]

Diesen Preis bin ich nicht zu zahlen bereit. Ich bin der Wächter am Tor meiner Gedanken, und es ist meine Aufgabe, genau abzuwägen, wem ich es öffne. Medienkonzerne verfolgen nicht die Aufgabe, zu informieren oder uns aufzuschlauen. Sie sind dafür da, um Geld zu verdienen. Und wie verdient man Geld? Mit Aufmerksamkeit, mit Reichweite, mit Klicks. Kurz: Indem man möglichst viele Leute in seinen Bann zieht und sie süchtig nach (uninteressanten) Neuigkeiten macht. Es ist psychologisch bewiesen, dass wir von schrecklichen, skandalösen und sensationellen Nachrichten stärker getriggert werden als von positiven. Auf jedes abgestürzte Flugzeug kommen Millionen von Flugzeugen, die ihre Passagiere sicher von A nach B transportiert haben. Auf jede Messerattacke kommen tausende gefahrlose Situationen. Auf jedes Land, in dem Krieg geführt wird, kommen mindestens fünf, in denen Frieden herrscht. Warum wird darüber nicht berichtet? Weil es keine Sensationen sind.

Ich konsumiere schon etliche Jahre keine News mehr. Nach den Erkenntnissen von Daniel Kahnemann treffen wir 95 % unserer Entscheidungen intuitiv, emotional, im Unterbewusstsein. Man stelle sich ein Segelboot vor, das für unser rationales, bewusstes Denken steht. Dieses Segelboot wirkt auf den ersten Blick frei, was sich bei näherem Hinsehen jedoch als Trugschluss erweist, da es in seiner Manövrierfähigkeit eingeschränkt ist. Eine unsichtbare Kette verbindet es mit einem U-Boot, das sich genau unterhalb des Segelboots befindet. Als Captain des Segelboots können wir zwar sagen, dass wir nach links steuern wollen, aber wenn das U-Boot lieber nach rechts will, werden wir mit unserem Segel wenig dagegen ausrichten können. Das U-Boot steht für unser Unterbewusstsein, das wir mit schädlichen Gedanken, wie wir sie so oft in den News finden, besser nicht vergiften sollten.

Aber was, wenn wir etwas Wichtiges in der Welt verpassen? Dieser Gedanke ist nur allzu verständlich, allerdings ebenfalls eine Illusion. Die größten Schlagzeilen werden über Umwege sowieso an uns herangetragen, von unseren Freunden, der Familie oder Arbeitskollegen. Christians Schwester studiert an der Universität Heidelberg, wo sich im Januar 2022 ein Amoklauf ereignete. Weil er die News ebenso ablehnt wie ich, hat Christian weder im Fernsehen noch im Internet davon gehört oder gelesen; dennoch dauerte es gerade einmal 20 Minuten, bis ihn eine Bekannte anrief und sich nach seiner Schwester erkundigte. 20 Minuten! Anschließend informierte er sich natürlich über die Geschehnisse, und zum Glück war seine Schwester wohlauf.

Am Rande bemerkt genügen die oberflächlichen Informationen, an die wir über Nachrichten gelangen, bei Weitem nicht, um uns eine profunde Meinung über einen Sachverhalt zu bilden. Wollen wir etwas im Detail verstehen, führt kein Weg an Fachartikeln, Studien oder Büchern vorbei, andernfalls reicht unser Wissen nur für Smalltalk über Sensationen. An dem mögen sich manche erfreuen, für mich ist er Zeitvergeudung.

Die Macht des Sachumfelds

Bisher haben wir das Umfeld als eher menschlich definiert (abgesehen von den News). Für mich ist ein Umfeld aber mehr als das. Als ich 2016 das erste Mal sechsstellig verdiente, war das ein finanzieller Meilenstein für mich. Trotzdem bin ich einigermaßen sparsam geblieben, habe weiterhin in einer verhältnismäßig günstigen Wohnung gelebt und bin Autos gefahren, die das beste Preis-Leistungs-Verhältnis hatten. Im letzten Jahr habe ich mir dann auf zwei Gebieten etwas gegönnt. Zunächst bin ich in ein komfortableres Haus gezogen, mit 250 Quadratmetern Wohnfläche, Pool und großzügigem Garten. Das mag bei *Instagram* manchmal nicht so rüberkommen, aber es war ein bedeutender Schritt für mich, da es mir seit jeher ein Anliegen ist, meine Fixkosten auf einem niedrigen Niveau zu halten. Und die sind mal eben von 800 auf 3000 Euro monatliche Kaltmiete angestiegen. Kurz darauf habe ich mir einen knallroten Porsche Taycan S gegönnt. Für die Anzahlung war ich mit 20 000 Euro dabei, hinzu kamen laufende Kosten von 1600 Euro pro Monat. War es das wert?

Lass es mich so formulieren: Durch diese beiden kostspieligen Schritte ist mir bewusst geworden, dass alles in meinem Leben zu meinem Umfeld gehört. Nicht nur die Menschen, auch die Sachgegenstände. Mein Porsche ist nicht bloß ein Transportmittel, das mich von A nach B befördert, nein, er ist eine Energiequelle mit geistig vitalisierender Wirkung. Es ist doch bemerkenswert, dass der Ort, an dem du lebst, und das Auto, das du fährst, Einfluss auf dein Denken und dein Handeln hat, oder nicht? Das erklärt vermutlich auch, warum deine Bonität aus Bankensicht darunter leidet, wenn du in einer einfachen oder kriminellen Lage wohnst. Du kannst dich dem Banker gegenüber noch so selbstbewusst, noch so erfolgreich, noch so finanzstark präsentieren – allein die Tatsache, dass du in einem Viertel wohnst, das dich mit einer gewissen Wahrscheinlichkeit »verdirbt«, bedeutet aus Sicht der Bank ein höheres Risiko für einen Kreditausfall.

Im Übrigen verspüre ich diese Wirkung auch bei außergewöhnlichen Reisen. Einmal habe ich meiner Frau, meinem Sohn und mir ein völlig abgespactes Umfeld gegönnt, und zwar das 7-Sterne-Hotel Burj Al Arab in Dubai. 2500 Euro hat mich die Nacht gekostet; eine Menge Geld, nur um mal eben die Energie des Umfeldes auf mich wirken zu lassen. Wie es sich angefühlt hat? Es als »Hotelbesuch« zu bezeichnen, würde der Sache nicht im Geringsten gerecht. Es war, als ob mir jemand »Alles ist möglich, Maurice!« durch die Wände zuflüsterte. Ja, dieses Umfeld färbte definitiv auf mich ab.

Solche Sachumfelder besuche ich regelmäßig. Umfelder, die neu für mich sind, die ich nicht permanent brauche, die ich jedoch für einen Moment lang auskosten möchte. Mach das auch mal! Wage den Versuch und begib dich in ein extravagantes Umfeld. Dann beobachte mit wissenschaftlicher Neugier, was es in dir auslöst. Es muss ja kein 7-Sterne-Hotel sein. Vielleicht wolltest du schon immer mal in der First Class von Frankfurt nach Los Angeles fliegen, könntest dir den Flug sogar leisten, warst aber bislang zu geizig für die Ausgabe. Dafür habe ich Verständnis, aber genau da liegt der Fehler. Sieh es für diesen Moment nicht als Ausgabe, sondern als Lebenserfahrung. Nicht, dass wir uns falsch verstehen: Du sollst dich damit nicht ruinieren. Ebenso wenig empfehle ich, dir solchen Luxus auf Dauer zu leisten, allein schon wegen des abnehmenden Grenznutzens, der dazu führt, dass eine Nacht im 7-Sterne-Hotel oder ein First-Class-Flug schnell zum Standard wird. Das wäre schade. Damit dieses untypische Umfeld etwas in dir auslöst, genügt es, dir dergleichen gelegentlich zu gönnen.

Dein Umfeld verändert deine Identität

Carsten Maschmeyer hat mal geschrieben: »Wir definieren uns zu einem großen Teil über die Menschen, die uns umgeben. Wir sind das, was wir sind, weil andere Menschen uns aufgezeigt haben, was wir sein wollen – oder, im Gegenteil, uns vor Augen geführt haben, wie wir niemals werden wollen.«[196] Was er damit eigentlich gesagt hat: Unser Umfeld formt unsere Identität. Dieser Prozess beginnt in der Kindheit. Unsere Eltern beziehungsweise diejenigen, die uns aufgezogen haben, haben uns unbewusst Glaubenssätze ins Gehirn gepflanzt. Teilweise waren das Mangelglaubenssätze, die sie von ihren Eltern, der Nachkriegsgeneration, übernommen haben. Ich nahm Aussagen auf wie »Pack dir nicht so viele Scheiben Wurst aufs Brot!« oder »Wir können nicht jede Woche essen gehen!«. Diese Überzeugungen haben mir meine Eltern nicht böswillig beigebracht, im Gegenteil. Sie wollten mich zur Bescheidenheit erziehen. Und doch begrenzten sie dadurch meinen Horizont, mit anderen Worten, sie hinderten mich daran, nach Großem zu streben. Zunächst.

Irgendwann begann ich, diese Überzeugungen zu hinterfragen. Ich entschied mich bewusst für eine andere Identität, die ich wie folgt ausformulierte: *Ich bin ein Selfmade-Multimillionär, der das Leben in vollen Zügen genießt.* Diese Identität nahm ich an, lange bevor ich zum Millionär wurde. Ich wählte meine Worte mit Bedacht und verzichtete bewusst auf den Konjunktiv »Ich *möchte* …«, stattdessen schrieb ich »Ich *bin* …«, gab also vor, jemand zu sein, der ich noch gar nicht war. Nun sitzen Überzeugungen allerdings stark in unseren Gedanken, es scheint, als ob sie mit wasserfester Tinte geschrieben wurden. Die beste Möglichkeit, sie loszuwerden, besteht darin, uns unbekannten Situationen auszusetzen, um die alte Überzeugung mit einer neuen Erfahrung zu überschreiben. Steven Bartlett schreibt in seinem Buch *The Diary of a CEO – Die Entdeckung des Erfolgs*: »Damit eine Person ihre Überzeugungen ändert, muss sie überzeugende neue Belege erhalten, denen sie vertrauen kann.«[197] Die 2500 Euro teure Übernachtung in der Suite im Burj Al Arab war zum Beispiel ein solcher Beleg. Sie hat mir gezeigt: Ja, diese Suite ist sauteuer, aber nein, ich habe mich damit nicht ruiniert. Alles ist möglich im Leben – mit dieser Überzeugung habe ich die alte überschrieben. Das Gleiche gilt für die Villa, in der ich wohne, denn sie spricht zu mir durch die Wände: »Du musst dich nicht mit einer Wohnung zufriedengeben, nein, es ist möglich, in einer Villa zu wohnen, ohne dass du dich damit ruinierst.«

Der Soziologe Nan Lin, dessen Studie ich zu Anfang dieses Kapitels erwähnt habe, kam zu dem Ergebnis, dass uns ein reichhaltiges Netzwerk zum Erfolg führt, weil darin großes »soziales Kapital« steckt. Ich gehe noch einen Schritt weiter: Ein reichhaltiges Netzwerk gibt uns eher die Chance, schädliche Überzeugungen loszuwerden. Mit *DWS* habe ich ein deutschlandweit einzigartiges Netzwerk geschaffen, bestehend aus

Menschen, die einander unterstützen, motivieren, inspirieren. *Dein Umfeld ist dein wichtigster Wachstumsfaktor* – diesen Slogan habe ich nicht ohne Grund gewählt. Wenn du dich lange genug mit erfolgreichen Menschen umgibst, wirst du deine Überzeugungen, die dich bisher am Vorankommen gehindert haben, überschreiben, ja wirst du deine Identität so verändern, dass du gar nicht anders kannst, als erfolgreich zu sein.

Das gilt für jeden Bereich. Wenn du Teil einer Gruppe von zehn Menschen bist, die jeden Tag eine Stunde laufen gehen und sich dazu verpflichten, einen Nachweis für ihre Routine zu erbringen, dann bist du viel eher geneigt, ebenfalls jeden Tag laufen zu gehen. Oder wenn du einmal im Monat zu unserem Immobilienstammtisch gehst, und das über zwölf Monate hinweg, dann wette ich, wirst du auch Immobilieninvestor sein. Allein schon, weil an diesem Stammtisch alle relevanten Personen vertreten sind, die du benötigst, um zu starten: Bankerinnen, Finanzdienstleister, Baugutachterinnen, Hausverwalter, Investoren mit einer Wohnung, mit fünf Wohnungen, mit 100 Wohnungen, mit 300 Wohnungen.

Du hast Zugriff auf alle »Ressourcen«, wie Nan Lin sagen würde. Sofern du die Gedanken der Menschen nachvollziehst, färben sie automatisch auf dich ab. Das richtige Umfeld beflügelt, das falsche verdirbt. Wenn du dich permanent mit fünf Rauchern umgibst, wirst du mit hoher Wahrscheinlich der sechste Raucher sein; der Warnhinweis »Kinder von Rauchern werden oft selbst zu Rauchern« kommt nicht von ungefähr. Wenn du jedes Wochenende mit fünf Kumpels feiern gehst und bis zur Besinnungslosigkeit säufst, wirst du dieses Verhalten adaptieren und irgendwann als normal erachten. Deswegen: Suche dir die Menschen, insbesondere die fünf engsten Menschen, mit denen du dich umgibst, sehr genau aus. Ich weiß, wie schwierig es ist, sein Umfeld zu optimieren, umso dankbarer bin ich für mein Netzwerk *Die wichtigste Stunde*.

Das Kapitel auf einen Blick

- Unser Netzwerk besteht aus *starken* und *schwachen* Bindungen. Für unser berufliches Vorankommen sind insbesondere die schwachen Bindungen interessant, das heißt flüchtige Bekannte oder Menschen, die wir auf Veranstaltungen kennenlernen.
- Je reichhaltiger und größer unser Netzwerk, desto mehr *soziales Kapital* steckt darin, das wir heben können. Die in den Netzwerkausbau investierte Zeit wird sich auszahlen.
- Unsere fünf engsten Menschen haben einen besonders starken Einfluss auf uns, sowohl positiv als auch negativ.
- Da wir empfindsam auf Negativität reagieren, sollten wir um des eigenen Schutzes willen unsere Zeit mit »strahlenden« Personen minimieren.
- News strahlen auch negativ auf uns ab. Sofern wir nur unsere Sensationsgeilheit befriedigen, bietet sich eine News-Kur an.
- Selbst ein Sachumfeld entfaltet eine Wirkung auf uns. Etwas daran zu ändern, kann zu persönlichem Wachstum führen.
- Alles ist Umfeld, und Umfeld ist alles!

Handlungsempfehlung

- Lerne jeden Monat mindestens einen neuen Menschen kennen, zum Beispiel durch Seminare oder in Netzwerken wie *Die wichtigste Stunde*.
- Wie viel Zeit widmest du täglich den News? Was nützen dir diese Nachrichten? Falls du die Frage nicht realistisch beantworten kannst, zwinge dich zu einer News-Kur.
- Umgib dich mit Menschen, die dort sind, wo du hinwillst.
- Begib dich in ein extravagantes Sachumfeld und lass es auf dich wirken. Was wolltest du dir schon immer mal gönnen, hast es aber bislang aus Geiz gemieden? Investiere in diese Lebenserfahrung und beobachte, was sie mit dir macht.

Wo fange ich bloß an?

»Maurice, welche dieser dreizehn Erfolgsfaktoren sind dir am wichtigsten? Ich meine, na klar, wir haben gezeigt, dass sie alle von Bedeutung sind. Aber wenn du dein Leben in der Retrospektive betrachtest, was hatte da den größten Hebel auf deinen Erfolg?« Diese Frage stellte mir Christian während unserer Zusammenarbeit. Sie ist nicht leicht zu beantworten, ebenso wenig, wie die Reihenfolge der Erfolgsfaktoren festzulegen. Die »richtige« Reihenfolge scheint es nicht zu geben, da sie abhängig von unseren persönlichen Baustellen ist.

Eine Leserin ist sich vielleicht über ihre Werte nicht ganz im Klaren. Sie strebt nach mehr Erfolg im Job, in der Hoffnung, dadurch mehr Glück zu empfinden; was sie aber eigentlich viel glücklicher macht, ist die Zeit, die sie mit ihrer Familie verbringt. Demnach kann sie aus dem Kapitel über *Werte* am meisten für sich entnehmen. Ein anderer Leser hat womöglich ein Problem, Ablenkungen zu widerstehen. Er würde so gern ein Buch schreiben, kommt aber nur spärlich voran, da es ihm einfach nicht gelingen will, in den »Flow« zu kommen. In diesem Fall bringt ihm wohl das Kapitel über *Fokus* am meisten. Wo unsere größte Baustelle liegt, das wissen wir selbst am besten. Und um das herauszufinden, dafür ist dieses letzte Kapitel gedacht.

Zunächst werde ich dir die eingangs erwähnte Frage beantworten: Welche Erfolgsfaktoren waren/sind mir am wichtigsten? Anschließend werde ich verraten, welche Bedeutung die anderen Erfolgsfaktoren für mich haben und wo die wunden Punkte eines Maurice Bork liegen. Ich setze nämlich garantiert nicht alles gleich gut um. Und Christian ebenfalls nicht. Anhand einer Grafik werden wir dir präsentieren, wo wir uns verbessern können, anschließend bist du an der Reihe. Du sollst für dich herausfinden, welche Erfolgsfaktoren schon feste Bestandteile deines Lebens sind und welche du bislang eher stiefmütterlich behandelst. Letztere bieten dir das größte Wachstumspotenzial.

Eigenverantwortung, Routinen, Umfeld

Würde man mich bitten, das ultimative Erfolgstrio zu benennen, bestünde es aus der Eigenverantwortung, den Routinen und dem Umfeld. In dieser Kombination steckt für mich die meiste Energie. Ab dem Moment, in dem ich 100-prozentige (nicht 99-prozentige) Verantwortung für mein Leben übernehme, gelte ich als Erfolgsmensch. Dieser erste Schritt ist der allerwichtigste. Mit ihm befreie ich mich aus der Abhängigkeit und höre auf, der Regierung, der Wirtschaft, dem Arbeitgeber oder wem auch immer die Schuld für meine Situation zu geben. Das bedeutet nicht, es gäbe keine Einflüsse von außerhalb, die mir in die Parade fahren. Viel entscheidender ist hier meine Wahrnehmung. Ich entscheide, wie ich über eine Situation denke. Ich allein.

Die Stoiker nannten es einst die »Dichotomie der Kontrolle«, an sie möchte ich hier nochmals erinnern: Ich konzentriere mich auf das, was in meinem Einflussbereich liegt, hingegen schenke ich allem, was außerhalb meiner Macht steht, wenig bis keine Beachtung. Ich kann niemanden zwingen, mich zu mögen. Aber ich kann mich aufrichtig, ehrlich, interessiert und wohlwollend verhalten. Dadurch erhöhe ich die Chance, gemocht zu werden. Kommt es nicht so, akzeptiere ich das.

Ich habe vor ziemlich genau zehn Jahren 100-prozentige Eigenverantwortung übernommen. Damals fing ich an, regelmäßig Bücher zu lesen und mich mit meiner Persönlichkeit und ihrer Entwicklung auseinanderzusetzen. Ich arbeitete mich immer tiefer in das Thema ein, irgendwann machte es klick, und ich verstand: Nur ich allein bin verantwortlich für mein Leben. Seit ich wirklich überzeugt bin von dem Gedanken der Eigenverantwortung, werde ich mit einem hohen Energielevel belohnt. Weil ich das Gefühl habe, Einfluss auf mein Leben nehmen zu können, obwohl ich auf manche Dinge keinen Einfluss nehmen kann. Das klingt paradox, ich weiß. Dennoch gibt mir dieses Gefühl eine Energie, die mich in allen Lebensbereichen pusht. Läuft in der Partnerschaft etwas unrund, dann schiebe ich die

Schuld nicht auf meine Frau (selbst wenn sie Schuld hat), nein, stattdessen schaue ich, was ich an meinem eigenen Verhalten verbessern kann, damit die Partnerschaft davon profitiert. In jedem Streit, in dem ich mich völlig im Recht sehe, gibt es ganz bestimmt eine Kleinigkeit, die ich verbessern kann. Diese Betrachtung gibt mir Stärke. Sie hat mich zum Erfolg geführt. Und das wird sie weiterhin.

Dank der Eigenverantwortung – dem ersten Mitglied des Erfolgstrios – war ich imstande, meinen Alltag zu reflektieren. Meine wesentliche Erkenntnis: Routinen sind etwas Mächtiges. Ergo sollte ich alles, was mir im Leben wichtig ist, an eine Routine koppeln, ansonsten geht es unter. Sobald es im Leben stressig wird, sobald wir mit Arbeit überladen sind, sobald es Probleme mit dem Kind, der Frau, den Eltern oder anderen Nahestehenden gibt, neigen wir dazu, eine Person als Erstes aus unserer Alltagsgleichung zu kürzen: uns selbst. Folgende Sätze kommen dir bestimmt bekannt vor: *Nach diesem harten Arbeitstag verzichte ich mal auf Sport. Heute bin ich schlecht gelaunt, und keine Affirmation der Welt kann daran etwas ändern. Ich habe so viel zu tun, ich komme nicht zum Meditieren.* Solche Routinebrecher sind ein folgenschwerer Fehler.

Zur letzten Aussage fällt mir eine Zen-Weisheit ein, die kürzlich Frank Roser (ein Breath Coach aus meinem Netzwerk) zitiert hat: »Du solltest jeden Tag 20 Minuten meditieren. Außer du hast keine Zeit dafür, dann solltest du eine Stunde lang meditieren.« Gerade wenn ich mit Aufgaben überladen bin, sorge ich dafür, dass die Basis stimmt. Andernfalls zerbricht die Basis, also ich. Ich bin der wichtigste Mensch in meinem Leben. Das ist kein Egoismus, sondern pure Logik. Niemandem in meinem Umfeld ist geholfen, wenn ich kaputtgehe. Was bringt mir und meiner Familie das beste Business, wenn ich in einer Depression ende? Was habe ich von einer Partnerschaft, für die ich nichts tue? Meine Frau Magda und ich haben jeden Monat ein »Daydate«, ohne Kind, nur für uns zwei. Das ist unsere Routine. Weil es sonst zur Routine wird, nichts miteinander zu unternehmen. Ich will es in einem simplen Satz zusammenfassen: Ohne Routinen ist Erfolg Zufall. Aber gerade der Zufall ist es doch, den wir auf das Geringstmögliche reduzieren wollen, oder?

Was uns unmittelbar zum dritten Mitglied des Erfolgstrios bringt, dem Umfeld. Vielleicht ist dir aufgefallen, dass das »Umfeld« der einzige extrinsische Erfolgsfaktor ist, alle anderen sind intrinsisch. Soll meinen, da wirken Menschen von außen auf mich und mein Verhalten ein, während ich zum Beispiel mit den Routinen oder meinen Zielen selbst auf mich einwirke. Mein Werbeclaim bei *DWS* lautet: *Umfeld ist alles*. Steht das nicht im Widerspruch zu den zwölf anderen Erfolgsfaktoren? Jein. Hieraus ließe sich ableiten, ich müsste mich lediglich auf mein Umfeld konzentrieren, der Erfolg würde sich dann schon einstellen. So ist es jedoch nicht gemeint. Zunächst einmal muss ich mich mit mir befassen, allen voran Eigenverantwortung übernehmen und mein *Warum* kennen; kein Umfeld der Welt kann mir diese Entscheidung abnehmen. Habe ich das aber getan und suche mir nun das *richtige* Umfeld, bestärkt es mich in meinem Tun. Die Erfolgswahrscheinlichkeit steigt mit den Menschen, die ähnlich ticken wie ich und die ähnlich groß träumen. Wie ich bereits geschildert habe, suchte ich mir deshalb Weggefährten, eben weil mir klar war, dass ich durch sie eher neue Routinen in mein Leben bringen und diese auch durchziehen würde. Interessanterweise wurde ich für diese Entscheidung mit Erfüllung belohnt.

Leidenschaft, Sinn und Veränderungsbereitschaft

Es gab eine Zeit, da bin ich dem Geld nachgerannt. Zum Beispiel habe ich mich mit Anfang zwanzig dazu verleiten lassen, einen Schnellimbiss namens *Hauptstadtschnitzel* zu gründen. Wie es dazu kam? Nun, mein damaliger Geschäftspartner zeigte mir einen Kontoauszug, auf dem die sagenhafte Summe von 13,5 Millionen Euro zu lesen war. Angeblich sein Vermögen.

Er habe keine Familie, sagte er, deswegen spiele er mit dem Gedanken, mir eines Tages sein Geld zu vererben. Es war, als wedelte er mit einer Möhre vor meiner Nase herum, die mich dazu veranlasste, die Gastronomie mit ihm zu eröffnen.

Wie sich später herausstellte, hatte der Mann psychische Probleme. Und vererbt hat er mir nichts. Aus heutiger Sicht bin ich ihm dankbar, dass er mir keine 13,5 Millionen Euro vererbt hat. Weil ich ein solches Erbe für ziemlich schädlich halte. Es hemmt die persönliche Entwicklung. Ich glaube fest daran, um die ersten 100 000 Euro zu verdienen, musst du eine gewisse Persönlichkeitsentwicklung durchlaufen. Um 1 Million Euro zu verdienen, muss deine Persönlichkeit wieder einen Sprung machen. Für 10 Millionen wieder, für 100 Millionen wieder und so weiter. Jede finanzielle Etappe ist mit einer Etappe deiner Persönlichkeit verbunden. Aus meiner Sicht kannst du dich – Ausnahmen bestätigen die Regel – finanziell nur weiterentwickeln, wenn du dich persönlich weiterentwickelst. Deswegen bin ich dem Mann rückblickend dankbar.

Zurück zur Leidenschaft. Auch zum Verkäufer wurde ich später nicht, weil ich mir den Job besonders erfüllend vorstellte. Ich wollte Geld verdienen. *Dagegen ist doch nichts einzuwenden*, denkst du vielleicht. Ob Geld als Antrieb reicht, um jeden Tag aufzustehen und seine Arbeit zu verrichten, das muss am Ende jeder selbst entscheiden. Mir genügte es nicht. So richtig klar wurde mir das erst, als ich begann, meine Routinen gemeinsam mit einem Umfeld durchzuführen, das genauso auf Erfolg gepolt war wie ich. Daraus ist mein Netzwerk *Die wichtigste Stunde* entstanden. Zu sehen, wie Menschen zusammen lachen und zu Freunden werden, zu sehen, wie binnen kurzer Zeit Geschäftsbeziehungen entstehen, und vor allem zu sehen, wie tiefes Vertrauen entsteht, auf beruflicher wie privater Ebene – das fühlt sich an, als würde die Zufriedenheit dieser Menschen auf mich überspringen. Verstehst du, was ich meine?

Ich bin mir sicher, dass ich finanziell so erfolgreich bin, gerade weil ich für *DWS* so brenne. Außerdem habe ich eine Passion für die Veränderung. Ich weiß, sich zu verändern, bereitet vielen Menschen Unwohlsein und Angst. Für mich ist sie schlichtweg Teil des Lebens, deswegen umarme ich sie. Wenn sich die Welt schneller verändert, verstehe ich das als Einladung, mich ebenfalls schneller zu verändern. Ich betrachte das vielmehr als Spiel denn als Bedrohung. Bedrohlich finde ich hingegen alles, was die Veränderung aufzuhalten versucht. Besonders bitter stößt mir der Grußkartenspruch »Bleib so, wie du bist!« auf. Ebenso könnte der Verfasser ergänzen: »... denn wenn du bleibst, wie du bist, brauche ich mich nicht zu verändern.« Gut, manches Mal beziehen sich die Worte wohl auf die Werte des Empfängers, die der Sender schätzt und betonen will. Doch wie wir aus dem Kapitel »Werteverständnis: Erfolgreiche Menschen haben sich mehr als nur gefunden« wissen, sind sich einige von uns über ihre Werte nicht völlig im Klaren. Ihnen zu raten, sie sollten so bleiben, wie sie sind, würde sie demzufolge von der Selbstreflexion abhalten, die sie zu ihren »wahren« Werten führt. Du merkst schon, mit dem Spruch werde ich einfach nicht warm.

Im Übrigen bedeutet die *Veränderungsbereitschaft* keineswegs den Verzicht auf *Zielsetzungen* oder *Träume*. Denn wir könnten ja annehmen, da wir uns eh ständig verändern (müssen), legen wir den Fokus auf die Kurzfristigkeit. Doch ich betrachte es andersherum: Eben weil wir langfristige Träume verfolgen, sind wir bereit zur Veränderung.

Träumerei und Selbstwert

Ich war immer schon ein Träumer und Visualisierer. Seit fast zehn Jahren setze ich ein Visionboard ein. Vor einiger Zeit stellte ein Podcast-Gast fest: »Mensch, Maurice, du hast ja alles erreicht, was auf deinem Visionboard steht!« Dessen war ich mir zu diesem Zeitpunkt selbst nicht so ganz bewusst. Ich weiß noch, wie ich meinen Traum verbildlicht habe: Porsche, Haus mit Pool, Ehefrau und Kind, trotzdem täglich Zeit für mich. All das ist eingetreten. Bis auf eine Sache, die tatsächlich gar nicht auf meinem Visionboard steht. Schon als ich damals in meinem roten Daihatsu Cuore, dem hässlichsten Auto überhaupt, unterwegs war, träumte ich davon, eines Tages Ferrari zu fahren. Und im Jahr 2024 ist dieser Traum dann mit der Bestellung meines Ferrari 12Cilindri tatsächlich wahrgeworden. Das ist nicht irgendein Ferrari, sondern wahrscheinlich das letzte Modell, in dem zwölf Zylinder verbaut sind. Der Sound ist brutal, haha.

Diese starke Träumerei hat mir immer eine krasse Energie gegeben. Die Betonung liegt auf »mir«. Denn beim Visualisieren ist Vorsicht geboten, das fällt mir bei *DWS* immer wieder auf. Manche meiner Teilnehmenden verdienen im Monat das, was andere im Jahr verdienen. Neulich äußerte jemand: »Ich komme mir so klein vor in diesem Netzwerk.« Ihn frustriere der Erfolg der anderen. Das ist die Kehrseite der Medaille. Was diese Person von anderen vorgelebt bekommt, kann sie sich als Erfolg für sich nicht vorstellen; oder sie kann ihn sich vorstellen, traut ihn sich jedoch nicht zu. Nach dieser Lektüre ahnen wir, wo die Person ansetzen muss: bei ihrem Selbstwert.

Ich bin da eine grundsätzlich andere Natur. Ich vergleiche mich zwar auch, aber mich ziehen die anderen nicht runter, sondern hoch. Ich freue mich für sie. Zudem spiegelt mir mein Umfeld ja, dass ich es genauso schaffen kann. Was ich mir vorstellen kann, das kann ich in der Zukunft auch erreichen, daran glaube ich stark. Dabei würde ich aber niemals die Gegenwart vergessen, da ich mich andernfalls dazu verdamme, erst in der Zukunft glücklich zu sein. Heute schon dankbar zu sein für das, was wir heute sind und haben, das bildet die Basis für Erfolg.

Werteverständnis

Fragten wir Passanten in der Fußgängerzone »Was ist dir wirklich wichtig im Leben?«, wie lautete wohl die Antwort? Die meisten würden bestimmt »Familie« sagen. Was kann es Wichtigeres geben als die Familie und gute Freunde? Verwunderlich ist nur: Beobachten wir dieselben Menschen, wie sie ihre tägliche Zeit verbringen, kämen wir zu der berechtigten Annahme, dass da was nicht passt. Sie scheinen sich eher von der Familie wegzubewegen anstatt zu ihr hin. Sie geben der Arbeit den Vorrang, natürlich geschehe das letztlich alles *für* die Familie, reden sie sich ein. Während diese Zeilen entstehen, bin ich mit meiner Frau und meinem Sohn für knapp einen Monat im Thailand-Urlaub. Obwohl es gerade reichlich Interessenten gibt, die *DWS* beitreten wollen, habe ich mich dazu entschlossen, die Aufnahme zu pausieren. Natürlich will ich Geld verdienen, aber wenn die Familie doch zuerst kommt, muss ich auch entsprechend handeln. Andernfalls würde ich jeden meiner Urlaubstage mit Bewerbungstelefonaten verbringen und hätte am Ende keine Zeit für meine Frau und meinen Sohn. Gemäß meinen Werten handle ich allerdings nicht nur, um ein guter Ehemann und Vater zu sein, das tue ich natürlich auch für mich selbst. Denn meinen Werten treu zu sein, stärkt meinen Selbstwert, entgegengesetzt zu handeln, schwächt ihn.

Entscheidungen

Was Entscheidungen betrifft, vertrete ich eine ziemlich offensive Haltung. Ich treffe sie schnell, achte dabei jedoch stark auf mein Bauchgefühl. Wir bereuen eher die Dinge, die wir nicht gemacht haben, als jene, die wir uns getraut haben. Nach diesem Prinzip lebe ich. Vor einigen Monaten knackte ich die Börsenmillion, das heißt, mein Depot war zum ersten Mal siebenstellig. Acht Jahre hatte ich auf diesen Meilenstein hingearbeitet. Der Kursverlauf gleicht einer Berg- und Talfahrt, geprägt von etlichen Fehlentscheidungen.

Zum Beispiel hörte ich auf Influencer, kaufte also stumpf nach, was sie empfahlen. Ich betrieb »Homebuying«, das bedeutet, ich konzentrierte mich auf deutsche Unternehmen, anstatt mein Kapital besser zu streuen. Und ich kaufte und verkaufte Aktien zu einem ungünstigen Zeitpunkt. Das kostete mich Geld, trotzdem bereue ich nur eine einzige Sache: Nicht noch früher mit noch mehr Geld eingestiegen zu sein.

Das Gleiche gilt für Immobilieninvestments. Die erste Immobilie, die ich erwarb, war bei Weitem nicht die beste, aber ganz sicher die wichtigste. Dabei handelte es sich um eine klassische »Vertriebsimmobilie«. Falls dir der Begriff nichts sagt: Das sind voll gemanagte Eigentumswohnungen, das heißt, jeglicher Service ist inbegriffen, inklusive Renovierungen und der Vermietung. Bis heute ist mir keinerlei Arbeit entstanden. Natürlich hat das seinen Preis, deswegen war die Wohnung verhältnismäßig teuer. Und doch hat sie sich über die Jahre zu einem lukrativen Investment entwickelt. In drei Jahren erlischt die Spekulationsfrist, und ich werde sie mit einem voraussichtlichen Gewinn von 100 000 Euro verkaufen können. Eine ähnliche Geschichte erlebte mein Vater. Kürzlich begleitete ich den Verkauf seiner Eigentumswohnung, zu dessen Kauf ihn vor 20 Jahren ein Werbeschild animiert hatte: »Jetzt eine Kapitalanlage kaufen!« hatte darauf gestanden. Er besichtigte die Wohnung in Berlin-Zehlendorf, kurz darauf kaufte er sie für 100 000 Euro, das entsprach etwa 1500 Euro pro Quadratmeter. Aus heutiger Sicht ein Schnäppchen, damals höchstwahrscheinlich zu teuer. Weißt du, für welchen Preis wir sie verkauft haben? Für 368 000 Euro.

Mein Philosophie lautet: Machen! Ich treffe so viele Entscheidungen wie möglich, denn mit jeder von ihnen – besonders, wenn es eine schlechte war – lerne ich dazu.

Resilienz

Meine Frau und ich machen seit Kurzem ein Paarcoaching. Die bislang wichtigste Erkenntnis: Offenbar bin ich ein Meister darin, negative Ereignisse auszublenden. Vor Jahren hatten wir mal einen größeren Streit in Rom. Meine Frau konnte dem Therapeuten jede Einzelheit berichten, bei mir ist der Streit völlig weg. Wie ausgelöscht, wirklich, ich kann mich an rein gar nichts erinnern. Scheint ein Schutzmechanismus zu sein. Oder ich bin Gefühlsautist. Als im Jahr 2024 meine Mutter plötzlich verstorben ist, wirkte ich von außen betrachtet recht gefasst. Doch auch wenn ich mit Fassung auf den Tod reagiert habe, ist er mir doch sehr nah gegangen. Nichts davon habe ich ausgeblendet, vor allem habe ich einiges über Trauer gelernt. Weil unser Gehirn Planbarkeit liebt, denken viele, Trauer verlaufe linear. Das tut sie nicht. Sie bewegt sich eher wellenartig mit einem Abwärtstrend. Es gibt Tage, da ist alles super, dann wieder solche, an denen ich mich miserabel fühle. Da kommen dann Fragen auf wie: Habe ich in unserer Beziehung irgendetwas versäumt? Das Gefühl hatte ich aber nie. Ich weiß nur, dass ich dankbar bin, sie gehabt zu haben. Und dass ich sie geliebt habe. Meine Mutter und ich hatten dasselbe Verständnis von einer Mutter-Kind-Beziehung. Ich war der Adler, der eines Tages das Nest verließ, jedoch immer wieder zurückfliegen durfte und willkommen geheißen wurde. Dazu kam es alle paar Wochen, was vergleichsweise selten war, wenn ich an meine Frau denke, die jeden Tag mit ihrer Mutter telefoniert.

Ich will nicht beschreien, dass ich mich hier lehrbuchmäßig verhalten habe, sicher bin ich mir aber, dass mir meine Widerstandskraft geholfen hat, den Tod meiner Mutter zu verarbeiten. Wenngleich die psychische Verfassung, die wir von Hause aus mitbringen, eine Rolle spielt, bin ich überzeugt: Wir können unsere Resilienz stärken. Zum Beispiel, indem wir an unserem Selbstwert arbeiten, indem wir meditieren, indem wir anderen Menschen Gutes tun, indem wir auf die Unterstützung eines starken Umfeldes bauen können oder indem wir uns Stressoren wie extremer Kälte oder Hitze aussetzen. Diese Widerstandsfähigkeit wird uns letztlich auch helfen, wirtschaftliche Krisen zu überwinden.

Altruismus

Bevor ich mein Lieblingsbuch *Wie man Freunde gewinnt* entdeckte, war ich stark auf meinen eigenen Vorteil bedacht gewesen. Carnegie sei Dank verstand ich, dass es so etwas wie ein Universalgesetz gibt, nach dem Geber stets mehr zurückerhalten, als sie gegeben haben. Außerdem spürte ich, wenn ich bedingungslos gebe, ohne den direkten Wunsch zu äußern, etwas zurückzubekommen, verspüre ich Erfüllung. Wir erinnern uns an das »Helper's High«, von dem im Kapitel über Altruismus die Rede ist.

Adam Grant könnte behaupten, ich hätte meine Karriere als Nehmer begonnen, sei dann zum Tauscher geworden, bis ich mich schließlich zum Geber entwickelt hätte, weil mich das am glücklichsten mache. Jetzt darf ich mir die kritische Frage stellen: Bin ich dadurch insgeheim wieder zum Tauscher geworden? Immer werde ich ja mit Zufriedenheit und Erfüllung belohnt ...

Es gibt noch eine zweite Erklärung, ein Phänomen, das diejenigen betrifft, die aus eigener Kraft den Zustand der finanziellen Freiheit erreicht haben. Sobald sie am Ziel sind, wollen viele von ihnen der Gesellschaft etwas zurückgeben. Sie wollen sich sozial engagieren. Ich glaube, das ist die letzte Ebene im Erfolgskosmos, die, die nach der Selbstverwirklichung kommt. Wir müssen nur an jene Milliardäre denken, die irgendwann einen Großteil ihres Vermögens spenden, beispielshalber für die Krebsforschung.

Es gibt mit Sicherheit noch mehr Gründe für Altruismus. In jedem Fall ist er das Markenzeichen eines erfolgreichen Menschen, davon bin ich überzeugt.

Fokus

Während einer Podcast-Aufnahme bin ich voll und ganz bei meinem Gegenüber. »Weißt du, was mir an deinem Podcast so gut gefällt? Du stellst immer genau die Frage, die ich in der Situation auch stellen würde«, erhielt ich mal als Kompliment. Tatsächlich schreibe ich mir vorher keine Fragen auf, die ich meinem Gegenüber stellen will, ich lasse der Gesprächsentwicklung freien Lauf. Das funktioniert logischerweise nur, wenn ich zu 100 % auf meinen Gast fokussiert bin.

Abgesehen davon bin ich für Fokus aber nicht das leuchtendste Beispiel. Ich bin total gefährdet, mich von meinem Smartphone ablenken zu lassen. Ich arbeite den ganzen Tag verschiedenste Aufgaben ab, führe Telefonate, und meine Struktur ist verbesserungswürdig. Christian ist für Fokus das bessere Beispiel. Dank seiner Routinen und Rituale kommt er schnell in den Flow und kann bis zu vier Stunden pro Tag hochkonzentriert an einem Buch schreiben beziehungsweise recherchieren. Wie das möglich ist, liest du im entsprechenden Kapitel, falls du es noch nicht getan hast. Wir haben diese Fähigkeit den *kleinen* Fokus genannt. Wo ich mich eher sehe: im Fokus auf das große Ganze. Ich weiß enorm gut, welche Aufgabe die höchste Priorität hat und mich langfristig voranbringt.

Disziplin und Durchhaltevermögen

Die meisten Menschen, die mir bei *Instagram* folgen, denken bestimmt: *Maurice ist voll der disziplinierte Typ!* Das bin ich aber gar nicht. Es gibt deutlich disziplioniertere Menschen als mich. Teil meiner letzten Mastermind war ein Bodybuilder, der seit 15 Jahren geradezu perfekt unterwegs ist. Er scheint keine Laster zu haben. Er trinkt keinen Alkohol. Er raucht nicht. Er ernährt sich gesund. Er lässt keine einzige Trainingseinheit ausfallen. Und das sieht man ihm auch an, sein Körper gleicht einer Statue. Ein anderes Beispiel aus meinem Netzwerk ist der Extremsportler Alex Kukla, zu dem ich immer sage: »Du lebst in meinem Traumkörper, Alex!« Der Preis dafür: Jeden Tag mehrere Stunden Sport und eine perfekte Ernährung.

Ein solcher Perfektionsmensch bin ich definitiv nicht. Was mir aber enorm wichtig ist und mich in den Augen anderer wohl als diszipliniert erscheinen lässt: Was ich mir vornehme, setze ich um. Denn sonst würde ich mein Selbstvertrauen untergraben. Hinzu kommt, dass ich ein starkes *Warum* habe. Weil ich weiß, wofür ich arbeite und wohin ich mich im Leben bewegen will. Zu guter Letzt habe ich ein Verständnis davon, wie Erfolg entsteht. Zu wissen, dass es stellenweise hart wird, hilft mir, länger durchzuhalten als manch andere. Ein Hexenwerk ist es letzten Endes jedoch nicht.

Damit habe ich dir einen Überblick gegeben, wie die 13 Erfolgsfaktoren bei mir ausgeprägt sind. Dir werden sicherlich die zahlreichen Wechselwirkungen aufgefallen sein. Eigenverantwortung im Leben zu übernehmen, stärkt meinen Selbstwert und führt eher dazu, dass ich Erfolgsroutinen in mein Leben bringe. Das richtige Umfeld hilft mir, an diesen Routinen festzuhalten. Dieses Umfeld auszuwählen, ist eine weichenstellende Entscheidung. Ebenso jene, meiner Leidenschaft zu folgen, also einer für mich sinnstiftenden Tätigkeit nachzugehen. Wenn ich meiner Leidenschaft folge, bin ich eher diszipliniert. Meine Disziplin fördere ich aber auch, wenn ich mein *Warum* und meine Werte kenne. Träume ich groß, bin ich in der Regel widerstandsfähiger und leidenschaftlicher bei der Sache. Und mit dieser Inbrunst stecke ich mein Umfeld an. Den darin befindlichen Menschen gebe ich mehr, als ich von ihnen nehme, denn das macht mich nicht nur glücklich, sondern führt eher zum Erfolg. Das waren nur einige Wechselwirkungen. Damit wollte ich dir zeigen, dass es unmöglich ist, sich auf einen Erfolgsfaktor zu konzentrieren, ohne dabei mindestens einen anderen zu beeinflussen. Doch wo setzt du am besten an? Bevor du anfängst, an dir zu arbeiten, empfehle ich dir, die Erfolgsfaktoren für dich zu gewichten. Wo fühlst du dich schon gut aufgestellt und wo siehst du Verbesserungspotenzial? Am besten weist du jedem Erfolgsfaktor eine Zahl zwischen 1 und 10 zu (1: großes Verbesserungspotenzial, 10: kein Verbesserungspotenzial). Anschließend visualisierst du das Ergebnis, zum Beispiel mithilfe eines Netzdiagramms. Für Christian und mich sieht das folgendermaßen aus:

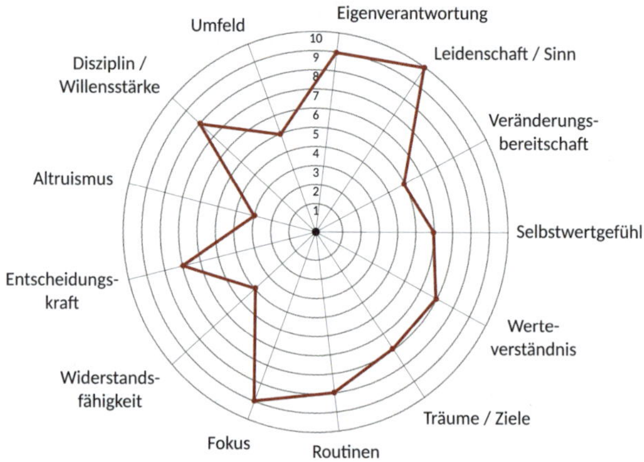

Abb. 13.1: Christians Erfolgsdiagramm

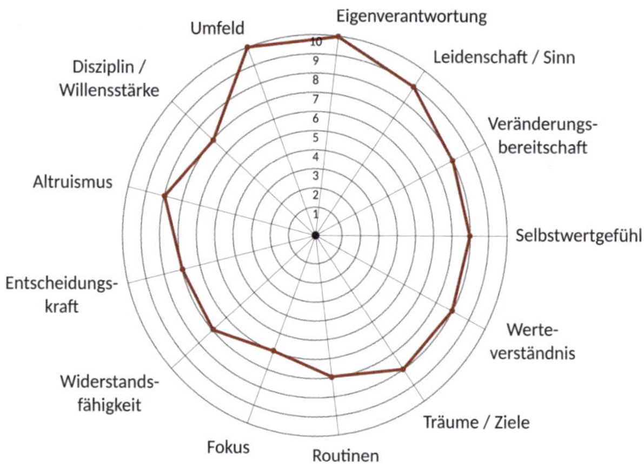

Abb. 13.2: Maurices Erfolgsdiagramm

Wertvoll kann es auch sein, dieses Diagramm deinen engsten Vertrauten vorzulegen und sie um ihre Meinung zu bitten, denn nicht immer gelingt die Selbsteinschätzung. Manche ordnen sich generell zu schwach, andere zu stark ein. Die Sicht von außen gibt dem Ganzen die nötige Objektivität. Aber was folgt danach?

Auch wenn ich grundsätzlich ein Freund davon bin, Stärken zu stärken, würde ich hier anders vorgehen. Konzentriere dich auf deine »schwachen« Erfolgsfaktoren, denn baust du sie aus, wirst du am ehesten in deiner Persönlichkeit wachsen. Offensichtlich ist auch, dass nicht jeder Erfolgsfaktor perfekt ausgeprägt sein muss, um Erfolg im Leben zu haben.

Eines aber ist gewiss: Dein Erfolg stellt sich umso eher ein, und er fällt umso größer aus, je mehr dieser 13 Faktoren bei dir ausgebaut sind.

Baust du sie alle aus, wirst du unaufhaltsam!

Handlungsempfehlung

- Bewerte dein Verbesserungspotenzial für jeden Erfolgsfaktor. Übertrage das Ergebnis in ein Netzdiagramm.
- Folge noch heute der Handlungsempfehlung für deinen schwächsten Erfolgsfaktor.
- Wie würdest du Erfolg jetzt definieren, nachdem du das Buch zu Ende gelesen hast? Anders als zu Beginn?

Quellenverzeichnis

[1]Kuschik, K. (2023): »*50 Sätze, die das Leben leichter machen: Ein Kompass für mehr innere Souveränität*«, Rowohlt Taschenbuch Verlag.

[2]Duden (2020): »*Das Herkunftswörterbuch*«, Dudenverlag Berlin.

[3]Duden online: »*Erfolg, der*«, https://www.duden.de/rechtschreibung/Erfolg; abgerufen am 04.04.2025.

[4]Maschmeyer, C. (2021): »*Die sechs Elemente des Erfolgs: So verändern Sie Ihr Leben*«, FinanzBuch Verlag.

[5]Dobelli, R. (2019): »*Die Kunst des guten Lebens: 52 überraschende Wege zum Glück*«, Piper Verlag.

[6]Schwartz, D. J. (2016): »*The Magic of Thinking Big*«, Random House.

[7]Steinfeld, T. (2012): »*Pionier der Selbstoptimierung*«, Süddeutsche Zeitung Magazin, 12.01.2012, https://sz-magazin.sueddeutsche.de/gesellschaft-leben/pionier-der-selbstoptimierung-78740; abgerufen am 21.04.2025.

[8]Blodget, H. (2023): »*Die wichtigste Karrierefrage lautet: „Was ist eigentlich Erfolg?"*«, Business Insider, 19.12.2023, https://www.businessinsider.de/karriere/international-career/die-wichtigste-karrierefrage-lautet-was-ist-erfolg; abgerufen am 21.04.2025.

[9]Braun, R. (2015): »*Erben in Deutschland 2015 – 24: Volumen, Verteilung und Verwendung*«, Deutsches Institut für Altersvorsorge, https://www.empirica-institut.de/fileadmin/Redaktion/Publikationen_Referenzen/PDFs/DIA_Studie_Erben_in_Deutschland_HighRes.pdf; abgerufen am 21.04.2025.

[10]Jerzy, N. (2018): »*Das ist das perfekte Alter für Start-up-Gründer*«, Capital, 19.09.2018, https://www.capital.de/karriere/das-ist-das-perfekte-alter-fuer-start-up-gruender; abgerufen am 21.04.2025.

[11]Hill, N. (2018): »*Die deutsche Ausgabe von: Think and Grow Rich*«, FinanzBuch Verlag.

[12]Kienitz, G. W. (2013): »*James Allen: Wie wir denken, so leben wir. As A Man Thinketh. Weisheiten aus Jahrtausenden*«, BoD – Books on Demand.

[13]Goggins, D. (2024): »*Can't hurt me: Beherrsche deinen Geist und erreiche jedes Ziel*«, riva Verlag.

[14]Bork, M. (2024): »*Oliver Brünner – Träume werden wahr / www.die-wichtigste-stunde.de*«,YouTube, https://www.youtube.com/watch?v=6zgG1Vkc80g; abgerufen am 02.03.2025.

[15]Deci, E. L., & Ryan, R. M. (2000): »The "what" and "why" of goal pursuits: Human needs and the self-determination of behavior«, *Psychological Inquiry, 11*(4), 227–268.

[16]Richard M. Ryan, & Deci, E. L. (2000): »Self-Determination Theory and the Facilitation of Intrinsic Motivation, Social Development, and Well-Being«, *American Psychologist 55*, 68–78.

[17]Rauch, A., & Frese, M. (2007): »Let's Put the Person Back into Entrepreneurship Research: A Meta-Analysis on the Relationship Between Business Owners' Personality Traits, Business Creation, and Success.« *European Journal of Work and Organizational Psychology, 16*(4), 353–385.

[18]Spektrum: »*Lexikon der Psychologie: Selbstwirksamkeit*«, `https://www.spektrum.de/lexikon/psychologie/selbstwirksamkeit/14009`; abgerufen am 05.05.2024.

[19]Vázquez, M. (2022): »*Invicto – Unbezwingbar: Mit dem Mindset der Stoiker und der modernen Psychologie zu mehr Klarheit, Erfolg und einem erfüllteren Leben*«, FinanzBuch Verlag.

[20]Frerichs, T. (2021): »*Bekannte Texte predigen: Gelassenheitsgebet von Reinhold Niebuhr*«, Pastoralblätter, `https://www.herder.de/pb/hefte/archiv/2021/3-2021/bekannte-texte-predigen-gelassenheitsgebet-von-reinhold-niebuhr/`; abgerufen am 21.04.2025.

[21]Gretschel, J. (2015): »*National freshman PV record holder Armand Duplantis wants the world*«, MileSplit USA, `https://www.milesplit.com/articles/143231/national-freshman-pv-record-holder-armand-duplantis-wants-the-world`; abgerufen am 21.04.2025.

[22]The Advocate (2015): »*Pole vaulter Armand Duplantis clearing new heights*«, `https://www.theadvocate.com/acadiana/sports/high_schools/article_96588e5e-a358-5573-b046-415e9512c502.html`; abgerufen 21.04.2025.

[23]Duckworth, A. (2007): »Grit: Perseverance and passion for long-term goals« *Journal of Personality and Social Psychology*, 92(6), 1087–1101.

[24]Vallerand, R. J (2003): »Les Passions De l'ame: On obsessive and harmonious passion«, *Journal of Personality and Social Psychology*, 85(4), 756–67.

[25]Vallerand, R. (2010): »Chapter 3 - On Passion For Life Activities: The Dualistic Model of Passion«, *Advances in Experimental Social Psychology*, 42, 97–193.

[26]Sharma, R. S. (2019): »*Der Mönch der seinen Ferrari verkaufte. Eine Parabel vom Glück*«, Droemer Knaur.

[27]Strelecky, J. (2007): »Das Café am Rande der Welt: Eine Erzählung über den Sinn des Lebens«, dtv.

[28]Sharma, R. S. (2019): »*Der Mönch der seinen Ferrari verkaufte. Eine Parabel vom Glück*«, Droemer Knaur.

[29]Neu, M. (2018): »*Neue Studie zeigt, warum es fatal für eure Karriere ist, wenn ihr eurer Leidenschaft folgt*«, Business Insider, 05.07.2018, https://www.businessinsider.de/strategy/neue-studie-zeigt-warum-es-fatal-fuer-eure-karriere-ist-wenn-ihr-eurer-leidenschaft-folgt-2018-7; abgerufen am 21.04.2025.

[30]Strelecky, J. (2007): »*Das Café am Rande der Welt: Eine Erzählung über den Sinn des Lebens*«, dtv.

[31]Fuller, B. (1982): »*Critical Path*«, Saint Martin's Griffin.

[32]Pllana, D. (2019): »Expanding Entire Volume of Knowledge Influences on Incrementing Individual Knowledge«, *Global Journals*, https://globaljournals.org/GJHSS_Volume19/5-Expanding-Entire-Volume-of-Knowledge.pdf; abgerufen am 21.04.2025.

[33]Frey, C. B., & Osborne, M. A. (2013): »*The Future of Employment: How Susceptible Are Jobs to Computerization?*« University of Oxford, 07.09.2013, https://www.fhi.ox.ac.uk/wp-content/uploads/The-Future-of-Employment-How-Susceptible-Are-Jobs-to-Computerization.pdf; abgerufen am 21.05.2025.

[34]Handelsverband Deutschland (2024): »*Zum Tag der Arbeit: Einzelhandel hält Rekordbeschäftigung, leidet aber unter Folgen von Arbeits- und Fachkräftemangel*«, https://einzelhandel.de/presse/aktuellemeldungen/14493-zum-tag-der-arbeit-einzelhandel-haelt-rekordbeschaeftigung-leidet-aber-unter-folgen-von-arbeits-und-fachkraeftemangel; abgerufen am 21.05.2025.

[35]Wei, A. (2025): »*I Lost My Freelance Writing Job To AI*«, YouTube, 01.01.2025, https://www.youtube.com/watch?v=0L9Eucq6sps; abgerufen am 25.01.2025.

[36]Teutloff, O. (2025): »Winners and losers of generative AI: Early Evidence of Shifts in Freelancer Demand«, *Journal of Economic Behavior & Organization*, https://www.sciencedirect.com/science/article/pii/S0167268124004591; abgerufen am 21.04.2025.

[37]Grant, A. (2024): »*Think again – Die Kraft des flexiblen Denkens: Was wir gewinnen, wenn wir unsere Pläne umschmeißen*«, Piper.

[38]Grant, A. (2024): »*Think again – Die Kraft des flexiblen Denkens: Was wir gewinnen, wenn wir unsere Pläne umschmeißen*«, Piper.

[39]Diehl, A. (2023): »*Dunning-Kruger-Effekt – Von Selbstüberschätzung und gefährlichem Halbwissen*«, Digitale Neuordnung, 27.11.2023, https://digitaleneuordnung.de/blog/dunning-kruger-effekt/#:~:text

=Den%20Dunning%2DKruger%2DEffekt%20kannst,das%20Tal%20der%20Verzweiflung%20ab; abgerufen am 03.09.2024.

[40]Dweck, C. S. (2006): »*Mindset: The New Psychology of Success*«, Random House Publishing Group.

[41]Bork, M. (2024): »*Sarah Lippert – Vom absoluten Selbsthass zur Selbstliebe*«, Podcast: Erfolg ist kein Zufall, https://open.spotify.com/episode/0ft06IWyQnXMLdRqWMUZIe?si=CHK3kG6gQ2G3NPbBwQjpwQ&nd=1&dlsi=b73b25d94fe0488d; abgerufen am 21.04.2025.

[42]Duden online: »*Selbstbewusstsein, das*«, https://www.duden.de/rechtschreibung/Selbstbewusstsein; abgerufen am 02.03.2025.

[43]Spektrum: »*Lexikon der Neurowissenschaft: Selbsbewußtsein*«, https://www.spektrum.de/lexikon/neurowissenschaft/selbstbewusstsein/11633; abgerufen am 02.03.2025.

[44]Goleman, D. (2006): »*Emotional Intelligence: Why It Can Matter More Than IQ*«, Bantam.

[45]Online Lexikon für Psychologie & Pädagogik: »*Selbstbewusstsein*«, https://lexikon.stangl.eu/17822/selbstbewusstsein; abgerufen am 02.03.2025.

[46]Potreck-Rose, F., Jacob, G. (2016): »*Selbstzuwendung, Selbstakzeptanz, Selbstvertrauen: Psychotherapeutische Interventionen zum Aufbau von Selbstwertgefühl*«, Klett-Cotta.

[47]Branden, N. (2015): »*Die 6 Säulen des Selbstwertgefühls*«, Piper.

[48]Bandura, A. (1977): »Self-efficacy: Toward a unifying theory of behavioral change, *Psychological Review*, 84, 191–215.

[49]Branden, N. (2015): »*Die 6 Säulen des Selbstwertgefühls*«, Piper.

[50]Texas Exes (2014): »*University of Texas at Austin 2014 Commencement Address - Admiral William H. McRaven*«, YouTube, 17.05.2014, https://www.youtube.com/watch?v=pxBQLFLei70; abgerufen am 21.04.2025.

[51]Smith, W. (2018): »*What Skydiving Taught Me About Fear | STORYTIME*«, YouTube, 26.04.2018, https://www.youtube.com/watch?v=bFIB05LGtMs; abgerufen am 06.08.2024.

[52]Branden, N. (2015): »*Die 6 Säulen des Selbstwertgefühls*«, Piper.

[53]Redaktion WIRT (2018): »*Die entscheidenden Werte eines Menschen*«, Wirtschaftspsychologie aktuell, 06.09.2018, https://wirtschaftspsychologie-aktuell.de/magazin/leben/die-entscheidenden-werte-eines-menschen; abgerufen am 21.04.2025.

[54]Papenkort, U. (2022): »*Wert*«, socialnet, 03.08.2022, https://www.socialnet.de/lexikon/Wert; abgerufen am 21.04.2025.

[55]Schweizer, J. (2024): »*Das Jochen-Schweizer-Prinzip: Wie du der Mensch wirst, der alle deine Probleme löst*«, Next Level Verlag.

[56]Schwartz, S. (2012): »Refining the Theory of Basic Individual Values«, *Journal of Personality and Social Psychology*, 103(4), 663–88.

[57]Collins, J. (2001): »*Good to great: Why Some Companies Make the Leap … and others don't*«, HarperCollins Publishers.

[58]Piff, P. K. (2012): »Higher social class predicts increased unethical behavior«, *PNAS Proceedings of the National Academy of Sciences*, 109(11), 4086–4091.

[59]Jung, M. H. (2023): »Social status and unethical behavior: Two replications of the field studies in Piff et al. (2012)«, *Journal of Experimental Psychology: General*, 52(5), 1368–1378.

[60]Branden, N. (2015): »*Die 6 Säulen des Selbstwertgefühls*«, Piper.

[61]Nafousi, R. (2023): »*Manifestiere!: Die sieben Schritte, um deine Träume wahr werden zu lassen*«, Integral.

[62]Huffpost (2011): »*Sheryl Sandberg, Facebook COO, Interviews Oprah Winfrey Live Online*«, Huffpost, 09.09.2011, https://www.huffpost.com/entry/sheryl-sandberg-interview_n_955198; abgerufen am 03.02.2025.

[63]Bork, M. (2024): »*Nils Eiffler - Das ist wahrer Erfolg! / die-wichtigste-stunde.de*«, YouTube, 05.07.2024, https://www.youtube.com/watch?v=Qe1mwNAuxRM; abgerufen am 10.10.2024.

[64]Persönliche Sprachnachricht von Nils Eiffler, 23.10.2024.

[65]Oldehaver U., & Keifens, Y. (2023): »*Der Persönlichkeits-Code: Die 10 Programme, die jeden Menschen steuern*«, Redline Verlag.

[66]Sacharow-Preis Europäisches Parlament (2013): »*Malala Yousafzai – 2013, Pakistan*«, https://www.europarl.europa.eu/sakharovprize/de/malala-yousafzai-2013-pakistan-/products-details/20200331CAN54205; abgerufen am 21.04.2025.

[67]BBC (2012): »*Malala Yousafzai: Pakistan activist, 14, shot in Swat*«, BBC News, 09.10.2012, https://www.bbc.com/news/world-asia-19882799; abgerufen am 21.04.2025.

[68]Duden online: »*Leidenschaft, die*«, https://www.duden.de/rechtschreibung/Leidenschaft; abgerufen am 07.07.2024.

[69] Rare Facts (2017): »*Ich habe eine Traumrede von Martin Luther King .Jr HD (Untertitel) (Remastered)*«, YouTube, 07.11.2017, `https://www.youtube.com/watch?v=vP4iY1TtS3s`; abgerufen am 21.04.2025.

[70] Newspapers.com: »*Roy Disney's statement following Walt Disney's death*«, `https://www.newspapers.com/article/the-orlando-sentinel-roy-disneys-statem/20793175/`; abgerufen am 02.02.2025.

[71] The Walt Disney Family Museum (2016): »Roy Disney Made Walt's Dream Come True After Walt's Passing«, 22.10.2016, `https://www.waltdisney.org/blog/roy-disney-made-walt%E2%80%99s-dream-come-true-after-walt%E2%80%99s-passing`; abgerufen am 02.02.2025.

[72] Locke, E. A., & Latham, G. P. (2002): »Building a practically useful theory of goal setting and task motivation: A 35-year odyssey«, *American Psychologist*, 57(9), 705–717.

[73] Brünner, O. (2024): »*If you can dream it you can do it*«, Next Level Verlag.

[74] Bork, M. (2024): »Oliver Brünner – Träume werden wahr / www.die-wichtigste-stunde.de«,YouTube, 05.07.2024, `https://www.youtube.com/watch?v=6zgG1Vkc80g`; abgerufen am 02.03.2025.

[75] Whitmore, A. C. (2014): »*Oprah - Jim Carrey - Visualization Empowerment*«, YouTube, 31.07.2014, `https://www.youtube.com/shorts/7M1seIadZes`; abgerufen am 02.03.2025.

[76] Gala (2024): »*Vermögen verprasst? Er feiert Schauspiel-Comeback aus Geldnöten*«, 12.12.2024, `https://www.gala.de/stars/news/jim-carrey-ueber-sein-schauspiel-comeback---ich-brauche-das-geld--24252094.html`; abgerufen am 02.03.2025.

[77] Clear, J. (2020): »*Die 1 %-Methode: minimale Veränderung, maximale Wirkung*«, Goldmann.

[78] Bork, M. (2024): »*Sven Flieshardt – Verkaufe begeistert und gewinne!*«, Podcast: Erfolg ist kein Zufall, 30.01.2024; abgerufen am 21.04.2025.

[79] Bork, M. (2023): »*Jörg Kintzel – Über Erfolg wird in Deutschland zu wenig geredet*«, Podcast: Erfolg ist kein Zufall, 27.11.2023, `https://open.spotify.com/episode/7owQ3iYy6U6fSdHIwfQuIK?si=dgRTO3LbTuCXdeDdvf6cBQ&nd=1&dlsi=545fb82618734620`; abgerufen am 21.04.2025.

[80] Bork, M. (2024): »*Lars Amend – Wieviel Struktur braucht ein erfolgreiches Leben?*«, Podcast: Erfolg ist kein Zufall, `https://open.spotify.com/episode/5l7FvcbLA0SIgQtjFLPfZf?si=3fZsNhb3SnWOy4ZrB33w1Q&dlsi=69a2ca03194f4dda`; abgerufen am 21.04.2025.

[81] Bailey, B. (2019): »*Hyperfocus: How to Work Less and Achieve More*«, Pan Macmillan.

[82]Korp, H.-A. (2019): »*Dem ruhigen Geist ist alles möglich: Mit Meister Eckhart lernen, im Hier und Jetzt zu sein*«, Gütersloher Verlagshaus.

[83]Elrod, H. (2016): »*Miracle Morning: Die Stunde, die alles verändert*«, Irisiana.

[84]Schwarzenegger, A. (2023): »*Arnold*«, Teil 1: »*Der Athlet*«, Netflix, 07.06.2023; abgerufen am 15.02.2025.

[85]Goodreads: »*Oprah Winfrey > Quotes > Quotable Quote*«, `https://www.goodreads.com/quotes/27075-be-thankful-for-what-you-have-you-ll-end-up-having`; abgerufen am 16.04.2025.

[86]Aphorismen: »*Aphorismus zum Thema Zeit. Sebastian Kneipp*«, `https://www.aphorismen.de/zitaTt/84698`; abgerufen am 03.03.2025.

[87]Statista (2024): »*Anzahl der Personen in Deutschland, die Bücher lesen, nach Häufigkeit von 2019 bis 2024 (in Millionen)*«, 19.12.2024, `https://de.statista.com/statistik/daten/studie/171231/umfrage/haeufigkeit-des-lesens-von-einem-buch/`; abgerufen am 21.04.2025.

[88]The Telegraph (2009): »*Reading 'can help reduce stress'*«, 30.03.2009, `https://www.telegraph.co.uk/news/health/news/5070874/Reading-can-help-reduce-stress.html%29?`; abgerufen am 06.01.2025.

[89]Bork, M. (2023): »Boris Grundl – Lieber Querschnitt als Durchschnitt«, Podcast: Erfolg ist kein Zufall, `https://open.spotify.com/episode/3C4SJuoe0si7pecHmf1ZhY?si=N5q7s31MTjmE3Mbu5JDnew&nd=1&dlsi=0ca323aa9c524e01`; abgerufen am 21.04.2025.

[90]Mikels, J. A (2011): »*Should I Go With My Gut? Investigating the Benefits of Emotion-Focused Decision Making*«, Emotion, 11(4), 743–753.

[91]Dijksterhuis, A. (2006): »On Making the Right Choice: The Deliberation-Without-Attention Effect«, *Science*, 311(5763), 1005–7.

[92]Husmann, R. (2007): »*Stromberg*«, Staffel 3, Episode 7: »*Herr Loermann*«, Brainpool TV GmbH, ProSieben.

[93]Business Insider Deutschland (2023): »*Darum tragen erfolgreiche Menschen immer das Gleiche – ihr solltet euch ein Beispiel daran nehmen*«, Business Insider, 16.02.2023, `https://www.businessinsider.de/karriere/arbeitsleben/darum-tragen-erfolgreiche-menschen-immer-das-gleiche`; abgerufen am 21.04.2025.

[94]SPIEGEL Wissenschaft (2011): »*Justiz-Studie: Müde Richter entscheiden gegen Angeklagte*«, SPIEGEL Wissenschaft, `https://www.spiegel.de/wissenschaft/mensch/justiz-studie-muede-richter-entscheiden-gegen-angeklagte-a-756452.html`; abgerufen am 17.04.2025.

[95]Rettig, D. (2016): »*Morgens klug, abends Unfug*«, WirtschaftsWoche, 18.11.2016, https://www.wiwo.de/erfolg/trends/alltagsforschung-morgens-klug-abends-unfug/14821766.html; abgerufen am 21.04.2025.

[96]Thaler, R., & Sunstein, C. (2008): »*Nudge: Improving Decisions about Health, Wealth and Happiness*«, Penguin.

[97]Alison, L., & Shortland, N. (2021): »*Decision Time: How to Make the Choices Your Life Depends On*«, Sourcebooks Inc.

[98]Gruhl, M. (2022): »*Resilienz: Die Strategie der Stehauf-Menschen. Krisen meistern mit innerer Widerstandskraft*«, Herder Verlag.

[99]Mattes, M. (2024): »*Erfolg durch Intuition: Wie Unternehmer und Investoren mit Selbstvertrauen und dem richtigen Mindset den Markt beherrschen*«, Remote Verlag.

[100]Immocation (2021): »Mäusebefall, Mieter verschollen & vieles mehr: Das schlimmste MFH von Markus Beforth (1/2)«, YouTube, 18.12.2021, https://www.youtube.com/watch?v=P7u6QR09au8; abgerufen am 25.02.2025.

[101]National Transportation Safety Board (2019): »*Aircraft Accident Report: Left Engine Failure and Subsequent Depressurization. Southwest Airlines Flight 1380. Boeing 737-7H4, N772SW. Philadelphia, Pennsylvania. April 17, 2018*«, 19.11.2019, https://www.ntsb.gov/investigations/AccidentReports/Reports/AAR1903.pdf; abgerufen am 21.04.2025.

[102]Minutaglio, R. (2019): »*How Southwest Pilot Tammie Jo Shults Landed Fatal Flight 1380*«, Elle, 08.10.2019, https://www.elle.com/culture/books/a29355725/tammie-jo-shults-book-interview; abgerufen am 21.04.2025.

[103]Watson, J. M., & Strayer, D. L. (2010): »Supertaskers: Profiles in extraordinary multitasking ability«, *Psychonomic Bulletin & Review*, 17(4), 479–85.

[104]Strayer, D. L., & Watson, J. M. (2012): »Supertaskers and the Multitasking Brain«, *Scientific American Mind*, 23(1), 22–29.

[105]McGowan, K. (2014): »*Meet The Super Taskers*«, Psychology Today, 01.01.2014, https://www.psychologytoday.com/intl/articles/201401/meet-the-super-taskers; abgerufen am 21.04.2025.

[106]Anguera, J. A. (2013): »Video game training enhances cognitive control in older adults«, *Nature*, 501(7465), 97–101.

[107]Gassner, M. (2019): »*Wissenschaftlich bewiesen: Action-Games machen schlau*«, SRF, https://www.srf.ch/news/allgemeines/wissenschaftlich-bewiesen-action-games-machen-schlau; abgerufen am 21.04.2025.

[108]Müller, H., Kiesel, A., & Koch, I. (2023): »*Multitasking im Alltag und in der Forschung*«, Forschung & Lehre, 22.05.2023, https://www.forschung-und-lehre.de/karriere/multitasking-im-alltag-und-in-der-forschung-5634; abgerufen am 21.04.2025.

[109]Kahneman, D. (1973): »*Attention and Effort*«, Prentice-Hall Inc.

[110]Yerkes, R. M., & Dodson, J. D. (1908): »*The Relation of Strength of Stimulus to Rapidity of Habit-Formation*«, Journal of Comparative Neurology and Psychology, 18, 459-482.

[111]Fink, A. (2022): »*Refocus: Mach, was wirklich zählt!*«, ForwardVerlag.

[112]Simons, D. (2010): »*The Monkey Business Illusion*«, YouTube, 28.04.2010, https://www.youtube.com/watch?v=IGQmdoK_ZfY; abgerufen am 05.01.2025.

[113]Pashler, H., Johnston, J. C. (1998): »*Attentional limitations in dual-task performance*«, https://www.researchgate.net/publication/243769357_Attentional_limitations_in_dual-task_performance; abgerufen am 05.01.2025.

[114]American Psychological Association (2006): »*Multitasking: Switching costs*«, 20.03.2006, https://www.apa.org/topics/research/multitasking; abgerufen am 06.01.2025.

[115]Lewin, K. (1927): »Untersuchungen zur Handlungs- und Affektpsychologie. III. Zeigarnik, B. Das Behalten erledigter und unerledigter Handlungen [Investigations on the psychology of action and affection. III. The memory of completed and uncompleted actions]«, *Psychologische Forschung*, 9, 1-85.

[116]Leroy, S. (2009): »Why is it so hard to do my work? The challenge of attention residue when switching between work tasks«, *Organizational Behavior and Human Decision Processes*, 109(2), 168-181.

[117]Internationale Hochschule (2024): »*Lernreport 2024: Das treibt Menschen in Deutschland zum Lernen an*«, 03.12.2024, https://www.iu.de/news/lernreport-2024-das-treibt-menschen-in-deutschland-zum-lernen-an; abgerufen am 12.01.2025.

[118]Forschung & Lehre (2019): »*Die kollektive Aufmerksamkeit nimmt ab*«, 15.04.2019, https://www.forschung-und-lehre.de/forschung/die-kollektive-aufmerksamkeit-nimmt-ab-1689; abgerufen am 12.01.2025.

[119]Andrzejewski, D. (2024): »Is there a Flynn effect for attention? Cross-temporal meta-analytical evidence for better test performance (1990-2021)«, *Personality and Individual Differences*, 216, 112417.

[120]Newport, C. (2017): »*Konzentriert arbeiten: Regeln in einer Welt voller Ablenkungen*«, Redline Verlag.

[121]Csikszentmihalyi, M. (1990): »*Flow: The Psychology of Optimal Experience*«, Harper & Row.

[122]Keller, G. (2017): »*The One Thing: Die überraschend einfache Wahrheit über außergewöhnlichen Erfolg. Produktiver werden, Stress abbauen und Ziele leichter erreichen*«, Redline Verlag.

[123]Bailey, B. (2019): »*Hyperfocus: How to Work Less and Achieve More*«, Pan Macmillan.

[124]Institut für Mittelstandsforschung Bonn (2020): »*Gründungen und Unternehmensschließungen*«, https://www.ifm-bonn.org/statistiken/gruendungen-und-unternehmensschliessungen/ueberlebensrate-von-unternehmen; abgerufen am 20.01.2025.

[125]Beforth, M. (2024): »*#31 Die Magie des Flows: Dein Schlüssel zu mehr Effizienz und Zufriedenheit*«, Podcast: Erfolg ist kein Glück, 21.10.2024, https://open.spotify.com/episode/7jCLyO77WB2VSVjg2nHdQ7?si=1t1pS3Z9ThKXrhwCWNi2_A&nd=1&dlsi=22ebe3e58ad449ec; abgerufen am 21.04.2025.

[126]Fink, A. (2022): »*Refocus: Mach, was wirklich zählt!*«, ForwardVerlag.

[127]Eyal, N., & Li, J. (2019): »*Die Kunst, sich nicht ablenken zu lassen: Indistractable – Werden Sie unablenkbar*«, Redline Verlag.

[128]Hochschulforum Digitalisierung (2024): »*Der Einfluss von Smartphones auf unsere Aufmerksamkeit – Was tun in einer digitalisierten Hochschule?*« 11.03.2024, https://hochschulforumdigitalisierung.de/einfluss-von-smartphones-auf-aufmerksamkeit; abgerufen am 21.01.2025.

[129]Beforth, M. (2024): »#28 Warum ich nicht (mehr) telefoniere«, Podcast: Erfolg ist kein Glück, 24.06.2024, https://open.spotify.com/episode/6yRGYoQuOS6Lgfx8KczNug?si=5RM8UpeDR-mR8naNGlLMww&nd=1&dlsi=c84a3cc99d734f4a; abgerufen am 21.04.2025.

[130]Ballantyne, C. (2017): »10-3-2-1-0 Goodnight Sleep Formula«, YouTube, 10.02.2017, https://www.youtube.com/watch?v=CWGuHnV4Gc8; abgerufen am 25.01.2025.

[131]Skalli, S. (2016): »*Powernapping im Büro: Das Nickerchen für sich arbeiten lassen*«, Zeit online, 11.02.2016, https://www.zeit.de/wissen/gesundheit/2010-10/Nickerchen-Powernap-Arbeit/komplettansicht; abgerufen am 25.01.2025.

[132]Spektrum (2008): »*Aufmerksamkeit: Meditation verbessert Konzentrationsfähigkeit*«, 03.09.2008, https://www.spektrum.de/news/meditation-verbessert-die-konzentrationsfaehigkeit/966543?; abgerufen am 25.01.2025.

[133] Scharnhorst, J.: »*Resilienz / 1.1 Herkunft des Begriffs*«, Haufe, https://www.haufe.de/personal/haufe-personal-office-platin/resilienz-11-herkunft-des-be-griffs_idesk_PI42323_HI7563955.html#:~:text=Der%20Begriff%20Resilienz%20lei-tet%20sich,insbesondere%20in%20der%20Werkstoffkunde%2C%20verwendet; abgerufen am 25.02.2025.

[134] Claessens, T. (2024): »*Immogame. Mit Immobilien spielend reich werden: So baust du dir dein Vermögen auf durch cleveres Immobilieninvestment*«, FinanzBuch Verlag.

[135] Claessens, T. (2024): Inoffizieller Vortrag bei *Die wichtigste Stunde*, 16.04.2024.

[136] Bork, M. (2023): »*Jürgen Höller – Deine Gedanken entscheiden über deinen Erfolg*«, Podcast: Erfolg ist kein Zufall, 19.07.2023, https://open.spotify.com/episode/2X8IuC7AvbBuHApYsSK96J?si=DBAnZolyTbmNyiWHzLZMhQ&nd=1&dlsi=8e7ab147424e4284; abgerufen am 21.04.2025.

[137] Lewicki, M. (2022): »Die Erfolgsfaktoren, die Venus und Serena Williams zu Tennis-Stars machten«, 24.02.2022, Fitbook, https://www.fitbook.de/fitness/erfolgsgeheimnis-von-serena-und-venus-williams; abgerufen am 25.02.2025.

[138] Kuss, M. (2016): »*M04.01 Resilienz. Das seelische Immunsystem*«, Bundeszentrale für politische Bildung, 28.09.2016, https://www.bpb.de/lernen/angebote/grafstat/krise-und-sozialisation/234779/m-04-01-resilienz; abgerufen am 21.02.2025.

[139] Gruhl, M. (2022): »*Resilienz: Die Strategie der Stehauf-Menschen. Krisen meistern mit innerer Widerstandskraft*«, Herder Verlag.

[140] Kostolany, A. (2015): »*Die Kunst über Geld nachzudenken*«, Ullstein.

[141] Kast, B. (2023): »*Kompass für die Seele: Das Fazit neuester Studien zu Resilienz und innerer Stärke*«, C.Bertelsmann.

[142] Aphorismen: »*Aphorismus zum Thema Erfolg. Booker T. Washington*«, https://www.aphorismen.de/zitat/23406; abgerufen am 28.02.2025.

[143] Australian of the Year Awards (2011): »*Australia's Local Hero*«, https://web.archive.org/web/20140611190222/http://www.australianoftheyear.org.au/honour-roll/?view=fullView&recipientID=459; abgerufen am 21.04.2025.

[144] Mail Foreign Service (2010): »*'Man with the golden arm' saves 2million babies in half a century of donating rare type of blood*«, Mail Online, 23.03.2010, https://www.dailymail.co.uk/news/article-1259627/Man-golden-arm-James-Harrison-saves-2million-babies-half-century-donating-rare-blood.html; abgerufen am 21.04.2025.

[145] Hamilton, W. D. (1964): »*The genetical evolution of social behaviour I & II*«, Journal of Theoretical Biology, 7(1), 1–52.

[146] Lyubomirsky, S., Sheldon, K. M., & Schkade, D. (2005): »Pursuing happiness: The architecture of sustainable change«, *Review of General Psychology*, 9(2), 111–131.

[147] Post, S. G. (2005): »Altruism, happiness, and health: It's good to be good«, *International Journal of Behavioral Medicine*, 12(2), 66–77.

[148] Quarks (2022): »*Warum Altruismus sinnvoll ist*«, 31.01.2022, `https://www.quarks.de/gesellschaft/warum-altruismus-sinnvoll-ist/`; abgerufen am 21.04.2025.

[149] Rees, M. A. (2009): »A nonsimultaneous, extended, altruistic-donor chain«, *The New England Journal of Medicine*, 360(11), 1096–101.

[150] Westphalen, A. (2022): »*Altruismus: Der Mensch in Zeiten der Katastrophe*«, Deutschlandfunk, 20.02.2022, `https://www.deutschlandfunk.de/altruismus-der-mensch-in-zeiten-der-katastrophe-100.html`; abgerufen am 21.04.2025.

[151] Batson, C. D. (1991): »*The altruism question: Toward a social-psychological answer*«, Lawrence Erlbaum Associates, Inc.

[152] Trivers, R. L. (1971): »*The evolution of reciprocal altruism*«, Quarterly Review of Biology, 46(1), 35–57.

[153] Baier, T. (2015): »*Kooperation im Tierreich: Der nette Vampir*«, Süddeutsche Zeitung, 19.11.2015, `https://www.sueddeutsche.de/wissen/verhaltensbiologie-der-nette-vampir-1.2743099`; abgerufen am 21.04.2025.

[154] Güth, W., Schmittberger, R., & Schwarze, B. (1982): »An experimental analysis of ultimatum bargaining«, *Journal of Economic Behavior & Organization*, 3(4), 367–388.

[155] Grant, A. (2016): »*Geben und Nehmen: Warum Egoisten nicht immer gewinnen und hilfsbereite Menschen weiterkommen*«, Droemer.

[156] Putnam, R. (2001): »*Bowling Alone: The Collapse and Revival of American Community*«, Touchstone Books by Simon & Schuster.

[157] Statista (2025): »*Durchschnittliche tägliche Fernsehdauer in Deutschland in den Jahren 1997 bis 2024 (in Minuten)*«, 12.02.2025, `https://de.statista.com/statistik/daten/studie/118/umfrage/fernsehkonsum-entwicklung-der-sehdauer-seit-1997/`; abgerufen am 03.03.2025.

[158] Das Portal für Kinder- und Jugendhilfe (2020): »*Engagement junger Menschen: Generation Z auch in der Krise besser als ihr Ruf*«, 11.06.2020, `https://jugendhilfeportal.de/artikel/engagement-junger-mensc`

hen-generation-z-auch-in-der-krise-besser-als-ihr-ruf; abgerufen am 21.04.2025.

[159]Grant, A. (2016): »*Geben und Nehmen: Warum Egoisten nicht immer gewinnen und hilfsbereite Menschen weiterkommen*«, Droemer.

[160]Bork, M. (2025): »*Jonas Deichmann – 120 IRONMAN in 120 Tagen*«, Podcast: Erfolg ist kein Zufall, 20.01.2025, https://open.spotify.com/episode/7LE510ZnSifhRTA8HGaSyg?si=Nx2_UW83S52Y2-PVBoE8bw&nd=1&dlsi=aaca31593b7c4d5c; abgerufen am 21.04.2025.

[161]Proteco Involtainment Group: »*In drei Disziplinen um die Welt: Jonas Deichmann und der Triathlon 360 Degree*«, https://proteco.de/jonas-deichman-triathlon-360-degree/; abgerufen am 20.02.2025.

[162]Deichmann, J. (2023): »*Trans America Twice*«, Jonas Deichmann Adventures, https://jonasdeichmann.com/trans-america-twice/; abgerufen 21.04.2025.

[163]Deichmann, J. (2024): »*Challenge 120*«, Jonas Deichmann Adventures, https://jonasdeichmann.com/challenge-120/; abgerufen 21.04.2025.

[164]Deutsche Werbespots (2012): »*Kinder Überraschung Neugier-Test Werbespot | Na, neugierig? – Werbung*«, YouTube, 23.10.2023, https://www.youtube.com/watch?v=26nZYii7KqQ; abgerufen am 21.04.2025.

[165]Mischel, W., Shoda, Y., & Rodriguez, M. L. (1989): »Delay of Gratification in Children«, *Science*, 244, 933–8.

[166]Mischel, W., Ebbesen, E. B., & Zeiss, A. R. (1972): »Cognitive and attentional mechanisms in delay of gratification«, *Journal of Personality and Social Psychology*, 21(2), 204–218.

[167]Shamosh, N. A. (2008): »Individual differences in delay discounting: Relation to intelligence, working memory, and anterior prefrontal cortex«, *Psychological Science*, 19(9), 904–911.

[168]Yanaoka, K. (2022): »The Power of Habit in Delaying Gratification«, *Psychological Science*, 33(7), 1172–1181.

[169]Duckworth, A. L., & Seligman, M. E. P. (2005): »*Self-discipline outdoes IQ in predicting academic performance of adolescents*«, Psychological Science, 16(12), 939–944.

[170]Vazsonyi, A.T., Javakhishvili, M. & Blatny, M. (2022): »Does Self-control Outdo IQ in Predicting Academic Performance?«, *J Youth Adolescence* 51, 499–508.

[171]Poulton, R., Moffitt, T. E., & Silva, P. A. (2015): »The Dunedin Multidisciplinary Health and Development Study: Overview of the first 40 years, with an eye to the future«, *Social Psychiatry and Psychiatric Epidemiology: The*

International Journal for Research in Social and Genetic Epidemiology and Mental Health Services, 50(5), 679–693.

[172]Moffitt, T. E. (2011): »*A gradient of childhood self-control predicts health, wealth, and public safety*«, PNAS Proceedings of the National Academy of Sciences of the United States of America, 108(7), 2693–2698.

[173]Kanning, U. P. (2009): »NEO-Fünf-Faktoren Inventar nach Costa und McCrae (NEO-FFI)«, *Zeitschrift für Arbeits- und Organisationspsychologie A&O*, 53(4), 194–198.

[174]Roberts, B. W., Walton, K. E., & Viechtbauer, W. (2006): »Patterns of mean-level change in personality traits across the life course: A meta-analysis of longitudinal studies«, *Psychological Bulletin*, 132(1), 1–25.

[175]Muraven, M., Baumeister, R. F., & Tice, D. M. (1998): »Self-control as a limited resource: regulatory depletion patterns«, *Journal of Personality and Social Psychology*, 74(3), 774–789.

[176]Baumeister, R. F., Bratslavsky, E., Muraven, M., & Tice, D. M. (1998): »Ego depletion: Is the active self a limited resource?«, *Journal of Personality and Social Psychology*, 74(5), 1252–1265.

[177]Muraven, M., Baumeister, R. F., & Tice, D. M. (1999): »Longitudinal improvement of self-regulation through practice: Building self-control strength through repeated exercise«, *Journal of Social Psychology*, 139(4), 446–457.

[178]Baumeister, R., & Gailliot, M. (2007): »Self-regulation and personality: How interventions increase regulatory success, and how depletion moderates the effects of traits on behavior«, *Journal of Personality*, 74(6), 1773–801.

[179]Gailliot, M. T., & Baumeister, R. F. (2007): »The physiology of willpower: linking blood glucose to self-control«, *Personality and Social Psychology Review*, 11(4), 303–27.

[180]Engber, D. (2016): »*Everything Is Crumbling*«, Slate, 07.03.2016, `https://www.slate.com/articles/health_and_science/cover_story/2016/03/ego_depletion_an_influential_theory_in_psychology_may_have_just_been_debunked.html`; abgerufen am 21.04.2025.

[181]Inzlicht, M., & Schmeichel, B. J. (2012): »*What is ego depletion? Toward a mechanistic revision of the resource model of self-control*«, Perspectives on Psychological Science, 7(5), 450–463.

[182]Eyal, N. (2016): »*Have We Been Thinking About Willpower the Wrong Way for 30 Years?*«, Harvard Business Review, 23.11.2016, `https://hbr.org/2016/11/have-we-been-thinking-about-willpower-the-wrong-way-for-30-years`; abgerufen am 03.03.2025.

[183]Inzlicht, M., & Friese, M. (2021): »Willpower is overrated«, *Behavioral and Brain Sciences*, 44, e42.

[184]Frodeno, J. (2018): »*Eine Frage der Leidenschaft: Mit Mut und Motivation zum Erfolg*«, Ariston.

[185]Sheldon, K. M., & Elliot, A. J. (1999): »Goal striving, need satisfaction, and longitudinal well-being: The self-concordance model«, *Journal of Personality and Social Psychology*, 76(3), 482–497.

[186]Kienitz, G. W. (2013): »*James Allen: Wie wir denken, so leben wir. As A Man Thinketh. Weisheiten aus Jahrtausenden*«, BoD – Books on Demand.

[187]r/podcasting (2023): »90 % der Podcasts veröffentlichen nicht mehr als 3 Episoden«, Reddit, `https://www.reddit.com/r/podcasting/comments/xn3crs/90_of_podcasts_dont_publish_more_than_3_episodes/?tl=de&rdt=40758`; abgerufen am 03.03.2025.

[188]Keller, G. (2017): »*The One Thing: Die überraschend einfache Wahrheit über außergewöhnlichen Erfolg. Produktiver werden, Stress abbauen und Ziele leichter erreichen*«, Redline Verlag.

[189]Bork, M. (2025): »*Jochen Schweizer – Einblicke in das „Jochen Schweizer Prinzip*«, Podcast: Erfolg ist kein Zufall, 22.09.2024, `https://open.spotify.com/episode/4JEdmBtYoEmEllY5bCsfbm?si=WIZjqcLuTgCyuTbj4IsCIg&nd=1&dlsi=b7ad2af1039046a9`; abgerufen am 21.04.2025.

[190]Fisher, S. (2023): »*Beckham*«. Folge 1: »*Der Kick*«, Netflix, 04.10.2023; abgerufen am 03.03.2025.

[191]Haas, D. (2024): »*Jonas Deichmann neues Projekt 2025: Das Jahr der Mikroabenteuer*«, Rennrad News, `https://www.rennrad-news.de/news/jonas-deichmann-mikroabenteuer/`; abgerufen am 03.03.2025.

[192]Granovetter, M. (1973): »The Strength of Weak Ties«, *American Journal of Sociology*, 78(6), 1360–1380.

[193]Lin, N. (2001): »*Social Capital: A Theory of Social Structure and Action*«, Cambridge University Press.

[194]Kienitz, G. W. (2013): »*James Allen: Wie wir denken, so leben wir. As A Man Thinketh. Weisheiten aus Jahrtausenden*«, BoD – Books on Demand.

[195]Dobelli, R. (2019): »*Die Kunst des digitalen Lebens: Wie Sie auf News verzichten und die Informationsflut meistern*«, Piper.

[196]Maschmeyer, C. (2021): »*Die sechs Elemente des Erfolgs: So verändern Sie Ihr Leben*«, FinanzBuch Verlag.

[197]Bartlett, S. (2024): »*The Diary of a CEO – Die Entdeckung des Erfolgs: 33 Gesetze für Leben und Arbeit*«, Ariston.

ForwardVerlag